AF195283

Kohlhammer

Die Herausgeber*innen

Wolf Ortiz-Müller
geb. 1961, Psychologischer Psychotherapeut, Supervisor (BDP), Weiterbildung in Gestalttherapie, systemischer Familientherapie, Verhaltens- und Schematherapie, Dozent und Seminarleiter bei Bildungsträgern und Fortbildungsinstituten. Lehraufträge an Hochschulen in Deutschland. In der Krisenintervention tätig von 1991–2009, beteiligt am Aufbau des Berliner Krisendienstes. Seit 2008 Leiter der Beratungsstelle Stop-Stalking (www.stop-stalking-berlin.de) Niedergelassener Psychotherapeut.

Dr. med. Stefan Gutwinski
Facharzt für Psychiatrie und Psychotherapie. Psychotherapeut für tiefenpsychologisch orentierter Psychotherapie. Zertifizierter Therapeut für Dialektisch-Behaviouraler Therapie (DBT) nach M. Linehan. Oberarzt der Tagesklinik und Institutsambulanz Wedding der Psychiatrischen Universitätsklinik der Charité im St. Hedwig Krankenhaus. Leiter der Arbeitsgruppe Psychotrope Substanzen an der Charité. Im Rahmen des wissenschaftlichen Werdeganges Max-Planck-Stipendium, Postdoc Stipendium an der Humboldt-Universität zu Berlin und Postdoc Stipendium an der Berlin School of Mind and Brain. Forschungsinteressen: Wohnungsnot von Menschen mit seelischen Erkrankungen, epidemiologische Aspekte von Suchterkrankungen, Armut bei Menschen mit seelischen Erkrankungen.

Prof. Dr. Silke Birgitta Gahleitner
geb. 1966, Studium der Sozialen Arbeit, Promotion in Klinischer Psychologie, Habilitation in den Erziehungswissenschaften, langjährig in der Praxis der Sozialarbeit und Psychotherapie tätig. Seit 2005 als Professorin für Klinische Psychologie und Sozialarbeit mit den Lehr- und Forschungschwerpunkten psychosoziale Diagnostik, Psychotherapie und Beratung, Bindungs- und Beziehungsgestaltung, qualitative Forschungsmethoden und Psychotraumatologie, zunächst an der Evangelischen Hochschule Ludwigshafen, danach an der Alice Salomon Hochschule Berlin tätig.

Ortiz-Müller/Gutwinski/Gahleitner (Hrsg.)

Praxis Krisenintervention

Handbuch für helfende Berufe: Psychologen, Ärzte, Sozialpädagogen, Pflege- und Rettungskräfte

3., überarbeitete Auflage

Verlag W. Kohlhammer

Dieses Werk einschließlich aller seiner Teile ist urheberrechtlich geschützt. Jede Verwendung außerhalb der engen Grenzen des Urheberrechts ist ohne Zustimmung des Verlags unzulässig und strafbar. Das gilt insbesondere für Vervielfältigungen, Übersetzungen, Mikroverfilmungen und für die Einspeicherung und Verarbeitung in elektronischen Systemen.

Pharmakologische Daten, d. h. u. a. Angaben von Medikamenten, ihren Dosierungen und Applikationen, verändern sich fortlaufend durch klinische Erfahrung, pharmakologische Forschung und Änderung von Produktionsverfahren. Verlag und Autoren haben große Sorgfalt darauf gelegt, dass alle in diesem Buch gemachten Angaben dem derzeitigen Wissensstand entsprechen. Da jedoch die Medizin als Wissenschaft ständig im Fluss ist, da menschliche Irrtümer und Druckfehler nie völlig auszuschließen sind, können Verlag und Autoren hierfür jedoch keine Gewähr und Haftung übernehmen. Jeder Benutzer ist daher dringend angehalten, die gemachten Angaben, insbesondere in Hinsicht auf Arzneimittelnamen, enthaltene Wirkstoffe, spezifische Anwendungsbereiche und Dosierungen anhand des Medikamentenbeipackzettels und der entsprechenden Fachinformationen zu überprüfen und in eigener Verantwortung im Bereich der Patientenversorgung zu handeln. Aufgrund der Auswahl häufig angewendeter Arzneimittel besteht kein Anspruch auf Vollständigkeit.

Die Wiedergabe von Warenbezeichnungen, Handelsnamen und sonstigen Kennzeichen in diesem Buch berechtigt nicht zu der Annahme, dass diese von jedermann frei benutzt werden dürfen. Vielmehr kann es sich auch dann um eingetragene Warenzeichen oder sonstige geschützte Kennzeichen handeln, wenn sie nicht eigens als solche gekennzeichnet sind.

Es konnten nicht alle Rechtsinhaber von Abbildungen ermittelt werden. Sollte dem Verlag gegenüber der Nachweis der Rechtsinhaberschaft geführt werden, wird das branchenübliche Honorar nachträglich gezahlt.

Dieses Werk enthält Hinweise/Links zu externen Websites Dritter, auf deren Inhalt der Verlag keinen Einfluss hat und die der Haftung der jeweiligen Seitenanbieter oder -betreiber unterliegen. Zum Zeitpunkt der Verlinkung wurden die externen Websites auf mögliche Rechtsverstöße überprüft und dabei keine Rechtsverletzung festgestellt. Ohne konkrete Hinweise auf eine solche Rechtsverletzung ist eine permanente inhaltliche Kontrolle der verlinkten Seiten nicht zumutbar. Sollten jedoch Rechtsverletzungen bekannt werden, werden die betroffenen externen Links soweit möglich unverzüglich entfernt.

3., überarbeitete Auflage 2021

Alle Rechte vorbehalten
© W. Kohlhammer GmbH, Stuttgart
Gesamtherstellung: W. Kohlhammer GmbH, Stuttgart

Print:
ISBN 978-3-17-035577-4

E-Book-Formate:
pdf: ISBN 978-3-17-035578-1
epub: ISBN 978-3-17-035579-8
mobi: ISBN 978-3-17-035580-4

Autor*innenverzeichnis

Dr. med. Volkmar Aderhold
geb. 1954, Arzt für Psychiatrie, Psychotherapie und Psychotherapeutische Medizin, Lehrender für Systemische Therapie und Beratung (DGSF)

arbeitet seit 1982 in der Psychiatrie. 10 Jahre Oberarzt in der Klinik für Psychiatrie und Psychotherapie des Universitätsklinikums Hamburg Eppendorf

Bis zur Berentung Mitarbeiter des Instituts für Sozialpsychiatrie an der Universität Greifswald. Aktuell Gastwissenschaftler der Charité

Aktuell freiberuflich: Qualifizierungsmaßnahmen zum »Offenen Dialog«, Vorträge Veröffentlichungen und Beratung von psychiatrischen Organisationen bei der Strukturentwicklung. Mitherausgeber des Buches »Psychotherapie der Psychosen – Integrative Behandlungsansätze aus Skandinavien«. Weitere Publikationen zu: Minimale und kooperative Neuroleptikatherapie der Psychosen, Mortalität durch Neuroleptika, Frontale Hirnatrophie durch Neuroleptika, Behandlungskonferenz, Diagnosen als soziale Konstrukte, Epigenetik der Psychosen, Trauma und Psychose, Menschenrechte in der Psychiatrie, Soteria, Bedürfnisangepaßte Behandlung und Offener Dialog, Unterstützte Entscheidungsfindung im Offenen Dialog
E-Mail: v.aderhold@gmx.de

Prof. Dr. Burkhart Brückner
geb. 1962, Dipl.-Psych., Psychologischer Psychotherapeut, Professor für Sozialpsychologie inkl. Psychosoziale Prävention und Gesundheitsförderung, Hochschule Niederrhein. Seit 1992 Kriseninterventionsarbeit, ab 1999 Mitarbeiter des Berliner Krisendienstes, dort bis 2006 Aufbau und Begleitforschung des Projektes Zukunft im Alter. Veröffentlichungen u. a. »Geschichte der Psychiatrie« (2. Aufl., 2014), »Psychologie für die Soziale Arbeit« (2. Aufl., 2019, Mithrsg.), »Die abklingende Psychose. Verständigung finden, Genesung begleiten« (2017, mit J.E. Schlimme). Arbeitsgebiete in Forschung und Lehre: Klinische Sozialpsychologie, Beratungspsychologie, Geschichte der Psychiatrie.
E-Mail: burkhart.brueckner@hs-niederrhein.de

Dr. phil. Wolfram Dorrmann
geb. 1954, Psychologischer Psychotherapeut, Kinder- und Jugendlichenpsychotherapeut, Lehrtherapeut und Supervisor für verhaltenstherapeutisch fundierte Psychotherapie, Lehrbeauftragter für Hypnose an der Universität Eichstätt, Mitglied im Leitungsgremium und Gründungsmitglied des Instituts für Verhaltenstherapie, Verhaltensmedizin und Sexuologie (IVS). Leiter der MEG-Regionalstelle-Nürnberg/Fürth der Milton Erickson Gesellschaft für Klinische Hypnose, 1982–1996 Wiss. Mitarbeiter bzw. Lehrbeauftragter im Studienschwerpunkt Klinische Psychologie und Verhaltensmodifikation an der Universität Bamberg. Veröffentlichungen u. a. zu Suizidprophylaxe, Depressionsforschung, Psychotherapieausbildung. Arbeitsschwerpunkte: Menschen in Krisen, Traumatherapie u. Sexualtherapie.
E-Mail: wolfram.dorrmann@ivs-nuernberg.de

Carlos Escalera
geb. 1963, Dipl. Päd. (Universität Madrid). Mitarbeiter der Evangelischen Stiftung Alsterdorf im Beratungszentrum Alsterdorf mit dem Arbeitsschwerpunkt: Begleitung bei der Krisenbewältigung und Krisenintervention im Zusammenhang mit Angst, Aggressivität, Gewalt und geistiger Behinderung, Referententätigkeit.
E-Mail: c.escalera@alsterdorf.de

Ilse Eichenbrenner
geb. 1950 in Waiblingen. Mitglied in der Redaktion der Zeitschrift »Soziale Psychiatrie«. Bis 2014 als Sozialarbeiterin im Sozialpsychiatrischen Dienst Charlottenburg; von 1990–1999 Koordination des Psychiatrischen Notdienstes Charlottenburg-Wilmersdorf (Träger: Platane 19 e. V.). Tätigkeit als Lehrbeauftragte und Autorin.
E-Mail: ilseeichen@aol.com

Dr. med. Dipl.-Psych. Detlev E. Gagel
geb. 1956, Facharzt für Psychiatrie und Psychotherapie, Facharzt für Öffentliches Gesundheitswesen, Psychologischer Psychotherapeut. Seit 1999 im Sozialpsychiatrischen Dienst tätig, seit 2004 Leitung des Sozialpsychiatrischen Dienstes und stellvertretender Amtsarzt in Berlin Pankow. Gründungsmitglied des Bundesnetzwerks Sozialpsychiatrischer Dienste, dabei Ansprechpartner der regionalen Netzwerkes Ost. Gründungsmitglied des Weiterbildungsinstituts für Psychosomatische Frauenheilkunde Berlin. Auszeichnung mit dem Gläsernen Globus für eine wissenschaftliche Videoproduktion. Freiberufliche Tätigkeit als Dozent, Gutachter, Supervisor und Therapeut, zahlreiche Publikationen und Vorträge.
E-Mail: detlev@gagel.de

Prof. Dr. Silke Birgitta Gahleitner
geb. 1966, Studium der Sozialen Arbeit, Promotion in Klinischer Psychologie, Habilitation in den Erziehungswissenschaften, langjährig in der Praxis der Sozialarbeit und Psychotherapie tätig. Seit 2005 als Professorin für Klinische Psychologie und Sozialarbeit mit den Lehr- und Forschungsschwerpunkten psychosoziale Diagnostik, Psychotherapie und Beratung, Bindungs- und Beziehungsgestaltung, qualitative Forschungsmethoden und Psychotraumatologie, zunächst an der Evangelischen Hochschule Ludwigshafen, danach an der Alice Salomon Hochschule Berlin tätig.
E-Mail: sb@gahleitner.net

Dr. med. Stefan Gutwinski
Facharzt für Psychiatrie und Psychotherapie. Psychotherapeut für tiefenpsychologisch orentierter Psychotherapie. Zertifizierter Therapeut für Dialektisch-Behaviouraler Therapie (DBT) nach M. Linehan. Oberarzt der Tagesklinik und Institutsambulanz Wedding der Psychiatrischen Universitätsklinik der Charité im St. Hedwig Krankenhaus. Leiter der Arbeitsgruppe Psychotrope Substanzen an der Charité. Im Rahmen des wissenschaftlichen Werdeganges Max-Planck-Stipendium, Postdoc Stipendium an der Humboldt-Universität zu Berlin und Postdoc Stipendium an der Berlin School of Mind and Brain. Forschungsinteressen: Wohnungsnot von Menschen mit seelischen Erkrankungen, epidemiologische Aspekte von Suchterkrankungen, Armut bei Menschen mit seelischen Erkrankungen.
E-Mail: Stefan.Gutwinski@charite.de

Dr. med. Jonathan Henssler
geb. 1986, Assistenzarzt für Psychiatrie und Psychotherapie und in Weiterbildung in psychoanalytischer und mentalisierungsbasierter Psychotherapie. Seit 2015 an der Psychiatrischen Universitätsklinik der Charité im St. Hedwig Krankenhaus. 2013–2015 Notfallmedizin und Innere Medizin. Leitung der Spezialambulanz für das Absetzen von Antidepressiva und für ADHS im Erwachsenenalter. Wissenschaftlicher Mitarbeiter der Klinik für Psychiatrie, Uniklinik Köln. Forschungsschwerpunkte: Meta-Analytik, Antidepressiva, transgenerationale Suizidalität, Mentalisierung.
E-Mail: jonathan.henssler@charite.de

Autor*innenverzeichnis

Iris Hölling
M. A., Studium der Philosophie, Romanistik und Anglistik in Freiburg, Paris und Berlin. Systemische Organisationsberaterin und Mediatorin. Von 2002–2016 Geschäftsführerin bei Wildwasser e. V. in Berlin. Seit 2016 Jugendamtsleiterin in Berlin Treptow-Köpenick. Mitgründerin des Weglaufhauses, von 1996–2001 Mitarbeiterin im Weglaufhaus. Mitgründerin und bis 2009 Vorsitzende des World Network of Users and Survivors of Psychiatry (WNUSP). Seit 1994 aktiv im Verein zum Schutz vor psychiatrischer Gewalt e. V. Vorstandsmitglied der DGfPI e. V. Fortbildungs- und Vortragstätigkeit zu verschiedenen Themen.
E-Mail: iris.hoelling@ba-tk.berlin.de oder hoelling@dgfpi.de

Prof. Dr. Heiner Keupp
Jahrgang 1943, Studium der Psychologie und Soziologie in Frankfurt am Main, Erlangen und München. Diplom, Promotion und Habilitation in Psychologie, 1978–2008 Professor für Sozial- und Gemeindepsychologie an der Universität München. Vorsitz der Berichtskommission für den 13. Kinder- und Jugendbericht. Mitglied der Unabhängigen Kommission zur Aufarbeitung sexuellen Kindesmissbrauchs. Gastprofessuren an den Universitäten in Innsbruck und Bozen. Arbeitsinteressen beziehen sich auf soziale Netzwerke, gemeindenahe Versorgung, Gesundheitsförderung, Jugendforschung, individuelle und kollektive Identitäten in der Reflexiven Moderne und Bürgerschaftliches Engagement, systemische Bedingungen sexueller Gewalt in kirchlichen und pädagogischen Institutionen.
E-Mail: heinerkeupp@psy.lmu.de; Heiner.Keupp@unibz.it

Anja Link
geb. 1972, Dipl.-Sozialpäd. (FH), neben Heiner Dehner und Christiane Tilly Mitinitiatorin des Borderline-Trialogs, Koordinatorin der daraus entstandenen Borderline-Trialog Kontakt- und Informationsstelle (www.borderlinetrialog.de), einem Projekt des Fördervereins Ambulante Krisenhilfe e. V. in Nürnberg. Arbeitsschwerpunkte: Verbreitung und Umsetzung des Trialog-Gedankens, Bündelung von Erfahrungs- und Fachwissen zur Borderline-Störung, Beratung, dialogische Fortbildungs- und Informationsveranstaltungen.
E-Mail: anja.link@borderlinetrialog.de

Sigrid Meurer
geb. 1958, Dipl-Psych., Psychologische Psychotherapeutin. Tätig in der Beratungsstelle neuhland, Kriseneinrichtung mit Schwerpunkt suizidgefährdete Kinder, Jugendliche, junge Erwachsene und in eigener Praxis. Dozentin in unterschiedlichen Bereichen der psychotherapeutischen und pädagogischen Arbeit, Supervision.
E-Mail: sigrid.meurer@neuhland.net

Dr. med. Tomislav Majić
geb. 1975, Psychiater und Psychotherapeut für tiefenpsychologisch fundierte Psychotherapie, Weiterbildung in Dialektisch-Behaviouraler Therapie (DBT) nach M. Linehan, sowie aktuell Weiterbildung für Übertragungsfokussierte Psychotherapie nach O. Kernberg. Oberarzt der Ambulanz und Tagesklinik für Doppeldiagnosen an der Psychiatrischen Universitätsklinik der Charité im St. Hedwig Krankenhaus Berlin. Ambulanz Psychoaktive Substanzen für Menschen mit psychischen Problemen nach Einnahme von psychoaktiven Substanzen. Herausgeber des Handbuchs Psychoaktive Substanzen.
E-Mail: tomislav.majic@charite.de

Wolf Ortiz-Müller
geb. 1961, Psychologischer Psychotherapeut, Supervisor (BDP), Weiterbildung in Gestalttherapie, systemischer Familientherapie, Verhaltens- und Schematherapie, Dozent und Seminarleiter bei Bildungsträgern und Fortbildungsinstituten. Lehraufträge an Hochschulen in Deutschland. In der Krisenintervention tätig von 1991–2009, mit dem Trägerverein KUB e. V. beteiligt am Aufbau des Berliner Krisendienstes. Seit 2008 Leiter der Beratungsstelle Stop-Stalking (www.stop-stalking-berlin.de) Niedergelassener Psychotherapeut.
E-Mail: w.ortiz-mueller@stop-stalking-berlin.de

Mag. Bernhard Penz
Klinischer und Gesundheitspsychologe, Psychotherapeut (Schwerpunkt Verhaltenstherapie). Jahrelange Tätigkeit als Notfallpsychologe, Supervisor und Ausbildungsleiter im Bereich Krisenintervention. Leitender Psychologe der Streitkräfte im österreichischen Bundesheer bis 2018. In eigener Praxis tätig.
E-Mail: penz.bernhard@gmail.com

Prof. em. Dr. Reinhard Peukert
geb. 1945, em. Professor für Gemeinde- und Sozialpsychiatrie sowie Sozialmanagement an der Hochschule RheinMain (Wiesbaden), FB-Sozialwesen, dort zuletzt. Leitung des Masterstudienganges MAPS Gemeindepsychiatrie; Vorstandsmitglied der Aktion Psychisch Kranke e. V.; Mitinitiator des GeschwisterNetzwerkes.de; ca. 15 Jahre 1. Vorsitzender des Landesverbandes Hessen der Angehörigen psychisch erkrankter Menschen. Lebt z. Zt. häufig in der Türkei und bemüht sich dort um die Bildung einer Angehörigenbewegung.
E-Mail: reinhard.peukert@hs-rm.de; peukert@geschwisternetzwerk-de

Dr. Katharina Purtscher-Penz
Fachärztin für Kinder- und Jugendpsychiatrie und Psychotherapie, seit 2004 Ärztliche Leiterin der Abteilung für Kinder- und Jugendpsychiatrie und Psychotherapie Graz. Psychotherapeutin, Traumatherapeutin für Kinder, Jugendliche und Erwachsene (Zertif. DeGPT), Vorsitzende des Interdisziplinären Forums für Psychotherapie von Kindern, Jugendlichen und deren Familien (IFP); Mitbegründerin und fachliche Leitung des Kriseninterventionsteams (KIT) Land Steiermark von 1990–2003, seit 2004 Wissenschaftliche Leitung des Kriseninterventionsteams (KIT) Land Steiermark.

Eva Reichelt
geb. 1963, in eigener Praxis tätig als Psychoanalytikerin und Supervisorin; Ärztin für Psychiatrie und Psychotherapie. Interessenschwerpunkte: Interkulturalität in Psychoanalyse und Psychotherapie; Ethnopsychoanalyse; psychische Gesundheit und Menschenrechte für Geflüchtete und Migrant*innen; genderspezifische Aspekte in Psychoanalyse und Psychotherapie; psychisches Trauma; analytische Psychosentherapie.
E-Mail: eva.reichelt@aerzte-berlin.de

Petra Risau
geb. 1971, Dipl.-Päd. und systemische Beraterin, Fortbildungsreferentin, Lehrbeauftrage und Mentorin für psychosoziale Online-Beratung sowie freie Mitarbeitern beim Forschungsprojekt Kinderschutzportal e. V., Schwerpunkt: Prävention sexualisierter Gewalt (http://www.kinderschutzportal.de), Redaktionsmitglied www.e-beratungsjournal.net, Arbeitsschwerpunkte u. a.: Qualifizierung von Online-Berater*innen, Entwicklung und Konzeptionierung virtueller Beratungsangebote für den psycho-sozialen, gesundheitlichen und Bildungsberatungsbereich.
E-mail: petra.risau@googlemail.com

Dr. Manuel Rupp
geb. 1945, Dr. med., Facharzt für Psychiatrie und Psychotherapie FMH in psychotherapeutischer Praxisgemeinschaft in Basel, Systemischer Therapeut, Supervisor, jahrelange Tätigkeit als Notfallpsychiater in aufsuchender Hilfe, Buchautor zu den Themen Notfall- und Krisenintervention sowie Gewaltprävention, Tätigkeit als Weiterbildner im ganzen deutschen Sprachraum.
E-Mail: manuel.rupp@bluewin.ch

Claudia Schmitt
Studium der Psychologie an der Freien Universität Berlin, Psychologische Psychotherapeutin (Schwerpunkt: Verhaltenstherapie). Zusatzqualifikationen in Integrativer Gestalttherapie, Dialektisch Behavioraler Therapie (DDBT) und spezieller Psychotraumatherapie (EMDR), seit über 15 Jahren tätig als Stationspsychologin der DBT-Sucht Station der Psychiatrischen Universitätsklinik der Charité im St. Hedwig-Krankenhaus Berlin und seit 2010 als ambulante Therapeutin mit Schwerpunkt DBT-Sucht- und Traumatherapie, Trainerin I im DDBT und an der AWP Berlin als Trainerin tätig, seit 2007 Dozentin am Institut für Fort- und Weiterbildung der Alexianer, Supervisorin.
E-Mail: claudia.schmitt@alexianer.de

Dr. med. Stefanie Schreiter
geb. 1987, Assistenzärztin in der Weiterbildung für Psychiatrie und Psychotherapie, arbeitet seit 2014 in der Psychiatrischen Universitätsklinik der Charité im St. Hedwig Krankenhaus sowie am Charité Campus Mitte, Leitung des Prävention- und Therapiezentrums für bipolare Störungen der Charité Campus Mitte. Interessenschwerpunkte: Psychischen Erkrankungen und Versorgung von marginalisierten Gruppen wie Geflüchteten und wohnungslosen Menschen, Ätiologie und Behandlung psychotischer Erkrankungen (insbesondere der Schizophrenie und bipolaren Störung).
E-Mail: stefanie.schreiter@charite.de

Dr. phil. Christiane Tilly
geb. 1970, Erziehungswissenschaftlerin, Ergotherapeutin, Mitbegründerin des Borderline-Trialogs, Autorin verschiedener Bücher zum Thema Borderline-Persönlichkeitsstörung, Mitarbeiterin in einer allgemeinpsychiatrischen Klinik.
E-Mail: christiane.tilly@lwl.org

Inhaltsverzeichnis

Autor*innenverzeichnis 5

Das Buch stellt sich vor 22
Wolf Ortiz-Müller, Silke Gahleitner und Stefan Gutwinski

Danksagung 27

Teil I: Theorie – Krisenintervention verstehen

1 Die Normalität der Krise oder die Krise der Normalität. Krisenpotenziale im globalisierten Netzwerkkapitalismus 31
Heiner Keupp

    1.1   Wächter der Normalität 32
    1.2   Die Deutungshoheit des »medizinischen Modells« verliert an Bedeutung 33
    1.3   Der integrative Brückenschlag von George L. Engel 35
    1.4   Notwendigkeit einer Gesellschaftsdiagnostik 36
    1.5   Krise der Normalität und Normalität der Krise 38
    1.6   Was ist Krise – sozialpsychologisch betrachtet 38
    1.7   Die gesellschaftliche Auflösung stabiler Koordinaten 40
    1.8   Wie produktive Angstbewältigung aussehen könnte 42
    1.9   Schlussgedanke 44
    Literatur 45

2 Krisenintervention: Theorie, Handlungsmodell und praktisches Vorgehen 47
Wolf Ortiz-Müller

    2.1   Krisentheorien 47
        2.1.1   Die Krisenkonzepte der 1940er–1970er Jahre: Traumatische Lebensveränderungs- und Entwicklungskrise 48
        2.1.2   Benachbarte Forschungs- und Praxisfelder 51
        2.1.3   Erweiterungen der Krisenbeschreibungen 52
        2.1.4   Kritische Lebensereignisse und Krisenauslöser 54
        2.1.5   Zwischenergebnis: Keine allgemein akzeptierte Systematisierung von Krisen 56
    2.2   Krisenbewältigung 56
    2.3   Ein schlüssiges Handlungsmodell und die Praxis vor Ort 60

		2.3.1	Das Handlungsmodell..	60
		2.3.2	Die Praxis vor Ort..	61
	2.4	Fazit und Ausblick..		62
	Literatur			63

3 »Ohne sie wäre ich sicher nicht mehr da« – zur Bedeutung von Bindung, Beziehung und Einbettung bei schweren und wiederholten Krisenerfahrungen... **66**
Silke Birgitta Gahleitner

	3.1	(Krisen-)Verhältnisse in der zweiten Moderne	66
	3.2	Zum Beispiel Maria: Eine Krisenintervention mit vielen Hindernissen...	67
	3.3	Erste Schritte in neues Vertrauen und Beziehungsnetzwerke............	68
	3.4	Sich auf Basis von Beziehung und Einbettung durch die Krise arbeiten..	69
	3.5	Zurückblicken, wieder in den Lebensalltag treten und weiter vorsorgen...	71
	3.6	Ausblick	72
	Literatur		72

4 Was hilft den Krisenhelfer*innen? – Kurze Praxis der Notfall- und Krisenintervention.. **74**
Manuel Rupp

	4.1	Einführung: von der Improvisation zur Profession	74
	4.2	Was sind Krisen und Notfälle – und wie entstehen sie?.................	75
	4.3	Notfall- und Krisenintervention ist eine interdisziplinäre Aufgabe	78
	4.4	Die drei Dimensionen der Notfallintervention	79
		4.4.1 Sich schnell orientieren trotz unvollständiger Information (qualitative Dimension): das Konzept der Schlüsselsyndrome	79
		4.4.2 Methodisch vorgehen je nach Schweregrad der Störung (quantitative Dimension)...	80
		4.4.3 Methodisch vorgehen je nach Stadium der Intervention (zeitliche Dimension)...	80
	4.5	Methodische Prinzipien der Notfallintervention...........................	81
	4.6	Fazit und Ausblick..	83
	Literatur		84

5 Konzept eines Trainingsseminars für Berater*innen und Psychotherapeut*innen zur Suizidprophylaxe **85**
Wolfram Dorrmann

	5.1	Voraussetzungen bei Therapeut*innen für die Arbeit mit Suizidalen ...	86
		5.1.1 Bearbeitung eigener suizidaler Tendenzen............................	86
		5.1.2 Ängste von Therapeut*innen	86
		5.1.3 Therapeutisch günstige Grundeinstellungen zum Suizid..........	87
		5.1.4 Sensibilität für Übertragungs- und Gegenübertragungsprozesse...	87
	5.2	Diagnostik der Suizidalität...	87

	5.3	Strategien und Techniken im Umgang mit Selbsttötungsabsichten	89
		5.3.1 Ein Prozessmodell und allgemeine Hinweise zu Krisengesprächen...	89
		5.3.2 Rapport zu Patient*innen herstellen	89
		5.3.3 Zeit gewinnen und Brücken bauen................................	89
		5.3.4 Antisuizid-Verträge...	91
		5.3.5 Konfrontation mit rationalen Argumenten	97
		5.3.6 Konfrontation durch Imagination	98
		5.3.7 Arbeit mit Gefühlen..	99
		5.3.8 Stationäre Unterbringung...	100
	5.4	Übliche Fehler und riskante Interventionen	101
	5.5	Rechtliche Aspekte...	101
	5.6	Literatur und Adressen..	102
	Literatur		102

Teil II: Praxis – Mit den Nutzer*innen arbeiten

6	Freischwinger oder Wartebank? – Klient*innen zwischen Sozialpsychiatrischem Dienst und Krisendienst.................................		105
	Ilse Eichenbrenner und Detlev Gagel		
	6.1	Einführung...	105
	6.2	Das Arbeitsfeld	106
		6.2.1 Der Sozialpsychiatrische Dienst	106
		6.2.2 Klient*innen, Kund*innen, Nutzer*innen	106
		6.2.3 Der Alltag im Amt	107
	6.3	Die Zusammenarbeit der beiden Dienste: Freund*innen, Kolleg*innen, Kontrahent*innen?	108
		6.3.1 »Bitte wenden Sie sich außerhalb dieser Zeiten an den Krisendienst!«..	108
		6.3.2 Die Vermittlung: »Ich habe Ihre Nummer vom Krisendienst«...	111
	6.4	Die Dynamik zwischen den Diensten: »It takes two to Tango«	112
	6.5	In Zukunft: Allein machen sie dich ein..	113
	6.6	Fazit..	114
	Literatur		115

7	Wohnungslos und Wohnungsnot – Krisenhilfe aus sozialpsychiatrischer Perspektive		116
	Stefanie Schreiter und Stefan Gutwinski		
	7.1	Einleitung	116
	7.2	Definition – Obdachlosigkeit oder Wohnungslosigkeit?	117
	7.3	Wie häufig ist Wohnungslosigkeit?	117
	7.4	Wie häufig sind psychische Erkrankungen und wie verläuft damit der Weg in die Wohnungslosigkeit?..	118
	7.5	Besonders gefährdete Gruppen...	120
	7.6	Wohnungslos – was tun? Konkrete Hilfen im Versorgungssystem.......	121

		7.6.1	Was tun, wenn jemand wohnungslos ist und auf der Straße lebt?	121
		7.6.2	Drohender Wohnungsverlust – was tun?	121
		7.6.3	Mietschulden verhindern	123
	7.7	Allgemeine Handlungsorientierungen für die Hilfe wohnungsloser Menschen in Krisen		124
		7.7.1	Aufsuchende Versorgung	124
		7.7.2	Kollaboration und Kooperation – Vernetzung der Versorgungseinrichtungen für wohnungslose Menschen	125
		7.7.3	Information	125
	7.8	Schlusswort		125
	Literatur			126

8 Eine Krise, die viele Krisen entstehen lässt – Krisenintervention und geistige Behinderung ... 127
Jonathan Henssler und Carlos Escalera

	8.1	Einführung		127
	8.2	Die geistige Behinderung und ihre Klassifizierung		128
		8.2.1	Komorbidität	128
		8.2.2	Übertragbarkeit des Krisenbegriffes auf Menschen mit geistiger Behinderung	129
	8.3	Besonderheiten von geistiger Behinderung und Krisenbewältigung		129
		8.3.1	Strategien der Konfliktbewältigung	129
		8.3.2	Umgang mit der Zeit	131
	8.4	Krisen der Klient*innen, Krisen der Helfer*innen		132
	8.5	Dimensionen menschlicher Aggressivität		133
	8.6	Mit Eskalationen umgehen – Beispiele		134
		8.6.1	Beschleunigung der physiologischen Prozesse, der Emotionen, der Ereignisse	134
		8.6.2	Radikalisierung der Schlussfolgerungen und der Beurteilungen	135
		8.6.3	Einengung der Wahrnehmung	135
		8.6.4	Polarisierung Gut/Böse	135
		8.6.5	Erregung	136
	8.7	Berührungsängste der Helfer*innen		136
	8.8	Die Intervention in einer Akutsituation		137
	8.9	Fazit und Ausblick: Fachliche und persönliche Anforderungen an die Helfer*innen		139
	Literatur			139

9 »Fremde sind wir uns selbst« – Krisenintervention bei Migrant*innen und Geflüchteten ... 141
Eva M. Reichelt

	9.1	Einführung		141
	9.2	Hintergrund: »Die Migration als Trauma und Krise«		141
		9.2.1	Migration und Sprache	144

	9.2.2	Migration und Lebensalter	145
	9.2.3	Zweite und dritte Generation von Migrant*innen	146
	9.2.4	Migration und Geschlecht	146
	9.2.5	Das Konzept der sequentiellen Traumatisierung	147
9.3		Migrant*innen und Geflüchtete in der Krisenberatung: Wie geht es den Beratenden?	148
9.4		Haltungen in der Krisenberatung mit Geflüchteten und Migrant*innen	150
Literatur			152

10 »Eigentlich will ich leben, aber so wie jetzt kann ich nicht mehr weiter« – Krisenintervention bei Kindern und Jugendlichen ... 154
Sigrid Meurer

10.1	Zur Einführung		154
10.2	Krisen bei Kindern und Jugendlichen		155
	10.2.1	Krisen bei Kindern (bis zu einem Alter von ungefähr 12 Jahren)	155
	10.2.2	Krisen bei Jugendlichen (Alter von ca. 12 Jahren bis zum jungen Erwachsenenalter)	155
	10.2.3	Einige Risikofaktoren für die Entwicklung schwerwiegender Krisen im Kindes- und Jugendalter	156
10.3	Suizidalität bei Kindern und Jugendlichen		158
	10.3.1	Einige Signale und Alarmzeichen, die auf eine Suizidgefährdung hinweisen können	159
	10.3.2	Was empfinden suizidale junge Menschen?	160
	10.3.3	Umgang mit suizidgefährdeten Kindern und Jugendlichen	161
	10.3.4	Weitere wichtige Punkte bei der Beratung suizidgefährdeter junger Menschen	162
10.4	Beispiele für Krisensituationen im Zusammenhang mit Kindern und Jugendlichen im Krisen- und Rettungsdienst		163
	10.4.1	Unterbringung eines Elternteils nach PsychKG	163
	10.4.2	Einsätze nach Schadensereignissen	164
	10.4.3	Überbringen von Todesnachrichten	164
10.5	Fazit: Wer bringt nun Licht ins Chaos?		165
Literatur			166

11 »Alter schützt vor Torheit nicht!« – Alterskrisen als Aufgabe der Krisenintervention ... 167
Burkhart Brückner

11.1	Einführung	167
11.2	Die Grundhaltung und das Basiswissen	168
	11.2.1 Die verstehende Grundhaltung	169
	11.2.2 Ältere Klient*innen im Krisendienst	170
	11.2.3 Beziehungskonflikte im Alter	171
	11.2.4 Altersdepressionen und Suizidalität	171
	11.2.5 Altersverwirrtheit und Demenz	173

	11.3	Über den Umgang mit verwirrten älteren Menschen	174
		11.3.1 Fallbeispiel	174
		11.3.2 Kommentar zum Fallbeispiel	175
		11.3.3 Validation in der Krisenintervention	175
	11.4	Die institutionelle Vernetzung und die Rolle der Helfenden	176
	Literatur		177
12	**Krisenintervention bei Menschen, die psychoaktive Substanzen konsumieren**		**179**
	Tomislav Majić und Stefan Gutwinski		
	12.1	Einleitung	179
	12.2	Welche Arten von Krisen können bei Menschen auftreten, die psychoaktive Substanzen konsumieren?	180
		12.2.1 Akute Komplikationen in Abhängigkeit von den eingenommenen Substanzen	180
		14.2.2 Entstehung von Sucht und Krisen bei Suchterkrankungen	182
	12.3	Welche Besonderheiten haben psychische Krisen bei Konsument*innen von psychoaktiven Substanzen?	183
		12.3.1 Konsumereignisse und Rückfälle als Indikatoren für Krisen bei der Behandlung von Abhängigkeitserkrankungen	184
	12.4	Welche therapeutischen Haltungen sind im Umgang mit Krisen bei Menschen, die psychoaktive Substanzen konsumieren, hilfreich?	185
		12.4.1 Das Modell »Stages of Change« von Prochaska & DiClemente	185
		12.4.2 Das Konzept des Motivational Interviewing nach Miller und Rollnick	187
	12.5	Wo finden Menschen, die psychoaktive Substanzen konsumieren, Hilfe in Krisen?	188
		12.5.1 Harm reduction und psychedelische Krisenintervention	189
	Literatur		190
13	**Krisenintervention bei psychotischen Krisen – Was wir von den Skandinaviern lernen können**		**192**
	Volkmar Aderhold		
	13.1	Einleitung	192
	13.2	Entwicklungsgeschichte	192
		13.2.1 Therapieversammlung bzw. Netzwerktreffen	193
		13.2.2 Therapeutische Prinzipien	193
		13.2.3 Weitere Besonderheiten	197
	13.3	Evaluation des bedürfnisangepassten Behandlungsansatzes und Dialogs	198
	13.4	An einem Praxisbeispiel soll der Ansatz weiter verdeutlicht werden	199
	13.5	Fazit und Ausblick	201
	Literatur		202

14	**Therapeutische Haltungen und unterstützende Interventionen für Menschen in Krisen, die unter einer Borderline Persönlichkeitsstörung leiden**..		**203**
	Claudia Schmitt und Stefan Gutwinski		
	14.1	Diagnosekriterien einer Borderline Persönlichkeitsstörung................	203
	14.2	Mögliche Ursachen für die Entwicklung einer Borderline Persönlichkeitsstörung...	204
	14.3	Hilfreiche therapeutische Haltungen	205
		14.3.1 Therapeutische Grundannahmen in der DBT	205
		14.3.2 Kernaspekte therapeutischen Handelns im Umgang mit Patient*innen mit BPS	205
	14.4	Was bedeutet dies für Kriseninterventionen?...........................	206
		14.4.1 »Normale« Krise in Abgrenzung zu Krise mit akuter Lebensgefahr und Gefahr eines potentiell lebensbedrohlichen Verhaltens..	207
		14.4.2 Mögliche Strategien in der Krise	207
		14.4.3 Aufbau von alternativen Fertigkeiten in der Krise................	208
	14.5	Was sonst noch hilfreich sein kann	211
	14.6	Fazit und Ausblick...	212
	Literatur		212
15	**Krisenintervention nach akuter Traumatisierung**..........................		**214**
	Katharina Purtscher-Penz und Bernhard Penz		
	15.1	Klassifikation traumatischer Lebensereignisse	215
		15.1.1 Unterscheidung nach Lebensereignissen	215
		15.1.2 Unterscheidung nach der Verursachung	215
		15.1.3 Unterscheidung nach traumatischen Situationsfaktoren..........	215
	15.2	Reaktionen im zeitlichen Verlauf	216
	15.3	Diagnostik..	217
		15.3.1 Akute Belastungsreaktion (F43.0), (Dilling & Freyberger, 2019)..	217
		15.3.2 Akute Belastungsreaktion bei Kindern und Jugendlichen	218
		15.3.3 Posttraumatische Belastungsstörung (PTBS) (F43.1), (Dilling & Freyberger, 2019)...	218
	15.4	Aufgaben und Ziele der Akutbetreuung....................................	219
		15.4.1 Interventionen in der Akutphase	219
		15.4.2 Erstversorgung von traumatisierten Menschen....................	220
		15.4.3 Besondere Hilfestellung für Kinder und Jugendliche in der Akutbetreuung..	221
	15.5	Rollenvielfalt und das Zusammenspiel verschiedener Ebenen der Krisenintervention...	222
	Literatur		223

16	**Umgang mit gewalttätigen Patienten – Prinzipien der Deeskalation** **225**	
	Manuel Rupp	
	16.1 Gewalttätigkeit in psychiatrischen Institutionen	225
	16.1.1 Was ist Gewalt, Aggression, Eskalation?	225
	16.2 Die Dynamik der Gewalttätigkeit	226
	16.3 Der Umgang mit den Risiken	228
	16.3.1 Risiken erkennen	228
	16.3.2 Risiken durch professionelle Deeskalation vermindern	231
	16.3.3 Risiken durch Vorbeugung in der Institution vermindern – ein Beispiel	234
	16.3.4 Risiken durch eine Kultur von Respekt, Anerkennung und Verbindlichkeit vermindern	236
	16.4 Fazit und Ausblick	239
	Literatur	239

17	**Endlich traue ich mich – Chancen und Herausforderungen der Online-Beratung für Betroffene sexualisierter Gewalt**	**240**
	Petra Risau	
	17.1 Die Bedeutung der Online-Beratung für Betroffene von sexualisierter Gewalt	240
	17.2 Besonderheiten, Chancen und Möglichkeiten der Online-Beratung für Betroffene von sexualisierter Gewalt	242
	17.2.1 Erkenntnisse und Erfahrungen	242
	17.2.2 Zu Beratungsverlauf und Ziel der Beratung	244
	17.3 Ausblick	247
	Literatur	248

Teil III: Krisenintervention aus Sicht der Angehörigen und Krisenerfahrenen

18	**Krisenintervention – (k)ein Angebot für Psychiatrie-Betroffene? – Krisenintervention aus antipsychiatrischer Sicht**	**253**
	Iris Hölling	
	18.1 Begriffsklärungen: Wer sind Psychiatrie-Betroffene?	253
	18.2 Kritik am bestehenden (Berliner) Kriseninterventionssystem	254
	18.3 Wünsche von Psychiatrie-Betroffenen an Kriseninterventionsangebote...	255
	18.3.1 Die Wahl haben	256
	18.3.2 Zugangshürden abbauen	256
	18.3.3 Anforderungen an Professionelle	257
	18.4 Fazit	259
	Literatur	259

19	**Krisenintervention aus der Perspektive der »Vielmelder/Heavy User« eines Krisendienstes**	**261**
	Anja Link und Christiane Tilly	

20		**Leidenschaftlich gefordert, selten erreicht – Krisenhilfe aus Sicht der Angehörigen**	**270**
		Reinhard Peukert	
	20.1	Einführung...	270
		20.1.1 Die Situation der Angehörigen	270
		20.1.2 Persönliche Vorbemerkung oder: vom Profi zum Angehörigen...	271
	20.2	Leben mit einem psychisch kranken Familienmitglied...................	273
		20.2.1 Ein Prozess...	273
		20.2.2 Exkurs: Der Einrichtungstyp »Familie« ist gegenwärtig nicht nur das Größte, sondern auch das flexibelste Angebot der (Gemeinde-)Psychiatrie	274
		20.2.3 Die Lebenssituation aller Familienmitglieder verändert sich positiv – aber die Ungleichzeitigkeit der psychiatrischen Reformprozesse bleibt	274
	20.3	Krisendienste bieten unbeabsichtigte Lernchancen.......................	276
		20.3.1 Was Krisendienste leisten	276
		20.3.2 Krisendienst oder Krisenhilfe-Funktion?.........................	277
		20.3.3 Die Grenze von Krisendienst und »klassischer« Krisenfunktion...	278
	20.4	»Der Familiengast« – die etwas andere Intervention in »sub-akuten Krisen«...	279
	20.5	Schlussbemerkung..	280
	Literatur	....	281
Stichwortverzeichnis		....	**283**

Das Buch stellt sich vor

Wolf Ortiz-Müller, Silke Gahleitner und Stefan Gutwinski

Wir freuen uns sehr, Ihnen die dritte Auflage des Handbuches »Praxis Krisenintervention« vorstellen zu können. Um den aktuellen Entwicklungen im Bereich der Krisenintervention in besonderem Maße Rechnung zu tragen, haben wir neue Autor*innen gewonnen, deren Beiträge sich zu einer neuen Gesamtkonzeption zusammenfügen. Andere Artikel sind von Grund auf überarbeitet und aktualisiert worden; leider haben wir uns von einigen Beiträgen schweren Herzens verabschieden müssen. Eine ganz entscheidende Veränderung zur vorhergehenden Ausgabe besteht darin, dass wir Stefan Gutwinski als Co-Herausgeber in der Nachfolge von Ulrike Scheuermann, der wir weiterhin verbunden sind, gewinnen konnten. Er setzt in der vorliegenden Ausgabe vor dem Hintergrund seiner langjährigen Arbeit in der Psychiatrie neue Akzente und eröffnet damit einen noch leichteren Zugang zu einer großen Gruppe unserer bisherigen Leser*innen[1], den Student*innen und Mitarbeiter*innen unterschiedlicher Fachrichtungen des psychiatrischen Feldes.

Praxis Krisenintervention, diese Kurzformel schien uns dennoch – auch für die dritte Auflage des vorliegenden Buches – am besten geeignet, unser Anliegen auf den Punkt zu bringen: Wir, die Herausgeber*innen und die Mehrzahl der Autor*innen kommen aus der Praxis und schreiben für die Menschen in der Praxis. Dementsprechend ist auch das Spektrum der Berufsgruppen, die wir mit diesem Buch ansprechen möchten, wieder ebenso breit aufgefächert wie in der letzten Ausgabe. Unter »helfenden« Berufen verstehen wir dabei nicht nur Ärzt*innen, Psycholog*innen, Sozialarbeiter*innen und Pflegekräfte in der psychosozialen Versorgung, sondern in ähnlicher Weise auch Betreuer*innen nach dem Betreuungsgesetz und Fachkräfte innerhalb der Feuerwehr, der Polizei und anderer Rettungsdienste, die mit Krisen alltäglich oder auch nur gelegentlich zu tun haben.

Nach den Grundsatzartikeln, die eine Einführung und einen Überblick geben möchten, behalten wir die Orientierung an den Praxisfeldern bei, da sie sowohl »Neulingen« als auch »alten Hasen« ermöglicht, die bisherigen Kenntnisse über Krisenintervention zu überprüfen und zu erweitern. Keiner kann in allen Bereichen der Krisenintervention gleichermaßen fit sein. Wenn dann im eigenen Arbeitsumfeld eine Krise umsichtiges Handeln verlangt, deren Umstände hier praxisnah beschrieben werden, so ist es der Anspruch des Handbuchs, damit eine erste Orientierung zu ermöglichen. Dieses Buch will, dass praktisch Tätige es »zur Hand nehmen«, dann »die Sache in die Hand nehmen«, vielleicht gelegentlich sogar Klient*innen »an die Hand nehmen« (sie aber auch rechtzeitig wieder loslassen!), und dass wir über dieses Arbeiten mit den Nutzer*innen nachlesen und reflektieren können.

---

1 Wir haben uns in der dritten Auflage für das »Gender*« entschieden, um der Diskussion Rechnung zu tragen, dass es mehr Identitäten gibt, als die binäre Geschlechterlogik (männlich/weiblich) zulässt. Die daraus für manche resultierende Irritation beim Lesen muten wir Ihnen in der Annahme zu, dass auch unsere Lese-und Denkgewohnheiten sich aktualisieren dürfen.

Krisenintervention galt einst als exotisches Pflänzchen innerhalb der psychiatrischen Landschaft, für das einige Pionier*innen unter den Psychiater*innen, Psycholog*innen und Sozialarbeiter*innen eigene Räume erkämpft hatten: die Kriseninterventionsstationen innerhalb psychiatrischer Abteilungen oder auch ambulante Krisendienste in der Gemeindepsychiatrie. Heute ist Krisenintervention als Thema – und häufig genug bereits als eigenes Tätigkeitsfeld – in nahezu jeder Einrichtung präsent, die mit Menschen arbeitet, seien sie nun krank oder behindert oder »einfach nur« Menschen, die in einer Lebenskrise stecken. Ambulante Krisendienste in einem ausgebauten gemeindepsychiatrischen System gehören eigentlich längst zum fachlichen Standard, sind jedoch bis heute nicht flächendeckend tatsächlich auch eingerichtet. Um diesen Sachverhalt differenziert zu verstehen, müssen die Hintergründe der Krisenhilfe eingehender reflektiert werden.

I   Theorie – Krisenintervention verstehen

Im ersten Teil des Buchs *Theorie – Krisenintervention verstehen* suchen fünf Beiträge ganz unterschiedliche, gleichwohl aufeinander bezogene Zugänge zur Krise und Krisenintervention. Sie spannen einen Bogen von aktuellen gesellschaftlichen Entwicklungen über Krisenmodelle hin zu strukturellen Notwendigkeiten für adäquate Krisenhilfe. Hilfe für Krisenhelfer*innen und die Weiterbildung in der Kernproblematik der Suizidalität runden diese Einführung ab.

Kapitel 1
Angesichts der weltweiten Krisenerscheinungen, die nicht nur wirtschaftliche und politische Umwälzungen nach sich ziehen, sondern auch tief in den sozialen Nahraum hineinwirken, erscheint der Einführungsartikel aktueller denn je. Heiner Keupp erläutert in seinem Beitrag *Die Normalität der Krise oder die Krise der Normalität. Krisenpotenziale im globalisierten Netzwerkkapitalismus* unter Referenz auf Gegenwartsanalysen der Soziologie die Allgegenwärtigkeit von Krisenerfahrungen. Für das Anliegen dieses Buchs spielen die Konsequenzen für insbesondere sozial benachteiligte Bevölkerungsgruppen innerhalb dieses »spezifisch postmodernen Angstmilieus« eine wichtige Rolle.

Kapitel 2
Krisenintervention - Theorie, Handlungsmodell und praktisches Vorgehen nennt Wolf Ortiz-Müller seinen neu gestalteten und erweiterten Überblicksartikel, der die Entwicklungsgeschichte des Krisenverständnisses und der Krisenintervention nachzeichnet, ohne die die aktuellen Ausdifferenzierungen der Krisenbeschreibungen nicht verständlich wären. Er widmet sich den spannenden Diskussionen, was unter Krisenbewältigung zu verstehen ist und stellt ein Handlungsmodell in sechs Schritten vor, das die Interventionen im praktischen Vorgehen strukturieren kann.

Kapitel 3
Fragen und Themen, die Keupp in seinem sozialpsychologisch-gesellschaftlichen Beitrag aufwirft, finden im Beitrag von Silke Birgitta Gahleitner eine Entsprechung auf der Ebene des Individuums und seiner sozialen Einbindung als weitreichenden Unterstützungsfaktor im tagtäglichen krisenbedrohten Geschehen. Unter dem Titel *»Ohne sie wäre ich sicher nicht mehr da«: zur Bedeutung von Bindung, Beziehung und Einbettung bei schweren und wiederholten Krisenerfahrungen* führt sie in die Komplexität sozialer Einbettungsprozesse in der Behandlung schwerer und wiederholter Krisen ein. Dabei zeigt sich auch: Ohne ein Wissen um einerseits soziale und gesellschaftliche Prozesse und andererseits klinische Phänomene wie kumulative und komplexe Traumata sind manche Folgeerscheinungen und Bewältigungsstrategien, zu denen insbesondere auch Suizidalität und Selbstverletzung gehören, schwer verständlich und damit auch schwer behandelbar.

Kapitel 4
Der Beitrag von Manuel Rupp *Was hilft den Krisenhelfer*innen? –Kurze Praxis der Notfall-*

und Krisenintervention beschreibt die wesentlichen Unterscheidungsmerkmale zwischen Notfall und Krise und stellt die jeweils spezifischen Vorgehensweisen, wenn die Helfenden im ambulanten Setting den Ort der Krise aufsuchen, anschaulich in prägnanten »Checklisten« dar.

Kapitel 5
Wolfram Dorrmanns Beitrag *Konzept eines Trainingsseminars für Berater*innen und Psychotherapeut*innen zur Suizidprophylaxe* schlägt gleich drei Fliegen mit einer Klappe: Die Leser*innen lernen ein in seiner langjährigen Praxis bewährtes didaktisches Konzept der Weiterbildung zu diesem Thema kennen. Zweitens erhalten sie Anregungen für die Auseinandersetzung mit den eigenen Anteilen im Umgang mit suizidalen Menschen und sie lernen drittens praxisnah, wie auch bei starker Selbstgefährdung noch therapeutisch interveniert werden kann.

II Praxis – Mit den Nutzer*innen arbeiten

Der zweite Teil des Buchs nimmt in 12 Kapiteln besondere Zielgruppen der Krisenintervention in den Fokus. Der Aufbau ermöglicht es den Leser*innen rasch die Spezifika einer Klientel oder eines Settings nachzuschlagen, um ihr Wissen zu vertiefen oder sich für eine Kontaktaufnahme mit vielleicht weniger vertrauten Krisensituationen zu präparieren.

Kapitel 6
Detlev Gagel und Ilse Eichenbrenner skizzieren in ihrem Beitrag *Freischwinger oder Wartebank? – Klient*innen zwischen Sozialpsychiatrischem Dienst und Krisendienst* die Verbindungen und Übergänge der Krisenintervention, die vom Sozialpsychiatrischen Dienst zum ambulanten Krisendienst bestehen. Hier wie dort wird Krisenintervention betrieben, der jeweilige Auftrag und Rahmen zeigen aber große Unterschiede – die Nutzer*innen auch?

Kapitel 7
Diesen Aspekt greifen Stefanie Schreiter und Stefan Gutwinski aus einer anderen Perspektive auf. Unter dem Titel *Wohnungslos und Wohnungsnot – Krisenhilfe aus sozialpsychiatrischer Perspektive* geben Sie Einblick in die Welt von Menschen, die aus vielen Netzen herausgefallen sind, die ihren »Ort« verloren haben und für die der Ortswechsel das Konstante ist: Wohnungslose in Krisen. Wie können wir verhindern, dass diese Menschen durch die Maschen des Hilfenetzes zwischen Suchthilfe, sozialpsychiatrischer Hilfe und Wohnungslosenhilfe fallen?

Kapitel 8
Komplexer Problemlagen spielen im Beitrag von Johannes Henssler und Carlos Escalera eine entscheidende Rolle. *Eine Krise, die viele Krisen entstehen lässt – Krisenintervention und geistige Behinderung* macht deutlich, wie stark die gegenseitige Beeinflussung von Helfer*innensystem und Klient*innen ist und wie sensibel demzufolge interveniert werden muss, um Eskalationen auf beiden Seiten zu vermeiden. Die Autor*innen geben Hinweise, wie Krisen bei Menschen mit geistiger Behinderung erkannt, verstanden und behandelt werden können. Woran erkennen wir, wann es sich bei den Krisenzuständen der geistig Behinderten im Kern um Krisen des Helfersystems handelt? Wie intervenieren wir, um latenter und manifester Gewaltausübung strukturell zu begegnen?

Kapitel 9
Eva Reichelt nennt ihren Beitrag .*»Fremde sind wir uns selbst« – Krisenintervention bei Migrant*innen und Geflüchteten*, und weist paradigmatisch auf die Unumgänglichkeit der Selbstreflexion der Helfer*innen hin, um das vermeintlich Fremde verstehen zu können. Menschen, die nach Deutschland eingewandert oder geflohen sind, stellen ebenso wie jene, die vielleicht schon in zweiter oder dritter Generation hier leben, besondere Anforderungen an unser Selbstverständnis als Helfer*innen. Wie können sprachliche, aber auch kulturspezifische Besonderheiten hin-

sichtlich Krankheit, Hilfestellung und Erwartungshaltung berücksichtigt werden?

Kapitel 10

Das Thema der Erreichbarkeit beschäftigt Sigrid Meurer im Bereich der Kinder- und Jugendarbeit. »Eigentlich will ich leben, aber so wie jetzt kann ich nicht mehr weiter« – *Krisenintervention bei Kindern und Jugendlichen* nennt sie ihren anschaulichen Beitrag, in dem deutlich wird, dass es besondere Angebote geben muss, um Jugendliche zu erreichen und um ihren Krisen gerecht zu werden. Ein großer Schwerpunkt liegt dabei auf der Suizidgefährdung.

Kapitel 11

Burkhard Brückner nähert sich in seinem Beitrag *»Alter schützt vor Torheit nicht« – Alterskrisen als Aufgabe der Krisenintervention* dem entgegengesetzten Ende der Lebensspanne: Die alten Menschen, die stärker noch als andere Altersgruppen als suizidgefährdet gelten müssen. Eingebunden in das System der Familien oder der Altenhilfe – oder aus beidem herausgefallen – stellt sich die Frage, welche Herangehensweisen sich empfehlen, die den Besonderheiten des Alters gerecht werden.

Kapitel 12

Tomislav Majic und Stefan Gutwinski legen in ihrem Kapitel *Krisenintervention bei Menschen, die psychoaktive Substanzen konsumieren* die Hintergründe für das Entstehen von Substanzgebrauchsstörungen, sowie hilfreiche therapeutische Haltungen im Umgang mit diesen Menschen dar.

Kapitel 13

Unter dem Titel *Krisenintervention bei psychotischen Krisen – Was wir von den Skandinaviern lernen können* bringt Volkmar Aderhold die Ergebnisse seiner Forschungen und Erfahrung in den deutschen Psychiatrie- und Krisendiskurs ein. Psychosen als eine mögliche Ausprägungsform von Krisen bedürfen sowohl eines spezifischen Umgangs als auch eines außerstationären Settings, um frühzeitig und effektiv unter Einbeziehung des Betroffenen und seines familiären bzw. sozialen Umfelds bearbeitet zu werden und einer Chronifizierung entgegenzuwirken.

Kapitel 14

Claudia Schmitt und Stefan Gutwinski schildern in dem Kapitel *Therapeutische Haltungen und unterstützende Interventionen für Menschen in Krisen, die unter einer Borderline Persönlichkeitsstörung leiden* ganz konkret mögliche Haltungen und Strategien im Umgang mit Menschen mit Borderline Störungen. Das Kapitel ist aus dem Klinikleitfaden der Psychiatrischen Universitätsklinik im St. Hedwig Krankenhaus entstanden, welcher über Jahre von Psycholog*innen, Pflegekräften, Ärzt*innen Sozialarbeiter*innen und anderen Mitarbeiter*innen entwickelt wurde.

Kapitel 15

Unter dem Titel *Krisenintervention nach akuter Traumatisierung* führen Katharina Purtscher-Penz und Bernhard Penz in die theoretischen Grundlagen und die Praxis der Akutintervention im Traumabereich ein. Sowohl für betroffene Erwachsene als auch Kinder und Jugendliche stellen sie sowohl Basiswissen als auch praxisnahe Strategien vor, die helfen, Akutintervention sinnvoll und schonend zu gestalten und Menschen in dieser Situation wieder Hoffnung zu vermitteln.

Kapitel 16

Manuel Rupp widmet sich in seinem Beitrag dem *Umgang mit gewalttätigen Patient*innen: Prinzipien der Deeskalation* und stellt dabei die Komplexität Opferschaft – Täterschaft und den professionellen Umgang mit diesen hoch belastenden Dynamiken in den Vordergrund.

Kapitel 17

Ein Bereich, der sich extrem rasant weiterentwickelt hat, ist die Krisenberatung im Internet. Petra Risau hat hierfür ihren Beitrag *Endlich traue ich mich – Chancen und Herausforderungen der Online-Beratung für Betroffene sexualisierter Gewalt* komplett neu überarbeitet. Der Onlinebereich ist ein stark angewachsener Bereich, der die Hilfelandschaft radikal verändert hat und immer weiter verändern wird. Dies hat auch Rückwirkungen auf die Angebote des traditionellen »Face-to-Face-

Kontakts«. Ein wichtiger Grund, diesen Entwicklungen nicht hinterherzulaufen, sondern die Relevanz für das eigene Institutionenprofil zu überprüfen.

III Krisenintervention aus Sicht der Angehörigen und Krisenerfahrenen

Die ersten beiden Teile des Buchs sind jeweils aus der Sicht der professionellen Helfer*innen auf spezifische Zielgruppen geschrieben. Zwar reflektieren sich auch die Helfenden in ihren jeweiligen Rollen und sind darum bemüht, das Hilfesystem und die Angehörigen in ihr Denken und ihre Interventionen miteinzubeziehen, jedoch kommen die Betroffenen und Angehörigen nicht selbst zu Wort. Daher widmet sich der dritte Teil des Buchs Beiträgen, die die Perspektive umkehren und aus je eigener Betroffenheit einen Blick auf das Hilfesystem und die in ihm Tätigen werfen.

Kapitel 18
Iris Hölling setzt sich in ihrem Artikel *Krisenintervention – (k)ein Angebot für Psychiatriebetroffene? – Krisenintervention aus antipsychiatrischer Sicht* mit der Frage auseinander, was das Hilfesystem den Psychiatriebetroffenen zu bieten hat oder wo es eher mit seiner Gewaltförmigkeit Selbsthilfepotenziale untergräbt. Unter dem Stichwort »was stattdessen hilfreich wäre« formuliert sie Herausforderungen an professionelle Helfer*innen, die deren Berufsethos verändern könnten.

Kapitel 19
Anja Link und Christiane Tilly schildern, ebenfalls aus Betroffensicht ihre persönlichen Erfahrungen mit dem Hilfesystem in ihren suizidalen und mit Selbstverletzung verbundenen Krisen. Entstanden ist der für diese Auflage nochmal deutlich aktualisierte Beitrag *Krisenintervention aus der Perspektive der »Vielmelder/Heavy User« eines Krisendienstes*, der für Nutzer*innen, ihre Angehörigen sowie Helfer*innen gleichermaßen wertvolle wie praxisrelevante Einblicke in subjektives Krisenerleben gewährt.

Kapitel 20
In seinem Beitrag *Leidenschaftlich gefordert – selten erreicht. Krisenintervention aus Sicht der Angehörigen* vertritt Reinhard Peukert konsequent die Perspektive der Angehörigen, die sich häufig von den Krisen ihrer Kinder, Partner, Geschwister oder Eltern überfordert und vom Hilfesystem im Stich gelassen fühlen. Die zugrundeliegende Fragestellung ist: Wie sähe die Hilfe aus, die die Angehörigen selbst formulieren und in den Trialog von Angehörigen, Betroffenen und Profis mit einbringen? In jedem Falle würde sie sich mehrdimensionaler, nicht so punktuell und »lediglich notfallorientiert« gestalten.

Berlin, im Herbst 2020
Wolf Ortiz-Müller, Stefan Gutwinski und Silke Birgitta Gahleitner

Danksagung

Wir danken all jenen Menschen, ohne deren Begleitung, Unterstützung und kritische Reflexion dieses Buch nicht möglich gewesen wäre.

An erster Stelle möchten wir den »alten« und »neuen« Autor*innen für ihre ausgearbeiteten Beiträge danken. Den »Alten« danken wir für die Mühen der Durchsicht und Aktualisierung, die vielfach mit einer Rundum-Überarbeitung verbunden war. Den »Neuen« danken wir dafür, dass sie mit ihrer Expertise die bereits in sich schlüssige Erstauflage um weitere Facetten der Krisenintervention bereichern.

Auch die dritte Auflage entwickelte sich aus einem fruchtbaren Dialog zwischen Herausgeber*innen und Autor*innen, dessen Gegenstand die je einzelnen Beiträge sowie ihre Verknüpfung untereinander waren. Davon konnten und können, so glauben wir, beide Seiten, vor allem aber auch die Leser*innen profitieren.

Wir haben mit Freude festgestellt, dass das Buch sich nicht nur als Arbeitsmaterial für unsere eigenen Fortbildungen in Ausbildungsinstituten und bei freien Trägern eignet, sondern auch an vielen Hochschulen von Dozenten für ihre Seminare über Krisenintervention genutzt wird. Diesen möchten wir an dieser Stelle, ebenso wie den zahlreichen Rezensent*innen, die den Band positiv kritisch würdigten, danken. Wir hoffen, mit der vorliegenden dritten Aauflage eine ebenso anregende wie brauchbare Arbeitsgrundlage für die Weiterbildung vorlegen zu können.

Wir danken unseren Lektorinnen Annika Grupp und Manuela Pervanidis für ihre gute Betreuung und immerwährende Ansprechbarkeit über alle Phasen des Entstehungsprozesses.

Für die Unterstützung bei der Erstellung des Index und der Textdurchsicht danken wir Frau Klara Ronzheimer und Frau Sonja Radde.

Und nicht zuletzt danken wir unseren Familien und Freund*innen, die ein weiteres Mal unsere Launen aus- und uns den Rücken freihielten.

Herbst 2020
Wolf Ortiz-Müller, Silke Birgitta Gahleitner und Stefan Gutwinski

# Teil I: Theorie – Krisenintervention verstehen

1 Die Normalität der Krise oder die Krise der Normalität. Krisenpotenziale im globalisierten Netzwerkkapitalismus

Heiner Keupp

> Eine Welt im Krisenmodus ist normal geworden. Unsere Vorstellungen von Krise gehen von einer dramatischen Veränderung der psychischen und/oder gesellschaftlichen Bedingungen aus, die eine normale alltägliche Lebensführung gewährleistet haben. Sie gehen meist aber auch davon aus, dass die Krise bewältigt und ein Zustand an Normalität wiedergewonnen werden kann. Dieses Modell scheint seit Längerem nicht mehr zu funktionieren. Ob es um nationale oder globale Krisen geht, sie nehmen kein Ende: Finanzkrise, Flüchtlingskrise, populistische Massenbewegungen, Gewalt und Terror. Die Hoffnung, dass die politischen Institutionen die Lösungskompetenzen haben, solche Krisen dauerhaft zu bewältigen und eine Normalitätsordnung (wieder) sicherzustellen, ist bei vielen Menschen verloren gegangen. Wir erleben eine Welt in einem ausgeprägten Erschöpfungszustand.

Die Begriffe Normalität und Abweichung benennen ein Koordinatensystem, das im Alltag, aber auch in den entsprechenden professionellen Diskursen Grenzen für gesellschaftlich akzeptiertes Erleben und Verhalten zieht. Im Alltag sprechen wir problemlos davon, dass etwas »normal« sei. Jede Kultur hat ihre eigenen Vorstellungen von »Normalität« und »Abweichung«, und innerhalb einer Kultur lässt sich in historischer Perspektive zeigen, dass sich Normalitätsvorstellungen wandeln. Solche Vorstellungen sind für die Ordnung eines sozialen Systems unverzichtbar, und sie sind für die Individuen in einer Gesellschaft hoch bedeutsam. Sie liefern Kriterien für die Zugehörigkeit zu einer sozialen Welt, aber auch für den Ausschluss (die Soziologie spricht von »Inklusion« oder »Exklusion«).

Differenzierte moderne Gesellschaften haben Professionen, Institutionen und Dienstleistungssektoren geschaffen, die die Grenze von Normalität und Abweichung »bewachen« und kontrollieren bzw. Menschen durch Beratung und Therapie auf den »Pfad der Normalität« bringen sollen. Psychiatrie, Psychotherapie, Sozial- und Sonderpädagogik oder Kriminologie haben genau dadurch ihr Mandat erhalten. Sie haben differenzierte Klassifikationssysteme geschaffen, die das Abweichungsfeld ordnen, und sie haben ein diagnostisches Handwerkszeug entwickelt, das eine möglichst zuverlässige Zuordnung von Anzeichen für eine Devianz zu der spezifischen Ordnungskategorie leisten soll.

1.1 Wächter der Normalität

Gibt es objektivierbare Kriterien für Normalität und Abweichung? Den Anspruch für solche Differenzkriterien hatte lange die Psychiatrie und in ihrem Gefolge auch die klinische Psychologie. Bis in die Gegenwart dieser Disziplinen wird deutlich, mit welcher Selbstverständlichkeit, aber auch mit welchen teilweise fatalen Konsequenzen dieser Anspruch vertreten wurde. Dass sich die Psycho-Expert*innen schon immer als aktive Produzent*innen und Wächter*innen von Normalitäten verstanden und dabei jeweils aus den dominanten Selbstverständnis- und Normalitätsbeständen ihrer Kultur, Klasse und Gesellschaftsformation geschöpft haben, wird in einem historischen Streifzug schnell deutlich.

Gesundheitsexpert*innen haben sich schon immer nicht nur auf das Kurieren von Krankheiten beschränkt, sondern sich auch Gedanken über Lebensformen und ihre Auswirkungen auf Gesundheit und Krankheit gemacht. Sie haben sich häufig ihre eigenen Gesellschaftstheorien entworfen, innerhalb derer sie die speziellen gesellschaftsinterventionistischen Handlungsimperative für Ärzt*innen bestimmen konnten.

Hierbei hat es fatale Fehlbewertungen gegeben. Als Beispiel wäre Kurt Hildebrandt (1923) zu nennen, Psychiater und Mitglied des Stefan-George-Kreises, der in seinem Buch »Norm und Entartung des Menschen« ein Koordinatensystem bestimmt, bei dem Abweichungen als Entartung bezeichnet werden. Bei Emil Kraepelin und Ernst Rüdin ausgebildet, beteiligte er sich auch an der Psychiatrisierung von Akteur*innen der Räterepublik, denn Personen, die sich an einer Revolution beteiligen, können nur außerhalb der Normalität angesiedelt sein (Hildebrandt, 1920). Hildebrandt war auch ein früher Vertreter der Rassenpsychologie, die seinem Denken eine biologische Grundlage lieferte, und es überrascht keineswegs, dass er auch ein offensiver Vertreter der eugenischen Bewegung war. Ob er auch an Euthanasieprogrammen beteiligt war, ist nicht belegt.

Aber auf der Basis dieses eliminatorischen Koordinatensystems konnte sich im nationalsozialistischen Staat eine mörderische Selektionspraxis entwickeln, die in den Euthanasieprogrammen hunderttausende von Menschen das Leben gekostet hat. Hier wurde die diagnostizierte Abweichung von der Norm zu einem Todesurteil oder führte zu einer Zwangssterilisierung. 1935 hat z. B. Werner Villinger, ein Kinder- und Jugendpsychiater, in einem Vortrag Aussagen getroffen, die ihn als Euthanasiearzt prädestinierten:

> »Mit Schaudern denken wir an die Jahre nach dem Krieg zurück […]. Fortschrittsglaube, Freihandel, Frauenemanzipation, Pazifismus, Koedukation, Gleichheit aller Menschen, Aufklärung, Nacktkultur, vor allem aber ›Freiheit‹, und diese wieder am uneingeschränktesten auf dem Gebiete der ›Liebe‹, – wir kennen alle diese Schlagwörter und Bestrebungen, die in jener Zeit die Köpfe […] verwirrten […]. Bis endlich der langersehnte Umschwung kam und mit ihm biologisch fundiertes Denken und Handeln beim Staat und von da aus auch bei unserem ganzen Volk seinen Einzug hielt.« (Villinger, 1935, S. 247)

Bemerkenswert ist, dass Villinger, der als Begründer der deutschen Kinder- und Jugendpsychiatrie gilt, von 1934 – 1940 Direktor in Bethel war, von 1951 – 1953 Präsident der Gesellschaft Deutscher Neurologen und Psychiater und 1955/56 auch noch Rektor der Universität Marburg. Er ist außerdem (Mit-)Begründer der Lebenshilfe. Aufgegeben hat er sein Fadenkreuz von Normalität und Abweichung nie. So ließ er noch 1950 keinen Zweifel daran, wer die Deutungshoheit über Normalität und Abweichung hat: »Die Unterscheidung zwischen ›normal‹ und ›abnorm‹ kann nur der Psychiater treffen« (Villinger, 1950, S. 55).

Diese Deutungsdominanz war bis in die 1960er Jahre der kaum infrage gestellte Mainstream der Psychopathologie. Aber mit der kritischen Debatte über die katastrophalen Zustände in der Anstaltspsychiatrie, der 1969 in Auftrag gegebenen Psychiatrie-Enquête und mit der allmählichen Aufarbeitung der Beteiligung führender Vertreter der Psychiatrie an den Euthanasieprogrammen erhielt auch eine kritische Debatte zur soziokulturellen Konstruktion von Normalität und Abweichung erheblichen Aufwind. Sie ist engstens mit der sozialpsychiatrischen Reformbewegung der 1960er und 1970er Jahre verknüpft. Das »medizinische Modell« wurde radikal dekonstruiert.

1.2 Die Deutungshoheit des »medizinischen Modells« verliert an Bedeutung

Der kulturrevolutionäre Zweifel, aus dem die Student*innenbewegung ihre kritische Potenz bezog, sah in dem vorherrschenden Krankheitsbegriff ein Disziplinierungsmittel, mit dem alle Widerstandsformen gegen die Eindimensionalität der bürgerlich-kapitalistischen Gesellschaftsordnung erstickt werden sollten. Zentral war die »Befreiung« aus dem paradigmatischen Gefängnis des »medizinischen Modells«. Es entstand eine bemerkenswerte Resonanz für die Debatten um Normalität und Abweichung und für »gute Gründe«, in einer »verrückten Gesellschaft« verrückt zu werden. Es gab einen Diskurs zur Überwindung (klein)bürgerlicher Normalitätsgehäuse, und die »Verrückten« wurden als Avantgarde idealisiert, die sich bereits auf eine »Reise« begeben hatten, auf der wir ihnen möglichst bald nachfolgen sollten.

Herbert Marcuse war für die Debatten der damaligen Zeit einer der wichtigsten Ideengeber. Wiederentdeckt wurde damals ein Vortrag von ihm (Marcuse, 1968), in dem er 1956 auf einem Kongress amerikanischer Psychiater*innen die Frage stellte, ob angesichts der Irrationalität der gesellschaftlichen Verhältnisse, die in Rüstung, Verkehr, Umweltzerstörung und Ausbeutung ein historisch einmaliges Destruktionspotenzial entfalten, die Anpassung daran als Pathologie der Normalität zu bezeichnen wäre und nicht das Verweigern der Anpassung als psychisch krank.

Nur eingebettet in diesen intensiven fachlichen und politischen Kampf um eine angemessene Sicht auf psychosoziales Leid wird verständlich, wie leidenschaftlich die Kontroverse um das »medizinische Modell« geführt wurde (Keupp, 1972, 1979).

Eröffnet wurde diese Kontroverse durch einen Aufsatz, den Thomas S. Szasz 1960 im »American Psychologist«, dem wichtigen Fachorgan der American Psychological Association (APA), dem American Psychologist, publizierte. Szasz, an der State University of New York psychoanalytisch ausgebildeter Psychiater, löste eine intensive Diskussion um das bislang vorherrschende Krankheitsmodell in der Psychopathologie aus. Seine Kritik hatte eine doppelte Zielrichtung: Einerseits bestritt er die Berechtigung, ein biomedizinisches Modell auf das menschliche Handeln zu übertragen. Das sei erkenntnistheoretisch nicht vertretbar, weil es das Handeln biologistisch verkürze. Außerdem sei es ethisch fragwürdig, weil es dem Subjekt die Handlungsfreiheit abspreche. Andererseits machte er das »medizinische Modell« verantwortlich für eine höchst fragwürdige gesellschaftliche Rolle der Psychiatrie, die die Bearbeitung gesellschaftlicher Konflikte und Widersprüche, die seiner Auffassung nach das Leiden der Menschen erzeugten, verhindere. Dadurch übernehme sie die Funktion eines »sozialen Tranquilizers«, der verhindere, dass

Konflikte bearbeitet und ausgetragen würden. Insofern leiste sie einen fragwürdigen Beitrag, den gesellschaftlichen Status quo zu sichern.

Diese Doppelbotschaft, erkenntnistheoretisch und herrschaftskritisch zugleich, hat Szasz in den 1960er und 1970er Jahren eine große Resonanz verschafft, zumal er ein Buch nach dem anderen schrieb.[1] Sie alle sollten seine ursprüngliche Kernkritik weiter ausformulieren:

1. Anschlussfähig waren seine Argumente für die sich entwickelnde Klinische Psychologie und vor allem für die expansiv auftretende Verhaltenstherapie, die sich ein eigenständiges Fachprofil in klarer Absetzung vom »medizinischen Modell« erhoffte (exemplarisch sei das Lehrbuch von Ullman & Krasner, 1969, genannt). Wenn man sich von einer naturgeschichtlich gedachten Biogenese psychischen Leids mit guten Argumenten absetzen kann, haben *psycho- und soziogenetische Zugänge* eine große Durchsetzungschance.
2. Einem Wissenschaftsverständnis, das auf ontologische Wahrheiten ausgerichtet war – und so wurden auch die Krankheitseinheiten der Psychopathologie verstanden –, wird von Szasz (1960) ein *konstruktivistisches Wissenschaftsmodell* entgegengesetzt. Die Konstruktion der gesellschaftlichen Wirklichkeit war vor allem durch die Soziologie (Berger & Luckmann, 1966/1982) und die Philosophie (Searle, 1995/2011) zu einer wichtigen Analyseperspektive geworden, weil sie die Möglichkeit eröffnet hat, starre Welt- und Fachinterpretationen zu dekonstruieren und die Frage zu stellen, welche soziokulturellen Kontextbedingungen die Bedeutungen aufladen, die wir Subjekten und ihrer Welt zuschreiben. Und zugleich enthält diese Perspektive die Möglichkeit, alternative Bedeutungszuschreibungen zu entwickeln und für ihre Geltung zu kämpfen.
3. Die Kritik am medizinischen Modell wurde auch durch Forschungsbefunde aus der *transkulturellen Psychiatrie* und der Ethnopsychoanalyse gestützt. In der deutschen Debatte war vor allem Erich Wulff (1969) von überragender Bedeutung, der als junger deutscher Psychiater nach Vietnam ging und dort die Erfahrung machte, dass die Kernsymptome etwa der Schizophrenie in Vietnam nicht genauso verstanden und eingeordnet wurden, wie er sie in seiner westdeutschen Sozialisation zu diagnostizieren gelernt hatte. Die europäische Sicht des Individuums, das eine klare und abgegrenzte Ichvorstellung unterstellt, führt dazu, Personen, die diese Vorstellung nicht entwickelt haben, als psychisch krank zu benennen. In Vietnam hingegen werden Menschen, die sich durch ihre Individualitätskonstruktionen aus dem kulturellen Kollektiv herauslösen, nicht als psychisch krank eingeordnet. Wulff (1969) konnte zeigen, wie stark die gesellschaftlichen Produktionsbedingungen die Vorstellungen von Normalität und Devianz bestimmen.

Einer *herrschaftskritischen Sichtweise* der Psychiatrie und auch der traditionellen Klinischen Psychologie hat der Text von Szasz (1960) insofern eine wichtige Steilvorlage geliefert, als er ein theoretisches Modell nicht nur als kognitiv-wissenschaftliche Figur kritisierte, sondern auch dessen gesellschaftlich-politischen Konsequenzen thematisierte. So war es möglich, die institutionellen Muster »totaler Institutionen« (Goffman, 1961/1972) und de-

---

[1] Seine Publikationstätigkeit hat sich bis in die jüngste Zeit gehalten (z. B. Szasz, 2007, 2008, 2009, 2011). Nicht unerwähnt bleiben darf, dass Szasz – laut Wikipedia – »zusammen mit der Scientology-Organisation […] die amerikanische ›Citizens Commission on Human Rights‹ (CCHR)« (https://de.wikipedia.org/wiki/Thomas_Szasz, Zugriff am 21.10.2019) gründete, sich aber »distanzierte […] von dem Eindruck, dass diese Zusammenarbeit mehr als ein Zweckbündnis und dass er selbst Scientologe sei« (ebd.; vgl. auch Bracken & Thomas, 2010).

ren Folgen für psychiatrische Patient*innen zu identifizieren, die die klassische Psychopathologie umstandslos als integralen Bestandteil des Krankheitsverlaufes interpretierten. Die empirischen Studien zu den Hospitalisierungsschäden in psychiatrischen Krankenhäusern (vgl. Finzen, 1974) lieferten für diese Dekonstruktion genügend praktische Belege.

Sehr prominent wurde in dieser Zeit die »Labeling-Perspektive«. Diese thematisiert und untersucht die jeweils für eine Gesellschaft typischen institutionellen Reaktionsmuster auf abweichendes Verhalten und wie diese den »Karriereverlauf« einer Devianz durch ihren spezifischen Prägestempel erheblich mitbestimmen (Keupp, 1976).

1.3 Der integrative Brückenschlag von George L. Engel

Die Diskussion um das »medizinische Modell« war jetzt an einem Punkt angelangt, wo sie noch einmal von George L. Engel, einem renommierten amerikanischen Psychiater und Psychosomatiker, resümiert werden konnte. In diesem Artikel wird die reduktionistische Tendenz des traditionellen Krankheitsbegriffs kritisiert und festgehalten, »das den wissenschaftlichen Aufgaben und der sozialen Verantwortung von Medizin« (Engel, 1977/1979, S. 64) nicht mehr gerecht werde. Ausgangspunkt seiner Argumentation war der Begriff Krankheit. Dieser lege »die Grenzen angemessenen professionellen Handelns« (Engel, 1977/1979, S. 64) fest und beeinflusse »die Einstellung zu und den Umgang mit den Patienten« (Engel, 1977/1979, S. 64). Seine Kritik zielt im Kern darauf, dass Krankheit im biomedizinischen Modell nur durch somatische Parameter definiert werde, was in der Konsequenz bedeute, dass bei seiner solchen professionellen Perspektive psychosoziale Probleme ausblendet oder als irrelevant beiseitegelassen würden. Engel (1977/1979) forderte deshalb, dass psychologische, soziale und kulturelle Faktoren besonders berücksichtigt werden sollten. Er erachtete die Lebensumstände als bedeutsame Variable, die den Krankheitsverlauf beeinflussten. Zudem betonte er, dass die Grenzen zwischen Gesundheit und Krankheit bei Weitem nicht klar seien und es auch niemals sein könnten, denn sie würden durch kulturelle, soziale und psychologische Erwägungen verwischt. Schon begrifflich wird die Trias zentraler menschlicher Basisbedingungen genannt: Bios, Psyche und Soziales. Dieser Vorschlag entsprach auch den Kooperationsformen zwischen unterschiedlichen Professionen, die sich in der Sozial- und Gemeindepsychiatrie herausbildeten. In den ambulanten sozialpsychiatrischen Einrichtungen wurden Ärzt*innen, Psycholog*innen und Sozialarbeiter*innen zu multiprofessionellen Teams zusammengeführt. Hier ging es nicht mehr um Dominanzkultur eines spezifischen disziplinären Blicks. Vielmehr konnten sich über solides Kooperationswissen aller Beteiligten handlungspraktisch tragfähige gemeinsame Sichtweisen entwickeln. Aus einem dogmatischen »monotheistischen« Störungsverständnis war zunehmend eine tolerante »polytheistische« Perspektive entstanden (vgl. etwa das plurale Spektrum bei Jaeggi, Rohner & Wiedenmann, 1990; oder bei Franke, 2006). Dies lässt sich durchaus auch an der Entwicklung der internationalen Klassifikationssysteme wie ICD-10 (International Statistical Classification of Diseases and Related Health Problems, 10. Revision: WHO, dt. Ausgabe hrsg. von Dilling et al. 2015) oder DSM-5 (Diagnostic and Statistical Manual of Mental Disorders, 5. Revision: American Psychiatric Association, 2018) ablesen. Sie konstruieren eine Zusammenschau unterschiedlicher Achsen, wobei nicht nur biologisch-neurologische Fakten, sondern auch entwicklungspsychologische und soziale Kontextbedingungen einbezogen werden. Die frühe Forderung nach mehrfaktoriellen Modellen schien damit erfüllt zu sein.

Hat Engel (1977/1979) mit seinem Vorschlag einen historischen Kompromiss ermöglicht? Auf dem Feld der theoretischen Fechtübungen mag das so gewesen sein. Die Paradigmakontroversen flauten ab, und es zeichneten sich deutlich handlungspragmatische Lösungen ab, in denen die »heiligen Kriege« um die Wahrheit nicht mehr so bedeutsam waren.

1.4 Notwendigkeit einer Gesellschaftsdiagnostik

Das renommierte naturwissenschaftliche Journal »Nature« ruft im ersten Januarheft 2010 eine »Dekade für psychiatrische Störungen« (Campbell, 2010) aus. Begründet wird diese Priorität damit, dass psychische Störungen wie Schizophrenie und Depressionen die vorherrschenden Störungen der Altersgruppe von 15 – 44 Jahre ausmachten. Hinzu kommt die wachsende Anzahl von ADHS-Diagnosen bei Kindern. Die Behandlung dieser Störungen machen etwa 40 % der medizinischen Kosten in den USA und Kanada aus. Die biologische Psychiatrie reklamiert für sich die zeitgemäßen Erklärungen und Therapien!

Die Deutsche Gesellschaft für Psychiatrie, Psychotherapie und Nervenheilkunde (DGPPN) bezieht sich ausdrücklich auf diese Position von »Nature« (Campbell, 2010) und fordert 2010 ein »Deutsches Zentrum für Psychische Störungen«. Begründet wird diese Forderung damit, dass die psychischen Störungen eine Volkskrankheit seien, die sich in den modernen Gesellschaften sukzessiv ausweiteten. Die Zeit sei reif für eine wissenschaftliche Revolution! Was darunter genau zu verstehen ist, wird von wichtigen Vertretern der DGPPN so ausgeführt:

> »Die rasche Entwicklung von Forschungsmethoden in der Genomik (parallele Erfassung einer Vielzahl von genetischen und funktionellen Varianten) und Bildgebung haben unser Wissen über psychische Krankheiten in relativ kurzer Zeit enorm bereichert. So wurden auch neue Methoden in die Psychiatrie übernommen, so z. B. die genetische Epidemiologie, die systemischen Neurowissenschaften, funktionelles Neuroimaging, Genomic Imaging oder Proteomik. Ein erheblicher Erkenntniszuwachs resultiert auch aus der Entwicklung von innovativen Tiermodellen. Ein weiterer zukünftiger Entwicklungsschritt ist von der Stammzelltechnologie zu erwarten, mit welcher zellbiologische Modelle für psychische Erkrankungen entwickelt werden könnten.« (Schneider, Falkai & Maier, 2012, S. 14)

Hat diese Programmatik noch etwas gemeinsam mit dem biopsychosozialen Modell von Engel? Wo ist der Bezug auf die psychische Situation, die sozialen Lebensbedingungen und auf ökologische Systemfaktoren? Bei aller Begeisterung für die Biosphäre der menschlichen Existenz, die durch die Neurowissenschaften und die Genforschung ausgelöst wurde, fragt man sich, ob denn auf dieser Grundlage etwa die Zunahme von Burn-out und Depressionen oder Zuwachsraten bei den ADHS-Diagnosen erklärt werden können. Und es stellt sich die Frage, ob angesichts eines offensiven Rebiologisierungsprozesses in der Psychiatrie und zunehmend auch in der Psychologie die von Engel (1977/1979) vorgeschlagene Balance zuungunsten der Sozialwissenschaften verloren geht und deshalb jetzt eine selbstbewusste sozialwissenschaftliche Initiative im Sinne einer expliziten »Gesellschaftsdiagnostik« (Keupp, 2013) und eine »Re-Sozialisierung« von Normalität und Abweichung notwendig sind.

Ein neuer Höhepunkt im revitalisierten Medikalisierungstrend ist mit dem DSM-5 erreicht, bei dem immer weiter in den Alltag eingreifenden Pathologisierungshaltung auch in der psychiatrischen Fachszene heftige Kritik ausgelöst hat. Exemplarisch dafür steht die Streitschrift von Allen Frances (2013), die unter dem Titel »Normal. Gegen die Inflation psychiatrischer Diagnose« in deutscher Sprache erschien. Frances ist kein psychiatriekritischer Geist, sondern gehört zum fachlichen Establishment und war verantwortlicher Vorsitzender der Kommission, die das DSM-5 erarbeitet hatte. Der Autor reflektiert seine eigene frühere Rolle und zeigt auf, wie problematisch es ist, wenn neue Krankheitsbilder konstruiert werden, die vor allem der Pharmaindustrie neue Profitmöglichkeiten eröffnet. Beim DSM-5 sieht er vor allem die Gefahr, dass zum Alltag und zum menschlichen Leben gehörende Sorgen und Gefühlslagen zu psychischen Krankheiten umgedeutet werden (vgl. die kritischen Analysen von Greenberg, 2013; Burstow, 2015).

Der unverzichtbare Beitrag der Sozialwissenschaften lässt sich exemplarisch an der Auseinandersetzung aufzeigen, warum die Depression – bis hin zur Weltgesundheitsorganisation – als »Volkskrankheit Nr. 1« bezeichnet wird. Der Buchtitel von Alain Ehrenberg (1998/2004) »Das erschöpfte Selbst« ist zum nichtfachlichen Synonym für den Zustand der Depression geworden, aber nicht im Sinne einer vermeintlich kontextfreien psychopathologischen Diagnostik, sondern als Teil einer Gesellschaftsdiagnostik, die einen Zusammenhang zwischen subjektiven Erfahrungen und gesellschaftlichen Entwicklungen herstellt.

In der Geschichte der Diskurse über Normalität und Abweichung haben sich charakteristische Verschiebungen der Deutungsmächte vollzogen. Solange Abweichung von der Norm als Verletzung einer Ordnung angesehen wurde, die einem göttlichen Schöpfungsplan folgt, gab es eine religiöse Deutungsdominanz. Mit der Verwissenschaftlichung des Devianzfeldes wurden höchst unterschiedliche Erklärungsmodelle für Abweichungen von der Norm formuliert. Das »Pathologiemodell« unterstellte spezifische Krankheitsursachen und -einheiten und suchte seine Gewissheiten über naturwissenschaftliche Erklärungen zu gewinnen. Die psychogenetischen Modelle haben unterschiedliche biografische Entwicklungsverläufe oder Lerngeschichten entwickelt, um Normalitätsverfehlungen erklären zu können. Erweitert werden diese noch durch soziogenetische Konzepte, die Devianzentstehung aus den sozialen Lebensbedingungen heraus plausibel machen. Diese Modelle haben sich mit ihren jeweiligen Alleinvertretungsansprüchen heftig bekämpft. Inzwischen hat sich auf breiter Grundlage eine konstruktivistische Perspektive durchgesetzt, die allen Wahrheitsansprüchen den Boden entzieht und Devianzkategorien den Status pragmatisch sinnvoller Konstrukte zuordnet, die wiederum den zuständigen Professionen Kommunikations- und Handlungssicherheit geben sollen. Von Bedeutung ist nicht mehr die »Wahrheit« von Normalität und Abweichung, sondern das Interventionspotenzial: Welche therapeutischen, beraterischen oder korrektiven Maßnahmen können oder sollen eingeleitet werden, um den Störungswert eines Verhaltens oder Erlebens so zu verändern, dass sie den normativen Erwartungen innerhalb einer jeweiligen Kultur besser entsprechen?

Gibt es aber in pluralen Gesellschaften überhaupt noch einheitliche Normalitätsstandards, oder besagt nicht die Feststellung, dass wir uns in einer postmodernen Gesellschaft befinden, dass »anything goes«? Innerhalb einzelner Lebenswelten und Milieus gibt es meist sehr klare Vorstellungen für das, was als Normalität und Abweichung angesehen wird, und hier entsteht auch der Ausgrenzungsdruck auf Menschen, die den Erwartungen nicht entsprechen, oder der Leidensdruck bei Personen, die den Erwartungen nicht entsprechen können, obwohl sie genau dies wollen.

Wenn Normalität und Abweichung als soziale Konstruktionen rekonstruiert werden können, ist es auch möglich, sie zu »dekonstruieren«. Dekonstruktion kann als »konstruktive Zerstörung und Demystifikation« angesehen werden. In aller Regel sind diese dekonstruktiven Prozesse eingebunden in soziale Bewegungen, die die soziale Wahrnehmung und die gesellschaftliche Stellung spezifischer Gruppen verändern wollen (von der Frauen-, der Schwulen- und Lesbenbewegung bis zur Behindertenbewegung). Wenn sie erfolgreich sind wie im Falle der Schwulenbewegung, gelingt es, eine sexuelle Orientierung, die über Jahrzehnte als pathologische Abweichung galt, in das Diskursfeld der Normalität zu verschieben.

Es gibt gute Gründe, sich von der Polarität von Normalität und Abweichung zu verabschieden und mehr danach zu fragen, welche Ressourcen Menschen in spezifischen Lebenssituationen brauchen, um zu einer souveränen Lebensführung zu gelangen.

1.5 Krise der Normalität und Normalität der Krise

Auch wenn sich reflektierte Vertreter*innen der Psychiatrie aktuell dem Thema Normalität zuwenden und viele der schon benannten kritischen Diskurse aufnehmen (vgl. Finzen, 2018), würden sie der radikalen Relativierung von Normalitätsprinzipien, die von Steingart (2011) vorgenommen wird, kaum zustimmen:

> »Wir selbst sind Gegenstand einer Transformation, die auf geheimnisvolle Weise in uns wirkt. Die Verrücktheit der Außenwelt spiegelt sich in uns wider. Es gibt kein richtiges Leben im falschen, sagte einst Theodor Adorno. Heute müsste man hinzufügen: Es gibt kein normales Leben in Zeiten sich auflösender Normalität. […] Wir erleben in unserer Gegenwart nicht das Ende der einen und den Beginn einer anderen Normalität, sondern das Ende von Normalität.« (Steingart, 2011, S. 136)

Dieser Text gehört zu den unzähligen Stimmen, die traditionelle Regulationsprinzipien des Alltags und gesellschaftlicher Abläufe infrage stellen. Das erzeugt Verunsicherungen und Krisen allüberall, und es stellt sich die Frage, ob in unserem Bewusstsein etwas zur Regel wird, was eigentlich den Ausnahmefall oder die Abweichung von der Normalität bezeichnen sollte. Wenn man sich umhört, wo über Krise gesprochen und wie das getan wird, fährt man gerade in den aktuellen politischen und gesellschaftlichen Diskursen unter dem Stichwort »Krise« eine reiche Ernte ein. Sich umhören heißt ja heute u. a., dass man seine Internet-Suchmaschinen anwirft.

1.6 Was ist Krise – sozialpsychologisch betrachtet

Margret Dross (2001) hat eine gut nachvollziehbare Definition von Krise vorgelegt und sagt, dass von einer Krise dann zu sprechen ist, wenn

- »ein Zustand psychischer Belastung eingetreten ist, der sich deutlich von der Normalbefindlichkeit einschließlich ihrer Schwankungen abhebt, als kaum mehr erträglich empfunden wird und zu einer emotionalen Destabilisierung führt,

- die widerfahrenen Ereignisse und Erlebnisse die bisherigen Lebensgewohnheiten und -umstände und die Ziele massiv infrage stellen oder unmöglich machen,
- die veränderte Situation nach Lösungen verlangt, die aber mit den bisher verfügbaren oder selbstverständlichen Möglichkeiten der Problemlösung oder Anpassung nicht bewältigt werden können.« (Dross, 2011. S. 10)

In dieser Begriffsbestimmung wird betont, dass eine Krise dadurch gekennzeichnet ist, dass Menschen aus der Normalität ihrer gewohnten und verlässlichen alltäglichen Selbstverständlichkeiten herausfallen. In diesen Selbstverständlichkeiten bündelt sich unser jeweils erreichtes Balancierungsverhältnis von inneren Welten mit dem, was wir als Realität erleben. In unserer alltäglichen Identitätsarbeit arbeiten wir an dieser Integration oder Passung (vgl. Keupp et al., 1999/2013).

Mit dem Verweis auf ein klassisches sozialwissenschaftliches Experiment möchte ich noch einmal die Bedeutung alltäglicher Routinen und Selbstverständlichkeiten für das herausarbeiten, was wir als »Normalität« bezeichnen könnten. Der nordamerikanische Ethnomethodologe Harold Garfinkel (1967) hat in seinem »Krisenexperiment« auf elegant-einfache und zugleich dramatische Weise gezeigt, wie Krisen auftreten, wenn uns die Basisselbstverständlichkeiten genommen werden. Er schickte seine Student*innen mit dem Auftrag ins Wochenende, sich zu Hause konsequent wie Gäste zu verhalten. Wenn Töchter oder Söhne diese Anweisung konsequent durchhielten, erzeugten sie Krisen in ihren Familien. Diese waren teilweise so heftig, dass besorgte Eltern die psychiatrische Krisenintervention eingeschaltet haben. Wenn eingespielte Regeln und Normen alltäglicher Lebensführung infrage gestellt oder außer Kraft gesetzt werden, beginnt der Boden unter uns zu schwanken. Krisen können durch akute lebensverändernde Ereignisse ausgelöst werden, die für einzelne Personen oder Mikrosysteme die Alltagsnormalitäten gefährden können. Es gibt aber auch Krisen der Normalität selber, wenn sich die Grundlagen eines soziokulturellen Systems so verändern, dass bislang tragfähige Schnittmuster der Lebensgestaltung ihre Tauglichkeit verlieren. In einer solchen »Normalitätskrise« befinden wir uns gegenwärtig, und genau dieses Stichwort soll meine weiteren Überlegungen bestimmen, auf die ich mit der folgenden These vorbereiten möchte:

In seinem klassischen Werk »Das Unbehagen in der Kultur« hat Sigmund Freud (1930) aufgezeigt, dass uns zivilisatorische Absicherungen zwar ein befriedetes Leben bringen können, uns aber auch um unser Glück »betrügen«. Ist das heute noch eine befriedigende Sicht? Ist mit dem Siegeszug der Globalisierung, dem digitalen Kapitalismus und dessen neoliberalem Menschenbild des fitten und ultraflexiblen Subjekts nicht längst der Sicherheitspfad verlassen? Wir leben in einer gesellschaftlichen Periode, in der sich in dramatischer Weise gewohnte Lebens- und Arbeitsformen verändern, ohne dass sich schnell wieder neue Lebensroutinen ausbilden. Diese gesellschaftlichen Veränderungen erleben viele Menschen als Befreiung aus traditionellen Lebensmodellen, sie sehen den gewachsenen Spielraum für die selbstbewusste Gestaltung offener Normalitäts- und Identitätsmodelle. Aber genauso viele Menschen reagieren angstvoll auf den Verlust von gewohnten Lebenskonzepten und Sicherheitsgaranten sowie auf eine ungesicherte Zukunft. Die erlebte Gegenwartsgesellschaft hat für das subjektive Umgehen mit diesen Erfahrungen noch keine »einbettende Kultur« geschaffen, in der das »Handwerk der Freiheit« hätte kollektiv gelernt werden können. Das aktuell hohe »Angstmilieu« ist eine Reaktion darauf.

Normalität heute – im Unterschied zu jener Phase, die als »Postmoderne« bezeichnet wird – ist kein »Freifahrtschein« für Lebenskünstler*innen, die nur noch ihren eigenen kreativen Intuitionen folgen. Auch wenn auf den Identitätsbaustellen nicht mehr nach kulturell normierten Bauplänen gearbeitet wird, herrscht dort kein Reich der Freiheit.

Es geht immer noch um Passung zwischen Subjekten und einem globalisierten Netzwerkkapitalismus, und die Identitätsarbeit der Person hat diese Passung zu erbringen. Die »Normalitätsschablonen« haben nicht mehr fixen Normen zu entsprechen, sondern bilden sich einen permanent steigernden Fitness-Parcours. Und »Fitness« bedeutet Affirmation. Und wenn Affirmation zur Normalität wird, ist sie ein »Krisentreiber«.

1.7 Die gesellschaftliche Auflösung stabiler Koordinaten

An den aktuellen Gesellschaftsdiagnosen hätte Heraklit seine Freude, der ja alles im Fließen sah. Heute wird uns eine »fluide Gesellschaft« oder die »liquid modernity« (Bauman, 2000) zur Kenntnis gebracht, in der alles Statische und Stabile zu verabschieden ist. In der Überschreitung bislang eingehaltener Grenzziehungen von Normalbiografien, Normalitäten und alltäglichen Selbstverständlichkeiten entstehen neue Arrangements und neue Kombinations- und Fusionsmöglichkeiten, die nicht mehr dem klassischen Muster sozialen Wandelns folgen. Nachdem Veränderungen zu einer großen Krise führen, können mit deren Bewältigung auch wieder neue stabile und berechenbare Geschäfts- und Lebensgrundlagen entstehen. Normalität wird sich wohl kaum mehr als ein relativ überdauernder stabiler Erwartungshorizont konstituieren. Vielleicht ist es eher die Gewissheit des »unheilbar« offenen Horizontes und der – je nach subjektiver Konstellation – gelassenen Sicherheit, in diesem widersprüchlich-offenen Prozess mit einer eigenen Identitätspositionierung zurechtzukommen (▶ Abb. 1.1).

Wenn wir uns der Frage zuwenden, welche gesellschaftlichen Entwicklungstendenzen die gesellschaftlichen Lebensformen der Menschen heute prägen, knüpft dies an den Gedanken des »Disembedding« (Giddens, 1990/1995) oder der Enttraditionalisierung an. Dieser Prozess lässt sich als tief greifende Individualisierung einerseits und als explosive Pluralisierung andererseits beschreiben. In dem Maße, wie sich Menschen herauslösen aus vorgegebenen Schnittmustern der Lebensgestaltung und zunehmend ein Stück eigenes Leben gestalten können, aber auch müssen, wächst die Zahl möglicher Lebensformen und damit möglicher Vorstellungen von Normalität und Identität. Peter Berger (1992/1994, S. 83) spricht von einem »explosiven Pluralismus«, ja von einem »Quantensprung«. Seine Konsequenzen benennt er so:

> *Die Moderne bedeutet für das Leben des Menschen einen riesigen Schritt weg vom Schicksal hin zur freien Entscheidung.* […] Aufs Ganze gesehen gilt […], daß das Individuum unter den Bedingungen des modernen Pluralismus nicht nur auswählen kann, sondern daß es auswählen *muß*. Da es immer weniger Selbstverständlichkeiten gibt, kann der Einzelne nicht mehr auf fest etablierte Verhaltens- und Denkmuster zurückgreifen, sondern muß sich nolens volens für die eine und damit gegen die andere Möglichkeit entscheiden. […] Sein Leben wird ebenso zu *einem Projekt* – genauer, zu einer Serie von Projekten – wie seine Weltanschauung und seine Identität.« (Berger, 1992/1994, S. 95; Hervorh. i. Orig.)

Als ein weiteres Merkmal der »fluiden Gesellschaft« (Bauman, 2000) wird die zunehmende Mobilität benannt, die sich u. a. in einem häufigeren Orts- und Wohnungswechsel ausdrückt. Die Bereitschaft zu diesen lokalen Veränderungen folgt vor allem aus der Logik der Arbeitsmärkte, die ein flexibles Reagieren auf veränderte Marktbedingungen erfordert und die immer weniger beständige Betriebszugehörigkeiten sichert. Der »flexible Mensch« (wie ihn Sennett 1998 beschrieben hat) – so

Reflexive Modernisierung: **fluide Gesellschaft**

Individualisierung

Pluralisierung

Dekonstruktion von Geschlechterrollen

Wertewandel

Disembedding

Globalisierung

Digitalisierung

Grenzen geraten in Fluss, Konstanten werden zu Variablen.
Wesentliche Grundmuster der fluiden Gesellschaft:

Entgrenzung	Fusion
• globaler Horizont	• Arbeit/Freizeit (mobiles Büro)
• grenzloser virtueller Raum	• Hochkultur/Popularkultur (z.B. Reich-Ranicki bei Gottschalk)
• Kultur/Natur z.B. durch Gentechnik, Schönheitschirurgie	• Crossover, Hybrid-Formate
• ‚Echtes'/‚Konstruiertes'	• Medientechnologien konvergieren
Durchlässigkeit	**Wechselnde Konfigurationen**
• größere Unmittelbarkeit: Interaktivität, E-Commerce	• flexible Arbeitsorganisation
• Fernwirkungen, Realtime	• Patchwork-Familien, befristete Communities (z.B. Szenen)
• öffentlich/privat (z.B. Webcams)	• modulare Konzepte (z.B. Technik)
• Lebensphasen (z.B. ‚junge Alte')	• Sampling-Kultur (Musik, Mode)

Neue Meta-Herausforderung: **Boundary-Management**

Abb. 1.1: Reflexive Modernisierung: fluide Gesellschaft, eigene Darstellung nach Barz, Kampik, Singer und Teuber (2001)

jedenfalls die überall verkündete Botschaft – muss sich von der Idee der lebenslangen Loyalität gegenüber einer Firma lösen, er muss sich in seinem Arbeitsmarktverhalten an die ökonomisch gegebenen Netzwerkstrukturen anpassen.

Individualisierung, Pluralisierung, Flexibilität und Mobilität gehören also immer mehr zu den Normalerfahrungen in unserer Gesellschaft. Sie beschreiben strukturelle gesellschaftliche Dynamiken, die die Lebensformen von Menschen heute prägen. Anthony Giddens (1999/2001), einer der wichtigsten sozialwissenschaftlichen Zeitdiagnostiker, hat aufgezeigt, dass ein so abstrakter Begriff wie Globalisierung dann anschaulich wird, wenn er auf seinen subjektiv erfahrenen Kern verdichtet wird:

»Die wichtigste der gegenwärtigen globalen Veränderungen betrifft unser Privatleben – Sexualität, Beziehungen, Ehe und Familie. Unsere Einstellungen zu uns selbst und zu der Art und Weise, wie wir Bindungen und Beziehungen mit anderen gestalten, unterliegen überall auf der Welt einer revolutionären Umwälzung. […] In mancher Hinsicht sind die Veränderungen in diesem Bereich komplizierter und beunruhigender als auf allen anderen Gebieten. […] Doch dem Strudel der Veränderungen, die unser innerstes Gefühlsleben betreffen, können wir uns nicht entziehen.« (Giddens, 1999/2001, S. 69)

Globalisierung verändert also den Alltag der Menschen in nachhaltiger Form und damit auch ihre psychischen Befindlichkeiten. Und dieser Alltag verändert sich so, dass es keinen Rückweg zu einer einfachen und überschaubaren Erfahrungswelt mehr gibt. Bezogen auf die Pluralisierung von Lebenswelten hat dies Isolde Charim (2018) eindrucksvoll aufgezeigt. Aber viele Menschen erleben gerade einen Veränderungsdruck, der ihnen Angst macht. Wird diese Angst zu stark und finden die Menschen keine produktiven Lösungen, entsteht leicht Gewalt, aber auch Apathie und Demoralisierung. Es können aber auch Ersatzlösungen Konjunktur bekommen: Ressentiments gegen alles Fremde und Neue, eine rückwärtsgewandte Verklärung der Vergangenheit. Sekten und politische Rattenfänger bieten »Lösungen«, die die Möglichkeit von Ordnung, Sicherheit und Klarheit suggerieren.

1.8 Wie produktive Angstbewältigung aussehen könnte

Wenn die kulturell eingeregelten Muster für die Auseinandersetzung und Bewältigung mit und von Krisen nicht mehr ausreichen, entstehen Ängste. Ja, Angst tritt auf, wenn im Alltag die Vertrauensgrundlage für unser Handeln infrage gestellt ist. In ihrer subjektiven Befindlichkeit sind Menschen von ihren Lebensbedingungen in hohem Maße abhängig. Sie benötigen gesicherte Alltagsfundamente. Ich muss mich beim Aufstehen darauf verlassen können, dass die meisten unserer normalerweise eingespielten Handlungsroutinen auch noch gültig sind und tragen. Aber das ist in einer Zeit hoher Wandlungsdynamik nicht immer der Fall. Es lässt sich ein weites Panorama von sozialen Krisen und Belastungen aufzeigen, die die Lebensführung, das konkrete Erleben und Handeln von Subjekten betreffen, also auch systematische Quellen für Ängste bilden können.

Entscheidend ist die Klärung der Ursachen der Ängste. Für alle Ängste, die nicht nur einen ganz privaten Hintergrund haben, sind kollektive Klärungen notwendig und darauf aufbauend konstruktiv-produktive Formen der Bewältigung, die nicht das einzelne Subjekt individualistisch zu suchen hat, sondern es bedarf gesellschaftlicher Lösungen.

Wie könnte gesellschaftliche Angstverarbeitung aussehen? Ich möchte den Blick auf drei Formen richten:

(1) Gesicherte Normalitätsschablonen: Naturkatastrophen, auch Kriege führen zu Angst, Krisen, Not und Leid in oft dramatischem Ausmaße. Aber sie verändern nicht unbedingt die bestehenden »Normalformtypisierungen«,[2] die Konzepte von Normalität. Sie stellen nicht nur für die positive Gestaltung von Biografien, Identitäten oder Berufskarrieren »einbettende Kulturen« dar, sondern auch für Krisen und Ängste. Christian von Ferber (1995) hat dies eindrucksvoll an der Verarbeitung der deutschen Katastrophen in diesem Jahrhundert aufgezeigt. Er geht von der These aus, dass

»gesellschaftliche Umbrüche zu individuellen Krisen (werden), wenn sie eine als selbstverständlich geltende Normalität bedrohen, gefährden oder aufheben. Gesellschaftliche Umbrüche sind mit individuellen Krisen durch Interpretationen von Situationen, durch Deutungen also verbunden. Für die politischen und für einige wirtschaftliche Veränderungen liegen aus den Erfahrungen in diesem Jahrhundert gesellschaftliche Deutungsmuster bereit, die diese Verknüpfungen herstellen und sie sinnhaft strukturieren. [...] Für die Folgen von Kriegen, politischen Systemwechseln, für wirtschaftliche Massenarbeitslosigkeit ist ein Zusammenhang zwischen gesellschaftlichen Umbrüchen und individuellen Krisen hergestellt und in kollektiven Deutungsmustern aufgearbeitet.« (Christian von Ferber, 1995, S. 18 f.)

Allerdings ist genau dieses Bewältigungsmuster heute brüchig geworden, wie Ferber ausführt:

---

2 Jürgen Link (2013, 2018) hat dafür den Begriff des »Normalismus« geprägt.

»Für die westlichen Industrieländer […] stellt sich gegenwärtig die Frage, ob die überkommenen Deutungsmuster ausreichen, ob die quantitativen Veränderungen im Wirtschaftswachstum und im Massenwohlstand nicht auch zu einem qualitativen Wandel, zu Einbrüchen oder Zäsuren in der als selbstverständlich geltenden Normalität geführt haben.« (Christian von Ferber, 1995, S. 18 f.)

Die Rückkehr zu einem solchen unverrückbaren Konzept von Normalität, an dem man den eigenen Lebensentwurf immer wieder ausrichten könnte, wird es nicht mehr geben. Es kommt vielmehr darauf an, in diesen Normalitätsveränderungen und -pluralisierungen eine Chance und eine Notwendigkeit zu sehen. Viele trauern Lebensmodellen hinterher, die zwar ein Gerüst für die individuellen Identitäten boten, aber zugleich den Charakter eines Korsetts oder einer Prothese hatten. Selbstgestaltung, die Möglichkeit zu einem eigenen Lebensentwurf – das sind neue Potenziale, die sichtbar gemacht werden müssen. Hier muss über die erforderlichen Ressourcen und Möglichkeiten gesprochen werden, materielle, soziale und psychische, die in unserer Gesellschaft immer ungleicher verteilt sind, und damit auch über die Lebenschancen.

(2) Soziale Bewegungen können individualisierte Ängste als kollektive Bedrohungen definieren und politische Veränderungsinitiativen aufbauen. So können Ängste als motivationale Basis für gesellschaftliches Umdenken produktiv werden. Die Reaktion auf die Reaktorkatastrophe von Tschernobyl mag hier als Beispiel dienen. Dieser menschheitsbedrohende Unfall hat nicht nur die Risiken der Kernkraft deutlich gemacht, er hat vor allem eine emotionale Tiefenwirkung erlangt, die sich in eindrucksvolle Widerstandspotenziale transformiert hat. Manuel Castells (1997/2002) fragt im zweiten Band seiner Trilogie (deutscher Titel: »Die Macht der Identität«) nach den Konsequenzen der globalisierten »Netzwerkgesellschaft« (Castells, 1997/2002, S. 60) für die Herausbildung kollektiver Identitäten. Er sieht zunächst den zunehmenden Funktionsverlust aller Formen von »legitimierender Identität« (Castells, 1997/2002, S. 8). Das sind jene Muster, die sich an den klassischen Spielregeln nationalstaatlicher Gesellschaften ausgerichtet haben. Als eine spezifische identitätspolitische Reaktanzbildung auf die »Netzwerkgesellschaft« (Castells, 1997/2002, S. 60), in der sich lokale und Verbindlichkeit vermittelnde soziale Beziehungen verflüchtigen, sieht er weltweit das Entstehen von fundamentalismusträchtigen Formen einer »Widerstandsidentität« (S. 10): Sie entstehen aus einer defensiven Identitätspolitik von Gruppen, sozialen Bewegungen oder auch einzelnen Personen, die sich gegen die vorherrschende Dominanzkultur der »realen Virualität« (S. 72) in der Gestalt von konstruierten kollektiven Wir-Figurationen wehren, die auf lokale, kulturelle oder religiöse Eindeutigkeiten und Grenzziehungen bestehen. Ihr Grundprinzip formuliert Castells (1997/2002) als »den Ausschluss der Ausschließenden durch die Ausgeschlossenen« (S. 11). Von diesen Reaktanzformen kollektiver Identität unterscheidet Castells das Muster der »Projektidentität« (S. 10). Ihr Entstehungsprozess läuft in aller Regel über irgendeine Form von widerständiger Identität, aber sie bleibt nicht in der Verteidigung partikularistischer eingespielter Lebensformen stehen, sondern entwirft Vorstellungen neuer selbstbestimmter Identitätsfigurationen in einer zivilgesellschaftlichen Perspektive, die in ihrem Anspruch universalistisch ausgerichtet ist. Projektidentitäten bilden sich in sozialen Bewegungen (z. B. in der Frauen- oder in ökologischen Bewegung) heraus.

(3) Auch wenn in einer individualisierten Gesellschaft die Basis für gesellschaftsweite Bewegungen schwieriger geworden ist, bleiben Chancen für die Vergesellschaftung der Angstsignale und Krisenerfahrungen in Gestalt von Selbsthilfegruppen und Projekten bürgerschaftlichen Engagements.

1.9 Schlussgedanke

Die psychosoziale Arbeit könnte für das Aufzeigen von Zusammenhängen zwischen krisenhaften gesellschaftlichen Lebensbedingungen und psychischen Problemen eine wichtige seismografische Funktion haben. Sie arbeitet an den Krisen der Subjekte und ist damit konfrontiert, dass ihnen die Ressourcen fehlen, die sie zu ihrer Bewältigung bräuchten. Die Häufung spezifischer Krisen und Störungsbilder verweist aber über das einzelne Subjekt hinaus und macht es erforderlich, den kulturell-gesellschaftlichen Hintergrund, der diese Krisen fördert, zu beleuchten und zu benennen. Sind die psychosozialen Professionen auf eine solche Aufgabe vorbereitet? Ist es noch ein Thema in psychotherapeutischen Kontexten, sich zu vergewissern, in welcher Gesellschaft wir uns eigentlich befinden und was es bedeutet, in einem solchen Rahmen psychotherapeutisch zu arbeiten?

Der Psychoanalytiker Cyrus Khamneifar (2008) stellt fest, »dass die kultur- und gesellschaftskritische Seite der Psychotherapie im ›offiziellen‹ klinischen Alltag unterrepräsentiert zu sein« (S. 4) scheint. Aber er wollte es genauer wissen und sich nicht nur auf unsystematische Impressionen verlassen. Vor allem ist ihm aufgefallen, dass in den eher informellen Gesprächen durchaus über gesellschaftliche Veränderungen und ihre Auswirkungen auf das eigene Leben und das der Klient*innen gesprochen wurde. Aber die Frage blieb, wie sich solche Diskurse auf die fachlich-psychotherapeutische Arbeit auswirken. Er hat Psychotherapeut*innen folgende Frage gestellt, auf die noch weitere differenzierende Fragen folgten: »Erleben Sie den gesellschaftlichen Wandel oder anhaltende gesellschaftliche Veränderungsprozesse in der Gesellschaft, und wenn ja, wie?« (Khamneifar, 2008, S. 8).

Thematisiert wurde der Weg zu postmodernen Familienverhältnissen, in denen sich auch das Geschlechterverhältnis aus traditionellen Genderkonstruktionen herauslöst. Es wird deutlich, dass sich die Sozialisationsbedingungen für Heranwachsende strukturell verändern. Der Strukturwandel der Arbeitswelt führt zu weniger stabilen Karrieren und Sicherheiten. Der von der Wertewandelforschung untersuchte säkulare Wertewandel wird von den Psychotherapeut*innen klar benannt und vor allem der immer höhere Stellenwert des Anspruchs auf Selbstverwirklichung in seiner durchaus ambivalenten Form thematisiert. Als komplementär-widersprüchliches Muster wird die Sehnsucht nach Heimat und sozialer Verortung herausgestellt. Die immer stärker erlebte Unsicherheit und Ungewissheit befördern die Suche nach Wissen, aber auch nach Strategien mit Erfahrungen des Nichtwissens oder der »Unlesbarkeit« der Welt, wie es Richard Sennett (1998) formuliert.

Im nächsten Schritt fasst Khamneifar (2008) die spätmodernen Anpassungsversuche der Subjekte an ihre strukturell veränderte Alltagswelt zusammen, und auch hier erweisen sich die Befragten als sensible Beobachter*innen. Sie sprechen Phänomene an wie die Fitnessideologie, Anspruch auf Selbstmanagement, Konsumismus, wachsenden Leistungsdruck, unaufhaltsame Beschleunigung, zunehmenden Jugendlichkeitskult und Abhängigkeit von neuen Technologien. Auch bei der Frage, welche Folgen der gesellschaftliche Wandel für die Psychotherapie hat, zeigen sich die Gesprächspartner*innen von Khamneifar (2008) als durchaus problembewusst. Sie thematisieren bei den Rahmenbedingungen psychotherapeutischen Handelns eine problematische Ökonomisierung, Modularisierung und Medikalisierung. Ebenso werden die im gesamten Sozial- und Gesundheitssektor einsetzende sogenannte »Qualitätssicherung« und die damit verbundenen »staatlichen und quasi-staatlichen (Selbst-)Verwaltungsreglementierungen« (Khamneifar, 2008, S. 182) angesprochen. Mich hat die gesellschaftliche Problemsensibilität der befragten Psychotherapeut*innen beeindruckt. Sie unterscheidet sich deutlich von der Fachliteratur, den Lehrbüchern (Ausnahme: Auckenthaler, 2012) und den Ausbildungscurricula. Hier ist es auf jeden Fall legitim, von Gesellschaftsvergessenheit zu sprechen.

Literatur

American Psychiatric Association (2018). Diagnostisches und Statistisches Manual Psychischer Störungen DSM-5®. Deutsche Ausgabe herausgegeben von P. Falkai, H.-U. Wittchen, mitherausgegeben von M. Döpfner et al. 2., korrigierte Auflage. Göttingen: Hogrefe.Auckenthaler, A. (2012). *Kurzlehrbuch Klinische Psychologie und Psychotherapie. Grundlagen, Praxis, Kontext.* Stuttgart: Thieme.

Barz, H., Kampik, W., Singer, T. & Teuber, S. (2001). *Neue Werte, neue Wünsche. Future Values. Wie sich Konsummotive auf Produktentwicklung und Marketing auswirken.* Düsseldorf: Metropolitan.

Bauman, Z. (2000). *Liquid modernity.* Cambridge: Polity Press.

Berger, P. L. (1994). *Sehnsucht nach Sinn. Glauben in einer Zeit der Leichtgläubigkeit.* Frankfurt: Campus (englisches Original erschienen 1992).

Berger, P. L. & Luckmann, T. (1982). *Die gesellschaftliche Konstruktion der Wirklichkeit. Eine Theorie der Wissenssoziologie* (5., unveränd. Aufl.). Frankfurt: Fischer (englisches Original erschienen 1966).

Bracken, P. & Thomas, P. (2010). From Szasz to Foucault: On the role of critical psychiatry. *Philosophy, Psychiatry & Psychology, 17,* 3, 219–228. Zugriff am 20.11.2018 unter https://www.researchgate.net/publication/236723731.

Burstow, B. (2015). *Psychiatry and the business of madness. An ethical and epistemological accounting.* New York: Palgrave-Macmillan.

Campbell, P. (2010). A decade for psychiatric disorders [Editorial]. *Nature, 463(1 [7277]),* 9. Zugriff am 19.11.2018 unter https://www.nature.com/articles/463009a.pdf. DOI 10.1038/463009a.

Castells, M. (2002). *Das Informationszeitalter – Wirtschaft, Gesellschaft, Kultur. Bd. 2: Die Macht der Identität.* Leverkusen: Leske + Budrich (englisches Original erschienen 1997).

Charim, I. (2018). *Ich und die Anderen. Wie die neue Pluralisierung uns alle verändert.* Wien: Zsolnay.

Dilling, H., Mombour, W. & Schmidt, M. H. (Hrsg.) (2015). Internationale Klassifikation psychischer Störungen ICD-10 Kapitel V (F), klinisch-diagnostische Leitlinien (10. Aufl. unter Berücksichtigung der Änderungen entsprechend ICD-10-GM 2015). Göttingen: Hogrefe.

Dross, M. (2001). *Krisenintervention.* Göttingen: Hogrefe.

Ehrenberg, A. (2004). *Das erschöpfte Selbst. Depression und Gesellschaft in der Gegenwart.* Frankfurt: Suhrkamp (französisches Original erschienen 1998).

Engel, G. L. (1979). Die Notwendigkeit eines neuen medizinischen Modells: Eine Herausforderung der Biomedizin. In H. Keupp (Hrsg.), *Normalität und Abweichung. Fortsetzung einer notwendigen Kontroverse* (S. 63–85). München: Urban & Schwarzenberg (englisches Original erschienen 1977).

Ferber, C. v. (1995). Individuelle Chancen – soziale Ressourcen in Zeiten gesellschaftlicher Umbrüche. In W. Senf & G. Heuft (Hrsg.), *Gesellschaftliche Umbrüche – Individuelle Antworten* (S. 11–21). Frankfurt: VAS.

Finzen, A. (Hrsg.). (1974). *Hospitalisierungsschäden in psychiatrischen Krankenhäusern. Ursachen, Behandlung, Prävention.* München: Piper.

Finzen, A. (2018). *Normalität. Die ungezähmte Kategorie in Psychiatrie und Gesellschaft* (Reihe: Zur Sache: Psychiatrie). Köln: Psychiatrie Verlag.

Frances, A. (2013). *Normal. Gegen die Inflation psychiatrischer Diagnosen.* Köln: Dumont (englisches Original erschienen 2013).

Franke, A. (2006). *Modelle von Gesundheit und Krankheit* (Reihe: Lehrbuch Gesundheitswissenschaften). Bern: Huber.

Freud, S. (1930). *Das Unbehagen in der Kultur.* Wien: Internationaler Psychoanalytischer Verlag.

Garfinkel, H. (1967). *Studies in ethnomethodology.* Englewood Cliffs, NJ: Prentice-Hall. Zugriff am 20.11.2018 unter https://archive.org/download/HaroldGarfinkelStudiesInEthnomethodology/.

Giddens, A. (1995). *Konsequenzen der Moderne.* Frankfurt: Suhrkamp (englisches Original erschienen 1990).

Giddens, A. (2001). *Entfesselte Welt. Wie die Globalisierung unser Leben verändert.* Frankfurt: Suhrkamp (englisches Original erschienen 1999).

Goffman, E. (1972). *Asyle. Über die soziale Situation psychiatrischer Patienten und anderer Insassen*. Frankfurt: Suhrkamp (englisches Original erschienen 1961).

Greenberg, G. (2013). *The book of woe. The DSM and the unmaking of psychiatry*. New York: Blue Rider Press.

Hildebrandt, K. (1920). Forensische Begutachtung eines Spartakisten. *Allgemeine Zeitschrift für Psychiatrie und psychisch-gerichtliche Medizin, 76*, 1, 479–518.

Hildebrandt, K. (1923). *Norm und Entartung des Menschen* (3., unveränd. Ts.). Dresden: Sibyllen-Verlag (Original erschienen 1920).

Jaeggi, E., Rohner, R. & Wiedemann, P. M. (1990). *Gibt es auch Wahnsinn, hat es doch Methoden. Eine Einführung in die Klinische Psychologie aus sozialwissenschaftlicher Sicht*. München: Piper.

Keupp, H. (Hrsg.). (1972). *Der Krankheitsmythos in der Psychopathologie. Darstellung einer Kontroverse* (Reihe: Fortschritte der klinischen Psychologie, Bd. 2). München: Urban & Schwarzenberg.

Keupp, H. (1976). *Abweichung und Alltagsroutine. Die Labeling-Perspektive in Theorie und Praxis*. Hamburg: Hoffmann & Campe.

Keupp, H. (Hrsg.). (1979). *Normalität und Abweichung. Fortsetzung einer notwendigen Kontroverse* (Reihe: Fortschritte der klinischen Psychologie, Bd. 17). München: Urban & Schwarzenberg.

Keupp, H. (2013). Wider die soziale Amnesie der Psychotherapie und zur (Wieder-)Gewinnung ihres gesellschaftsdiagnostischen Potentials. *Verhaltenstherapie & Psychosoziale Praxis, 45*, 1, 17–32.

Keupp, H., Ahbe, T., Gmür, W., Höfer, R., Mitzscherlich, B., Kraus, W. & Straus, F. (2013). *Identitätskonstruktionen. Das Patchwork der Identitäten in der Spätmoderne* (5., unveränderte Auflage). Hamburg: Rowohlt (Erstauflage erschienen 1999).

Khamneifar, C. (2008). *Gesellschaftlicher Wandel und Psychotherapie. Theoretische und empirische Positionen vor dem Hintergrund ausgewählter Gesellschaftsanalysen und unter besonderer Berücksichtigung der Psychoanalyse* (Reihe: Studienreihe psychologische Forschungsergebnisse, Bd. 136). Hamburg: Kovač.

Link, J. (2013). *Normale Krisen? Normalismus und die Krise der Gegenwart*. Konstanz: University Press.

Link, J. (2018). *Normalismus und Antagonismus in der Postmoderne. Krise, New Normal, Populismus*. Göttingen: Vandenhoeck & Ruprecht.

Marcuse, H. (1968). Aggressivität in der gegenwärtigen Industriegesellschaft. In H. Marcuse, A. Rapoport, K. Horn, A. Mitscherlich, D. Senghaas & M. Markovic, *Aggression und Anpassung in der Industriegesellschaft* (S. 7–29). Frankfurt: Suhrkamp.

Schneider, F., Falkai, P. & Maier, W. (2012). *Psychiatrie 2020 plus. Perspektiven, Chancen und Herausforderungen* (2., aktual. Aufl.). Berlin: Springer

Searle, J. R. (2011). *Die Konstruktion der gesellschaftlichen Wirklichkeit. Zur Ontologie sozialer Tatsachen* (2., unveränd. Aufl.). Frankfurt: Suhrkamp (englisches Original erschienen 1995).

Sennett, R. (1998). *Der flexible Mensch. Die Kultur des neuen Kapitalismus*. Berlin: Berlin Verlag (englisches Original erschienen 1998).

Steingart, G. (2011). Das ist doch nicht normal. Wie sich die Verlässlichkeit aus unserem Leben verabschiedet. *Der Spiegel*, 11.03.2011. Zugriff am 20.11.2018 unter http://www.spiegel.de/spiegel/print/d-77299788.html.

Szasz, T. S. (1960). The myth of mental ilness. *American Psychologist, 15*, 2, 113–118.

Szasz, T. S. (2007). *The medicalization of everyday life. Selected essays*. Syracuse, NY: Syracuse University Press.

Szasz, T. S. (2008). *Psychiatry. The science of lies*. Syracuse, NY: Syracuse University Press.

Szasz, T. S. (2009). *Antipsychiatry. Quackery squared*. Syracuse, NY: Syracuse University Press.

Szasz, T. S. (2011). *Suicide prohibition. The shame of medicine*. Syracuse, NY: Syracuse University Press.

Ullmann, L. P. & Krasner, L. (1969). *A psychological approach to abnormal behavior*. Englewood Cliffs, NJ: Prentice-Hall.

Villinger, W. (1935). Sittlichkeit als Grundlage der Volksgesundung. Vortrag, gehalten anlässlich der Jahresversammlung der Christlichen Arbeitsgemeinschaft für Volksgesundung am 25.6.1935. *Die Innere Mission, 30*, 8/9, 247–253.

Villinger, W. (1950). Psychologen oder Psychiater in der Jugendfürsorge? *Unsere Jugend, 2*, 1, 51–56.

Wulff, E. (1969). Grundfragen transkultureller Psychiatrie. *Das Argument, 11*, 1 [Nr. 50], 227–247.

2 Kriseninterventionen: Theorie, Handlungsmodell und praktisches Vorgehen

Wolf Ortiz-Müller

> Der Beitrag gibt einen Überblick über die Entstehung von Krisenintervention als eigenständigem Konzept der psychosozialen Wissenschaften. Krisenintervention war und ist immer wieder eine Antwort auf Anforderungen der Gesellschaft an die im Hilfesystem Arbeitenden. Unterschiedliche Autor*innen entwickeln Krisentheorien und beschreiben Handlungsmodelle, an denen sich die Praxis in spezifischen Einsatzbereichen orientiert. Deutlich werden die Schwierigkeiten exakter Klassifizierung der Krisenformen und der Abgrenzung zwischen »gesund« und »krank«. Die Auffächerung der Begrifflichkeit in Veränderungskrise, traumatischen Krise, Entwicklungskrise, Verlustkrise und des psychiatrischen Notfalls bezeichnet die vielfältigen Erscheinungen des Krisenerlebens. Dieses kann, je nach dem spezifischen Kontext, in dem professionelle Helfer*innen den Menschen in Krisen begegnen, auch variieren.
>
> Krisenintervention will durch aktiv-strukturierendes Vorgehen die der Krise innewohnenden Gefahren minimieren und die in ihr liegenden Chancen für die Klient*innen nutzbar machen. Anhand eines Handlungsmodells werden konkrete Vorgehensweisen skizziert und die professionellen Rahmenbedingungen der Krisenintervention beschrieben.

2.1 Krisentheorien

In den siebzehn Jahren nach der ersten Auflage 2004 sind weitere wichtige Beiträge erschienen, die uns helfen, das psychosoziale Krisengeschehen besser einzuordnen, jedoch ohne dass die seit der zweiten Hälfte des 20. Jahrhunderts entwickelten Krisentheorien in übergreifende Neukonzeptionen einmünden. Es lassen sich aber sowohl fundierte Überblicksarbeiten zur Bedeutung kritischer Lebensereignisse (Filipp & Aymans 2009) als auch differenzierende Werke zur Methodik und den Anwendungsmöglichkeiten von Krisenintervention (Stein, 2020) finden. Je nach Standpunkt und Arbeitsfeld der Autor*innen werden die tradierten Konzepte mal wohlwollender, mal kritischer gewürdigt. Um der entstandenen Vielfalt in der Krisenintervention gerecht zu werden, wird häufig ein ähnlicher Ansatz wie in diesem Band gewählt, nämlich die Auffächerung der Darstellung nach den mannigfachen Praxisfeldern (Riecher-Rössler, Berger, Yilmaz & Stieglitz 2004).

Aus benachbarten sozial- und gesundheitswissenschaftlichen Feldern sind neue Ansätze in die Krisenarbeit integriert worden wie umgekehrt das Verständnis der Krisenintervention Einzug in manche Bereiche gehalten hat, z. B. der klinischen Sozialarbeit (Ortiz-

Müller, 2008). In einer Gegenwart, in der gesellschaftliche Veränderungsprozesse rasant verlaufen und Sozialsysteme erodieren, während die Zwei-Klassen- Gesundheitsversorgung fortgeschrieben wird, erleben scheinbar »alte« Ansätze wie die der *Sozialen Diagnose* von Alice Salomon eine Wiederentdeckung (Salomon, 1926; Gahleitner, Pauls & Glemser, 2018). Ein psychosozialer, biografiesensibler Blick sollte danach in der Lage sein, beide Dimensionen des (Er-)Lebens, das Innerpsychische in seiner Wechselwirkung mit dem sozialen Kontext, miteinander zu verknüpfen.

Keupps Beschäftigung mit den Chancen und Risiken der Netzwerkgesellschaft (▶ Kap. 1 Keupp, sowie Keupp 2003) oder Lenz' Beiträge zur Bedeutung sozialer Netzwerke als Ressource in einer Gesellschaft, die von Fragmentierungsprozessen und raschem Wertewandel bzw. -verfall geprägt ist (Lenz, 2007; vgl. auch Nestmann, 2010), nehmen eine verstärkt sozialwissenschaftliche Perspektive ein und verdeutlichen die immanenten Schranken eines ausschließlich individualpsychologischen Verständnisses. Jedoch auch frühere Arbeiten aus dem sozialwissenschaftlichen Spektrum weisen bereits auf die Bedeutung sozialer Netzwerke für die Bewältigung postmoderner Lebensverhältnisse hin (Nestmann, 1988). Das soziologische Begriffspaar von Inklusion und Exklusion (Luhmann, 1999) dient dazu, gesellschaftliche Einschluss- bzw. Ausgrenzungsprozesse zu beschreiben, die wegen der häufigen Wechselwirkung von psychischen Störungen mit materieller Verarmung auch einen Großteil der Krisenklientel betreffen kann. Das gesellschaftliche Krisenerleben – trotz gewachsener Wirtschaftsleistung und scheinbar gestiegenem Wohlstand – drückt sich in der gesamten westlichen Welt in nationalistischen und oftmals rassistischen Selbstvergewisserungstendenzen aus. Diese beruhen auf einem »Wir« gegen »die Anderen«, egal ob für die Konstruktion des abgrenzenden »Anderen« Herkunft, Geschlecht, Religion oder Hautfarbe herangezogen werden (Mecheril, 2018).

Demgegenüber haben die Arbeiten zur Salutogenese (Antonovsky, 1997) und die Resilienzforschung (Werner, 2005; Welter-Enderlin & Hildenbrand, 2006) es vielen Professionellen ermöglicht, von der Defizitorientierung, vom Fokussieren auf die Mängel wegzukommen und stattdessen das Augenmerk darauf zu richten, wie trotz schwieriger Ausgangsbedingungen im Leben vieler Klient*innen deren (Über-)leben gewürdigt und gefördert werden kann. Ansätze der Prävention und des Empowerments bei unterschiedlichen Zielgruppen werden seit der Jahrtausendwende neu formuliert und finden sich in Arbeiten zur Krisenintervention wieder (Herriger, 2006; Lenz & Stark, 2002; Knuf, Osterfeld & Seibert 2007; Neumann, 2009). Der Begriff der Ressourcen hat die wohl stärkste Verbreitung in den Sozialwissenschaften gefunden; kaum ein Konzept möchte noch ohne Ressourcenorientierung auskommen (Schürmann, 2007).

Bereits 1993 hatte der Schweizer Psychiater Luc Ciompi geschrieben: »In den letzten 10–15 Jahren haben sich Krisentheorie und Kriseninterventionspraxis in eine unübersichtliche Vielfalt aufgefächert« (S. 15) Diese Tendenz hat sich die darauffolgenden 25 Jahre später fortgesetzt, sodass es hilfreich ist, zunächst chronologisch die historischen Ausgangsbedingungen der Gründergeneration nachzuvollziehen.

2.1.1 Die Krisenkonzepte der 1940er–1970er Jahre: Traumatische Lebensveränderungs- und Entwicklungskrise

Unser heutiges Verständnis von Krise hat mehrere historische Wurzeln. Als Ausgangspunkt der Konzeptualisierung der »traumatischen Krise« gilt der Cocoanut-Grove-Brand von 1942, als in einem Tanzlokal in Boston 492 Menschen ums Leben kamen. Der Psychiater Erik Lindemann begleitete die Überlebenden und untersuchte die Trauerreaktionen der Hinterbliebenen. Seine Veröffentlichung zur Symptomatik und Behandlung akuter Trauer (1944) legte die Grundlagen für das Verständnis traumatischer Verlusterfahrung und dysfunktionaler Bewältigung.

In seiner Nachfolge entwickelte der schwedische Psychiater Johan Cullberg (1978) ein Phasenmodell der traumatischen Krise.

> **Definition:** »Die traumatische Krise ist eine durch einen Krisenanlass mit subjektiver Wertigkeit plötzlich aufkommende Situation von allgemeinschmerzlicher Natur, die auf einmal die psychische Existenz, die soziale Identität und Sicherheit und die fundamentalen Befriedigungsmöglichkeiten bedroht.«

Phasen der traumatischen Krise (Cullberg)

1. Schockphase *(Nicht-Wahrnehmen, Verleugnung der Realität, kognitive Einengung, emotionale Abspaltung, Dissoziieren)*

↓

2. Reaktionsphase *(Bewusstwerden, Symptombildung, Wiederzulassen ängstigender Emotionen)*

↓

3. Bearbeitungsphase *(Ablösung von Verlust, Schmerz, Vergangenheit, erste Zukunftsvorstellungen)*

↙ ↘

4. Neuorientierungsphase
Kompensation des Verlusts durch veränderte Zielvorstellung, neue Sinnfindung

Chronifizierung, Krankheit, Sucht, Suizidalität

Abb. 2.1: Phasen der traumatischen Krise (nach Cullberg, 1978)

Maßgeblichen Einfluss auf die Krisentheorie nahm in den 1960er Jahren Gerald Caplan (1964), der den Begriff der Veränderungskrise prägte. Gemeinsam mit Lindemann gründete er das erste Community Crisis Center, das von der sozialpsychiatrischen Idee geleitet war, psychiatrische Klinikaufenthalte vermeiden zu können, wenn gemeindenahe Hilfsangebote zur Verfügung stehen. Sein Phasenmodell wird in Abb. 2.2 dem von Cullberg gegenübergestellt.

Von Caplan stammt auch die Krisendefinition, die die weiteste Verbreitung gefunden hat.

> **Definition:** Eine Krise ist durch den Verlust des seelischen Gleichgewichts gekennzeichnet, wenn ein Mensch mit Ereignissen oder Lebensumständen konfrontiert wird, die er im Augenblick nicht bewältigen kann, weil sie seine bisherigen Problemlösefähigkeiten übersteigen.

Er bezieht also bei der Betrachtung von Krisen die von ihnen in der Vergangenheit erworbenen Bewältigungsmuster in die aktuelle Herausforderung der Menschen mit ein. Zu einer Krise kommt es erst, wenn hier ein Ungleichgewicht entsteht, das zu einem anderen Zeitpunkt – früher oder später – nicht bestanden hat oder nicht weiterbestehen muss. Als Anlässe werden sowohl äußere Ereignisse begriffen, als auch – weitgefasster – Lebensumstände, die sich nicht notwendigerweise als dramatisch darstellen müssen.

Phasen der Veränderungskrise (Caplan)

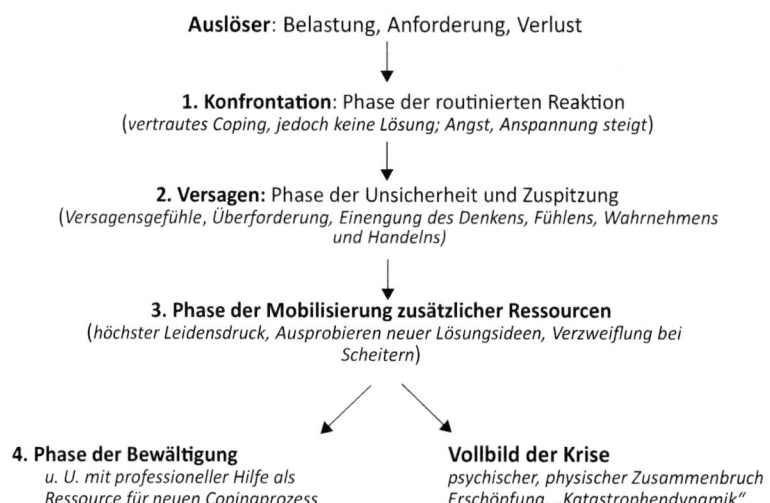

Abb. 2.2: Phasen der Veränderungskrise (nach Caplan, 1964)

Eine einflussreiche Erweiterung erfährt der Krisenbegriff durch Erikson (1966), indem er eine Einteilung des Lebens in Stadien von Kindheit und Jugend bis ins hohe Alter trifft, in denen jeweils eine bestimmte Entwicklungsaufgabe zu lösen sei. Nach dieser Auffassung erscheint jeder Entwicklungsschritt als potenzielle Krise, insofern ein Gelingen oder aber ein Scheitern möglich ist (▶ Tab. 2.1).

Tab. 2.1: Eriksons Lebensphasen/Aufgaben-Modell (nach Erikson, 1966)

Entwicklungsstadium	Pubertät/ Adoleszenz 13–18	Frühes Erwachsenenalter 19–25	Mittleres Erwachsenenalter 26–40	Reifes Erwachsenenalter 41+
Aufgabe/ Konflikt	Identität vs. Rollendiffusion	Intimität vs. -Isolierung	Generativität vs. Stagnation	Ich-Integrität vs. Verzweiflung
Leitsatz	Ich bin, was ich bin	Ich bin, was mich liebenswert macht	Ich bin, was ich zu geben bereit bin	Ich bin, was ich mir angeeignet habe

Mehr noch als bei den anderen Autoren wird deutlich, dass Krisen zum Leben dazugehören und Entwicklung mit dem Bestehen von Herausforderungen verknüpft sind, an denen man jedoch auch scheitern kann.

Während bei Lindemann, Caplan, Cullberg und Erikson der jeweilige Fokus auf dem Krisenverlauf lag, entstanden in anderen Feldern der Psychologie neue Erkenntnisse, die die Weiterentwicklung der Krisenintervention beeinflussten. Die wesentlichen Impulse seien hier skizziert:

2.1.2 Benachbarte Forschungs- und Praxisfelder

Stressforschung

Die amerikanischen Psychiater*innen Richard Lazarus und Susan Folkman (Lazarus & Folkman, 1984) entwickeln aus den Erkenntnissen der Stressforschung das Belastungs-Bewältigungs-Paradigma und die Copingtheorie. Das bereits bei Caplan (1964) benannte relationale Verhältnis zwischen einerseits Coping als Bewältigungsfähigkeit und andererseits Belastungsfaktoren wird um die subjektive Bewertung (Appraisal) erweitert. Solche kognitiven (Neu-)Bewertungen finden je nach eingesetzten Ressourcen und damit erzieltem Erfolg mehrfach statt, so dass an die Stelle eines linearen Phasenmodells eher eine Spiralbewegung tritt. In stetiger Wechselwirkung eigener emotionaler, kognitiver und handelnder Reaktionen durchläuft ein Mensch in der Auseinandersetzung mit der belastenden Umwelt mehrfache Schleifen, um seine Bedrohung einzuschätzen, um zu versuchen sie zu bewältigen, sie neu zu beurteilen. An das Ende der Stressbewältigung tritt eine Neubewertung, die die Anpassungs- und Lernprozesse reflektiert und die Grundlage für zukünftige Copingstrategien darstellt.

Suizidprävention

Bereits im frühen 20. Jahrhundert beginnt mit der Suizidprävention, oft in kirchlich geprägten Einrichtungen, eine eigene Entwicklungslinie, auf die hier nur hingewiesen werden soll, und die bis heute in der Telefonseelsorge fortbesteht. Fortgebildete, ehrenamtliche Laien bieten im deutschsprachigen Raum eine überregionale Rund-um-die-Uhr-Hilfe an. Die über viele Jahre in Europa sinkenden Suizidzahlen werden u. a. auf den Ausbau von Kriseneinrichtungen (Stein, 2012), die Enttabuisierung des Themas durch Medienberichterstattung (z. B. nach dem Suizid des Torhüters Robert Enke 2009) und auf umfassende Präventionsprogramme zurückgeführt. Eine Überblicksarbeit europäischer »Best Practice«-Suizidpräventionsstrategien findet sich bei Van der Feltz-Cornelis et al. (2011).

Sozialpsychiatrie

Ausgehend von der Psychiatrie-Enquete zur Lage der Psychiatrie in der Bundesrepublik Deutschland von 1975 hat sich die »Soziale Psychiatrie« als multidisziplinärer Arbeitsansatz in gemeindepsychiatrischen Einrichtungen fest verankert. Seither hat sich eine ausdifferenzierte psychosoziale-psychiatrische Praxis im Umgang mit Menschen mit psychischen Störungen entwickelt (Clausen & Eichenbrenner 2016). Die Entstehung der ambulanten Krisendienste resultierte einerseits aus der Erfahrung, dass Krisen alle Menschen betreffen können, andererseits aber daraus, dass die sogenannten psychisch Kranken aufgrund ihrer erhöhten Vulnerabilität in besonderem Maß von Krisen betroffen und auf zeitnahe Krisenhilfe angewiesen sein können. In der Psychologie bezeichnen die Begriffe Krise, Krankheit und Gesundheit zunächst unterschiedliche Verfassungen; es gibt jedoch keine präzise beschreibbare »Nahtstelle« sondern nur fließende Übergänge.

Ob es sich um einen als gesund bezeichneten Menschen, einen »psychisch Kranken« oder eine Person mit einer geistigen Behinderung handelt, sie alle können in Krisen geraten und zeigen auch darin weiter gesunde, kranke oder behinderte Persönlichkeitsanteile. (▶ Kap. 8 Henssler & Escalera; ▶ Kap. 13 Aderhold).

Gesundheit ⟷ Krise ⟷ Krankheit

Abb. 2.3: Fließende Übergänge bei Krisen

Psychotraumatologie

Kriegserfahrungen und erlittene Gewalt spielten für die Etablierung und Weiterentwicklung spezifischer Bereiche der Psychologie historisch mehrfach eine bedeutende Rolle. Die Rückkehr kriegstraumatisierter GIs aus Vietnam in den 1970er Jahren und das Bemühen, ihre Symptomatik zu verstehen, beförderten die Entwicklung der Diagnose Posttraumatische Belastungsstörung (Herman, 1992). In der Notfallpsychologie und im Rettungswesen treten Krisen oft in der Überlappung somatischer und psychologischer Überforderung auf und erfordern eigene Konzepte (D'Amelio & Pajonk 2011). Auch die Thematisierung durch den Feminismus von häuslicher und sexualisierter Gewalt trug dazu bei, dass der Traumabegriff zu Beginn der 1990er Jahre Eingang in die psychiatrischen Diagnose-Manuale ICD-10 und DSM-III fand (Herman, 2015). Genderdiskurse vor und nach der #metoo-Debatte aufgrund diskriminierender Sozialisationserfahrungen von Frauen wirken zurück auf die Wahrnehmung und Behandlung spezifisch weiblicher psychischer Krisen (Wimmer-Puchinger, Gutierrez-Lobos & Riecher-Rössler, 2016).

Die aus diesen benachbarten Feldern gewonnenen Erkenntnisse beeinflussen seither das Verständnis von Krise.

2.1.3 Erweiterungen der Krisenbeschreibungen

Nahezu alle Fachrichtungen der Psychologie lieferten eigene Beiträge in der Diskussion um spezifische Kriseninterventionskonzepte. Simmich und Reimer untersuchten bereits 1998 rund 400 Publikationen zum Thema »Krise«:

Für den *Zeitabschnitt vor 1986* kamen sie zu dem Schluss, dass sich bis dahin ein großer Teil der Arbeiten mit der Rezeption der Gründergeneration Lindemann (1944), Caplan (1964) und Cullberg (1978) beschäftigt. Die Vielzahl der entstehenden Ansätze führt dazu, dass Häfner (1974) bereits früh feststellt, dass der relativen Unschärfe des Krisenbegriffs eine noch größere Unschärfe dessen, was Krisenintervention bedeuten soll, entspreche.

Die Autoren unterscheiden neue Interventionskonzepte aus der Perspektive verschiedener Therapierichtungen (▶ Abb. 2.4). Psychodynamische Beiträge zur Krisenintervention finden sich selten, gleichwohl eröffnen diese in der Folgezeit wichtige Perspektiven (Till, 2009). Beiträge, die ein störungsspezifisches oder ereignisbezogenes Herangehen entwickeln (z. B. für Krisen nach erlittener sexueller Gewalt, bei Naturkatastrophen, in Folge von Suchterkrankungen oder Persönlichkeitsstörungen (Bronisch 2009) nehmen großen Raum ein.

Während es zu (Entwicklungs-)Krisen in der Kindheit und Jugend bereits seit den 1980er Jahren viele Beiträge gibt (▶ Kap. 10 Meurer), hat die gleichfalls »kritische« Lebensphase des Alters nach der Jahrtausendwende vermehrte Aufmerksamkeit erfahren. (▶ Kap. 11 Brückner).

Die Abgrenzung der psychosozialen Krise vom psychiatrischen Notfall hat eine hohe Relevanz für die Bedingungen des praktischen Vorgehens. Daher wird diese Unterscheidung hier ansatzweise vorgestellt.

Psychiatrischer Notfall

Bei psychisch gesunden wie bei kranken Personen kann ihre Krise in einen psychiatrischen

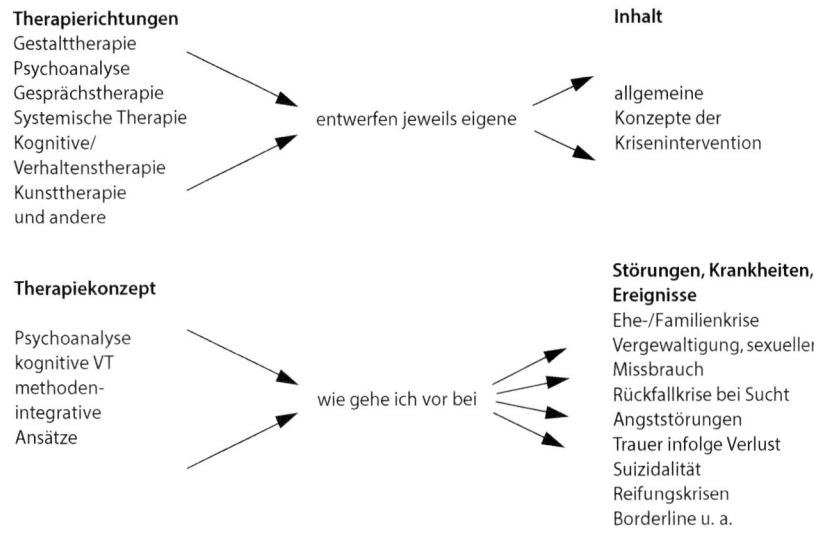

Abb. 2.4: Übergreifende und störungsspezifische Ansätze (nach Simmich & Reimer, 1998)

Notfall umschlagen. Am Ausmaß und der Dynamik der Suizidalität und der Fremdgefährdung, die sich innerhalb kurzer Zeiträume zuspitzen oder entschärfen können, wird deutlich, wie fließend die Übergänge sein können (Dorrmann, 2012). Ein psychiatrischer Notfall ist somit davon gekennzeichnet, dass ein unmittelbarer Handlungsdruck besteht, weil die verbale Verständigung zwischen der psychisch dekompensierten und der helfenden Person und eine kooperative Beziehungsaufnahme eingeschränkt sind. Häufig finden sich *Bewusstseinsstörungen und Verwirrtheit*, gleichermaßen auch *Wahn- und Erregungszustände*. Wenn der betroffene Mensch keine Verantwortung für sein Wohlergehen mehr übernehmen kann, ist diese von den Helfer*innen zu übernehmen. Insbesondere, wenn Aggressionen und Gewaltbereitschaft ein Ausmaß annehmen, dass von akuter Selbst- oder Fremdgefährdung zu sprechen ist, greifen die gesetzlichen Regelungen für Zwangsmaßnahmen und Klinikunterbringungen auch gegen den Willen der Betroffenen. Diese sind in jedem Bundesland in den Gesetzen »über Hilfen und Schutzmaßnahmen bei psychischen Krankheiten«, den sogenannten PsychKGs, verankert. In diesen Fällen ist die Kooperation mit der Polizei und Rettungskräften unumgänglich. Wo immer möglich, ist eine zeitnahe medizinisch-psychiatrische Abklärung angezeigt. Zimmermann (2001) betont, dass im ambulanten Bereich jedoch nicht nur die Psychiater*innen sondern auch andere Berufsgruppen der psychosozialen Versorgung damit konfrontiert sind (▶ Kap. 4, Rupp; ▶ Kap. 6 Eichenbrenner/Gagel).

Ausdifferenzierungen der psychosozialen Krise

In der Tradition von Gernot Sonneck (2000 und 2016), der das Wiener Kriseninterventionszentrum lange Jahre geprägt hat, nimmt dessen heutiger Leiter Claudius Stein weitere Differenzierungen der Krisenmodelle vor (2019). Zu den »klassischen Krisen« (▶ Kap. 2.1.1) treten Beschreibungen für die Besonderheiten folgender Subformen:

- Trauer- und Verlustkrise
- Akute Traumatisierung vs posttraumatische Belastungsstörung (PTBS)
- Burnout-Syndrom
- Narzisstische Krise

Als *Verlustkrisen* werden von Stein solche bezeichnet, die durch einen unumkehrbaren Verlust (von Menschen, Lebenschancen usw.) gekennzeichnet sind, auf den *Trauern* eine angemessene Reaktion darstellt, die sich jedoch krisenhaft zuspitzen kann.

Cullbergs *traumatische Krise* überlappt sich mit Erlebensweisen, die heute als *akute Traumatisierung* beschrieben und als *posttraumatische Belastungsstörung* F43.1 im Diagnosemanual ICD-10, (Dilling et al., 2015) codiert werden. Die historische Phaseneinteilung Cullbergs (Schock, Reaktion, Bearbeitung, Neuorientierung vs. Chronifizierung) changiert im ICD zwischen den Symptomen der akuten Belastungsreaktion und der PTBS. Diese wird als verzögerte Reaktion auf ein belastendes Ereignis diagnostiziert, wenn nach Wochen bzw. Monaten das Erlebte sich in Form von Intrusionen aufdrängt, wenn ein Vermeidungsverhalten entwickelt wurde und eine vegetative Anspannung und Übererregung nicht abflaut. Die PTBS erscheint als Folgestörung einer zunächst nicht hinreichend bearbeiteten Traumatisierung und sollte nicht als eine Unterform der Krise eingeordnet werden.

Unter dem *Burn-out-Syndrom* wird ein Reaktionssyndrom verstanden, bei dem langanhaltende Überlastung und ein Mangel an Ressourcen und protektiven Faktoren zu emotionaler Erschöpfung und vollständiger Leistungseinbuße führen. Diese gehen häufig mit Selbstabwertungen einher. Das Burn-out-Syndrom ist von einer Depression abgrenzbar und führt zu psychischen Labilität, die sich rasch krisenhaft äußern kann, gefördert durch die Verleugnung von Problemen, den Rückzug aus Arbeit und Sozialkontakten oder auch Verlust- und Leeregefühle.

Die *narzisstische Krise* verortet Stein auf dem Hintergrund schwerwiegender Fehlentwicklungen in Kindheit und Jugend, die in der Folge zu einer (narzisstischen) Persönlichkeitsstörung geführt haben. Kennzeichnend ist die starke Kränkbarkeit durch scheinbar geringe Anlässe, die das Selbstwertgefühl und die gesamte Identität in Frage stellen können. Sie äußert sich oftmals in Suizidalität oder selbstverletzendem Verhalten; Krisenintervention kann sich hier nur kurzfristig um Stabilisierung bemühen.

2.1.4 Kritische Lebensereignisse und Krisenauslöser

Die Rolle sogenannter »Kritischer Lebensereignisse« als Krisenauslöser wird seit jeher diskutiert. Sigrun-Heide Filipp und Peter Aymanns (2018) haben mehr als 1 000 Publikationen ausgewertet, um übergreifende Zusammenhänge aufzuspüren, in denen Ereignisse und besondere Umstände regelhaft eine Krise auslösen können. Sie sichten sämtliche in der Literatur diskutierten Kategorien, die als Auslöser beschrieben wurden und ordnen diese systematisch ein.

Unter »stress of life« sind banal anmutende Alltagswidrigkeiten wie beispielsweise ein morgendliches Überkochen der Milch, ein Reißen des Schnürsenkels oder die unfreundliche Begrüßung auf der Arbeit zu verstehen. Ereignisse, die sich zu Überforderungsgefühlen summieren können. Hingegen gelten als »non-normativ« sowohl Naturkatastrophen als auch »man-made«-Erschütterungen, die *kollektiv* (wie der 9/11 – Terrorangriff auf die TwinTowers in New York) als auch *individuell* (wie ein unerwarteter Tod eines Kinds oder ein Raubüberfall) belastend wirken. Als geradezu erdbebenähnliche Ereignisse, »seismic events« gelten solche, die das eigene Modell der Welt als einem sicheren, im Wesentlichen kontrollierbaren Platz in Frage stellen. Etwa wenn Gewalt von einer nahestehenden Person ausgeübt wird. Jedoch auch »non-events«, der Nichteintritt positiver Ereignisse wie ein Ausbleiben einer lebenspartnerschaftlichen Bindung oder ein unerfüllter Kinderwunsch können Krisen auslösen. Universell gültige Merkmale der Krisenauslösung sind jedoch nicht beschreibbar, gleichwohl steigt die Wahrscheinlichkeit, in eine Krise zu geraten, mit der individuellen Außergewöhnlichkeit für die betroffenen Menschen.

Als eine naheliegende Möglichkeit die Krisenvielfalt zu ordnen, erscheint die Beschreibung der unterschiedlichen *Krisenauslöser*, woraus man auf ein weiteres Vorgehen bei der Intervention schließt. Dross (2001) wie auch Stein (2019) unterscheiden dabei zwei Arten von Krisenanlässen:

- *Bedrohung oder Überforderung* liegt vor bzw. wird antizipiert: beruflicher oder familiärer Stress, eine drohende Trennung vom Partner, die Gefährdung des Arbeitsplatzes, Entscheidungsdruck bei Lebensveränderungen usw.

Als gemeinsames Merkmal erscheint die Reversibilität aufgrund der Zeitdimension: Das »krisenhafte Ereignis« ist noch nicht eingetreten, der Arbeitsplatz ist noch nicht verloren, der Partner ist noch nicht weg. Somit scheint eine Einflussnahme noch möglich, was nur »droht«, kann noch abgewendet werden. Tritt das Ereignis dennoch ein, z. B. die Trennung des Partners, wird daraus oftmals ein *irreversibler Verlust*. Wie sehr sich damit die Qualität der Krise für die Betroffenen ändert, ist einzelfallabhängig.

- *Verlust oder erlittene Schädigung* (mit *irreversiblem* Ergebnis) einer nahestehenden Person, zum Opfer eines Unfalls oder einer Gewalttat werden, schwer verletzt oder erkrankt sein, in einer Prüfung versagen usw.

Auch diese Zuordnung weist für eine Orientierung in der Praxis ihre Tücken auf: Unter dem Auslösemerkmal »Verlust« versammeln sich dann doch sehr unterschiedliche Krisenarten: In der Praxis benötigen traumatische Krisen infolge eine Gewalttat ganz andere Vorgehensweisen als durch Prüfungsversagen ausgelöste Krisen, die zwar bis hin zur Suizidalität subjektiv enorm belastend sein können, dabei aber kaum an die ICD- oder DSM-Kriterien für eine akute Belastungsreaktion bzw. PTBS heranreichen (▶ Kap. 15 Purtscher-Penz & Penz).

Die konkreten Auslöser einer Krise differieren in der Praxis so stark, dass sie oft unterschiedlichen Krisentypen gleichermaßen zuzuordnen wären: Nimmt man den oft beschriebenen Krisenanlass »Verlust durch Tod eines nahen Menschen«, so ist ersichtlich, dass je nach Begleitumständen ganz unterschiedliche Krisenarten daraus erwachsen können.

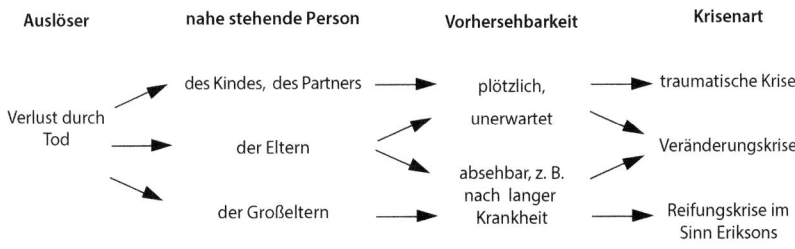

Abb. 2.5: Krisenanlass und -verlauf

Sterben die eigenen Eltern zu einem Zeitpunkt, wo die Kinder bereits erwachsen sind, wird es häufig ohne Krisenerleben verarbeitet werden können oder als Reifungskrise verstanden werden. Geschieht der Tod der Eltern jedoch unerwartet, »vor der Zeit« oder haben die Eltern z. B. aufgrund einer nicht-erfolgten Ablösung eine überwertige Bedeutung für das Kind, kann ihr Tod sowohl Züge einer traumatischen Krise, als auch einer Veränderungskrise annehmen. Der Tod eines Kindes kann je nach Begleitumständen (plötzlich oder doch vorhersehbar) und Ressourcen sehr unterschiedlich wirken, oft sogar so, dass Vater und Mutter nicht dasselbe Krisenerleben und eine ähnliche Verarbeitung miteinander teilen können.

2.1.5 Zwischenergebnis: Keine allgemein akzeptierte Systematisierung von Krisen

Angesichts der Vielfalt der Krisenbeschreibungen verwundert es kaum, dass sich keine übergreifende Klassifizierung durchsetzen konnte. Doch nur vereinzelt gehen Autor*innen soweit, allen Systematisierungsversuchen eine Absage zu erteilen (Dross, 2001, S. 19):

»Die Forderung, eine theoretisch und empirisch begründete Kriseneinteilung zu entwickeln, aus der sich an angemessener Bewältigung orientierte Indikationen für das Vorgehen bei bestimmten Krisentypen ableiten ließen, ist gegenwärtig (und wahrscheinlich prinzipiell) unerfüllbar […] Typologische Reduktionen wie die Konzepte der traumatischen oder der Veränderungskrise sind empirisch nicht haltbar.«

Dennoch dürfte deutlich geworden sein, dass die Ausdifferenzierung der Krisenformen den Blick für Gemeinsamkeiten und Unterschiede eher schärfen kann, als ihn zu verstellen. Für die praktisch tätigen Krisenhelfer*innen lassen sich zusammenfassende Merkmale festhalten:

- »Menschen haben Krisen« – Krisen sind keine Krankheit
- Bereits die Deutung des überwältigenden Erlebens als Krise wirkt häufig orientierend und entlastend, es handelt sich um eine normale Reaktion auf eine unnormale Anforderung.
- Krisen folgen keinen starren Regeln, ihre Vorhersehbarkeit ist eingeschränkt

2.2 Krisenbewältigung

Krisenbewältigung ist ein komplexes Geschehen, das von vielen Einflussgrößen, die in der Person und in ihrem Umfeld begründet liegen, bestimmt wird. Bei der notwendig multifaktoriellen Betrachtung treten die *Defizite der linearen Phasenmodelle* deutlich zutage. Diese gehen jeweils von einem Auslöser, einem lebensverändernden Ereignis oder traumatischen Erlebnis aus, das auf die Person trifft. Diese reagiere darauf mit Verunsicherung, verstärkten Copingbemühungen, bevor – stark schematisiert – entweder die Lösung, die Neuorientierung oder der Zusammenbruch erfolge. Weitaus angemessener für erfolgreiche Krisenintervention erscheint es jedoch, die Lebensumstände der Person, die mit dem potentiell krisenauslösenden Ereignis konfrontiert wird, genauer und umfassender zu betrachten.

Das Modell veranschaulicht die unterschiedlichen Einflussfaktoren. Der *soziokulturell-ökonomischen Kontext* ist die leicht zu erfassende äußere Einflussgröße: Das Ereignis trifft auf einen Menschen, der zu diesem Zeitpunkt unter einem Ressourcenmangel leiden oder aber über ausgeprägte externe Ressourcen verfügen kann. Diese finden sich

2 Krisenintervention: Theorie, Handlungsmodell und praktisches Vorgehen

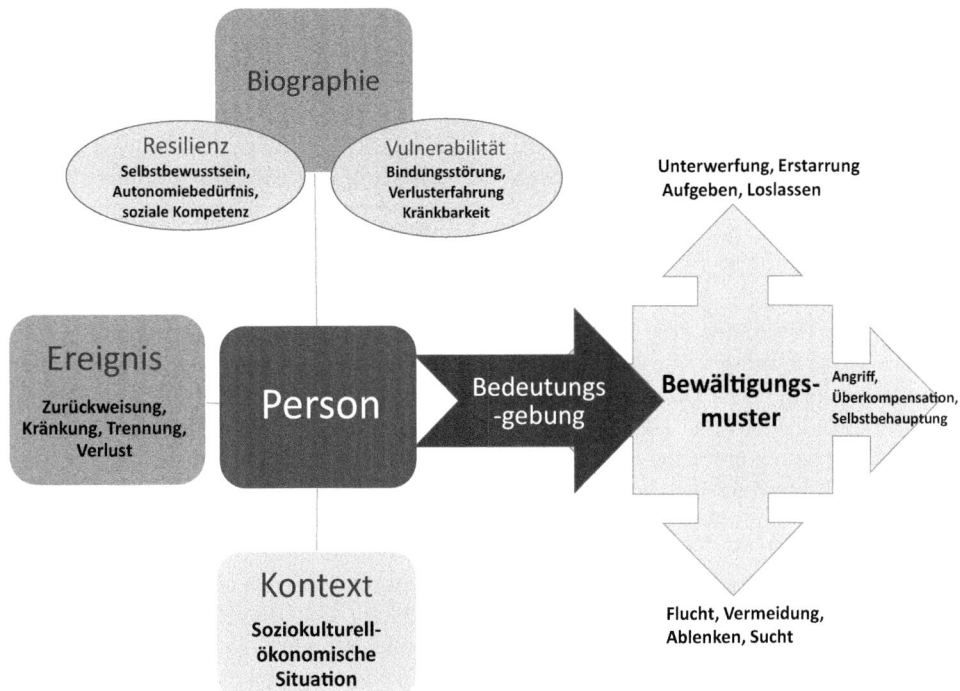

Abb. 2.6: Einflussfaktoren der Krisenbewältigung

beispielhaft in einem intakten sozialen Umfeld, in der Familie oder bei Freund*innen. Auch kann eine geregelte Lohnarbeit, der Zugang zu Sprache, kultureller Verankerung und Bildung die Person stützen. Ebenso, wenn sie über eine Wohnung und ausreichende Gesundheitsversorgung, ganz allgemein über materielle Sicherheit und geordnete Lebensverhältnisse verfügt. Je größer die vorhandenen Ressourcen, desto gesicherter ist die Basis, ungewohnten Herausforderungen begegnen zu können, ohne aus dem Tritt zu geraten. Meistens jedoch treffen Berater*innen in der Krisenintervention auf Menschen, deren »Säulen der Identität« (Petzold, 2003) wenig Stabilität verheißen.

Die *Biographie* als Einflussgröße ist von einer Vielzahl an Erfahrungen geprägt, wie Menschen die sich zu unterschiedlichen Zeitpunkten stellenden Herausforderungen bestanden oder an ihnen gescheitert sind. Konnten ihre Grundbedürfnisse nach Sicherheit und körperlicher Unversehrtheit, nach Bindung und Geborgenheit, nach Teilhabe und Zugehörigkeit, nach Anerkennung und Bestätigung erfüllt werden, so ist eine wichtige Grundlage einer stabilisierenden *Resilienz* gelegt. Diese bedeutet keine allumfassende Widerstandsfähigkeit, diese muss vielmehr stets als spezifisch und ereignisbezogen verstanden werden. Auf den Verlust der Arbeitsstelle beispielsweise reagiert jemand gelassen, jedoch auf das Zerbrechen der Partnerschaft höchst vulnerabel. Bei einem anderen Menschen kann es gerade umgekehrt sein.

Der Hirnforscher Gerald Hüther (Hüther & Sachsse 2007) spricht davon, dass auf Grundlage erfüllter Grundbedürfnisse solche Metakompetenzen wie *Selbstwirksamkeitskonzept, Handlungsplanung, Impulskontrolle, Folgeabschätzung, Frustrationstoleranz* ausgeprägt werden können. Diese ermöglichen es einer

Person, für kommende Herausforderungen gut gewappnet zu sein: Das psychische »Handwerkszeug« einer problemfokussierenden Auseinandersetzung ist vorhanden und einsetzbar, dennoch ist eine Überforderung der Person bei einem Krisenereignis nie auszuschließen.

Wurden die oben beschriebenen Grundbedürfnisse nicht gewährleistet, weil die Person durch die Erfahrung von Mangel, Vernachlässigung, Diskriminierung oder Gewalt verletzt wurde, so müssen wir von erhöhter *Vulnerabilität* ausgehen. Eklatante Verletzungen der Grundbedürfnisse können bereits früh zur Ausprägung problematischer *Bewältigungsmuster* führen. Aus der Verhaltensbiologie kennen wir die Reaktionsschemata von »flight, freeze and fight«, die sich vereinfacht als Flucht oder Vermeidung, als Erstarrung oder Unterwerfung, sowie als Angriff, Überkompensation und Selbstbehauptung auf menschliche Reaktionsschemata übertragen lassen. Grundsätzlich ist mit der Verhaltensbiologie davon auszugehen, dass jeder lebendige Organismus immer auf das beste ihm zur Verfügung stehende Bewältigungsmuster zurückgreift. Einer Bedrohung begegnen die meisten Lebewesen mit einem Fluchtimpuls. Erscheint diese nicht möglich, stellen sie sich der Gefahr durch Selbstbehauptung, Verteidigung und Gegenangriff. Ist auch diese Möglichkeit versperrt, bleibt eine Art des Totstell-Reflexes, der Erstarrung und Unterwerfung unter Aufgabe wesentlicher Bedürfnisse. Diese Grundmuster entsprechen den Erkenntnissen der Neurobiologie und Stressforschung, die von einem Panik- und einem Furchtsystem (Panksepp 2004) ausgehen. Die psychophysiologischen Reaktionen für die Entstehung von Traumata auf hirnorganischer Ebene (Amygdala, Hippocampus) und die zugehörigen Symptomatiken (Intrusionen, Hyperarousal, Vermeidungsverhalten) sind vielfach beschrieben (▶ Kap. 15 Purtscher-Penz & Penz).

Die Einteilung unterschiedlicher Bewältigungsmuster weist Ähnlichkeiten mit dem Konzept der Über- und Unterstimulierungskrise von Kast (1987) auf. *Überstimulierungskrise* meint eine Reaktionsweise, die von überschießenden Emotionen und starker Expressivität gegenüber der Umwelt gekennzeichnet ist. Umgekehrt erscheinen als *Unterstimulierungskrisen* solche, die still und oft unbemerkt verlaufen, weil sich die Menschen als Verarbeitungsreaktion von ihren Gefühlen distanzieren und innerlich erstarren und damit nicht mehr nach außen treten.

Die früh gelernten Bewältigungsmuster können als adaptiv in dem Sinne gelten, dass sie damals einer Person das Überleben gesichert haben. Werden sie jedoch zeitlebens beibehalten, so erweisen sie sich häufig als zunehmend maladaptiv und inadäquat. Neuen Herausforderungen wird dann nicht mit inzwischen erlangten Metakompetenzen von Reflexion, Impulskontrolle und Handlungsplanung begegnet, sondern es werden die verankerten biografischen Schemata zum Beispiel der Hilflosigkeit oder des Ausgeschlossenseins angetriggert. In der Folge werden leicht die alten impulsiven Bewältigungsmuster von Flucht, Vermeidung, Erstarrung oder Überkompensation und Erregung aktiviert. Diese Überlegungen basieren auf dem Modusmodell der Schematherapie als einem integrativen Therapieverfahren, das die aktuelle emotionale Aktivierung (Verletzung, Wut, Verzweiflung etc.) auf die Ausprägung früh erworbener Schemata bezieht (Young, Klosko & Weishaar 2005, Roediger 2011). Entscheidend für die Aktivierung unterschiedlicher Bewältigungsmuster ist die *subjektive Bedeutungsgebung* (Filipp & Aymanns 2009), die die Person dem Ereignis in einem Kontext zu einem gewissen Zeitpunkt auf dem Hintergrund der erworbenen Vulnerabilitäten bzw. Resilienzen zumisst. Zum typischen Krisenerleben einer Einengung des Denkens, Fühlens und Handelns kommt es dann, wenn die eigenen Copingfähigkeiten in der Spiralbewegung fortgesetzter Situationsbewertungen als unzureichend erscheinen. *Krisenbewältigung* bedeutet demzufolge, dass in der fortgesetzten Neueinschätzung und Ressourcenaktivierung schließlich die reflektierenden Kompetenzen der Person gegenüber den reflexartig einsetzenden Reaktionsmustern die Oberhand gewinnen, so dass sie wieder ihre Selbstwirksamkeit erfahren kann.

> **Die Krisenbewältigung hängt ab**
>
> - vom auslösenden Ereignis,
> - von den dann verfügbaren internen und externen Ressourcen und,
> - vom Verhältnis der biographisch erworbenen Resilienz zur eigenen Vulnerabilität.
>
> Das Zusammenwirken dieser Einflussfaktoren und ihre subjektive Bedeutungsgebung bestimmen, ob sich ein Mensch als »in der Krise« erlebt.
> Für die Überwindung der Krise sind die Bewältigungsmuster und Copingstrategien ausschlaggebend, die günstigenfalls fortwährend der Situation angepasst werden können.

Diese Bewältigungsmuster unterscheiden sich in der Anpassungsleistung. Sie zielen entweder auf die äußere Realität, die die Person durch eigene Anstrengungen verändern möchte oder es erfolgt eine innere Anpassung der Person an gegebene unveränderbare Umstände. Die damit geleistete Verminderung der »Ist-soll-Diskrepanz« hat zur Folge, dass dieselben anfangs krisenauslösenden Umstände im weiteren Verlauf nicht mehr als krisenhaft bedrohlich erlebt werden. Für den einen ist die Krise des Arbeitsplatzverlustes erst abgewendet, wenn er eine neue Stelle hat, ein anderer findet sich damit ab und lebt unter veränderten, vielleicht eingeschränkten materiellen Bedingungen nicht unzufrieden weiter. Ein Dritter kann seine bedrohliche Krankheit akzeptieren und mit ihr leben, während ein Vierter um seiner Selbstbehauptung willen immer weiterkämpfen muss, und sich dafür in der Krisenintervention Mut und externe Ressourcen holt.

Daraus ergibt sich, dass keine verallgemeinerbaren Kriterien angegeben werden können, woran erfolgreiche Krisenbewältigung festgemacht werden kann. Dross (2001) schreibt dazu:

»Allgemeine Homöostase-Modelle der »Wiederanpassung« sind ebenso wie generelle Vorstellungen über »Wachstum durch die Krise« als erfolgreiche oder »Einmündung in Krankheit« als erfolgloser Krisenlösung zu einfach, um den sehr vielfältigen Ausgängen von Krisengeschehen gerecht zu werden« (S. 19).

So wenig, wie die Forschung universelle Auslöser finden konnte, so wenig lassen sich generell gültige Bewältigungsmuster formulieren. Filipp & Aymanns (2009) konstatieren:

»Das Gelingen der Bewältigung zeigt sich darin, inwieweit die Betroffenen das fragliche Ereignis in einem positiven Licht sehen können, daraus subjektiv einen Gewinn gezogen oder es als Teil ihres Lebens angenommen haben« (S. 19).

Das kann Berater*innen ermutigen, die individuellen Bewältigungsansätze mit Offenheit zu begleiten. Nicht zuletzt sollte die ganz überwiegend positive retrospektive Bewertung der professionellen Krisenhilfe durch ihre Nutzer*innen, stärker wahrgenommen werden (Gastner & Huber, 2007). Mit der Fragestellung, was im Kern geholfen hat, bedarf es weiterer wissenschaftlicher Verlaufsforschung der Krisenarbeit.

2.3 Ein schlüssiges Handlungsmodell und die Praxis vor Ort

Unterschiedliche Autor*innen haben Modelle entworfen, in welchen Schritten das praktische Vorgehen erfolgen kann. Nachfolgend wird das gut ausgearbeitete Stufenmodell von Schnyder (2000) vorgestellt, das eine umfassende Orientierung ermöglicht, auf welche Faktoren zu achten ist.

2.3.1 Das Handlungsmodell

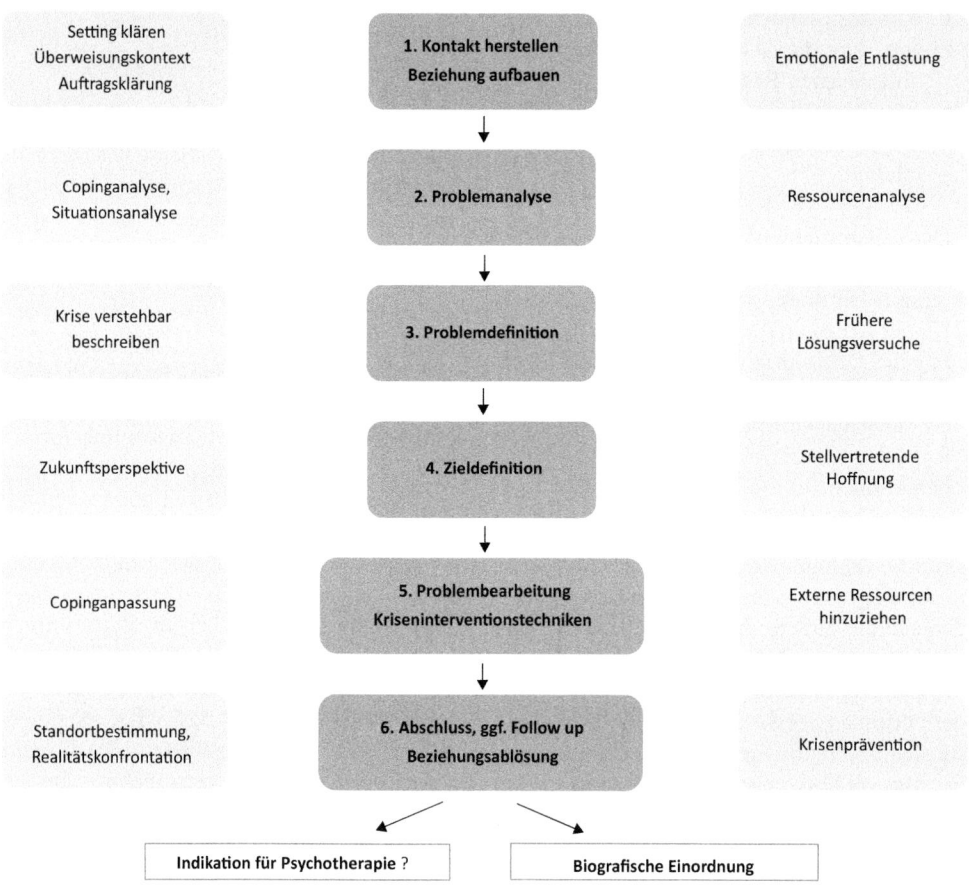

Abb. 2.7: Handlungsmodell der Krisenintervention (nach Schnyder, 2000)

In der mittleren Säule werden die sechs aufeinander folgenden Schritte dargestellt. Links und rechts davon finden sich die auf jede Stufe bezogenen Interventionen und Aufgaben, die Berater*innen und Klient*innen in einer gemeinsamen »Suche-und-finde-Bewegung« durchlaufen sollten. Da die Krisenverläufe von Klient*innen individuell stark variieren, muss nach meiner Erfahrung die Reihenfolge oftmals angepasst werden. Ob die emotionale Entlastung gleich zu Beginn einer Beratung möglich und nötig ist oder erst, wenn eine vertrauensvolle Beziehung aufgebaut werden konnte, wird vom Einzelfall abhängen. Mal kann das Vermitteln von Hoffnung ganz am Anfang stehen und zur Voraussetzung für die Problemanalyse und die Zieldefinition werden, ein anderes Mal verläuft der Prozess umgekehrt. Die Grafik verzichtet der Übersichtlichkeit halber auf weitere Pfeile, die die Spiralbewegung der Wahrnehmungen und Interventionen angemessen darstellen würden.

Das Modell hilft, die innere Wahrnehmung der Berater*innen zu schärfen, welche Aspekte das krisenhafte Erleben umfassen kann. Im Sinn einer »Checkliste« dient es dazu, im Gespräch mit den Klient*innen alle Dimensionen der Krisenintervention zu berücksichtigen.

2.3.2 Die Praxis vor Ort

Die Nutzer*innen bestimmen das Setting – oder das Setting bestimmt die Nutzer*innen

Ein Schlüssel zum Verständnis einander manchmal widersprechender Klassifizierungen liegt im unterschiedlichen institutionellen Setting, in dem Krisenintervention betrieben wird. Der eigene berufliche Rahmen erscheint leicht als »normal« und so werden die Einteilungen und Merkmale von Krisen vor diesem Hintergrund entwickelt. Während bei der stationären Krisenintervention in der Regel Psychiater*innen darüber befinden, ob eine Indikation zur Aufnahme besteht, liegt bei vielen ambulanten Einrichtungen – dem Konzept der Niedrigschwelligkeit folgend – häufig das Definitionsrecht bei den Nutzer*innen, die selbst entscheiden dürfen, ob sie eine Krise haben (Schürmann, 2001). Daraus resultiert im ambulanten Bereich vielfach eine Krisenerfahrung und Krisenbeschreibung, die »an den Rändern ausfranst«, da sie zu weit gefasst ist.

Die Wiener Psychiater*innen Heinz Katschnig und Teresa Konieczna nehmen eine Unterteilung zwischen gewollten und problematischen Nutzer*innen vor, die sich an der breitgefassten Klientel in niedrigschwelligen Einrichtungen orientiert (1987).

Gewollte Nutzer*innen seien:

- Menschen mit akuten psychiatrischen Krankheitsbildern, für die medizinische und psycho-soziale Interventionskompetenz erforderlich ist.
- Menschen in akuten psychosozialen Krisensituationen, in die Gesunde durch z. B. Verlustereignisse geraten, die aber auch vorbelastete Menschen treffen können.
- Chronisch psychisch Kranke, die bereits im gemeindepsychiatrischen System leben und von Haus aus labil erscheinen.
- Demgegenüber erscheinen ihnen als problematische Nutzer*innen:
- Solche mit geringfügigen Problemen, die ihre Selbsthilfefähigkeiten einbüßen, wenn sie sich von professioneller Krisenhilfe abhängig machen.
- Die chronische Klientel: Dauer- und Wiederholungsanrufer*innen, die sich genötigt sehen, eine Notsituation zu kreieren, um darüber in Kontakt treten zu dürfen.

Dieses Krisenverständnis bezieht also »Gesunde«, »Kranke« und »Chroniker« bei der Klassifizierung psychosozialer und psychiatrischer Krisen gleichermaßen mit ein. Differenziert wird hier jedoch nach Art und Anlass der Inanspruchnahme.

Was Sonneck (2000) – scheinbar in sich widersprüchlich – als »chronifizierte Krisen« bezeichnet, hat starke Entsprechungen mit den chronisch-psychisch Kranken, denen ein »abweichendes Krisenbild« aufgrund ihrer erhöhten Vulnerabilität zugestanden wird. Deren hochfrequente Inanspruchnahme ambulanter Kriseneinrichtungen kann jedoch schnell Züge annehmen, die sie als *Dauerklient*innen* erscheinen lassen, und für die ein angemessener Umgang entwickelt werden muss, weil sie enorme Personalressourcen binden können (Neumann 2002). Kliniken haben damit aufgrund der höheren Zugangsschwelle, wo die psychiatrische Diagnostik den Eingangsschlüssel für die Aufnahme darstellt, seltener ein Problem.

Kriseneinrichtungen für »psychisch Gesunde« ebenso wie für »psychisch Kranke«?

Die Frage, für welchen Personenkreis Kriseninterventionseinrichtungen bereitstehen sollen, ist stark vom Auftraggeber und vom Typus der Einrichtung abhängig. Geht es eher um sogenannte gesunde Menschen, die durch widrige Lebensumstände in eine Krise geraten können, oder sollen auch – vielleicht sogar vor allem – sogenannte psychisch kranke Menschen in den »Genuss« von Krisenintervention kommen können? Vielerorts vollzog sich in den 1990er Jahren mit dem Abbau stationärer Betten in Krankenhäusern und Heimen, der sogenannten Enthospitalisierung, eine Verschiebung der Zielgruppen hin zu Menschen mit bereits vorhandenen Störungen und Einschränkungen. Dem liegt eine veränderte Auffassung und generelle Erweiterung des Krisenverständnisses zugrunde: Alle Menschen haben Krisen, und längst nicht jede beobachtete Verschlechterung innerhalb eines Krankheitsbildes geht auf die angenommene Eigendynamik einer Depression, einer Psychose oder auch einer körperlich-geistigen Behinderung zurück (▶ Kap. 8 Henssler & Escalera). Nicht zuletzt durch die Etablierung des Vulnerabilitätskonzepts ist bei vielen Helfer*innen die Wahrnehmung dafür geschärft worden, wie scheinbar nichtige Anlässe einen verletzlichen Menschen völlig aus dem psychischen Gleichgewicht bringen können. Das müssen nicht nur »kritische Lebensereignisse« wie Scheidung oder eine Entlassung sein, manchmal genügt ein problematisches Telefonat mit den Eltern (um gegebenenfalls beide Seiten in die Krise zu stürzen).

Krankheit und Krise schließen daher einander nicht aus, sondern treten, wie viele Untersuchungen belegen, kumulativ auf oder gehen ineinander über. Dross (2001) stellt fest: »In der aktuellen Situation sind Krisen als passagere Ausnahmezustände und solche Krisen, die in Verbindung mit überdauernder Störung stehen, oft schwer zu unterscheiden« (S. 29).

Es gilt, sowohl in der Krise die dahinter liegende Krankheit zu sehen, als auch in der Krankheit die sie verschärfende oder überlagernde Krise. Während ambulante niedrigschwellige Einrichtungen regelhaft meist auch mit psychisch kranken Menschen arbeiten, besteht bei der stationären Aufnahme die Tendenz zu einer Aufteilung der Klientel in sogenannte Gesunde, die der Krisenstation und »Psychiatrie-Erfahrene«, die der psychiatrischen Station zugeordnet werden (▶ Kap. 18 Hölling).

2.4 Fazit und Ausblick

Nach dieser Zusammenschau der Entwicklungsstränge der Krisenintervention möchte ich dazu einladen, sich den vielfältigen Praxisfeldern und ihren noch vielfältigeren Klient*innen zuzuwenden. Krisenintervention findet immer in der Begegnung (mindestens) zweier Menschen statt, zwischen ratsuchender und helfender Person. Für eine gelingende Beziehungsgestaltung sind wir Helfer*innen in unserer Authentizität und Subjektivität gefragt. Denn Krisen machen unseren Klient*innen regelmäßig Angst; die Anforderungen der Krisenintervention können bei Berater*innen gleichfalls Ängste und Unsicherheiten auslösen, die oftmals im Sinn einer Gegenübertragung mit dem Erleben der Klient*innen korrespondieren. Um die eigenen Ängste nicht auf die Ratsuchenden zu übertragen müssen wir sie in Supervision und Intervision bearbeiten. Es macht jedoch Sinn, über die reflektierte eigene Verunsicherung den Zugang zu unseren Klient*innen zu gewinnen. Die Schweizer Psychologin Verena Kast, formuliert in ihrem frühen Standardwerk (1987) »Der schöpferische Sprung« die der Krise innewohnenden Chancen und prägt diesen Leitsatz:

> »Krisenintervention meint zunächst einmal, mit der Krise in Kontakt zu kommen« (S. 11).

Alle ausgefeilten Theorien und Konzepte nützen nichts oder können sogar kontraproduktiv sein, wenn wir uns dahinter verschanzen, anstatt uns von den Menschen in ihrem oftmals verzweifelnden Bemühen berühren zu lassen. Entsteht eine emotionale Resonanz in uns, wirkt diese auf die Ratsuchenden zurück.

Trotz unserer Expertise sollten wir Berater*innen die Ergebnisse einer Befragung von Psychiatrie-Erfahrenen (Nouverté, 1993), was sie an Krisenberater*innen am meisten schätzen, als Leitschnur nehmen: Unser Fachwissen stand an letzter Stelle, an erster dagegen wurde die persönliche Krisenkompetenz genannt. Damit ist die Fähigkeit der Profis gemeint, Ratsuchende am Überwinden selbst erlebter Krisen angemessen teilhaben zu lassen. Darüber hinaus werden die Fähigkeit von Berater*innen zur menschlichen Anteilnahme, der Offenheit für »fremde« Lebensstile und die hohe Toleranz ungewöhnlichen Verhaltens gewürdigt.

Wir freuen uns, wenn die folgenden Kapitel die in der Krisenintervention Tätigen weiterbilden können, in diesem Sinne mit den Nutzer*innen zu arbeiten.

Literatur

Antonovsky, A. (1997). *Salutogenese. Zur Entmystifizierung der Gesundheit*. Tübingen: dgvt. (Forum für Verhaltenstherapie und psychosoziale Praxis. 36.) (Original erschienen 1987).

Bergold, J. & Schürmann, I. (2001). Krisenintervention – Neue Entwicklungen? *Verhaltenstherapie und Psychosoziale Praxis 1/2001*, 5–16. Tübingen: dgvt.

Bronisch, T. (2009). *Krisenintervention bei Persönlichkeitsstörung: therapeutische Hilfe bei Suizidalität, Selbstschädigung, Impulsivität, Angst und Dissoziation*. Stuttgart: Klett-Cotta.

Caplan, G. (1964). *Principles of preventive psychiatry*. New York, NY: Basic Books.

Ciompi, L. (1993/2000). Krisentheorie heute. In U. Schnyder & J.-D. Sauvant (Hrsg.), *Krisenintervention in der Psychiatrie*. Bern: Hans Huber.

Clausen, J., & Eichenbrenner, I. (2016). *Soziale Psychiatrie: Grundlagen, Zielgruppen, Hilfeformen*. Stuttgart: Kohlhammer.

Cullberg, J. (1978). Krisen und Krisentherapie. *Psychiatrische Praxis*, 5, 25–34.

D'Amelio, R., & Pajonk, F.G. B. (2011). Psychiatrische Notfälle. In Lasogga, F., & Gasch, B. (Hrsg.) *Notfallpsychologie. Lehrbuch für die Praxis* (S. 331–345). Heidelberg: Springer.

Dilling, H., Mombour, W. & Schmidt, M. H. (Hrsg.) (2015). Internationale Klassifikation psychischer Störungen ICD-10 Kapitel V (F), klinisch-diagnostische Leitlinien (10. Aufl. unter Berücksichtigung der Änderungen entsprechend ICD-10-GM 2015). Göttingen: Hogrefe.

Dorrmann, W. (2012). *Suizid: therapeutische Interventionen bei Selbsttötungsabsichten*. Stuttgart: Klett-Cotta.

Dross, M. (2001). *Krisenintervention*. Göttingen: Hogrefe.

Erikson, E. (1966). *Identität und Lebenszyklus*. Frankfurt: Suhrkamp.

Filipp, S. & Aymanns, P. (2009). *Kritische Lebensereignisse und Lebenskrisen*. Stuttgart: Kohlhammer.

Gahleitner, S. B., Schulze, H. & Pauls, H. (2009). ›hard to reach‹ – ›how to reach‹? Psycho-soziale Diagnostik in der Klinischen Sozialarbeit. In P. Pantucek & D. Röh (Hrsg.), *Perspektiven Sozialer Diagnostik. Über den Stand der Entwicklung von Verfahren und Standards* (S. 321–344). Münster: LIT. (Soziale Arbeit – Social Issues 5).

Gahleitner, S. B., Pauls, H. & Glemser, R. (2018). Diagnostisches Fallverstehen. In P. Buttner, S. B. Gahleitner, U. Hochuli Freund & D. Röh (Hrsg.), *Handbuch Soziale Diagnostik. Perspektiven und Konzepte für die Soziale Arbeit* (S. 117–127). Berlin: Deutscher Verein.

Gastner, J., & Huber, D. (2007). Krisenintervention aus Patientensicht – Katamnestische Evaluation eines psychiatrischen Bereitschaftsdienstes. *Psychotherapie*, 12 (1), 19–26.

Häfner, H. (1974). Krisenintervention. *Psychiatrische Praxis*, 1,139–150.

Herman, J. L. (1992). Complex PTSD: A syndrome in survivors of prolonged and repeated trauma. *Journal of traumatic stress*, 5(3), 377–391.

Herman, J. L. (2015). *Trauma and recovery: The aftermath of violence – from domestic abuse to political terror*. London: Hachette UK.

Herriger, N. (2006). *Empowerment in der Sozialen Arbeit. Eine Einführung*. Stuttgart: Kohlhammer.

Hüther, G., & Sachsse, U. (2007). Angst- und stressbedingte Störungen. *Psychotherapeut*, 52 (3), 166–179.

Kast, V. (1987). *Der schöpferische Sprung*. Olten: Walter.

Katschnig, H. & Konieczna, T. (1987). Notfallpsychiatrie und Krisenintervention. In H. Katschnig & C. Kulenkampff (Hrsg.), *Notfallpsychiatrie und Krisenintervention* (S. 9–31). Köln: Rheinland-Verlag.

Keupp, H. (2003). Identitätsbildung in der Netzwerkgesellschaft: Welche Ressourcen werden benötigt und wie können sie gefördert werden? In: U. Finger-Trescher, & H. Krebs (Hrsg.), *Bindungsstörungen und Entwicklungschancen* (S. 15–50). Gießen: Psychosozial-Verlag.

Knuf, A., Osterfeld, M. & Seibert, U. (2007). *Selbstbefähigung fördern. Empowerment in der psychiatrischen Arbeit*. Bonn: Psychiatrie-Verlag.

Kunz, S., Scheuermann, U. & Schürmann, I. (2004). *Krisenintervention. Ein fallorientiertes Arbeitsbuch für Praxis und Weiterbildung*. Weinheim: Juventa.

Lazarus, R. S. (1966). *Psychological stress and the coping process*, New York, NY: McGraw-Hill.

Lazarus, R. S. & Folkman, S. (1984). *Stress, appraisal und coping*. New York, NY: Springer.

Lenz, A. & Stark, W. (2002). *Empowerment. Neue Perspektiven für die psychosoziale Praxis und Organisation*. Tübingen: dgvt.

Lenz, A. (2007). Freunde in Not. Die Bedeutung sozialer Netzwerke bei Krisenvorbeugung und Krisenbewältigung. *Blätter der Wohlfahrtspflege*, 154 (4), 130–133.

Lindemann, E. (1944). Symptomatology and management of acute grief. *American Journal of Psychiatry*, 101, 141–148.

Lindemann, E. (1977). *Beyond grief. Studies in crisis intervention*. New York, NY: Aronson.

Luhmann, N. (1999) *Soziale Systeme. Grundriß einer allgemeinen Theorie*. Frankfurt: Suhrkamp.

Mecheril, P. (2018). Annäherung an eine rassismuskritisch informierte Psychologie der Migrationsgesellschaft. *Verhaltenstherapie und psychosoziale Praxis*, 50(4), 863-871.

Müller, W. (2001). Die Metropole, die Krise und ihr Dienst. *Verhaltenstherapie und Psychosoziale Praxis*, 1/2001, (S. 31–38). Tübingen: dgvt.

Müller, W. (2003). Die Vernetzung im Kopf des Beraters. In Th. Giernalczyk (Hrsg.), *Suizidgefahr-Verständnis und Hilfe* (S. 183–193). Tübingen: dgvt.

Neumann, O. (2002). Über die Sucht telefonieren zu müssen oder ein struktureller Ansatz in der Krisenintervention zum besseren Umgang mit Dauernutzern. *Psychiatrische Praxis*, 29, 411–416.

Neumann, O. (2009). *Chemie der Beziehung. Empowerment in der Praxis sozialpsychiatrischer Krisenintervention*. Bonn: Psychiatrie-Verlag.

Nestmann, F. (1988). *Die alltäglichen Helfer*. (Prävention und Intervention im Kindes- und Jugendalter. Band 2). Berlin: de Gruyter.

Nestmann, F. (2010). Soziale Unterstützung – Social Support. In W. Schröer & C. Schweppe (Hrsg.), *Enzyklopädie Erziehungswissenschaft Online* (S. 1–39). Weinheim: Juventa.

Nouvertné, K. (1993). Die Helfer: Was müssen MitarbeiterInnen mitbringen und welche Hilfen brauchen sie?. In G. Wienberg (Hrsg.), *Bevor es zu spät ist* (S. 80–96). Bonn: Psychiatrie-Verlag.

Ortiz-Müller, W. (2008). Psychosoziale Krisenintervention – Systemische Perspektiven. In S. B. Gahleitner & G. Hahn (Hrsg.), *Klinische Sozialarbeit, Zielgruppen und Arbeitsfelder* (S. 110–124). Bonn: Psychiatrie-Verlag.

Panksepp, J. (2004). *Affective neuroscience: The foundations of human and animal emotions*. Oxford: university press.

Petzold, H. G. (1998). *Integrative Supervision, Meta-Consulting & Organisationsentwicklung*. Paderborn: Junfermann.Riecher-Rössler, A., Berger, P., Yilmaz, A. & Stieglitz, R.(2004). *Psychiatrisch-psychotherapeutische Krisenintervention.* Göttingen: Hogrefe.

Roediger, E. (2011). *Praxis der Schematherapie: Lehrbuch zu Grundlagen, Modell und Anwendung: mit... 33 Tabellen.* Stuttgart: Schattauer.

Rupp, M. (2003). *Notfall Seele.* Stuttgart: Thieme.

Salomon, A. (1926). *Soziale Diagnose.* Berlin: Heymann.

Schnyder, U. (2000). Ambulante Krisenintervention. In U. Schnyder & J.-D. Sauvant (Hrsg.), *Krisenintervention in der Psychiatrie* (S. 55–74). Bern: Hans Huber.

Schürmann, I. (2001). Krisenintervention in der psychologischen Diskussion – ein Überblick. In E. Wüllenweber & G. Theunissen (Hrsg.), *Handbuch Krisenintervention* (S. 76–94). Stuttgart: Kohlhammer.

Schürmann, I. (2007). Konzepte gegen Krisen. Anregungen für Beratung und Intervention. *Blätter der Wohlfahrtspflege,* 154 (4), 1127–129.

Simmich, T. & Reimer, C. (1998). Psychotherapeutische Aspekte von Krisenintervention. *Psychotherapeut,* 3, 143–156, Heidelberg: Springer.

Sonneck, G. (2000). *Krisenintervention und Suizidverhütung.* (5., überarbeitete Aufl.). Wien: Facultas.

Sonneck, G., Kapusta, N., Tomandl, G., & Voracek, M. (Hrsg.). (2016). *Krisenintervention und Suizidverhütung* (Reihe: Gesundheitswissenschaften, Psychologie; 3., überarbeitete Aufl.). Wien: Facultas.wuv.

Stein, C. (2012). Krisenintervention. *neuropsychiatrie,* 26(3), 106-110.

Stein, C. (2020). *Spannungsfelder der Krisenintervention: ein Handbuch für die psychosoziale Praxis* (2., erweiterte und überarbeitete Aufl.). Stuttgart: Kohlhammer.

Till, W. (2009). Psychoanalytische Aspekte in der Krisenintervention. *Psyche,* 63(8), 773-793.Heft-Nr.: 156.

Ulich, D. (1985). *Psychologie der Krisenbewältigung.* Weinheim: Beltz.

Van der Feltz-Cornelis, C. M., Sarchiapone, M., Postuvan, V., Volker, D., Roskar, S., Grum, A. T., Carli, V., McDaid, D., O`Connor R., Maxwell M., Ibelshäuser, A., Audenhove, C. v., Scheerder G., Sisask, M., Gusmão, R., Hegerl U.(2011). Best practice elements of multilevel suicide prevention strategies. *Crisis.* Vol.32 (6):319-333.

Young, J. E., Klosko, J. S., & Weishaar, M. E. (2005). *Ein praxisorientiertes Handbuch.* Paderborn: Junfermann.

Welter-Enderlin, R. & Hildenbrand, B. (Hrsg.). (2006). *Resilienz – Gedeihen trotz widriger Umstände.* Heidelberg: Carl Auer Verlag.

Werner, E. (2005). Entwicklung zwischen Risiko und Resilienz. In G. Opp, M. Fingerle & A. Freytag (Hrsg.), *Was Kinder stärkt. Erziehung zwischen Risiko und Resilienz* (S. 25–35). München: Reinhardt.

Wimmer-Puchinger, B., Gutierrez-Lobos, K., & Riecher-Rössler, A. (Hrsg.) (2016) *Irrsinnig weiblich - Psychische Krisen im Frauenleben. Hilfestellung für die Praxis.* Heidelberg: Springer.

Zimmermann, R. (2001). Was ist eine psychiatrische Krise und was ein psychiatrischer Notfall – Theorien und Methoden psychiatrischer Krisenintervention. *Verhaltenstherapie und Psychosoziale Praxis,* 17–30. Tübingen: dgvt.

3 »Ohne sie wäre ich sicher nicht mehr da« – zur Bedeutung von Bindung, Beziehung und Einbettung bei schweren und wiederholten Krisenerfahrungen

Silke Birgitta Gahleitner

Unsere aktuelle Lebenswelt ist durch Entgrenzung geprägt, die Möglichkeitsräume haben sich erweitert. Aber auch die geforderten Eigenleistungen eines jeden Menschen bei der Gestaltung des Lebenslaufs sind gestiegen. Für benachteiligte und beeinträchtigte Menschen ist dies jedoch häufig nicht einzulösen. Dies gilt insbesondere im Falle früher traumatischer Erfahrungen, die im weiteren Lebensverlauf zu fortgesetzten Krisenrisiken führen. Es bedarf daher adäquater Interventionsformen, um die jeweils angemessene Unterstützung für die jeweiligen Problemlagen bieten zu können. Der grundlegende Interventions- und Unterstützungsfaktor sind soziale Beziehungs- und Einbettungsverhältnisse. Kenntnisse der Vertrauenstheorie, Bindungstheorie und Netzwerktheorie sind daher unabdingbar für eine qualifizierte Krisenarbeit – insbesondere in der Arbeit mit traumatisch bedingten schweren und wiederholten Krisen. Der Artikel beschreibt entlang eines Fallbeispiels Möglichkeiten der Krisenarbeit in diesem Bereich.

3.1 (Krisen-)Verhältnisse in der zweiten Moderne

In seinem einführenden Artikel setzt Heiner Keupp (▶ Kap. 1, Keupp) Krisenpotenziale in den Kontext des globalisierten Netzwerkkapitalismus. Krisen haben, so arbeitet er heraus, eine gewisse Normalität im aktuellen Lebensalltag erlangt, normale Biografien umfassen eine Reihe von Krisenerfahrungen. Im vergangenen Jahrhundert z. B. mussten in Deutschland zwei Weltkriege und die Verantwortung für die umfassendsten Gewalttaten der Geschichte verkraftet werden, für Angehörige anderer Länder und kultureller Kontexte lassen sich noch weit mehr und aktuellere Einschnitte verzeichnen. Zudem sind tragende kulturelle Deutungsmuster und Normalitätsvorstellungen aus dem alltäglichen Leben gewichen. Während in der Vergangenheit stark vorgegebene Sozialisationsverläufe üblich waren, »also bestimmte Entwicklungsachsen« (Böhnisch, Lenz & Schröer, 2009, S. 9), sind lineare Lebensverläufe heute selten geworden.

Die zunehmende Entgrenzung eröffnet eine Reihe von Freiheiten zu aktiver Identitätsarbeit (Keupp, in diesem Band), allerdings nur unter bestimmten Bedingungen. Wer mit einer guten Ressourcenausstattung schnell wechselnde soziale und kulturelle Bedingungen flexibel zu nutzen weiß, sieht sich einem vielfältigen Angebot an Lebenswegen und Gestaltungsmöglichkeiten gegenüber. Die neue Lebensform erfordert jedoch eine ausgeprägte »Selbstorganisation« (Böhnisch et al., 2009, S. 10) und hohe Flexibilität (vgl.

Sennett, 1998/2000). Die Notwendigkeit, auf die schnell wechselnden Bedingungen flexibel und dennoch hinreichend gesund zu reagieren, ist jedoch für viele Menschen nicht einzulösen. Es kommt zu einer Beschleunigung und Verdichtung der Alltagswelt, das ermöglicht bei ausreichenden Ressourcen eine Vielzahl an Erfahrungen, die damit verbundenen Anforderungen bei gleichzeitiger Enttraditionalisierung produzieren jedoch auch Risiken (Beck, 1986) und Exklusionsprozesse, »Disembedding-Prozesse« (Giddens, 1999/2001). Diese treffen vor allem beeinträchtigte und benachteiligte Menschen.

Dies gilt insbesondere für den Traumabereich. Eine Studie zu frühen Traumata in der Kindheit (ACE-Studie; u. a. Feliti, Fink, Fishkin & Anda 2007) z. B. zeigt: Menschen, die bereits früh schwierige Lebensereignisse meistern müssen, leiden ungleich häufiger an Armut, Arbeitslosigkeit, Mittellosigkeit, Krisen, unzureichender oder unsicherer Unterkunft bzw. Wohnungslosigkeit, sind stärker sozial gefährdet und sterben früher als Menschen ohne solche Belastungen. Der Bericht der WHO (2001) zeigt diese Verschränkung biopsychosozialer Prozesse und Strukturen seit Jahrzehnten kontinuierlich auf. Als Antwort auf diese ungleichen (Krisen-)Verhältnisse bedarf es daher einer Entwicklung adäquater Reaktions- und Interventionsformen, um allen Menschen in ihren aktuellen Lebenskontexten angemessene Unterstützung bieten zu können und Disembedding-Prozessen entgegenzuwirken. Dies soll an einem konkreten Fallbeispiel verdeutlicht werden.

3.2 Zum Beispiel Maria: Eine Krisenintervention mit vielen Hindernissen

> Maria war als Nachzüglerkind und Mädchen der lang erhoffte Sonnenschein ihrer Mutter. Die eigene leidvolle Geschichte der Mutter mit einer Reihe von Gewalterfahrungen und die Überforderung durch die bereits erwachsenen Brüder von Maria, die zu diesem Zeitpunkt bereits in zahlreiche Drogendelikte verwickelt waren, stellten die Mutter vor große Herausforderungen. Die Familie lebte am Rande des Existenzminimums, obwohl Marias Mutter ganztägig berufstätig war und sich nach Kräften um die Versorgung der Kinder bemühte. In den ersten zwei Jahren des Kindes sprang der Großvater für die Betreuung von Maria ein, später fiel diese Rolle Marias Bruder zu. Als Maria ins Jugendalter kam, ereignete sich eine für das sonst aufgeschlossene und unkomplizierte Mädchen eine spezielle Szene: Der Terrier der Familie hatte einen Tischtennis-Ball verschluckt und starb in ihrem Arm. Dass Maria daraufhin entsetzt und traurig reagierte, verstand jeder aus ihrem Umfeld. Als Maria jedoch begann, sich selbst durch Schnitte und Brandwunden massiv zu verletzen und schließlich versuchte, ihrem Leben ein Ende zu setzen, reagierten alle ratlos: die Mutter, die Geschwister und zunächst auch die regional zuständige Kinder- und Jugendpsychiatrie.

Nicht immer sind die in Krisen entstehenden Reaktionen für die Angehörigen und auch Krisenhelfende nachvollziehbar, wie im obigen Fall beschrieben. Es liegt daher nahe, von einem Kontinuum (Sonneck, 2000) zwischen »psychosozialer Krise« und »psychiatrischem Notfall« als auch von unterschiedlichen Definitions- und Modellannahmen auszugehen. Dennoch gibt es inzwischen eine Reihe bewährter Vorgehensweisen der Krisenintervention, die letztlich alle eine ähnliche Schrittfolge vorschlagen (vgl. für einen Überblick über den aktuellen Diskurs zu Krisenmodellen ▶ Kap. 2, Ortiz-Müller). Einig ist man sich insbesondere darin, dass zu Beginn ein vorsichtiger Beziehungsaufbau steht bzw. ein Arbeitsbündnis ermöglicht und abgeklärt werden muss, wie gut oder nicht gut der*die Hilfesuchende sozial eingebettet ist. Erst dann kann ein behutsames Zulassen emotionaler Entlastung seinen Platz finden. Eine Krisenanamnese führt im Anschluss zu einer dialogisch entwickelten Problemdefinition und Beschreibung der Krise, die die Basis für eine Zieldefinition abgibt. Erst auf diesem Boden kann nach neuen Lösungen gesucht werden. Abschließend kann ein Rückblick unternommen und eine Bilanz gezogen werden.

Bei Maria wurde relativ schnell deutlich, dass bereits der erste Schritt des Beziehungsaufbaus eine Herausforderung darstellte. Das Mädchen hatte sich in eine rätselhafte Welt von Selbstverletzung, Suizidgedanken und Ängsten zurückgezogen und war für nahezu niemanden erreichbar. Zunächst ihre Situation zu verstehen und Bindung, Beziehung und Einbettung zu ermöglichen, hatte also absolute Priorität. Ohne diesen behutsamen Beziehungsaufbau dagegen ist ein tragfähiges Arbeitsbündnis in der Krisenintervention gar nicht zu erreichen. Wie aber können dafür erste Schritte – über viel erworbenes Misstrauen hinweg – erfolgen?

3.3 Erste Schritte in neues Vertrauen und Beziehungsnetzwerke

Im Laufe eines mehrmonatigen Klinikaufenthaltes gelang es einer Psychiaterin, Stück für Stück Vertrauen und Beziehung zu Maria aufzubauen und einzelne Aspekte ihrer Vorgeschichte zu erahnen. Sie vermittelte das Mädchen daher an eine auf Traumata spezialisierte sozialtherapeutische Wohngruppe. Bei einer ständigen Gratwanderung zwischen Suizidalität, Klinikaufenthalten und massiven Selbstverletzungen entfaltete sich Millimeter für Millimeter in weiteren Vertrauensbeziehungen Marias Biografie: Wie bereits erwähnt, wurde Maria in den ersten zwei Lebensjahren aufgrund der Berufstätigkeit der Mutter von ihrem Großvater, nach dessen Tod von ihrem Bruder betreut. Der noch minderjährige Junge agierte seine Frustration und Enttäuschung über seine eigene vernachlässigte Situation in psychisch und physisch gewalttätigen Handlungen aus. Im Grundschulalter wurde Maria über Jahre hinweg von einem Freund des Bruders sexuell misshandelt. Die beiden älteren Geschwister waren zu diesem Zeitpunkt bereits inhaftiert. Ihre Mutter wollte Maria auf keinen Fall noch mehr belasten. Die einzige Stütze boten Maria die Haustiere der Familie.

Krisenverhältnisse von einer Komplexität wie der vorliegenden erfordern für eine adäquate Begleitung reichhaltige (diagnostische) Kenntnisse und Erfahrungen über Entstehungsbedingungen, Auswirkungen und Bewältigungsformen traumatischer Ereignisse (vgl. ausführlich Gahleitner, 2011). Insbesondere die Auswirkungen früh beginnender und langanhaltender Traumata gipfeln häufig in immer wiederkeh-

renden Krisensituationen, suizidalen Phasen und Suizidversuchen. Janoff-Bulman (1985) beschreibt dieses Phänomen als »shattered assumptions«, eine fundamentale Erschütterung grundlegender Überzeugungen wie die der eigenen Unverletzbarkeit, der Gerechtigkeit der Welt und der positiven Selbstwahrnehmung der eigenen Person. Es kommt zu Dissoziationen und einer Reihe weiterer schwerer Symptomatiken. In den letzten Jahren hat sich dafür der Begriff »komplexe Traumatisierung« durchgesetzt (sogenannte Typ-II-Traumata gegenüber Typ-I-Traumata; Terr, 1995; Kolk et al., 1996). Viele Traumaopfer bewegen sich daher – wie Maria – auf einem dünnen Lebensgrat, der von andauernden Krisen, chronischer Selbstzerstörung und Suizidgefahr geprägt ist.

Neben dem Gefühl absoluter Hilflosigkeit und Ohnmacht sowie dem Verlust der Fähigkeit zur Selbstregulation führt dies häufig auch zur Isolation und Deprivation der Betroffenen. Dies beobachtete bereits der Kinderarzt und -psychiater Bowlby (1951/1973) in den 1950er-Jahren bei sozial benachteiligten Kindern. Aus dieser Erkenntnis heraus entwickelte er in der Trilogie »Attachment« (1969/2006), »Separation« (1973/2006) und »Loss« (1980/2006) die Bindungstheorie. Er begründete damit eine beziehungsbezogene Perspektive von Entwicklung, nach der Menschen fundamental auf (emotionale) Bindungssicherheit angewiesen sind. Gelungene oder weniger gelungene Interaktionen werden aus dieser Perspektive zu einem grundlegenden Organisationsprinzip der gesamten Entwicklung. Die (emotionale) »Abwesenheit« von Bindungspersonen behindert dagegen Entwicklung. Ein destruktiver Teufelskreis entsteht, der desorganisierte Bindungsstile oder gar sog. Bindungsstörungen zur Folge hat (Brisch, 1999). Aus frühen Bindungsentbehrungen entstehen so komplexe Entwicklungsstörungen auf der physischen, psychischen und sozialen Ebene.

Menschen, die sich in desolaten Verhältnissen befunden haben oder befinden, sind daher existenziell auf soziale Ressourcen angewiesen, die als positive Gegenhorizonte eine stabile psychosoziale Geborgenheit verkörpern (Gahleitner, 2017). Zu Beginn der Hilfegestaltung ist die Kluft zu beziehungserschütterten Menschen jedoch – wie bei Maria – häufig unüberwindlich. Es herrscht Misstrauen vor. In einem ersten Schritt ist es daher bedeutsam, Vertrauen zu schaffen und »schützende Inselerfahrungen« (Gahleitner, 2011, S. 40) zu ermöglichen. Fachkräfte müssen dafür in »Vorleistung« gehen und vorab »Vertrauen schenken« (Luhmann, 1973, S. 45 f.). Der Vertrauensaufbau gelingt im besten Falle zunächst auf der Ebene der Dyade, muss sich in der Folge aber auch auf der Ebene des umgebenden Netzwerks und der Institutionen tragfähig gestalten. Letztlich geht es also um die Herstellung eines sozial unterstützenden »Milieus« als »biografisch verfügbarer sozialräumlicher und sozialemotionaler Kontext« (Böhnisch, 1994, S. 222), also um die sorgfältige Entwicklung tragfähiger sozialer Unterstützungsnetzwerke (Nestmann, 2010). Neue hilfreiche Bindungen wirken also besonders stark, wenn sie sich nicht nur in einer Dyade, sondern innerhalb eines Beziehungsnetzwerkes unterstützender Personen, Lebewesen und Einrichtungen entfalten. Nicht selten spielen Tiere in der Vertrauensbildung und dem entstehenden Einbettungsgefüge eine wichtige Rolle (Levinson, 1962).

3.4 Sich auf Basis von Beziehung und Einbettung durch die Krise arbeiten

Körperliche Nähe als erreichbar, aber auch begrenzbar, Beziehungen als vertrauenswürdig und belastbar sowie Konflikte als lösbar zu erleben, schien für Maria zu Beginn des Aufenthaltes in der Einrichtung außerhalb jeder Vorstellung. Über viele Jahre hinweg hatte Maria ihre verzweifelte Situation vor dem Rest der Familie zu verbergen versucht. Als der

Druck für sie nicht mehr auszuhalten war, kam es zu den massiven autoaggressiven Gewalthandlungen und suizidalen Attacken. In der Einrichtung zeigte sie diese Symptomatik erstmals in ihrem vollen Ausmaß. In der Begegnung mit anderen ebenfalls stark belasteten Mädchen erfuhr sie dabei – jeweils durch das sozialtherapeutische Team begleitet – Unterstützung und Verbundenheit. Vorsichtig versuchte sich Maria in weiteren Interaktionen mit anderen Mädchen aus der Jugendhilfe-Gruppe und dem sozialtherapeutischen Team. Bewährte traumapädagogische Übungen und psychoedukative Elemente ermöglichten ihr eine traumaadäquate, behutsame Chance auf Veränderungsprozesse ihrer Emotionen und einen vorsichtigen Wiederaufbau der Selbstorganisation. Krisensituationen konnten gemeinsam und dialogisch in den Blick genommen werden.

Auch krisentheoretisch betrachtet ist nach der gelungenen Beziehungsaufnahme eine Entlastung der akuten emotionalen Überforderung durch aufmerksames und beruhigendes Dasein und Zuhören Programm. Auch Stabilsierungsarbeit kann jetzt mit sehr viel mehr Wirkung eingesetzt werden als ohne eine emotionale Anbindung. Bereits Bowlby (1951/1973) weist darauf hin, dass Exploration nur stattfinden kann, wenn Bindungssicherheit (zumindest ansatzweise) vorhanden ist. Werden in diesem Zustand emotional bedeutsame Erlebnissequenzen von bedeutsamen Bezugspersonen empathisch unterstützt, entwickeln sich vage Selbstempfindungen zu adäquaten »internalen Arbeitsmodellen« – im Gegensatz zu eingeschränktem, starrem, »wirklichkeitsunangemessenem« Verhalten (Grossmann & Grossmann, 2004). Auf dieser Basis kann es auch – wie am Beispiel von Maria soeben geschildert – möglich werden, negative Lebensereignisse über Unterstützungs- und Mentalisierungsprozesse in Resilienz zu transformieren (Fröhlich-Gildhoff & Rönnau-Böse, 2015). Das bedeutet: »Besonders in schwierigen Lebensumständen müssen sprachliche Repräsentationen vom Denken, Fühlen und Handeln […] durch offene Kommunikation mit vertrauten Personen ›ko-konstruiert‹ werden« (Grossmann & Grossmann, 2004, S. 427).

Auch die soeben zitierte ACE-Studie (Felitti et al., 2007) lehrt uns nicht nur, wie sehr Menschen nach frühen schädigenden Erfahrungen ins Abseits geraten, sie lehrt uns auch, wie solche Prozesse wieder rückgängig gemacht werden können. Entlang von Ergebnissen zum sog. »posttraumatischem Wachstum« (vgl. Tedeschi & Calhoun, 1996) können nach einschneidenden Erfahrungen und Krisen wertvolle biografische Wachstums- und Bildungsprozesse angeregt und ermöglicht werden, wenn soziale (Netzwerk-)Ressourcen zur Verfügung stehen (Nestmann, 2010). Bekannt ist das Einbettungsphänomen auch aus dem klientenzentrierten Bereich. Als erster Vertreter aus dem helfenden Spektrum formulierte tatsächlich Rogers (1957) eine umfassende wachstumsfördernde Beziehung als notwendige und hinreichende Grundbedingung von Hilfeprozessen. In der Bindungs- und Milieutheorie spricht man auch von »emotional korrigierenden Erfahrungen« (Brisch, 1999, S. 94; vgl. bereits Cremerius, 1979; Alexander & French, 1946) oder »emotional-orientierten Dialogen« (Kühn, 2009, S. 31).

Um diese Chance zu wissen, hat große Bedeutung für Krisenarbeiter*innen, die stets »durch die Beziehung hindurch« mit Klient*innen verbunden sind und gemeinsam mit ihnen an Veränderungsprozessen arbeiten. Ist es auf diese Weise möglich geworden, sich konkret dem vorliegenden Problem zuzuwenden, kann eine Anamnese der Krisenauslöser und -hintergründe erfolgen, nicht jedoch ohne auch ausführlich auf bisherige Bewältigungsleistungen und Ressourcen Bezug zu nehmen. Die Krise und ihre Anbahnung – gemeinsam mit dem subjektiven Erleben des*der Hilfesuchenden – zu verstehen, ist für eine sinnvolle

Zielklärung erforderlich. Die Zielsetzung ist zudem davon abhängig zu machen, in welcher Verfassung Klient*innen sich befinden. In der Problembearbeitung ist daher zu prüfen, welche Schritte im jeweiligen Setting möglich sind und welche Schritte oder Schutzmaßnahmen vielleicht auch netzwerkorientiert den Einsatz weiterer Einrichtungen aus dem Kriseninterventionsbereich erfordern.

3.5 Zurückblicken, wieder in den Lebensalltag treten und weiter vorsorgen

Auf diese Weise wurde es bei Maria möglich, dass manche der lebensgefährlichen, wiederkehrenden Situationen, wie beispielsweise Flashbacks und die massiven Selbstverletzungsattacken, sich mithilfe der Stabilisierung und behutsamer »Traumazuordnungsarbeit« während des Aufenthalts in der Wohngruppe merklich verringerten. Dazu gehörte auch die Rückverortung der Verantwortung an die beiden Verursachenden des Geschehens. Psychosomatische Erscheinungen und vereinzelt auch Selbstverletzungen stellten jedoch weiterhin einen wichtigen Anzeiger für Belastungs- und Überforderungssituationen dar. Allmählich gelang es Maria, auch diesen Belastungen bewusste Handlungen entgegenzusetzen und Beziehungen angemessener zu gestalten, die zumeist in ihrer Instabilität den Anlass für die Selbstzerstörung darstellten. Die Angstproblematik außerhalb des vertrauten Wohnbereichs jedoch lockerte sich nur bedingt. Musste der vertraute und einbettende Rahmen aufgegeben werden, kam Maria noch schnell an Grenzen.

Ist die Krise irgendwann überwunden, so die Krisentheorie, kann zu den ursprünglichen Themen und Zielen zurückgekehrt werden, falls sie sich durch das Krisenerleben nicht verändert haben. Bei komplex traumatisierten Betroffenen ist jedoch zu erwarten, dass sich krisenhafte Phasen und Situationen im Leben stets wiederholen. Es empfiehlt sich, dafür in gewisser Weise eine Vorsorge zu treffen. Über den ganzen Zeitraum hinweg korrigierend beziehungsorientiert zu arbeiten, schützt vor erneuten Beziehungsabbrüchen und Beziehungsenttäuschungen. Im Falle von Maria blieb das Beziehungsgefüge z. B. fragil und musste immer wieder neu restituiert werden. Alle Beziehungsaspekte wirken besonders stark, wenn sie sich nicht nur in einer Dyade, sondern innerhalb eines Beziehungsnetzwerkes unterstützender Personen und Einrichtungen entfalten (Gahleitner, 2011). Gelingt dies nicht, kann es zu weiteren Einbrüchen und Desastern kommen.

Maria hat auf dem Weg ins Erwachsenwerden einen entscheidenden Schritt hinter sich gebracht, ein erfolgreicher Suizid konnte bis zum 18. Lebensjahr verhindert werden. Im Rahmen der Jugendhilfe war es jedoch aufgrund der aktuellen Praxis, so schnell wie möglich in den Erwachsenenbereich zu überführen, nicht möglich, sie weiter zu begleiten. Beim Übergang in die wesentlich niedrigfrequentere Erwachseneneinrichtung kam es zu einem weiteren Suizidversuch. Erneut wird im Hilfesystem eine sorgfältige interinstitutionelle und interdisziplinäre Zusammenarbeit erforderlich, um den Faden an dieser Stelle aufzunehmen und in einer Anschlusshilfe weiter zu verfolgen. Nach einigen Suchbewegungen konnte eine stabile neue Einrichtung für sie gefunden werden. Lockere Kontakte und Besuche der jungen

Frauen in der bisherigen Einrichtung – ebenso wie Kontakt zur Klinikärztin – sind jedoch weiterhin nötig, um die erfahrene »schützende Inselerfahrung« weiter wirken zu lassen und den auf ihrem Lebensweg mit Sicherheit wieder auftretenden Krisensituationen wirksam vorzubeugen bzw. sie für sie bewältigbar zu machen.

3.6 Ausblick

Komplex traumatisierte Klient*innen sind besonders stark auf trauma- und krisenqualifizierte Versorgungsstrukturen angewiesen. Sie machen dann eine positive, emotional korrigierende Erfahrung, wenn sie auf Professionelle treffen, die vor einem Hintergrund von bindungstheoretischem und psychotraumatologischem Wissen feinfühlig und kompetent auf sie reagieren. Voraussetzung dafür ist eine beziehungssensible diagnostische Abklärung, die der Biografie, der Lebenswelt und dem sozialen Umfeld angemessenen Stellenwert einräumt und von Beginn an ein möglichst nahtloses Anknüpfen an den »jeweiligen Beziehungsstatus« gestattet (ausführlicher hierzu Gahleitner, Pauls & Glemser, 2018). Für die Bindungsdiagnostik kann das eigens dafür entwickelte »Adult Attachment Interview« (»AAI«; vgl. George, Kaplan & Main, 1985; aktuell Gloger-Tippelt, 2012/2016) in die Diagnostik integriert werden. Auch eine florierende Hilfelandschaft mit einer ausreichenden Personaldecke, einem interdisziplinären, engagierten Team sowie Möglichkeiten zu Intervision, Supervision, Fort- und Weiterbildung sind Voraussetzung, um in der komplexen Anforderung gute Arbeit zu leisten.

Letztlich gilt für Professionelle wie Klient*innen gleichermaßen: Positive Bindungs- und Beziehungserfahrungen sind die entscheidende Ressource gegen Überforderung, Überschreitung eigener Grenzen, Krisendynamiken, Selbstdestruktion und Suizidalität. In der Anpassung an die moderne Umwelt stellen sie wichtige Gegenpole zu gesellschaftlichen Vereinzelungsphänomenen und Autonomieanforderungen dar, die in der Prävention von Krisensituationen und suizidalen Phasen eine große Bedeutung besitzen.

Maria ist es auf jeden Fall gelungen, Halt zu gewinnen, inzwischen ist sie erwachsen. Der letzte einer Reihe von Suizidversuchen liegt noch nicht lange zurück. Zur Ärztin hat sie bis heute Kontakt, obwohl sie seit vielen Jahren nicht mehr für sie zuständig ist. Für Maria hatte sie eine entscheidende Schlüsselposition auf dem Weg zurück ins Leben: »Ohne sie« – so sagt sie – »wäre ich heute nicht mehr da«.

Literatur

Alexander, F. G. & French, T. M. (1946). *Psychoanalytic therapy: Principles and application*. New York, NY: Ronald.

Beck, U. (1986). *»Risikogesellschaft«. Auf dem Weg in eine andere Moderne*. Frankfurt: Suhrkamp.

Böhnisch, L. (1994). *Gespaltene Normalität. Lebensbewältigung und Sozialpädagogik an den Grenzen der Wohlfahrtsgesellschaft.* Weinheim: Juventa.

Böhnisch, L., Lenz, K. & Schröer, W. (2009). *Sozialisation und Bewältigung. Eine Einführung in die Sozialisationstheorie der zweiten Moderne* (Reihe: Juventa Paperback). Weinheim: Juventa.

Bowlby, J. (1973). *Mütterliche Zuwendung und geistige Gesundheit.* München: Kindler. (englisches Original erschienen 1951).

Bowlby, J. (2006). *Bindung und Verlust.* 3 Bände. München: Reinhardt. (englische Originale: Vol. 1 [Attachment] erschienen 1969, Vol. 2 [Seperation] erschienen 1973, Vol. 3 [Loss] erschienen 1980).

Brisch, K. H. (1999). *Bindungsstörungen. Von der Bindungstheorie zur Therapie.* Stuttgart: Klett-Cotta.

Cremerius, J. (1979). Gibt es *zwei* psychoanalytische Techniken? *Psyche, 32,* 7, 577–599.

Felitti, V. J., Fink, P. J., Fishkin, R. E. & Anda, R. F. (2007). Ergebnisse der Adverse Childhood Experiences (ACE) – Studie zu Kindheitstrauma und Gewalt. Epidemiologische Validierung psychoanalytischer Konzepte. *Trauma & Gewalt,* 1 (2), 18–32.

Fröhlich-Gildhoff, Klaus & Rönnau-Böse, Maike (2015). Resilienz (4., überarb. Aufl.). München: Reinhardt.

Gahleitner, S. B. (2011). *Das Therapeutische Milieu in der Arbeit mit Kindern und Jugendlichen. Trauma- und Beziehungsarbeit in stationären Einrichtungen.* Bonn: Psychiatrie-Verlag.

Gahleitner, S. B. (2017). *Soziale Arbeit als Beziehungsprofession. Bindung, Beziehung und Einbettung professionell ermöglichen.* Weinheim: Beltz Juventa.

Gahleitner, S. B., Pauls, H. & Glemser, R. (2018). Diagnostisches Fallverstehen. In P. Buttner, S. B. Gahleitner, U. Hochuli Freund & D. Röh (Hrsg.), *Handbuch Soziale Diagnostik. Perspektiven und Konzepte für die Soziale Arbeit* (S. 117–127). Berlin: Deutscher Verein.

George, C., Kaplan, N. & Main, M. (1985). *The adult attachment interview.* Unpublished manuscript. Berkeley, CA: University of California at Berkeley.

Giddens, A. (2001). *Entfesselte Welt. Wie die Globalisierung unser Leben verändert.* (englisches Original erschienen 1999). Frankfurt: Suhrkamp.

Gloger-Tippelt, G. (2016). *Bindung im Erwachsenenalter. Ein Handbuch für Forschung und Praxis* (3., unveränderte Auflage). Bern: Hogrefe (letzte überarbeitete Auflage erschienen 2012).

Grossmann, K. & Grossmann, K. E. (2004). *Bindungen. Das Gefüge psychischer Sicherheit.* Stuttgart: Klett-Cotta.

Janoff-Bulman, R. (1985). The aftermath of victimization: Rebuilding shattered assumptions. In C. R. Figley (Ed.), *Trauma and its wake. The study and treatment of post-traumatic stress disorder* (S. 15–35). New York, NY: Brunner/Mazel.

Kolk, B. A. v. d., Pelcowitz, D., Roth, S., Mandel, F. S., McFarlane, A. C. & Herman, J. L. (1996). Dissociation, somatization, and affect dysregulation. The complexity of adaptation to trauma. *American Journal of Psychiatry, Festschrift Supplement, 153,* 7, 83–93.

Kühn, M. (2009). »Macht eure Welt endlich wieder mit zu meiner!« Anmerkungen zum Begriff der Traumapädagogik. In J. Bausum, L. Besser, M. Kühn & W. Weiß (Hrsg.), *Traumapädagogik. Grundlagen, Arbeitsfelder und Methoden für die pädagogische Praxis* (S. 23–35). Weinheim: Juventa.

Levinson, B. M. (1962). The dog as co-therapist. *Mental Hygiene, 46,* 1, 49–60.

Luhmann, N. (1973). *Vertrauen. Ein Mechanismus der Reduktion sozialer Komplexität* (Reihe: Flexibles Taschenbuch; 2., erweiterte Auflage). Stuttgart: Enke.

Nestmann, F. (2010). Soziale Unterstützung – Social Support. In W. Schröer & C. Schweppe (Hrsg.), *Enzyklopädie Erziehungswissenschaft Online* (S. 1–39). Weinheim: Juventa.

Rogers, C. R. (1957). The necessary and sufficient conditions of therapeutic personality change. *Journal of Consulting Psychology, 21,* 2, 95–103. Zugriff am 30.09.2018 unter https://pdfs.semanticscholar.org/7791/6b2c9590fa152e43c452f88e6cee41ff95f5.pdf.

Sennett, R. (2000). *Der flexible Mensch. Die Kultur des neuen Kapitalismus* (vollst. Taschenbuchausg.). Berlin: Siedler. (englisches Original erschienen 1998).

Sonneck, G. (2000). *Krisenintervention und Suizidverhütung.* Wien: Facultas.

Tedeschi, R. G. & Calhoun, L. G. (1996). The posttraumatic growth inventory. Measuring the positive legacy of trauma. *Journal of Traumatic Stress, 9,* 3, 455–471.

Terr, L. C. (1995). Childhood traumas. An outline and overview In G. S. Everly & J. M. Lating (Hrsg.), *Psychotraumatology. Key papers and core concepts in post-traumatic stress* (S. 301–319). New York, NY: Plenum.

World Health Organization (WHO) (2001). *The World Health Report 2001. Mental health: new perspectives, new hope.* Genf: WHO. Zugriff am 30.09.2018 unter www.who.int/entity/whr/2001/en/whr01_en.pdf.

4 Was hilft den Krisenhelfer*innen? – Kurze Praxis der Notfall- und Krisenintervention

Manuel Rupp

In den letzten rund 40 Jahren entwickelte sich die Krisenintervention in Mitteleuropa zu einem eigenständigen Fachbereich. Diese Entwicklung wird kurz nachgezeichnet. Die wichtigsten Begriffe werden erklärt. Es wird dargestellt, wie sich die Entstehung von Krisen und deren Zuspitzung in der Notfallsituation verstehen lassen und welche Prinzipien ein professionelles Vorgehen ermöglichen. Um die Bewegung und Destabilisierung verkrusteter Verhältnisse in einer dramatischen Situation konstruktiv zu nutzen, braucht es eine aufs Wesentliche eingegrenzte, übersichtlich angelegte Interventionsweise, deren Prinzipien und Methoden ausgeführt werden. In einem Ausblick werden kurz Tendenzen bei der Weiterentwicklung der Krisen- und Notfall-Methodik erwähnt.

4.1 Einführung: von der Improvisation zur Profession

Ende der 1970er-Jahre galt die Krisenintervention an vielen Orten Mitteleuropas sozusagen noch als der »unreine Fall der Psychotherapie«. Direktives Intervenieren in bedrohlicher Lage wurde von vielen Psychotherapeut*innen – wohl aus Ratlosigkeit und Überforderung – als »Agieren« verkannt. Da bestand eine Lücke an Fachinformation und methodischem Wissen!

Im Rahmen der Enthospitalisierungsbewegung kam der außerstationären psychiatrischen Betreuung eine zunehmend große Bedeutung zu. Krisenhafte Krankheitsverläufe fanden vermehrt außerhalb der Klinik statt, wodurch sich die Nachfrage nach psychologisch-psychiatrischer Krisenintervention erhöhte. In den USA setzte diese Entwicklung schon früher ein, und die Anzahl der Notfall-Behandlungsstellen – *psychiatric emergency services* – verzehnfachte sich innerhalb von 30 Jahren. Während sich dort das Konzept spezifisch ausgerüsteter Ambulatorien zur Betreuung von akut leidenden psychiatrischen Patient*innen durchgesetzt hat, entstanden im deutschsprachigen Europa eine Vielzahl unterschiedlicher Trägerschaften, Institutionen, Behandlungsstrategien, interdisziplinärer Rollenverteilungen und dementsprechend unterschiedliche Dienstleistungsangebote. Auch wenn in einigen größeren Städten im deutschsprachigen Raum die aufsuchende Krisen- und Notfallhilfe nach wie vor durch Polizei und Feuerwehr geleistet werden muss (so als müssten Zähne heute immer noch durch Barbiere gezogen werden), bewähren sich inzwischen in größeren Ballungsgebieten auf Krisenintervention spezialisierte interdisziplinäre Teams, die Besuche vor Ort durchführen und bei Bedarf einen ärztlichen Hintergrunddienst hinzuziehen (Berliner Krisendienst, Krisendienst Mittelfranken, u. a.). Je nach Region stehen auch teilstationäre und spezialisierte stationäre Angebote zur Verfügung (z. B. München Süd). In größeren Schweizer Städten (z. B. Zürich) besteht ein fachärztlicher Bereitschaftsdienst für psychiatrische Notfälle, geleistet durch die in freier Praxis tätigen Ärzt*innen. Inzwischen hat es sich schon lange erwiesen, dass professionelle Krisenhilfe durch frühzeitige und spezifische Intervention die Not von Patient*innen und ihren Angehörigen wirksam lindert – und Kosten spart (Grawe, 2000 sowie andere: siehe Literaturverzeichnis).

4.2 Was sind Krisen und Notfälle – und wie entstehen sie?

Die Begriffe Krise und Notfall umschreiben psychosoziale Situationen mit unterschiedlichem Gefährdungsrisiko. Daraus ergeben sich unterschiedliche Dringlichkeitsgrade für eine Intervention und somit auch andere Anforderungen an die psychosozialen Dienstleister hinsichtlich Erreichbarkeit, Handlungskompetenz, Methodik und Hilfe-Angebote. Eine begriffliche Differenzierung ist deshalb sinnvoll.

Krise

Mit Krise umschreiben wir eine Situation, in welcher wir seelische, körperliche und soziale Veränderungen als eine Reaktion auf quantitativ oder qualitativ gewandelte Lebensbedingungen beobachten können, die eine Anpassung des Individuums und damit auch seines sozialen Umfeldes erfordern. Gewohnheiten müssen verlassen, Prioritäten verändert, neue Lösungen entwickelt werden. Ein Großteil der Kräfte wird dabei zur Bewältigung dieser Aufgaben beansprucht. Die psychophysischen Reaktionen werden dabei mit dem Begriff des *Stresses* umschrieben: Gemeint sind damit u. a. eine erhöhte Aufmerksamkeit, eine Bereitstellung von Energie und Ausdauer – also eine Mobilisierung persönlicher Ressourcen. Es finden sich jedoch keine eigentlichen Krankheitszeichen. Außenstehende – z. B. professionelle Helfer*innen – beobachten dabei Zeichen wichtiger Veränderungen: Die von der Krise unmittelbar Betroffenen stellen die Lösung von nachrangigen Problemen zurück, wodurch eine Vernachlässigung von anderen Lebensaufgaben entstehen kann. Die Klient*innen und ihr Umfeld sind noch kommunikations- und vertragsfähig. Ein ordentliches Setting muss während einer Krise jedoch wegen verminderter Belastbarkeit der Klient*innen den aktuellen Erfordernissen angepasst werden. Im Unterschied zum Notfall können sich die Helfenden auf verbliebene Belastbarkeit und Verlässlichkeit der Klient*innen beziehen. Mit diesem können Vereinbarungen getroffen werden, die über einen Zeitraum von mehr als zwei Tagen (ein Wochenende) eingehalten werden können.

Das *Ziel der Krisenintervention* ist, durch eine Rückbesinnung, Stärkung und Erweiterung von äußeren und inneren Ressourcen den psychophysischen Zustand vor der Krise zu erreichen, damit in der Therapie oder der Betreuung wieder in einem regulären Setting gearbeitet werden kann. Das Ziel der Krisenintervention ist deshalb Erholung und Stabilisierung, nicht notwendigerweise Heilung.

Notfall

Der Notfall ist die Eskalationsform der Krise, bei der eine akute Selbst- oder Fremdgefährdung angenommen werden muss, wenn nicht sofort – das heißt innerhalb von Minuten bis Stunden – Hilfe erfolgt. Neben Stresszeichen zeigen sich jetzt einzelne (bei einer bereits bestehenden psychischen Störung allenfalls zusätzliche) Krankheitszeichen. Professionelle Helfer*innen beobachten wichtige Veränderungen: Die Patient*innen sind im Gespräch nur noch bedingt erreichbar. Vereinbarte Lösungen werden nur zum Teil umgesetzt. Die Angehörigen sind in akuter Sorge: Sie organisieren energisch Schutz. Anstelle von Kommunikation tritt das Handeln: Es werden vollendete Tatsachen geschaffen, oder es wird vermehrt über und weniger mit jemand gesprochen. Mit den Notfall-Klient*innen können keine Vereinbarungen getroffen werden, die über die Dauer der Anwesenheit der Helfer*innen hinausgehen. Die Angehörigen sind häufig ebenfalls überfordert und brauchen sofortige Entlastung.

Spezialfälle sind die chronischen Krisen oder gar »chronischen Notfälle«. Bei chronischen Krisen gibt es eine scheinbare Gewöhnung an überfordernde Verhältnisse. Die Betroffenen (und eventuell auch deren Helfer*innen) stellen sich unlösbare Aufgaben und gestehen sich dies nicht ein. Dies führt über eine Erschöpfung der Ressourcen zu Krankheiten – in sozialen Systemen zum Zusammenbruch der schwächsten Glieder. Chronische Notfälle sind meist Zeichen einer Verstrickung zwischen Patient*innen und Helfer*innen. Die Patient*innen erzwingen sich die Aufmerksamkeit durch Alarm, ohne sich jedoch auf eine Kooperation mit den Helfer*innen einzulassen. Diese leisten zunehmend erschöpft, verärgert und ohnmächtig weiterhin Hilfe, ohne sich diesen Emotionen zu stellen, ohne sich abzugrenzen zu wagen und sich den begrenzten Erfolg des aktuellen Hilfeangebotes eingestehen zu können.

Das *Ziel der Notfallintervention* ist, dass die Klient*innen aus dem Bereich der akuten Gefährdung herausfinden und wieder vertragsfähig werden, damit zu einer Krisenintervention übergegangen werden kann. Falls eine derartige Situationsveränderung nicht innerhalb von zwölf Stunden (d. h. im Verlaufe eines Tages oder einer Nacht) erfolgen kann, ist meist eine stationäre oder teilstationäre Betreuung notwendig. Die getroffene Einschätzung muss realistisch sein. Es ist die große Kunst der Helfenden, sich eine lösbare Aufgabe zu stellen: Abwendung der Gefahr, Verminderung des emotionellen Druckes, Erholung der Selbsthilfekräfte. Es geht um sofortige Wirksamkeit der getroffenen Maßnahmen, sodass nach Abschluss des Einsatzes keine akute Selbst- oder Fremdgefährdung mehr besteht.

Die möglichen *auslösenden Momente einer Krise oder gar eines Notfalls* sowie die körperliche und auch psychologische Krisenreaktion sind in der Literatur (Stressforschung) bereits ausführlich beschrieben. Ebenfalls erforscht ist der Umstand, weshalb gewisse Menschen resistenter auf kritische Belastungen reagieren als andere: So werden in der Resilienzforschung die Ursachen individuell unterschiedlicher Belastbarkeit untersucht. Bei Forschungsprojekten zur so genannten Salutogenese werden die Wirkkräfte bei der Aufrechterhaltung psychischer Gesundheit beschrieben.

Eine zentrale Bedeutung bei der Entstehung von Krisen nehmen äußere Ursachen ein. Dies besonders bei Menschen mit einer vorbestehenden psychischen Störung. Bei wichtigen Lebensübergängen wie Ablösung von zu Hause, Beginn des Zusammenlebens in einer Partnerschaft, Geburt von Kindern, jedoch auch bei schicksalhaften Einwirkungen wie Krankheit von Familienangehörigen, Verlust des Arbeitsplatzes oder der Wohnung, Trennung vom Partner, sowie besonders auf der Flucht finden Belastungen statt, die die Widerstandkraft der Betroffenen stark beanspruchen. Eine Sonderform äußerer Belastung stellen traumatisierende Ereignisse dar. In diesem Zusammenhang spielt die Sozialarbeit eine große Rolle. Es können jedoch auch innerpsychische Vorgänge – eine innere Umorientierung, eine bewusste oder unbewusste Fehleinschätzung der Belastung oder eine psychische Krankheit – zur Entstehung einer Krise oder gar eines Notfalles beitragen. Krisenintervention verlangt deshalb auch psychologische und psychopathologische Grundkenntnisse.

In einer Notfallsituation reagiert ein Mensch mit größerer Wahrscheinlichkeit von heftigen Gefühlen überflutet, erschüttert, akut ohnmächtig, überwältigt, verzweifelt oder plötzlich verwirrt, hat Panik, was bis zu katastrophischen Gefühlen führen kann. Hilflosigkeit oder Ausweglosigkeit dominieren. Die Stimmungslage ist labil und die daraus abgeleiteten Situationseinschätzungen wenig realitätsbezogen, die Handlungen unberechenbar.

Krisen von einzelnen sind stets eine Herausforderung für die Angehörigen, die Kolleg*innen am Arbeitsplatz. Falls auch deren Hilfe nichts nützt und die Lage sich weiter verschlimmert, werden schließlich professionelle Krisenhelfer*innen hinzugezogen. Krisenhilfe sollte deshalb stets auch die systemischen Gegebenheiten, wie auch die Ressourcen im Umfeld der Klient*innen berücksichtigen. Eskalierte psychische Krisen werden zu psychosozialen Notfällen.

Krisen können gefährlich verlaufen! Krisenhafte Entwicklungen weisen deshalb häufig auf Schlüsselsituationen im Leben einer Gemeinschaft hin, bei welchen destruktive Impulse, verhängnisvolle Überzeugungen, sich und andere missbrauchende Bedürfnisse, fehlende Ressourcen usw. einen Mangel verschlimmern. Wenn notwendige Änderungen des Verhaltens oder der Lebensorganisation vermieden werden, können psychosoziale Belastungen Schaden anrichten. Das Ausbleiben einer geduldigen und zugleich entschiedenen Intervention kann indirekt zur Verschlimmerung beitragen. Unkundige Intervention kann – wie in anderen Gebieten der Heilkunde – den Schaden gar verschlimmern.

Eine besondere Gefahr für die Patient*innen, deren Umfeld und die Krisenhelfer*innen entsteht, wenn diese ihrerseits in eine Krise geraten, ohne sich zusätzliche Hilfe zu holen. Beispielsweise wenn Helfende durch eine konfuse Auftragslage verwirrt werden und ambivalente Entscheidungen fällen; durch Gewaltdrohung gefährdete Helfende ihre Angst verleugnen und sich in große Gefahr begeben; durch ständige Hilferufe von besonders schwierigen Patient*innen genervte Helfende ihre Hilfestellung intensivieren, obschon sie sich über die Patient*innen zu ärgern beginnen. Die Selbsthilfe der Helfer*innen ist damit ein wichtiges Element bei der Notfall- und Krisenintervention.

Was in Krisen und Notfällen am besten hilft, dazu liegen erst in allgemeiner Weise empirisch gesicherte Resultate vor. Ein Beispiel: Mit den Methoden der Verhaltenstherapie kann der suizidale Denkstil zwar günstig beeinflusst werden; hingegen führt die Anwendung dieser Methode allein nicht nachweisbar zu einer relevanten Verminderung der Suizidalität (Schmidtke & Schaller, 2009). In der Krise – mehr noch in der Notfallsituation – müssen demnach alle Register gezogen werden. Deshalb gelangt methodenübergreifend ein Bündel von Maßnahmen zur Anwendung:

- z. B. Schaffen eines tragenden Kontaktes,
- direktives und stützendes Therapievorgehen,
- pragmatische und ressourcenorientierte Intervention,
- interdisziplinäres Vorgehen in wechselseitiger Absprache.

Krisen bedeuten auch Chancen! Krisen markieren Phasen des Umbruchs: Angewohnte, allenfalls dysfunktionale Bewältigungsmuster müssen verlassen werden. Dies ist die Chance für Aufbruch, für einen Entwicklungsschritt, für die Entzauberung eines einengenden Tabus, für das Verlassen eines erfolglosen Weges, für das Eingeständnis einer wichtigen Lebenswirklichkeit, die Chance für notwendigen Abschied und Neubeginn. Eine sorgfältige und zugleich energische, lösungsorientierte Intervention kann in kurzer Zeit helfen, einen wichtigen Übergang zu etwas Neuem zu begleiten, zu fördern oder gar anzustoßen.

4.3 Notfall- und Krisenintervention ist eine interdisziplinäre Aufgabe

Die Notfall- und Krisenintervention ist grundsätzlich eine interdisziplinäre Aufgabe. Die Vielfalt der gleichzeitig betroffenen Lebensbereiche (psychologisch, biologisch, sozial, die materiellen Ressourcen betreffend) erfordert eine koordinierte Vorgehensweise. Mitarbeiter*innen in Krisendiensten müssen in der Lage sein, Problembereiche außerhalb ihres engeren beruflichen Tätigkeitsgebietes erkennen und potenzielle Gefährdungen abschätzen zu können (▶ Kasten 4.1).

Kasten 4.1: Allgemeine Aufgaben der Helfenden (unabhängig vom beruflichen Spezialgebiet)

- *Kontaktaufnahme* zu Patient*innen, Angehörigen und anderen Betreuer*innen
- *3-stufige Abklärung, Beurteilung und Planung* unmittelbar notwendiger Interventionen:
  - 1. Stufe: Triage von Zuständigkeit, Dringlichkeit, Interventionsort
  - 2. Stufe: Provisorische Beurteilung der akuten Gefährdung anhand eines ersten Augenscheines
  - 3. Stufe: Rückblickende Überprüfung (Evaluation) der im Notfall-Kontakt induzierten Veränderung, um eine allenfalls doch noch notwendige -eingreifendere Maßnahme (z. B. Spitaleinweisung) vornehmen zu können.
- *Intervention:* Treffen der notwendigen Maßnahmen in interdisziplinärer Zusammenarbeit

Da viele Krisendienste mit Teams aus Sozialarbeiter*innen, Pflegefachkräften und Psycholog*innen arbeiten, die sich in spezifischen Situationen an einen ärztlichen Hintergrunddienst wenden können, gehe ich auf diesen Spezialaspekt im folgenden Kasten kurz ein (▶ Kasten 4.2).

Kasten 4.2: Die wichtigsten spezifisch ärztlichen Aufgaben

- Ausschluss somatisch *sofort behandlungsbedürftiger Leiden* z. B. bei:
  - Bewusstseinsstörungen
  - psychomotorischen Störungen
  - erstmalig vorkommenden Wahnkrankheiten
  - Angstsyndromen mit Schmerzen
  - somatischen Krankheitszeichen
- Veranlassen/Einleiten von *Zwangsmaßnahmen*/behördlichen Maßnahmen
- syndromale *Medikation*, um akute Gefährdung oder schwere Beeinträchtigung des Wohlbefindens zu vermindern (sparsamer Einsatz von Medikamenten: go slow – stay low; Übertragung der Pharmakotherapie bei schweren Zustandsbildern an die nachbehandelnde Institution)

Im Folgenden wird auf die wichtigsten Grundsätze bei der Notfallintervention, speziell bei aufsuchender Hilfe, eingegangen. Die Methodik der Notfallintervention unterscheidet sich wesentlich von der Vorgehensweise in einem regulären Betreuungs- oder Therapie-Setting, weshalb sie näher ausgeführt wird. Die Notfallintervention in einem Sprechzimmer der Institution ist bereits methodisch weniger anspruchsvoll, da den professionellen Helfer*innen mehr Ressourcen zur Verfügung stehen. Dies im Unterschied zu den Klient*innen, die sich nun außerhalb ihres Lebensumfeldes und ihrer Ressourcen befinden. Deshalb ist in besonders kritischer Lage häufig ein Hausbesuch zu zweit angesagt. Beim Hausbesuch werden jedoch wichtige Informationen zur aktuellen Lage bereits bei einem Augenschein wahrgenommen.

Bei der Krisenintervention kann bereits wesentlich auf die persönlichen, auch psychologischen Ressourcen der Patient*innen Bezug genommen werden, was die Vorgehensweise weiter vereinfacht.

4.4 Die drei Dimensionen der Notfallintervention

Ein psychiatrischer Notfall bedarf einer gelassenen, jedoch auch entschiedenen Vorgehensweise außerhalb des üblichen Settings. Alles ist im Fluss, vieles ist nur andeutungsweise zu erkennen, oder Gefährdungen sind nur provisorisch abschätzbar.

Kasten 4.3: Die drei Dimensionen der Notfallintervention

- sich schnell orientieren trotz unvollständiger Information (*qualitative Dimension*)
- methodisch vorgehen je nach Schweregrad der Störung (*quantitative Dimension*)
- methodisch vorgehen je nach Stadium der Intervention (*zeitliche Dimension*)

Die Krisenhelfer*innen können sich während der Notfallintervention an diesen drei Dimensionen orientieren, um den Überblick zu wahren.

4.4.1 Sich schnell orientieren trotz unvollständiger Information (qualitative Dimension): das Konzept der Schlüsselsyndrome

Als sogenannte Schlüsselsyndrome gelten die von Lai*innen am Telefon geschilderten Problemmuster mit folgenden Hauptauffälligkeiten (▶ Kasten 4.4). Die nachfolgende Intervention muss von diesen gelegentlich vagen Beschreibungen ausgehen.

Kasten 4.4: Psychosoziale Notfall-Schlüsselsyndrome

- Bewusstseinsstörung
- Verlust des Realitätsbezugs, Wahnvorstellungen
- Verzweiflung, Suizidalität
- Aggression, Konflikt mit Drohung und Gewalt
- Suchtmittelmissbrauch
- Angst und Panik
- Chronisch-akute Problematik: Anrufer*innen drängen wiederholt und bis zu mehreren Malen pro Tag auf Notfallhilfe, oder sie alarmieren ihr Umfeld immer wieder durch Suiziddrohungen

Die psychosoziale Problematik wird auf grobe Kategorien eingegrenzt. Dabei gilt: Syndromal beurteilen statt diagnostizieren! So muss z. B. während des Notfalleinsatzes die Gefahr einer lebensgefährlichen Vergiftung bzw. eine Selbst- oder Fremdgefährdung erkannt, jedoch die dahinter liegende Störung nicht korrekt diagnostiziert werden. Wichtig ist die nachvollziehbare Beschreibung des Zustandsbildes, sodass die weiterbehandelnden Fachpersonen schließlich eine korrekte Diagnose stellen sowie eine sinnvolle Therapie und realistische Rehabilitationsschritte einleiten können.

4.4.2 Methodisch vorgehen je nach Schweregrad der Störung (quantitative Dimension)

Je geringer die aktuelle Kommunikationskompetenz eines Menschen ist, desto schwerwiegender ist vermutlich die psychische Störung und desto eher sind Angehörige hinzuziehen. Die Rolle des*der Notfallhelfer*in verändert sich damit von dem*der Gesprächspartner*in, Therapeut*in, Berater*in in Richtung der Funktion eines*einer Moderator*in, Regisseur*in oder Organisator*in. Die Helfenden sind nicht mehr abwartend und in erster Linie zuhörend und reagierend, sondern werden aktiv, treffen Entscheidungen und setzen sie je nach Ausmaß der aktuellen Gefährdung im Rahmen der Verhältnismäßigkeit um.

Dennoch bleibt das bevorzugte Mittel der Intervention die Kommunikation, wenn nicht mit den Patient*innen, sondern mit anderen, verlässlichen und den Patient*innen zugewandten Personen. Medikamente werden zurückhaltend eingesetzt.

Zwangsmaßnahmen stellen das letzte Mittel dar, um unmittelbar drohende Selbst – oder Fremdgefährdung abzuwenden. Da verschiedene akute psychiatrische Störungsbilder mit fehlender Krankheitseinsicht einhergehen, stellen solche Zwangsmaßnahmen in derartig zugespitzten Situationen das kleinere Übel dar.

4.4.3 Methodisch vorgehen je nach Stadium der Intervention (zeitliche Dimension)

Modellhaft verläuft die Notfallintervention – nach der ersten Kontaktaufnahme am Telefon – in fünf Phasen (Erstkontakt – Vorbereitung – Abklärung – Maßnahmen). Die Phasen zwei bis vier lassen sich wiederum in neun Schritte unterteilen (Rupp, 2017) (▶ Kasten 4.5):

Kasten 4.5: Die fünf Phasen der Notfallintervention

Erste Phase: Erstkontakt

Meist am Telefon kommt zu einem beliebigen Zeitpunkt ein Anruf, häufig von Angehörigen oder Nachbar*innen. Je nach Organisation der Notfallhilfe ist dieser Kontakt nur kurz und der Anruf wird an die Mitarbeitenden einer zuständigen Stelle weiter geleitet, so dass nun der eigentliche Notfalleinsatz in neun Schritten (siehe unten) beginnt.

Zweite Phase: Vorbereitung

1. *Schritt: Triage* (die anfängliche Kurzbeurteilung zur Abschätzung der Gefahr und der notwendigen Interventionsweise)
2. *Schritt: Vorbereitung auf den Einsatz* (telefonische Vorinformation der Patient*innen und ihres Umfeldes sowie persönliche Vorbereitung der Helfenden auf den Einsatz)
3. *Schritt: Begrüßungsintervention* (Definition eines provisorischen Settings beim persönlichen Erstkontakt mit den Patient*innen und deren Angehörigen)

Dritte Phase: Abklärung

1. *Schritt: Gesprächsaufnahme*
2. *Schritt: Notfall-Abklärung*
3. *Schritt: Provisorische Gefährdungs-Beurteilung und Planung einer Hilfestrategie mit Alternativen* (ein »Plan A« und »Plan B«)

Vierte Phase: Maßnahme

1. *Schritt: Notfallkonferenz* (Einbezug aller kommunikationsfähigen Beteiligten, um einen gemeinsamen Handlungsplan aufzustellen)
2. *Schritt: Sofort-Maßnahmen* (ambulante »Probe-Intervention«[1] mit sofortiger Entlastung der Patient*innen und deren Umfeldes, Förderung von Selbsthilfeaktivitäten, Tagesstruktur, eventuell Medikation, Einleitung einer Nachbetreuung unter Einbezug der Angehörigen, Einrichten eines Alarm-Systems bei einer allfälligen erneuten Verschlimmerung der Situation)
3. *Schritt: Evaluation* (abschließende Überprüfung des bisherigen Interventionsergebnisses, um gegebenenfalls doch noch eine Klinikeinweisung (Plan B) vorzunehmen)

Fünfte Phase: Abschied und Nachbetreuung

Die Nachbetreuung findet im Rahmen einer Krisenintervention – im Sinne der obigen Definition – statt. Von der Vertragsfähigkeit der Patient*innen kann ausgegangen werden. Entsprechend können von Gesprächstermin zu Gesprächstermin Vereinbarungen getroffen werden; auf wieder vorhandene Ressourcen der Betroffenen und ihrem Umfeld kann Bezug genommen werden.

4.5 Methodische Prinzipien der Notfallintervention

Es bewähren sich bei der methodischen Vorgehensweise folgende Prinzipien:

Kasten 4.6: Methodische Prinzipien der Notfallintervention

- Auftrag bzw. Anliegen und Hilfeangebot ausdrücklich *definieren*
- Notfallaufgabe auf sofortige Lösbarkeit *eingrenzen*
- *Zeitlichen Spielraum* schaffen
- Teilaufgaben *delegieren*
- *Unterstützende Personen* vor Ort einbeziehen
- *Kommunikationskompetenz* der Beteiligten berücksichtigen
- *Lösungsorientiert* und regressionsvermindernd vorgehen (Belastung reduzieren und Ressourcen erweitern)
- Interventionen fortlaufend *evaluieren*

Einige Prinzipien seien hier näher erläutert.

---

1 Unter »Probe-Intervention« wird die sofort eingeleitete Intervention vor Ort verstanden, um zu erkennen, ob Entlastungszeichen bei allen Beteiligten erkennbar werden. Es ist eine Intervention auf Probe.

Auftrag bzw. Anliegen und Hilfeangebot ausdrücklich definieren

Auftragskonflikte sind eher die Regel als die Ausnahme. So möchten z. B. akut psychotische Patient*innen nicht in die Klinik, obschon die Angehörigen um eine derartige Maßnahme ersuchen. Solche Konflikte lassen sich klar benennen. Die Notfallhelfer*in definiert ausdrücklich ihre berufliche Rolle, den gesetzlichen Auftrag, ihr Hilfsangebot und dessen Grenzen, sowie die Prioritäten ihrer Intervention aufgrund ihrer Einschätzung von Zuständigkeit und Dringlichkeit. Damit entsteht der beabsichtigte Eindruck, dass die Notfallhelfer*innen die Intervention leiten. Zugleich werden unrealistische Erwartungen an die Hilfestellung eingegrenzt.

Notfallaufgabe auf sofortige Lösbarkeit eingrenzen

Wie jeder Berufstätige ist auch eine Notfallhelferin nur zuständig für lösbare Aufgaben. Das Ziel der Notfallhilfe ist die sofortige Abwendung von Selbst- und/oder Fremdgefährdung. Sie muss deshalb dieses Ziel bei der Moderation der Hilfestellung stets transparent machen und durchsetzen.

Zeitlichen Spielraum schaffen

Die sofortige Reduktion von Stress (auch für die Helfenden) geschieht durch Entschleunigung. Entschleunigung wird möglich, indem sich die Helfenden von anderweitigen Aufgaben entlasten und genügend Zeit für eine ruhige Intervention schaffen. In der Regel ist es sinnvoll, 60 bis 90 Minuten für den Einsatz vor Ort (plus die Wegzeit) freizuhalten. Dadurch gelingt es, gelassen zu bleiben.

Teilaufgaben delegieren

Um Kräfte zu sparen und respektvoll auf vorhandene Ressourcen zurück zu greifen, sollen möglichst alle Aufgaben, für die es andere Personen gibt, an diese delegiert werden. Durch diesen Einbezug entsteht vor Ort ein kleines, mitverantwortliches Netzwerk und die Klient*innen erfahren, welche Hilfestellungen in ihrem nächsten Umfeld vorhanden wären.

Unterstützende Personen vor Ort einbeziehen

In Zusammenarbeit mit den anwesenden unterstützenden Personen und im Respekt für die Belastbarkeit aller Beteiligten sollen engagierte Mitbetroffene einbezogen werden. Bei besonders heiklen Situationen, z. B. bei erregten Verzweiflungstätern, sind stets die vertrautesten und freundschaftlich zugewandten Personen hinzuzuziehen. Das sind häufig nicht die Partner*innen.

Kommunikationskompetenz der Beteiligten berücksichtigen

In der Notfallsituation lässt sich die Kommunikationskompetenz der Beteiligten im Rahmen unterschiedlicher Interaktionen erkennen:

- am Telefon,
- vor Ort mit Patient*innen,
- mit Angehörigen,
- im Rahmen einer improvisierten Notfallkonferenz mit den gesprächsfähigen Beteiligten.

Im Notfallgespräch ist es wichtig, Prioritäten zu setzen, das Thema klar aufs aktuell Wichtige einzugrenzen, in Bezug auf die eigene Handlungsweise transparent zu bleiben, lösungsorientiert und nicht problemorientiert vorzugehen, Handlungsbezüge herzustellen und zu überprüfen, ob das Übermittelte auch wirklich verstanden wurde. Falls Patient*innen in ihrer Kommunikationskompetenz beeinträchtigt sind, sind stets Drittpersonen einzubeziehen. Vereinbarungen sollen nur mit Personen getroffen werden, die minimal belastbar und kommunikationsfähig sind.

Lösungsorientiert und regressionsvermindernd vorgehen

Die Intervention soll Regression eingrenzen, Belastung und Komplexität reduzieren, einen Schutz vor Destruktivität schaffen, Selbsthilfekräfte fördern und nach konstruktiven Lösungsansätzen fragen. Dies bedeutet: den zerstörerischen Anteil in den Patient*innen respektieren und nicht verstärken, Konstruktives unterstützen, entlasten durch sofort wirksame Maßnahmen, jetzt zugängliche Ressourcen erschließen, andere Gesichtspunkte einbringen, neue Kommunikationsspielregeln in der Interaktion mit den Therapeut*innen praktizieren, im Beisein der Helfenden sofort Kontakte zu vertrauten Personen knüpfen, eine Tagesstruktur festlegen.

Interventionen fortlaufend evaluieren

Das Ergebnis der Intervention wird laufend überprüft. Dabei werden nicht nur äußere Veränderungen beobachtet, sondern auch die geschilderte Gefühlslage der Patient*innen und ihrer Bezugspersonen einbezogen. Zudem ist es wichtig, auf die innere Wahrnehmung der Helfenden zu achten (z. B. die Veränderung der eigenen Besorgnis gegenüber suizidalen Menschen). Verzweifelte Menschen sind häufig ambivalent. Einerseits ist Hoffnung versteckt, andererseits sind die betroffenen Patient*innen sowie v. a. auch ihre Angehörigen durch die Zeichen von Destruktivität alarmiert. Diese Kräfte treten in eine Wechselbeziehung zum Interventionsimpuls der Notfallhelfer*innen. Die Beobachtung des Verlaufs dieser Interaktion gibt wichtige Hinweise auf das weiter bestehende Gefährdungspotenzial sowie auf die spätere Kooperationsbereitschaft im Rahmen eines ambulanten Betreuungs-Settings. Das Ausmaß der beim Notfalleinsatz erlebten Gefährdungsreduktion ist der wichtigste Hinweis für die im Anschluss an die Intervention zu treffende ambulante oder eben stationäre Nachsorge.

4.6 Fazit und Ausblick

Angesichts der zunehmenden Professionalisierung auch im Bereich der Notfall- und Krisenintervention stellt sich auch die Frage nach professionellen Standards, um den Mitarbeiter*innen Orientierung bei ihrer anspruchsvollen Aufgabe zu geben.

Es darf dabei nicht vergessen werden, dass in vielen Regionen Mitteleuropas auch in städtischen Siedlungsräumen die interdisziplinäre Notfall- und Krisenintervention im Argen liegt. Der Nutzen einer kompetenten Versorgung im Moment der höchsten Not ist in jenen Gebieten trotz Fortschritten in den letzten Jahren – im Gegensatz zum meist hohen Standard der körperlich-medizinischen Rettungsmedizin – noch immer nicht genügend erkannt.

Das Erfahrungswissen der spezialisierten Krisenhelfer*innen in anderen urbanen Ballungsgebieten ist hingegen inzwischen beträchtlich. Diesen Schatz zu heben erscheint mir vordringlich. Eine wichtige Möglichkeit stellen Weiter- und Fortbildungsveranstaltungen dar, um den Erfahrungsaustausch zu pflegen. Es lässt sich auf diese Weise eine Interventionskultur entwickeln, die den jeweiligen örtlichen Rahmenbedingungen gerecht wird und einen verbindlichen Orientierungsrahmen für den Kriseneinsatz darstellt und damit den Krisenhelfer*innen mehr Selbstsicherheit gibt. Dadurch wird die Improvisation in der Notlage nicht chaotisch, sondern die Chance, die in der Krise stets verborgen ist, kann besser genutzt werden. Dieses Erfolgserlebnis ist wiederum Quelle für Einsatzfreude und Gelassenheit, eine wichtige Voraussetzung für einen guten und effizienten Krisendienst.

Literatur

Aguilera, D. (2000). *Krisenintervention. Grundlagen – Methoden – Anwendung*. Göttingen: Huber.

Grawe, K. (2000). *Psychologische Therapie*. Göttingen: Hogrefe.

Lasogga, F. & Gasch, B. (Hrsg.). (2011). *Notfallpsychologie. Lehrbuch für die Praxis*. Heidelberg: Springer Medizin Verlag.

Müller-Spahn, F. & Hoffmann-Richter, U. (2000). *Psychiatrische Notfälle*. Stuttgart: Kohlhammer.

Neu, P. (Hrsg.). (2017). *Akutpsychiatrie. Das Notfall-Manual*. Stuttgart: Schattauer.

Rupp, M. (2004). Ambulante psychiatrische Notfall- und Krisenintervention. In Riecher-Rössler, A. et al. (Hrsg.), *Psychiatrisch-psychotherapeutische Krisenintervention* (S. 100–116). Stuttgart: Hogrefe.

Rupp, M. (2017). *Notfall Seele. Ambulante Notfall- und Krisenintervention in der Psychiatrie und Psychotherapie*. Stuttgart: Thieme.

Rupp, M. (2018). *Psychiatrische Krisenintervention*. Reihe PraxisWissen. Köln: Psychiatrie Verlag.

Schmidtke, A. & Schaller, S. (2009). Suizidalität. In J. Margraf, & S. Schneider (Hrsg.), *Lehrbuch der Verhaltenstherapie*. Bd. 2. (S. 175–186). Berlin: Springer.

Schnyder, U. & Sauvant, J.-D. (Hrsg.). (2000). *Krisenintervention in der Psychiatrie*. Bern: Huber.

de Shazer, S. & Dolan, Y. (2018). *Mehr als ein Wunder: Lösungsfokussierte Kurztherapie heute*. Heidelberg: Carl-Auer-Systeme.

Simmich, T. (2001). Behandlungskrisen ambulanter Psychotherapien aus der Sicht einer Krisenstation. *Psychotherapeut.*, 46, 252–258.

Sonneck, G. (Hrsg.). (2016). *Krisenintervention und Suizidverhütung*. Wien: Facultas Universitätsverlag.

Stiglmayr, C., Gunia H. (2017). *Dialektisch-Behaviorale Therapie (DBT) zur Behandlung der Borderline-Persönlichkeitsstörung. Ein Manual für die ambulante Therapie*. Göttingen: Hogrefe.

5 Konzept eines Trainingsseminars für Berater*innen und Psychotherapeut*innen zur Suizidprophylaxe

Wolfram Dorrmann

> Im Rahmen meiner Tätigkeit an der Psychologischen Forschungs- und Beratungsstelle der Universität Bamberg (1982–1986) entstand dieses Seminarkonzept (Dorrmann, 2018). Mittlerweile habe ich es wohl mehr als 100 Mal durchgeführt und dabei weiterentwickelt. Das aktuelle Endprodukt: ein zweitägiges 16-stündiges Seminar[1] geeignet im Idealfall für eine Gruppe von ca. 15–18 Personen. Empfehlenswert ist die Durchführung unter Verwendung der didaktischen Lehr- und Lernmethode des Microteachings (Dorrmann, 2011).

Zur Einstimmung auf das Seminarthema liegt zu Beginn des Seminars auf jedem Stuhl ein Fragebogen. Er dient zur Erfassung der üblichen Ängste von Psychotherapeut*innen bei der Arbeit mit suizidalen Patient*innen. Auf der Tafel/Bildschirm wird neben einem Begrüßungstext darauf hingewiesen, dass der Fragebogen nicht eingesammelt wird, und das Ausfüllen vor der Veranstaltung zur Einstimmung auf das Thema dienen soll (die Teilnehmer*innen können ihre eigenen Werte später mit den Durchschnittswerten einer beforschten Gruppe von anderen Psychotherapeut*innen vergleichen.).

Nach der Vorstellungsrunde, in der auch die Erwartungen der Teilnehmer*innen (TN) erfragt werden, sollte die*der Seminarleiter*in (SL) folgende Hinweise geben:

- Akut suizidale Patient*innen sind selten im ambulanten Setting.
- Es ist in der Regel nicht möglich im ambulanten Setting eine Routine für dieses Problem zu entwickeln, außer man arbeitet direkt im Krisendienst.
- Dieses Seminar soll dieses Problem lösen helfen und ist, ähnlich einem »Verkehrssicherheitstraining«, als Training für Therapeut*innen gedacht, wo Dinge geübt werden, die im Arbeitsalltag sehr selten vorkommen (wie Unfallsituationen beim Autofahren).
- Suizidsignale werden von Psychotherapeut*innen und auch von Mediziner*innen häufig überhört oder übersehen.
- Psychotherapeut*innen und Psychiater*innen haben ein höheres Suizidrisiko als die Normalbevölkerung und sollten deshalb bezüglich dieses Themas möglichst gut über sich Bescheid wissen und selbsterfahren sein.

Die Themen, wie sie im Folgenden dargestellt werden, sollten danach in einer Seminargliederung als Übersicht präsentiert werden. Die nötigen Arbeitsblätter werden zur Einleitung des jeweils nächsten Themas verteilt.

---

[1] Dr. Wolfram Dorrmann hat weitere Materialien, Lehrvideos und Arbeitsblätter zum Seminarkonzept auf seiner Homepage www.krisen-intervention.de bereitgestellt. Für den Inhalt und die Bereitstellung der Materialien auf der Website ist ausschließlich der Betreiber verantwortlich. Die W. Kohlhammer GmbH hat keinen Einfluss auf die verknüpften Seiten und übernimmt hierfür keinerlei Haftung.

5.1 Voraussetzungen bei Therapeut*innen für die Arbeit mit Suizidalen

5.1.1 Bearbeitung eigener suizidaler Tendenzen

Lernziele

- Bewusstwerden der eigenen Ängste und Hemmungen im Gespräch
- Förderung der sprachlichen Kompetenzen zu Selbsttötung als Tabuthema
- Abbau von Ängsten vor dem Thema Suizid
- Bewusstwerdung eigener latenter suizidaler Ideen und Tendenzen
- Reflexion und Korrektur der eigenen Einstellungen zum Suizid und zu Suizidhandlungen

Übung in Zweiergruppen

- Die TN interviewen sich gegenseitig zu eigenen Erfahrungen mit Krisen und zu Einstellungen zu dem Thema Selbsttötung.
- Sie werden dafür angewiesen, sich mit besonders sympathischen Gruppenmitgliedern in Zweiergruppen zusammenzufinden, aber, zur Vermeidung von Befangenheit, nicht den besten Freund oder den*die evtl. teilnehmenden (Liebes-/Lebens-)Partner*in auszuwählen.
- Die*der aktive Partner*in wird angewiesen, der*dem Übungspartner*in mit den ihm*ihr zur Verfügung stehenden Techniken der Gesprächsführung möglichst viel Selbstexploration zu ermöglichen und darauf zu achten, dass die*der reflektierende Partner*in beim Thema bleibt und z. B. nicht anfängt, über ihre*seine Patient*innen zu sprechen (Vermeidungsverhalten).
- Zur Anregung erhalten die TN ein Arbeitsblatt mit möglichen Fragen.
- Damit kein Leistungsdruck entsteht, wird betont, dass diese Fragen nicht »abgearbeitet« werden müssen.
- Die TN werden darauf hingewiesen, dass dieses Gespräch wahrscheinlich sehr persönlich und intim werden kann und die Inhalte nicht in der Großgruppe berichtet werden müssen.
- Nach 10 (oder15) Minuten soll ein Rollentausch durchgeführt werden.

5.1.2 Ängste von Therapeut*innen

Die Auswertung der Übung im Plenum

Die Diskussion in der Gruppe soll ganz allgemein erfolgen mit Fragen wie:

- Haben Sie Ihre eigenen Ängste, Hemmungen wahrnehmen können?
- Haben Sie die richtigen Worte gefunden?
- Was ist Ihnen schwergefallen auszudrücken?
- Haben Sie es auch gewagt, nach konkreten Selbsttötungsmethoden zu fragen?
- Haben Sie gemerkt, wie verführerisch es ist, über eigene Patient*innen zu reden (anstatt über sich selbst)?
- Würden Sie nach dieser Übung sagen, dass Psychotherapeut*innen oder Berater*innen selbst auch jederzeit sich das Leben nehmen können sollten oder würden Sie sagen, dass diese immer »mit beiden Beinen im Leben stehen« müssen, wenn sie mit suizidalen Patient*innen arbeiten?

5.1.3 Therapeutisch günstige Grundeinstellungen zum Suizid

Lernziele

- Förderung bzw. Entwicklung therapeutisch günstiger Haltungen und Einstellungen zum Suizid
- erkennen der für die Therapeut*innen notwendigen Haltung von «stellvertretender Hoffnung»
- einschätzen können, wann die Notwendigkeit von supervisorischer Unterstützung besteht

Plenumsdiskussion

Auf der Grundlage einer Liste von therapeutisch günstigen Grundeinstellungen (Arbeitsblatt) werden die eigenen Einstellungen diskutiert und überprüft.

5.1.4 Sensibilität für Übertragungs- und Gegenübertragungsprozesse

Lernziele

- Bewusstsein für die eigenen Motive psychotherapeutischer Tätigkeit
- zwischen dysfunktionalen und funktionalen Motiven unterscheiden können
- den Zusammenhang zwischen dysfunktionalen Motiven und den eigenen Ängsten erkennen
- den Zusammenhang zwischen den eigenen Ängsten und negativen Gegenübertragungen erkennen

Gruppenarbeit

Brainstorming zu den aktuellen und früheren Motiven für die eigene Berufswahl.
Vorstellung der üblichen Motive für die Wahl eines »helfenden Berufs« (Arbeitsblatt)
Gruppendiskussion zum Phänomen der »Gegenübertragungswut« des*der Therapeut*in und eigenen Erfahrungen mit negativen Gegenübertragungen bei Patienten in Krisen. Herstellung des Bezugs zur individuellen Motivation in der Berufswahl (Helfermotiv u. Machtmotiv).

5.2 Diagnostik der Suizidalität

Lernziele

Therapeutisches Wissen

- Suizid als gesellschaftliches Problem einordnen können (Häufigkeit im Vergleich zu tödlichen Gewalttaten, Drogentoten, Unfällen auf der Straße/im Haushalt, Durchschnittswerte in Europa, Entwicklung in Deutschland, Häufigkeit in verschiedenen Berufsgruppen)
- Definitionen der relevanten Begriffe kennen (Suizid, -versuch, -ideen etc.)

- Risikogruppen, Risikomerkmale und Suizidsignale kennen
- Hinweise auf latente suizidale Tendenzen (z. B. Risikoverhalten) kennen
- Kenntnis der Inhalte von Suizidfragebogen und Risikolisten
- Verständnis für die Unangemessenheit von Fragebogenerhebungen (Risikolisten und Suizidfragebogen) im Krisengespräch entwickeln

Therapeutisches Handeln

- auf indirekte Hinweise und Signale für Selbsttötungsabsichten zeitnah und in angemessener Form aktiv reagieren
- suizidale Ideen und geplante Suizidhandlungen gründlich und angstfrei explorieren können
- das Thema Selbsttötung im Gespräch angstfrei und offen verbalisieren
- eine konkrete Sprache für die Exploration von Suizidmethoden entwickeln
- das eigene Helfermotiv in dieser Phase unter Kontrolle haben und nur das (spezifisch therapeutische) Neugiermotiv bei der Exploration zulassen
- eine Risikoabschätzung anhand der erhaltenen Informationen vornehmen können
- sich nicht vom Ziel der Risikoabschätzung durch, von Patient*innen angestoßene Problemdiskussionen ablenken lassen

Demonstrationsrollenspiel (Microteaching)

Der*die SL fragt bei den TN nach einem*r Übungspartner*in, der*die sich in die Rolle eines*r suizidalen Patient*in begibt. Diese*r bekommt den Auftrag nur indirekte Hinweise auf seine*ihre suizidalen Absichten zu zeigen bzw. zu äußern. Die zuschauenden TN bekommen den Auftrag, das aktuelle Risiko einzuschätzen und sich Notizen dazu zu machen. Alle im Seminar demonstrierten Rollenspiele werden mit der Videokamera aufgezeichnet.

Analyse der Videoaufzeichnung

Zunächst sollen die TN ihre Einschätzung des aktuellen Risikos abgeben und begründen. Die*der SL erklärt dann an Hand der Videoausschnitte, warum sie*er in der jeweiligen Weise exploriert oder interveniert hat. Sie*er weist auch schon auf ihre*seine Bemühungen um emotionalen Rapport hin (verbales und nonverbales Spiegeln, Komplimente etc.) die in Kap. 5.3.2 näher beschrieben werden. Ergebnis sollte sein: Aktives Ansprechen ist hier notwendig und zielführend. Hilfsangebote und Interventionen sind in dieser Phase zu früh. Es sollten in erster Linie Informationen gesammelt werden, damit eine möglichst fundierte Risikoabschätzung möglich wird. Erst aus der Gesamtsicht der Lage lassen sich angemessene Interventionen ableiten.

Kleingruppenübung

Vorbereitung durch Besprechung der schriftlichen Arbeitsanleitungen. In Dreiergruppen üben die TN, indirekte Hinweise auf suizidale Tendenzen bei der*dem Patient*in zu erkennen und sie anzusprechen. Die*der Therapeut*in (A) spricht die*den Übungspartner*in (B) direkt auf ihre*seine indirekt feststellbaren suizidalen Absichten an und exploriert sie*ihn gezielt zu den Motiven bis hin zu den konkreten Suizidmethoden und Vorbereitungen.

Nach Ablauf der Übungszeit soll von der*dem Supervisor*in (C) und von der*dem Therapeut*in eine Risikoeinschätzung gegeben werden: Auf einem Kontinuum zwischen »kein Risiko« bis »hohes Risiko«. Danach wird gemeinsam diskutiert, warum das Risiko hoch oder niedrig eingeschätzt werden kann und welche fehlenden Informationen hierfür noch hilfreich sein könnten.

Idealerweise sollten auch alle diese Kleingruppenübungen mit einer Videokamera aufgezeichnet und danach mit Videofeedback reflektiert werden. Die*der SL besucht alle Kleingruppen um die Supervisor*innen ggf. zu unterstützen.

5.3 Strategien und Techniken im Umgang mit Selbsttötungsabsichten

5.3.1 Ein Prozessmodell und allgemeine Hinweise zu Krisengesprächen

Lernziele

- Regeln und Hinweise für Krisensituationen im Allgemeinen kennen
- die verschiedenen Phasen des Ablaufs eines Krisengesprächs mit suizidalen Patient*innen kennen
- Erkenntnis, dass die*der Therapeut*in die*den Patient*in nicht retten muss, sondern auch eine stationäre Unterbringung in die Wege leiten kann
- Erkenntnis, dass es vor einer Einweisung noch entscheidende Interventionsmöglichkeiten gibt, das ambulante Setting zu erhalten.

Folienpräsentation

Erläuterung der Graphik zum Ablauf eines Krisengesprächs (▶ Abb. 5.1). Die*der SL zeigt die Stationen in der Graphik, die im Seminar geübt werden sollen.

5.3.2 Rapport zu Patient*innen herstellen

Lernziele

Therapeutisches Wissen

- Die Bedeutung des Rapports (des emotionalen Kontakts) für die Wirksamkeit der Interventionen bei Patient*innen in allen Phasen des Krisengesprächs erkennen.
- Die psychotherapeutischen Möglichkeiten der Beziehungsgestaltung zu Patient*innen in suizidalen Krisen kennen (verbales Spiegeln, nonverbales Spiegeln, Repräsentationssysteme, Komplimente etc.)
- Die theoretischen Konzepte zur Beziehungsgestaltung kennen (Spiegelneuronen, Ähnlichkeits-Attraktions-Paradigma)

Therapeutisches Handeln

- Die eigenen Stärken und Defizite im Bereich Beziehungsaufbau erkennen und diese einsetzen
- Spezifische Techniken der Beziehungsgestaltung im Laufe der im Seminar durchzuführenden Übungen gezielt trainieren (Beachtung der nonverbalen Interaktionen beim Videofeedback)

Plenumsdiskussion

- Besprechung der Arbeitsblätter
- Austausch und Vergleich mit eigenen Erfahrungen

5.3.3 Zeit gewinnen und Brücken bauen

Lernziele

Therapeutisches Wissen

- Die meisten suizidalen Patient*innen, mit denen wir Psychotherapeut*innen konfrontiert sind, sind ambivalent in ihrer Motivation für eine Selbsttötung.
- Auch Patient*innen, die unfreiwillig zum Gespräch kommen, hören uns freiwillig zu.

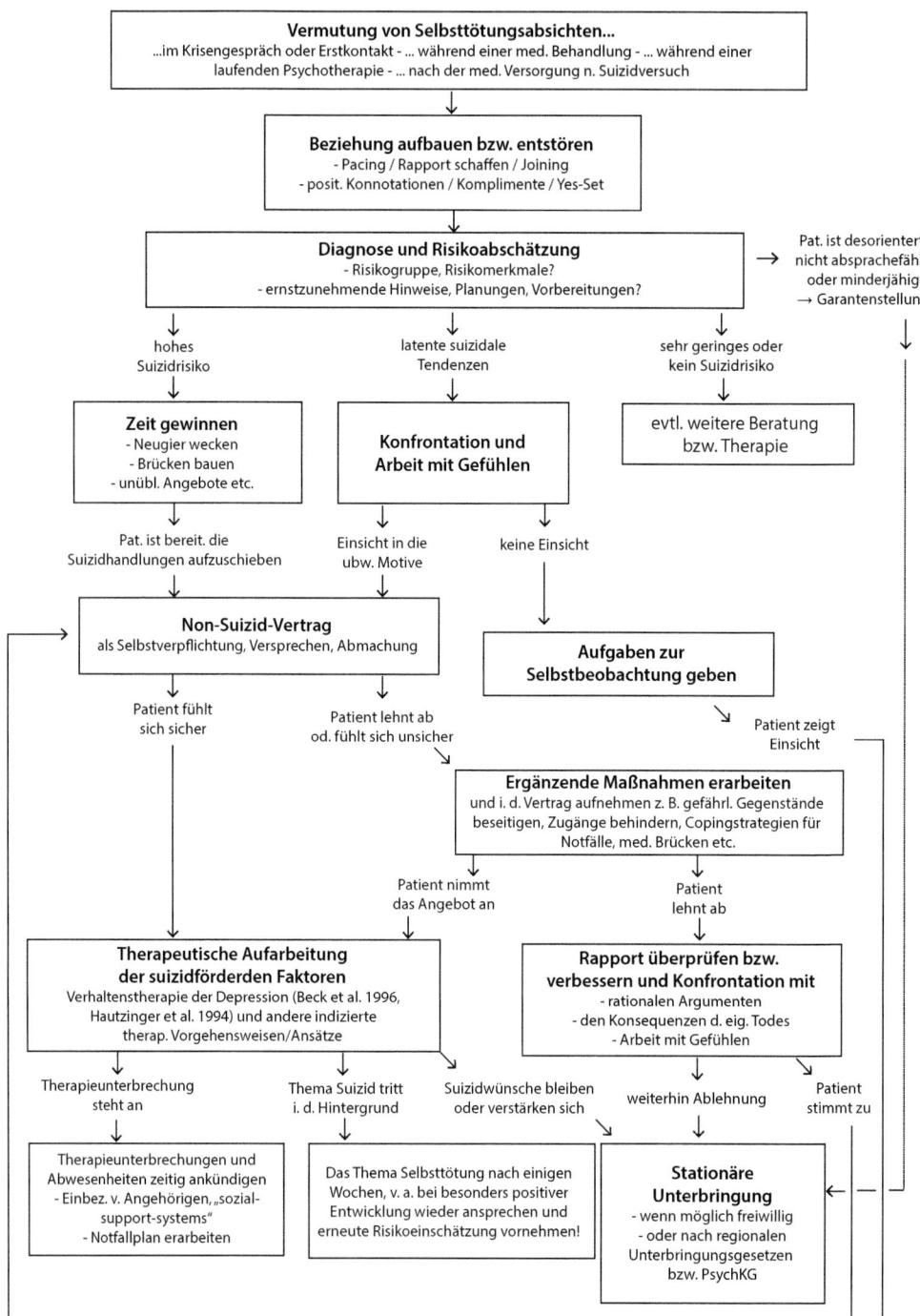

Abb. 5.1: Prozessmodell für ein Krisengespräch mit suizidalen Patient*innen (modifiziert nach: Dorrmann 2018, S. 151)

- Eine*n entschlossene*n Patient*in dazu zu bewegen, seine Entscheidung zurückzunehmen ist in einer Krisensitzung i. d. R. nicht möglich, weshalb das erste Ziel nur ein Aufschub der Entscheidung sein kann.

Therapeutisches Handeln

- Mit einem geeigneten Einstiegssatz die bisherige Risikobeurteilung zusammenfassen.
- Techniken und Argumente zum Wecken von Neugier auf ein weiteres Gespräch einsetzen können.
- Das Bedürfnis der*des Patient*in nach einer schnellen Lösung nicht zur eigenen Sache machen.
- Das Problem der nötigen Zeit ins Zentrum stellen und die problematischen Themen der*des Patient*in auf das nächste Gespräch verschieben.

Demonstrationsrollenspiel

Die*der SL fragt bei den TN nach einer*einem Übungspartner*in, die*der sich in die Rolle einer*eines suizidalen Patient*in begibt, welche*r fest entschlossen ist, in der nahen Zukunft (heute oder in den nächsten Tagen) Suizid zu begehen. Am besten ist die Wahl eines der*dem Rollenspieler*in bekannten Patient*in. Dann kann Alter, Geschlecht, Beruf, Wohnsituation, Partnerschaft, soziales Netz, ggf. auch Weltanschauung leichter kommuniziert und die Rolle leichter gespielt werden. Es muss nichts erfunden werden aber es wird für die Patient*innenrolle ein fiktiver Name festgelegt und die ggf. auch bekannte Suizidmethode mitgeteilt oder im anderen Falle festgelegt. Die*der Rollenspielpartner*in erhält den Auftrag, möglichst lange ihre*seine Position zu behaupten und sich uninteressiert zu zeigen.

Die zuschauenden TN erhalten den Auftrag, alternative Interventionsideen zu entwickeln und sich Notizen zu machen.

Analyse der Videoaufzeichnung

Die*der SL erklärt, warum sie*er in der jeweiligen Weise exploriert oder interveniert hat. Ergebnis sollte sein: Die Patient*innen haben erleben können, mit welchen Argumenten sie erreicht wurden oder hätten erreicht werden können. Hilfsangebote oder lösungsorientierte Interventionen sollten auch in dieser Phase noch unterbleiben.

Kleingruppenübung

Die übenden Therapeut*innen setzen die einzelnen Interventionen und Argumentationsstrategien zur Erweckung von Neugier und Interesse an einer Fortführung des Gesprächs bei der*dem Patient*in ein. Nach dem Erreichen dieses Teilziels problematisieren sie die Notwendigkeit, sich noch mal Zeit dafür zu nehmen. Nach der Übung soll die*der Übungspartner*in (Patient*in) befragt werden, welche Interventionen sie*ihn erreicht haben und warum.

5.3.4 Antisuizid-Verträge

Lernziele

Therapeutisches Wissen

- Bei mangelnder Absprachefähigkeit und Minderjährigkeit sind Antisuizid- oder Non-Suizidverträge kontraindiziert oder zumindest nicht hinreichend.
- Ein Non-Suizid-Vertrag ist nur indiziert, wenn die*der Patient*in Interesse hat, noch mal zu einem Gespräch zu kommen.
- Die verschiedenen Varianten von Antisuizidversprechen kennen.
- Es gibt Patient*innen bei denen ein mündliches Versprechen auch ausreicht.
- Einen Textvorschlag für diese Selbstverpflichtung kennen.

- Der Abschluss eines Non-Suizid-Vertrags ergibt keine rechtliche Sicherheit für den*die Behandler*in.
- Der vereinbarte Zeitraum muss überschaubar sein.
- Ein von der*dem Patient*in eingeschätztes Sicherheitsgefühl von über 90 % muss erreicht werden.
- Bei kritischen Situationen wirksame Copingstrategien sollten bekannt sein.

Therapeutisches Handeln

- Alternative Begriffe für ›Anti‹- oder ›Non-Suizid-Vertrag‹ verwenden (z. B. »Selbstverpflichtung«).
- Eine skeptisch-besorgte Haltung einnehmen.
- Das Erstellen des Vertrags (!Nicht die Umsetzung!) als Experiment anbieten.
- Weitgehend non-direktives Vorgehen bezüglich des Inhalts, aber direktives Vorgehen bezüglich des Prozesses (z. B. eigene Formulierungen finden lassen oder erlauben)
- Kurzfristige Vereinbarung treffen (bis zum nächsten Termin).
- Handlungen für Notfälle erarbeiten (vgl. Notfallplan).
- Suizidmittel (auch vorübergehend) unwirksam machen oder beseitigen lassen
- (z. B. gefährliche Gegenstände wegbringen lassen, Zugänge behindern etc.).
- Mit vollem Namen (Vor- und Nachnamen) unterschreiben lassen.
- Den ausgearbeiteten Vertrag mitgeben und keine Kopie machen.
- Geeigneten, besonderen Ort zum Aufbewahren suchen lassen.

Demonstrationsrollenspiel

Die*der SL fragt bei den TN nach einer*einem Übungspartner*in, die*der sich in die Rolle einer*eines suizidalen Patient*in begibt, welche*r zum Suizid fest entschlossen ist, aber noch mal neugierig wurde auf ein weiteres Gespräch. Neben den wichtigsten schon explorierten Daten wird auch die in der vorherigen (fiktiv) stattgefundenen Risikoeinschätzung explorierte Suizidmethode mitgeteilt oder festgelegt (hier: Vergiftung mit Tabletten). Die*der SL zeigt, wie so ein Gespräch idealerweise ablaufen kann. Die zusehenden TN können die einzelnen Schritte des Vorgehens auf dem vorher verteilten Arbeitsblatt mitverfolgen

Das Transkript dieses Gesprächs wird hier für den Leser zur Verfügung gestellt. Die akut suizidale Patientin hat vor kurzem Mann und ihre zwei Kinder bei einem Autounfall verloren. Sie ist aber bereit, ihre Entscheidung noch mal aufzuschieben, weil der Therapeut sie neugierig auf ein weiteres Gespräch gemacht hat:

Therapeut: *Das heißt, Sie haben sich es überlegt und sind sich sicher, dass Ihr Leben für Sie so keinen Sinn mehr macht.* (Verbales Spiegeln: Therapeut gibt zum Einstieg eine möglichst korrekte Zusammenfassung des bisherigen Gesprächsverlaufs.)
Patientin: *Hmhm*
Therapeut: *… und andererseits wollen Sie schon noch mal reden, so, wie ich Sie verstanden habe, ob es doch noch andere Ideen gibt und Sie wollen noch mal kommen.* (Förderung des Rapports durch Spiegeln)
Patientin: *Ja – schon noch mal.* (Patientin kommt dadurch in ein Yes-Set, in eine »Ja-Haltung«).
Therapeut: *Unser nächstes Gespräch wäre dann nächste Woche, wenn ich richtig liege…*
Patientin: *Ja, das wäre nächsten Mittwoch.*
Therapeut: *Ist natürlich eine lange Zeit bis dahin. Sie müssten sich ja sicher sein, dass Sie bis dahin Ihre Entscheidung zurückstellen.* (Teilziele setzen: Die vollständige Rücknahme der Entscheidung zu erwarten, wäre eine Überforderung.)

Patientin: *Das ist schwer...*
Therapeut: *Ich denke auch, das wird nicht einfach, wenn Sie in Ihren Alltag wieder gehen, das leere Haus ohne Mann und Kinder* (Empathie: Therapeut zeigt seine Sorge um die Patientin durch Skepsis und Konfrontation mit der Realität)
Patientin: *Ja da erinnert mich alles, das ist so schlimm. Aber in eine Klinik gehe ich nicht!*
Therapeut: *Es gäbe da eine Möglichkeit, die helfen, kann, eine solche Zeit zu überstehen. – Würde Sie das interessieren?* (Neugier wecken: Durch Ansprechen einer Lösungsmöglichkeit, ohne diese konkret zu benennen.)
Patientin: *Ja schon ...*
Therapeut: *Sie müssten dazu etwas schreiben.* (Chaining: Nur kleinste Schritte erwarten und Zielverhalten langsam aufbauen.)
Patientin: *Wie, schreiben?*
Therapeut: *Hier jetzt gleich ...*
Patientin: *Und was soll ich schreiben?*
Therapeut: *Das kann ich Ihnen dann sagen. – Aber wäre das OK mit dem Schreiben, dann würde ich Ihnen was zum Schreiben holen?* (Autonomie erhalten: Therapeut holt sich die Erlaubnis bei der Patientin, etwas zum Schreiben holen zu dürfen.)
Patientin: Nickt
Therapeut: Holt ein DIN-A5-Heft und einen Kugelschreiber, setzt sich und reicht dies der Patientin nacheinander, so dass die Patientin ihm etwa die Hälfte der Strecke entgegenkommen muss und ihm die Dinge aus der Hand nimmt (Überprüfung der Kooperation)
Ich weiß nicht, schauen Sie mal, ich hab den gerade vom Schreibtisch geholt, ob der funktioniert weiß ich jetzt nicht (Chaining: Schon mal den Kugelschreiber testen lassen. »Foot in the door – Technik«)
Patientin: Probiert den Stift.
Therapeut: *Gut. Dann nehmen Sie die erste Seite und schreiben Sie da einen Satz, an den Sie sicher erst mal nicht glauben können* (Externalisieren des Widerstands).
Ein Satz der sinngemäß etwa so lauten könnte: Ich werde bis zum nächsten Gespräch am Mittwoch am Leben bleiben, egal was passiert und egal, wie ich mich fühle. (Microinterventionen: Positive Begriffe verwenden: »am Leben bleiben«; statt: »mich nicht umbringen«. Auf die »Belastbarkeit« der Aussage bestehen: »egal, was passiert ...«)
Patientin: *Das stimmt doch aber nicht!*
Therapeut: *Genau, der Satz stimmt für Sie nicht, aber andererseits waren Sie ja interessiert, noch mal mit mir ausführlicher zu reden, oder habe ich Sie da missverstanden?* (Überprüfung, ob die Indikation für die Intervention noch besteht.)
Patientin: *Doch ich möchte schon noch mal kommen.*
Therapeut: *Dann wäre dieser Satz auf jeden Fall Ihr Ziel und wenn Sie den Satz erst mal hinschreiben, haben Sie schon mal Ihr Ziel klar vor Augen* (Foot-in-the-door-Technik).
Patientin: *Gut. – Wie geht der Satz noch mal?*
Therapeut: Wiederholt den Satz.
Patientin: Schreibt und vergewissert sich zwischendurch mit Nachfragen.
Therapeut: *Wenn Sie den Satz jetzt so vor sich haben, was meinen Sie zu wie viel Prozent stimmt er denn im Moment? Vielleicht lesen Sie ihn noch mal vor, wie er jetzt dasteht.* (Selbstsuggestion.)
Patientin: Liest vor und schaut fragend.
Therapeut: *Ja was meinen Sie, zu wie viel Prozent stimmt er für Sie im Moment?*
Patientin: *Oh Pfhhh...*

Therapeut: *Da müssen Sie erstmal tief durchschnaufen. Wenn Sie jetzt – nur so wie er dasteht – wenn Sie jetzt einschätzen müssten von 0 bis 100, wieviel Prozent, also wie stimmig ist er, im Moment? Nur jetzt so von Ihrer jetzigen Einschätzung her?*
Patientin: *Dreißig.*
Therapeut: *30 Prozent – also Sie haben da eine sehr geringe Hoffnung, dass Sie das schaffen könnten bis zum nächsten Mal.*
Patientin: *Mhm.*
Therapeut: *Also man könnte fast umgekehrt sagen, zu 70 Prozent sind Sie nächsten Mittwoch gar nicht mehr am Leben!* (Provokation zu einer internen Korrektur dieser Einschätzung durch die Patientin).
Patientin: (zögert) ... *ja* ...
Therapeut: *Genau, mit der Unsicherheit sollten Sie jetzt auf keinen Fall jetzt gehen...* (Förderung des emotionalen Rapports durch Fürsorglichkeit)
insofern ist es wirklich wichtig, jetzt zu schauen, wie können Sie sich sicherer machen und an diesen Satz glauben? Sie hatten ja schon öfter Situationen, wo Sie gesagt haben, da war ich ja nahe dran, die Tabletten zu nehmen.
Patientin: *Das stimmt, ja...*
Therapeut: *... und wie haben Sie schafft, am Leben zu bleiben?* (Ressourcen explorieren: Copingstrategien für bisherige Suizidimpulse erfragen)
Patientin: *Das war, so, dass das Telefon geklingelt hat und dann hab' ich gedacht, da gehe ich jetzt mal noch ran.*
Therapeut: *...also das war ein großer Zufall...* (Kontrasuggestionen durch Konfrontation: Bewusstmachen der Realität.)
Patientin: *Hhm*
Therapeut: *... sonst wären Sie jetzt vielleicht schon gar nicht mehr am Leben...* (Akzeptieren: der Lebensgefährlichkeit der Situation und weitere Förderung der »Ja-Haltung« – Yes-Set)
Patientin: *Jaa!*
Therapeut: *Und was hat dann das Gespräch bewirkt?*
Patientin: *Also nach ner Weile gings mir dann besser...*
Therapeut: *Sie hätten ja die Tabletten, auch noch nachher nehmen können.*
Patientin: *Da war ich irgendwie dann beruhigter nach dem Gespräch.*
Therapeut: *Also wenn Sie jemanden zum Reden haben, sogar am Telefon, dann würde das reichen.*
Patientin: *Ja das hilft.*
Therapeut: *Dann wäre das ja wichtig, das festzuhalten, aber gäbe es denn überhaupt jemanden, den Sie selbst anrufen könnten?* (Fürsorglichkeit durch skeptische Haltung)
Patientin: *Überlegt – Meine Schwägerin, die könnte ich anrufen...*
Therapeut: *Gut, dann halten Sie das fest und schreiben am besten so: Wenn es mir ganz schlecht geht, dann schütze ich mich, indem ich meine Schwägerin anrufe...* (»Change Talk« durch Autosuggestionen: Vorschlagen positiver Formulierungen »... schütze ich mich«)
Patientin: *Soll ich das jetzt aufschreiben?*
Therapeut: *Ja, das wäre gut, wenn sie das dazuschreiben. Weil, das hat Ihnen ja schon mal geholfen. Also könnte das was sein, was Sie sicherer macht.* (Chaining: Bewältigungsverhalten gleich notieren lassen. Begonnene Listen werden leichter fortgeführt!)
Patientin: *Schreibt.*
Therapeut: *... die Nummer können Sie ja gleich dazuschreiben oder ist die eingespeichert.*
Patientin: *Ja die ist eingespeichert.*

Therapeut: *Aber was machen Sie, wenn die nicht erreichbar ist?* (Rapport fördern durch die besorgte Haltung)
Patientin: Überlegt – *Ich könnte ja auch eine Freundin anrufen.*
Therapeut: *Aber wie wird die reagieren?*
Patientin: *Die weiß ja auch Bescheid.*
Therapeut: *Da müssen sie gar nicht viel erklären, das ist gut – dann schreiben Sie doch einfach: Wenn sie nicht erreichbar ist, dann rufe ich meine Freundin, wie heißt sie?*
Patientin: *Anna*
Therapeut: *Am besten schreiben Sie gleich ihren Namen dazu.*
Patientin: Schreibt.
Therapeut: *Aber es gab ja noch andere Situationen, von denen Sie gesagt haben, da war ich nah dran.* (Förderung des Rapports: Gründlichkeit des Therapeuten durch die Frage nach weiteren Risikosituationen.)
Patientin: *Ja einmal haben mich Geräusche im Garten abgelenkt. Da waren Vögel im vertrockneten Laub und die haben auch laut gezwitschert.*
Therapeut: *Und was haben Sie dann gemacht?*
Patientin: *Ja ich bin raus, dann war ich abgelenkt.*
Therapeut: *Das wäre also eine Möglichkeit, wenn niemand von den Beiden hört. Aber die Vögel zwitschern ja nicht in der Nacht! Das wäre nur am Tag eine Möglichkeit aber schreiben Sie es mal hin.*
Patientin: Schreibt.
Therapeut: *Aber was machen Sie in der Nacht?* (Rapport fördern durch Gründlichkeit und Skepsis.)
Patientin: *… da fällt mir niemand ein.*
Therapeut: *Aber ein Gespräch am Telefon wäre ausreichend?*
Patientin: *Ja, könnte ich nicht Sie anrufen?*
Therapeut: *Das ist sehr unsicher, denn ich bin nicht immer erreichbar, vielleicht im Funkloch oder auch im Schwimmbad, da würden Sie mich nicht erreichen.*
Patientin: *Stimmt.*
Therapeut: *Es gibt eine Möglichkeit, da ist immer jemand zu sprechen. Da sitzen Leuten am Telefon, die sind dafür ausgebildet, mit Menschen in Krisen zu sprechen.*
Patientin: *Wer ist das?*
Therapeut: *Das wäre die Telefonseelsorge, da erreichen Sie immer jemanden.*
Patientin: *Ja stimmt, da bräuchte ich aber die Nummer…*
Therapeut: *Genau, dann schreiben Sie: Wenn ich niemanden erreiche, rufe ich die Nummer 0800-111-0-111 der Telefonseelsorge an.*
Patientin: Schreibt.
Therapeut: *Wenn Sie das jetzt so vor sich haben, dann lesen sie es vielleicht mal alles laut, um zu sehen, wie Sie den ersten Satz jetzt einschätzen.*
Patientin: Liest laut vor (Nutzung der autosuggestiven Wirkung).
Therapeut: *Wenn Sie das jetzt noch mal vergleichen, Sie waren vorhin bei einer Sicherheit von 30 Prozent?*
Patientin: *Ja, das hat sich jetzt schon verändert, das ist schon höher jetzt, so bei 70 bis 75 Prozent.*
Therapeut: *Das ist ja das Doppelte an Sicherheit, das ist ja erstaunlich, aber es bleibt ein Rest von 30 Prozent Risiko.*
Patientin: *Ja, ich kann dem Ganzen doch nicht so ganz trauen.*
Therapeut: *Es ist ja so, Sie sind zuhause, alleine, und die Tabletten sind ja in Ihrem Haus. Sie können die ja jederzeit nehmen.*

Patientin: *Ja.*
Therapeut: *Ja, und wenn Sie die Tabletten unüberlegt aus so einer Stimmung heraus nehmen, dann wäre das ja eher ein Unfall oder ein Unglück, und nicht was gut Überlegtes.* (Reframing: »unüberlegtes« Verhalten wäre ein »Unglück« oder »Unfall«)
Patientin: *Ja das stimmt.*
Therapeut: *Wie könnten Sie sich schützen? Könnten Sie sich vorstellen, dass die Tabletten nicht im Haus sind, dass Sie sie irgendwie wegbringen?* (Rahmenbedingungen verändern (I): Suizidmittel beseitigen oder ggf. unwirksam machen.)
Patientin: Überlegt. *Ja, das könnte ich schon machen.*
Therapeut: *An was denken Sie?*
Patientin: *Ich könnte sie ja einpacken und meiner Schwägerin sagen, sie soll das für mich aufbewahren und sagen, das wäre was Wichtiges.*
Therapeut: *Wohnt die dann in der Nähe, dass das auch heute möglich wäre.*
Patientin: *Ja, sie wohnt nicht weit.*
Therapeut: *Das ist gut, dann könnten Sie das nachher gleich, wenn Sie nach Hause gehen machen.*
Patientin: *Das könnte ich machen, ja.*
Therapeut: *Dann wären Sie zumindest für die Zeit, in der die Medikamente nicht im Haus sind geschützt und sicherer.*
Patientin: *Bestimmt, ja.*
Therapeut: *Dann sollten Sie das dazu schreiben: Wenn ich nach Hause gehe, werde ich als Erstes die Tabletten verpacken und meiner Schwägerin vorbeibringen.*
Patientin: Schreibt.
Therapeut: *Wie sicher fühlen Sie sich jetzt, wenn Sie bei 70 Prozent waren?*
Patientin: *Na jetzt hab' ich ja keine Möglichkeit mehr, wenn´s mir schlecht geht, vielleicht 90!?*
Therapeut: *Also schon sehr sicher – es ist aber schon eine lange Zeit diese Woche.*
Patientin: *Ja schon sehr lang, also ziemlich lang.*
Therapeut: *Würde es was bringen, wenn ich Sie am Freitag einplanen könnte, ich müsste mal nachschauen, in meinem Kalender – würde das was bringen, die Zeit zu verkürzen?* (Rahmenbedingungen verändern (II): Überschaubarkeit durch Verkürzung des Zeitraums.)
Patientin: Erfreut. *Ja, natürlich das wäre sicher gut. Bis Mittwoch ist schon sehr lange, das sind ja immer so Achterbahnfahrten auch.*
Therapeut: *Ja gut, dann würde ich das so organisieren, dass Sie schon am Freitag kommen können. – Sie sind ja flexibel zeitlich, nehme ich an.*
Patientin: *Ja sicher.*
Therapeut: *Gut, dann kriegen wir das hin, nachher – aber dann müssen Sie jetzt den ersten Satz verändern, den Mittwoch streichen und Freitag hinschreiben.* (Bedeutsamkeit durch exklusive Formulierungen steigern: Therapeut verwendet zum ersten Mal den Begriff »wir«)
Patientin: *Also bis Freitag krieg ich das hin.* Sie verändert den Wochentag im Text.
Therapeut: *Würden Sie das, so wie Sie es jetzt geschrieben haben, auch unterschreiben? Das ist ja jetzt sowas wie eine Selbstverpflichtung, also eine Abmachung, die Sie mit sich selbst getroffen haben.*
Patientin: *Ja mit dem Freitag, das kann ich schon unterschreiben.*
Therapeut: *Und ich möchte, dass Sie das mit Ihrem vollen Name unterschreiben Frau Becker, mit Vor- und Nachnamen.* (Selbstverantwortlichkeit: »mit vollem Namen, Vor- und Nachnamen« impliziert die »volle« Verantwortung.)
Patientin: Unterschreibt.
Therapeut: *Wie ist jetzt Ihr Gefühl? Es ist ja manchmal so, dass man hinterher unsicher wird, wenn man was unterschrieben hat!* (Möglichen Nachentscheidungskonflikt berücksichtigen.)

Patientin: *Mir war schon mulmig bis Mittwoch, aber bis Freitag und wenn die Tabletten nicht mehr da sind, krieg ich das hin.*
Therapeut: *Gut, was werden Sie jetzt machen, mit dieser Seite? Sie können Sie herausreißen oder auch das ganze Heft gleich mitnehmen.*
Patientin: *Ach Sie wollen das gar nicht für sich haben, für Ihre Absicherung?*
Therapeut: *Nein! Sie müssen sich ja sicher sein. Und wenn Sie das Heft mitnehmen, können Sie gleich vielleicht Ihre eigenen wichtigen Gedanken für das nächste Gespräch reinschreiben.* (Keine Kopie vom Text machen!)
Patientin: *Dann nehm' ich das Heft mit und ich tue es in meine Handtasche.*
Therapeut: *Ja das ist gut. Das ist ja ein wichtiges Dokument. Sie sollten es immer bei sich haben, damit Sie wissen, was Sie sich vorgenommen haben.* (Stimuluskontrolle: Therapeut lässt guten Aufbewahrungsort mit Signalwirkung suchen.
Patientin: *Ja dann tue ich es auf meinen Arbeitstisch und am Abend neben das Bett.*
Therapeut: *Gut, dann schau ich mit Ihnen im Kalender, wann Sie am Freitag kommen können.*

Analyse der Videoaufzeichnung

Ergebnis sollte sein, dass die*der Übungspartner*in in der Patient*innenrolle und die Zuschauer*innen den allmählichen Anstieg in der Kooperationsbereitschaft erleben konnten, dass sie erkennen, dass der unterschriebene Text nicht der zentrale Wirkfaktor ist, sondern der Prozess der therapeutischen Interaktion bei der Erstellung des Vertragstextes.

Es geht also bei dieser Intervention des Antisuizid-Vertrags nicht so sehr um das Endprodukt selbst, sondern um das Zusammenwirken der eingesetzten therapeutischen Einzeltechniken und um den damit geführten Prozess der Interaktion zwischen Patient*innen und Therapeut*innen. Weiterhin bringt der Vertrag das Thema Selbsttötung ins Zentrum der Therapie. Er dient damit auch als vorübergehende Hilfe, sich nicht auf die Nebenschauplätze der mit Sicherheit momentan vielen (noch) unlösbaren Probleme ablenken zu lassen.

Kleingruppenübung

Durchführung dieser Intervention an Hand eines Arbeitsblattes mit den einzelnen Schritten. Die*der Übungspartner*in sollte sich angemessen kooperativ verhalten, damit in jeder Kleingruppe am Ende ein Vertragstext mit Unterschrift vorliegt und die*der Therapeut*in das Übungsziel erreichen konnte. Bei der gemeinsamen Analyse des Gesprächs soll die*der Übungspartner*in befragt werden, wann ihr*ihm das Vorgehen zu direktiv und wann zu vorsichtig erschienen ist. Sie*er sollte in ihrer*seiner Rolle die Veränderung ihrer*seiner subjektiv empfundenen Sicherheitsgefühle erfahren haben.

5.3.5 Konfrontation mit rationalen Argumenten

Lernziele

Therapeutisches Wissen

- Hilfreiche Argumentationsmuster, die das scheinbar logische Entscheidungskonzept der*des Patient*in zum Wanken bringen.
- Passende Deutungen und Umdeutungen (Reframings) kennen.

Therapeutisches Handeln

- konfrontative Haltung
- Aufdecken von und verwickeln in Widersprüche
- Erzeugen kognitiver Dissonanzen
- Erzeugen von Konfusion

Demonstrationsrollenspiel

Die*der SL fragt bei den TN nach einer*einem Übungspartner*in, die*der sich in die Rolle einer*s suizidalen Patient*in begibt, welche*r zum Suizid fest entschlossen ist, und bei der*dem der Antisuizid-Vertrag keine hinreichende Sicherheit gebracht hat oder gar keine Neugier auf ein weiteres Gespräch entstanden ist. Die*der SL zeigt verschiedene Möglichkeiten der Argumentation um die persönliche Logik der Argumente der*des Patient*in zu destabilisieren. Sie*er erwartet zunächst keine offen sichtbare Änderung in der Haltung des*der Patient*in aber ist sensibel für kleine Verunsicherungen.

Analyse der Videoaufzeichnung

Ergebnis sollte sein, dass die*der Patient*in die Wirkung der widersprüchlichen Argumente als kognitive Dissonanzen und*oder Konfusion erleben konnte. Die*der Patient*in sollte in ihrer*seiner Rolle ein Absinken der Bereitschaft zur Selbsttötung erfahren haben.

Kleingruppenübung

Durchführung dieser Interventionen. Die*der Therapeut*in beginnt wieder mit einer Zusammenfassung der vorherigen Gesprächsphase (*»Es gibt also für Sie nicht den geringsten Grund mehr diese Tabletten nicht zu nehmen.«*). Die*der Übungspartner*in bekommt den Auftrag, sich sehr standhaft in ihrer*seiner Argumentation für ihre*seine Entscheidung zu zeigen. Bei der gemeinsamen Analyse des Gesprächs soll die*der Übungspartner*in befragt werden, wann und wodurch ihr*sein Gedankengebäude ins Wanken geraten ist. Die*der Supervisor*in sollte ihre*seine eigenen Ideen, die ihm beim Zuschauen in den Sinn gekommen sind, in der Auswertung ergänzend beitragen.

5.3.6 Konfrontation durch Imagination

Lernziele

Therapeutisches Wissen

- Geeignete Themen und Fragen, die das Vorhaben der*des Patient*in konkret werden lassen.
- Emotionen, auch negative, sind ein therapeutischer Fortschritt und lassen die*den Patient*in lebendiger werden.
- Am tiefsten Punkt der Verzweiflung ist oft der eigentliche Grund zu finden, der die Krise ausgelöst hat.

Therapeutisches Handeln

- gelassenes ruhiges Vorgehen trotz beunruhigender Themen
- konfrontative Haltung
- vertieftes Explorieren auf den verschiedenen Wahrnehmungskanälen
- Erzeugen einer lebendigen Vorstellung (Imagination) im Sinne einer Zeitprogression durch konkretes detailliertes Nachfragen.

Demonstrationsrollenspiel

Die*der SL fragt bei den TN wer sich in die Rolle einer*s suizidalen Patient*in begeben kann, welche*r zum Suizid fest entschlossen ist, und die*der auf der rational-argumentativen Ebene nicht mehr erreichbar war. Die*der SL zeigt mit Hilfe von entsprechenden Fragen, wie bei der*dem Patient*in eine möglichst lebendige Vorstellung der nahen Zukunft, des bevorstehenden Suizids und der danach folgenden Ereignisse erzeugt werden kann.

Analyse der Videoaufzeichnung

Ergebnis sollte sein, dass diese Vorstellungen bei der*dem Patient*in, auch in der gespielten Rolle z. T. sogar äußerlich sichtbar intensive Emotionen auslösen können, die den Verlauf des Krisengesprächs entscheidend, in eine positive oder auch pessimistischere Richtung verändern können. Dabei werden in der Regel auch weitere noch nicht erwähnte oder unbewusste Motive der*des Patient*in deutlich, welche die aktuelle Entscheidung zum Suizid beeinflussen. Im günstigsten Fall erkennt die*der Patient*in selbst oder die*der Therapeut*in macht ihn darauf aufmerksam, dass er noch gar nicht alles so weit durchdacht hat.

Kleingruppenübung

Durchführung dieser Intervention an Hand eines Katalogs von geeigneten Fragen.
Bei der gemeinsamen Analyse des Gesprächs soll die*der Übungspartner*in befragt werden, welche Themen sie*ihn emotional berührt haben und wann diese auch Einfluss auf seine Entscheidung hätten haben können.

5.3.7 Arbeit mit Gefühlen

Lernziele

Therapeutisches Wissen

- Ein*e weinende*r Patient*in ist lebendiger als ein*e Patient*in, die*der eigene Gefühle nicht mehr spürt.
- Es ist ein großer therapeutischer Erfolg, wenn sich Patient*innen (vielleicht nach langer Zeit) erlauben zu weinen.
- Es zeugt von großem Vertrauen, wenn Patient*innen im Beisein der*des Therapeut*in weinen.
- Die Umdeutung des autoaggressiven Suizids als nicht gelebte Fremdaggression ist in einer Krise kontraindiziert.

Therapeutisches Handeln

- Unterdrückte Gefühle fördern und auszuleben ermöglichen durch Übernehmen des Widerstands gegen die Wahrnehmung und das Entstehen von emotionalen Reaktionen.
- Den Emotionen von Patienten*innen angemessen begegnen können.
- Empathische und angemessen fürsorgliche Haltung bei Gefühlen von Selbstmitleid und Verzweiflung.
- Emotionalen Ausbrüchen wie Weinen und Verzweiflung den nötigen Raum geben.
- Aggressive Impulse akzeptieren aber reflektieren und Entlastung ermöglichen.

Demonstrationsrollenspiel

Die*der SL fragt bei den TN, wer sich in die Rolle einer*eines suizidalen Patient*in begeben kann, welche*r im Laufe des Krisengesprächs (z. B. durch die Imagination) mit seinen negativen Gefühlen in Kontakt gekommen ist und demonstriert den angemessenen Umgang mit Emotionen der*des Patient*in.

Analyse der Videoaufzeichnung

Ergebnis sollte sein, dass die TN ihre Ängste verlieren und merken, dass eine solche Situation kein Unglück, sondern eine bewältigbare Gesprächssituation sein kann.

Kleingruppenübung

In Kleingruppen üben die TN die Durchführung dieser Modellvorgabe. Bei der gemeinsamen Analyse des Gesprächs soll die*der Therapeut*in berichten, welche Emotionen Angst machten und die*der Patient*in befragt werden, welche Reaktionen und Interventionen der*des Therapeut*in hilfreich waren.

5.3.8 Stationäre Unterbringung

Lernziele

Therapeutisches Wissen

- Möglichkeiten der Unterbringung und Zwangsbehandlung nach dem Unterbringungsrecht bei Selbst- und Fremdgefährdung (nach UBG bzw. VerwahrungsG od. PsychKG)
- Möglichkeiten der Inobhutnahme kennen
- mögliche Schritte kennen (sinnvolle Alternativen wie psychosomatische Kliniken, Krisenzentren wie z. B. das Atriumhaus in München, Freunde und Verwandte etc.)
- hilfreiche Argumente und Metaphern, welche die Notwendigkeit der Maßnahme deutlich machen
- Zwang und körperliche Gewalt sind für Berater*innen und Psychotherapeuten*innen keine Handlungsoption.
- die Vorteile einer freiwilligen Einweisung gegenüber einer richterlich angeordneten Zwangseinweisung kennen
- die Möglichkeit der Güterabwägung zwischen dem Gebot der Schweigepflicht und der Abwendung einer »Gefahr für Leib und Leben« kennen

Therapeutisches Handeln

- Mit der*m Patient*in zur*m Hausarzt*ärztin, der*m konsiliarisch tätigen Ärzt*in oder in die Notaufnahme der Psychiatrie (BKH) fahren, um eine*n ärztliche*n Kolleg*in in die Überlegungen oder Entscheidung einzubeziehen.
- Die*den Patient*in mit aller Autorität anweisen, den Raum nicht zu verlassen, und den ärztlichen Notdienst, die Polizei, das Gesundheitsamt, evtl. die*den Betreuer*in um Mithilfe ersuchen.
- Wenn die*der Patient*in die Praxis verlässt, alle Möglichkeiten nutzen, die eine drohende suizidale Handlung verhindern können (z. B. Angehörige, Freunde informieren).
- Zu »Unzeiten« (Wochenenden, an Feiertagen und dergleichen) sollte sich die*der Therapeut*in direkt an die Polizei wenden, die ihrerseits mit Polizeiärzt*innen zusammenarbeitet. Der Verfahrensweg ist hier folglich gekennzeichnet durch «Polizeigewahrsam – Gesundheitsamt – Psychiatrische Einrichtung».
- Der mangelnden Compliance der*des Patient*in mit der nötigen Autorität begegnen.
- Eskalieren der Situation vermeiden, bzw. deeskalieren.

Demonstrationsrollenspiel

Die*der Übungspartner*in begibt sich in die Rolle einer*s suizidalen Patient*in, die*der im Laufe des Krisengesprächs gar nicht neugierig auf ein weiteres Gespräch wurde oder der*dem der Antisuizidvertrag keine hinreichende Sicherheit bieten konnte. Die*der SL in der therapeutischen Rolle zeigt sich entschlossen, die*den Patient*in nicht eigenverantwortlich gehen zu lassen. Stellt sich vor die*den Patient*in und macht ihr*ihm mit der ihr*ihm größtmöglichen Autorität klar, dass sie*er dafür sorgen wird, dass die*der Patient*in vor sich selbst geschützt ist.

Analyse der Videoaufzeichnung

Ergebnis sollte sein, dass die*der Patient*in in ihrer*seiner Rolle merkt, wie ein Abgeben der Verantwortung auch entlastend wirken kann.

Kleingruppenübung

Einleitung einer Unterbringung durch die*den Therapeut*in nach der Modellvorgabe. Bei der gemeinsamen Analyse des Videos soll die*der Übungspartner*in befragt werden, wie dieses autoritäre oder direktive Vorgehen auf die eigene Motivation, sich zu widersetzen, wirkte.

5.4 Übliche Fehler und riskante Interventionen

Lernziele

- Die verschiedenen therapeutischen Fehler in der Risikoabschätzung, in der Krisenintervention und im Therapieprozess kennen (z. B. latente suizidale Reaktionen übersehen, unreflektierte impulsive Reaktionen, unangemessene Therapieziele, Suizidproblematik im Laufe der Therapie aus den Augen verlieren etc.)
- Problematisches Mitarbeiter- und Therapeutenverhalten in stationären Einrichtungen kennen

Plenumsdiskussion

Dies*der SL sollte sich beim Durchsprechen der verteilten Arbeitsblätter möglichst auf die dazu gestellten Fragen oder Hinweise der TN beschränken, da diese Informationen auch noch zu Hause nachgelesen werden können und eine vollständige Besprechung den zeitlichen Rahmen des Seminars sprengen würden.

5.5 Rechtliche Aspekte

Lernziele

Therapeutisches Wissen

- die verschiedenen Begrifflichkeiten kennen: Inobhutnahme, Unterbringung und Zwangsbehandlung, strafrechtliche Unterbringung, Betreuungsrecht, zivilrechtliche Unterbringung, Beihilfe zum Suizid, unterlassene Hilfeleistung, Tatherrschaft, Unterlassungstäterschaft, Garantenstellung

Therapeutisches Handeln

- Die juristisch belastbare Dokumentation der Risikobeurteilung durchführen können.

Plenumsdiskussion

Gemeinsames Durchsprechen der Arbeitsblätter (s. o.).

5.6 Literatur und Adressen

Lernziele

- Kenntnis der Fachliteratur und entsprechender psychotherapeutischer Lehrvideos
- Kenntnis der Selbsthilfeliteratur für Betroffene und Angehörige
- Kenntnis der wichtigsten Kontaktadressen für Patienten in Krisen

Plenumsdiskussion

Gemeinsames Durchsprechen der Literaturliste und der regionalen Hilfsdienste sowie Präsentation empfehlenswerter Bücher und ggf. aktueller Neuerscheinungen.

Literatur

Dorrmann, W. (2018). Suizid. Therapeutische Interventionen bei Selbsttötungsabsichten (9., korr. Aufl.). Stuttgart: Klett-Cotta.

Dorrmann, W. (2013). Hesselbacher Colloquium 2012 - Hypnotherapie in der Suizidprophylaxe. Hypnotherapeutische Gesprächsführung bei Patienten/innen in suizidalen Krisen. Formulierungsbeispiele für hypnotherapeutische Kommunikationsmuster. Hypnose-ZHH, 8, 183-198.

Dorrmann, W. (2011). Microteaching als Lehr- und Lernmethode in der Psychotherapieausbildung. Eine Einführung und praktische Anleitung für Dozentinnen und Dozenten. Materialie 66. Tübingen: dgvt-Verlag

Dorrmann, W. (2008). Menschen in suizidalen Krisen. In: M. Hermer & B. Röhrle (Hrsg.) Handbuch der therapeutischen Beziehung. Band 2 – Spezieller Teil (S. 1449-1476). Tübingen: dgvt.

Dorrmann, W. (2003). Verhaltenstherapeutische Vorgehensweisen bei akuten suizidalen Krisen. Psychotherapie im Dialog, 4, 330-339.

Finzen, A. (1997) Suizidprophylaxe bei psychischen Störungen. Bonn: Psychiatrie-Verlag mit Thieme-Verlag.

Teismann, T. & Dorrmann, W. (2015). Suizidgefahr? Ein Ratgeber für Betroffene und Angehörige. (Ratgeber zur Reihe »Fortschritte der Psychotherapie« – Band 32). Göttingen: Hogrefe.

Teismann, T. & Dorrmann, W. (2014). Suizidalität. Fortschritte der Psychotherapie. Göttingen: Hogrefe.

Wolfslast, G. & Schmidt, K.W. (Hrsg.). (2005). Suizid und Suizidversuch. Ethische und rechtliche Herausforderungen im Klinischen Alltag. München: C.H. Beck.

Teil II: Praxis – Mit den Nutzer*innen arbeiten

6 Freischwinger oder Wartebank? – Klient*innen zwischen Sozialpsychiatrischem Dienst und Krisendienst

Ilse Eichenbrenner und Detlev Gagel

> Krisendienst und Sozialpsychiatrischer Dienst in Berlin unterscheiden sich nicht nur durch den Schwerpunkt ihrer Dienstzeiten, sondern auch durch Funktion und Angebot: Hier die empathische Beratung am Telefon oder in der freundlichen Sitzecke, dort das Warten im vollen Flur. Trotzdem haben viele Klient*innen, Angehörige und Nachbar*innen mit beiden Diensten zu tun. Die Kooperation zwischen Krisendienst und Sozialpsychiatrischem Dienst wird durch Datenschutz und Schweigepflicht eng begrenzt und bewegt sich auf einem schmalen Grat. Hilfreich ist hier die Entwicklung einer gemeinsamen Grundhaltung durch Vernetzung im Gemeindepsychiatrischen Verbund. Für die Weitergabe von Informationen und die Vermittlung an den jeweils anderen Dienst sind klare Regeln erforderlich.
>
> Ratsuchende, die beide Dienste nutzen, können die Mitarbeiter*innen der Dienste gegeneinander ausspielen. Eine gemeinsame Kultur der Information und Reflektion kann diese Gefahr vermindern. Wie auch im Umgang mit unseren Klient*innen ist sowohl zu viel Abstand, als auch kumpelhafte Mauschelei schädlich: Beide Dienste sollten sich mit warmem Respekt begegnen und ergänzen.

6.1 Einführung

Als Sozialarbeiterin im Sozialpsychiatrischen Dienst des Bezirks Charlottenburg hatte ich ab 1990 Gelegenheit, auch die Perspektive eines Krisendienstes kennenzulernen (Wienberg, 1993). Ausgehend von einer Initiative der Psychosozialen Arbeitsgemeinschaft war ein Psychiatrischer Notdienst aufgebaut worden, den ich zu koordinieren hatte. Mit je der Hälfte meiner Arbeitszeit war ich weiterhin mit den üblichen Betreuungsaufgaben im Sozialpsychiatrischen Dienst betraut, mit der anderen Hälfte war ich zuständig für die Organisation des Psychiatrischen Notdienstes, der unter Trägerschaft des Vereins Platane 19 e. V. stand. Die Dienstzeiten des Psychiatrischen Notdienstes wurden von ca. 30 Honorarkräften abgedeckt, die im Hauptberuf in unterschiedlichen Einrichtungen des Bezirks tätig waren. Nach jahrelangen Vorbereitungen konnte dann 1999 dieser Dienst in den Berliner Krisendienst übergehen, so dass damit meine Tätigkeit als Koordinatorin endete. Seither war ich wieder ausschließlich im Sozialpsychiatrischen Dienst tätig. Ich hatte also 9 Jahre lang Gelegenheit, die Kooperation der beiden Dienste quasi in Person zu verkörpern und beide Seiten kennenzulernen.

6.2 Das Arbeitsfeld

6.2.1 Der Sozialpsychiatrische Dienst

In allen deutschen Bundesländern sind Sozialpsychiatrische Dienste (SpDi) »zu den üblichen Bürozeiten« mit der Versorgung psychisch kranker Menschen beauftragt. Doch zwischen einem SpDi in Baden-Württemberg und einem SpDi in Berlin beispielsweise besteht ein riesiger Unterschied. Je nach Bundesland sind SpDi bei kommunalen oder freien Trägern angesiedelt; sie bieten selbst tagesstrukturierende Angebote oder Betreutes Wohnen an, oder organisieren diese Hilfen lediglich. Sie sind entweder nur für chronisch psychisch Kranke zuständig oder – wie in Berlin – für alle erwachsenen Menschen mit psychischen Störungen, also auch geistig Behinderte, Suchtkranke und Menschen mit altersbedingten Störungen. Fast immer sind die SpDi als einziger Dienstleister auch damit beauftragt, Menschen ungefragt, also auch ungebeten aufzusuchen. In den PsychKGs (Gesetze für Psychisch Kranke) bzw. den Unterbringungsgesetzen der einzelnen Länder ist festgelegt, ob die SpDi mit Hoheitsrechten beliehen, und somit auch zuständig für Zwangseinweisungen sind. In manchen Bundesländern ist dies Aufgabe der Ordnungsämter. Im Folgenden beziehe ich mich auf die SpDi Berlins, die in die Organisation und Verwaltung der 12 Bezirksämter fest eingebunden sind.

6.2.2 Klient*innen, Kund*innen, Nutzer*innen

Als Sozialarbeiterin bin ich für bestimmte Straßen zuständig; alle Anfragen und Meldungen, die aus diesem Gebiet eingehen, werden an mich weitergeleitet. In den Sprechstunden führe ich Beratungsgespräche mit den Klient*innen und deren Angehörigen aus meinem »Kiez«; häufig mache ich Hausbesuche, um vor allem bei älteren Menschen die notwendigen Hilfen zu organisieren.

Schätzungsweise ein Drittel aller Klient*innen der Berliner SpDi benötigen aufgrund ihres Alters Hilfe: Sie sind verwirrt, dement, depressiv. Wir vermitteln ambulante Hilfe, vor allem Hauspflege, und die entsprechende Finanzierung. Circa ein weiteres Drittel unserer Klient*innen leidet an einer Suchterkrankung, bzw. an ihren Folgen. Auch hier sind wir Sozialarbeiter*innen vor allem für materielle Hilfen zuständig, z. B. weil die Miete nicht gezahlt wurde und Wohnungsverlust droht, oder eine Reinigung und Entrümpelung organisiert und bezahlt werden muss. Menschen mit chronischen psychiatrischen Erkrankungen sind das »typische« Klientel des SpDi; für sie beteiligen wir uns an der Organisation des gemeindepsychiatrischen Verbunds, bestehend aus Hilfen im Bereich Wohnen, Tagesstruktur und Arbeit/Beschäftigung. Sie begleiten wir oft über viele Jahre, manchmal Jahrzehnte hinweg.

Neben den klassischen Störungen aus dem schizophrenen Formenkreis begegnen wir immer häufiger Persönlichkeitsstörungen in ihren unterschiedlichen Varianten, und zunehmend jungen Menschen, die gerade erst volljährig geworden sind, und vor allem soziale Probleme haben. Wir Sozialarbeiter*innen beraten also erwachsene Menschen mit psychischen Störungen sowie deren Angehörige, Freunde und Nachbarn; wir vermitteln alle geeigneten Hilfen bzw. organisieren diese; innerhalb des Bezirksamtes sind wir der zuständige Sozialdienst für alle Erwachsenen, die psychisch gestört oder auffällig erscheinen. Deshalb werden viele Bürger*innen direkt vom Sozialamt zu uns geschickt, kommen als nicht unbedingt »aus freien Stücken«, sondern weil sie eine materielle Hilfe beantragt haben.

6.2.3 Der Alltag im Amt

Der SpDi arbeitet zu den üblichen Bürozeiten. In Berlin bedeutet dies zurzeit, dass der Dienst werktags von 8 Uhr – 16 Uhr präsent sein muss. In dieser Zeit ist ein Tagesdienst, der reihum abgedeckt wird, zuständig für die sogenannten »Meldungen«: Klient*innen sind akut auffällig, Nachbar*innen beschweren sich, Angehörige benötigen Hilfe. Der*die für die Straße zuständige Sozialarbeiter*in fährt – meist mit dem*der diensthabenden Ärzt*in – vor Ort. Gemeinsam wird abgeklärt, was zu tun ist. Häufig erwarten die Anrufer*innen die Durchführung einer Klinikeinweisung, notfalls auch gegen den Willen der Klient*innen. Nun wird genau geprüft: Ist der*die Klient*in bekannt? Gibt es eine Akte? Besteht eine rechtliche Betreuung, – wenn ja, für welche Wirkungskreise? Wie ist die Vorgeschichte? Jeder SpDi verfügt über einen riesigen Aktenfundus, der nach mehr oder weniger strengen Regeln zu führen ist. Über jeden Kontakt ist ein schriftlicher Vermerk zu fertigen, der vor allem zur Kontrolle, aber auch Absicherung der Mitarbeiter*innen dient: Folgte auf einen Anruf die notwendige Aktivität? Gab es Versäumnisse? Gleichzeitig verfügen die Sozialarbeiter*innen und Ärzt*innen in Form der Akten über weitgehende Informationen über viele psychisch kranke oder auch nur vorübergehend auffällige Menschen in ihrem Bezirk. Auch dieses Wissen hat zwei Aspekte: den negativen Beigeschmack vor allem für die Klient*innen, die sich vom Amt »abgestempelt« fühlen, aber auch die große Chance eines raschen Zugriffs auf notwendige Informationen, z. B. die Telefonnummern von Angehörigen oder Betreuer*innen, wichtige Vorzeichen existentieller Krisen aus der Vorgeschichte etc. Vor Ort entscheidet der*die Ärzt*in, ob die Voraussetzungen für eine Zwangseinweisung gemäß dem Berliner PsychKG vorliegen: akute Selbst- und Fremdgefährdung. Manchmal gelingt es, eine freiwillige Klinikaufnahme auszuhandeln, oder eine Alternative zu organisieren: den sofortigen Einsatz von Hauspflege, den Besuch von Angehörigen etc. Bei akuter Selbst- und Fremdgefährdung rufen wir in der Regel sofort einen Krankenwagen; juristisch möglich ist die Einweisung auch ohne Beteiligung der Polizei. Im Alltag bitten wir allerdings die Polizei sehr häufig um Amtshilfe.

Die hier beschriebene »Meldung«, das sofortige Aktivwerden des SpDi ist für viele Bürger*innen und Profis unsere wichtigste Funktion – sie prägt unser öffentliches Image. Tatsächlich wird die typische Meldung immer seltener, und die Kolleg*innen verbringen die Zeit mit der Auflistung der notwendigen Leistungskomplexe häuslicher Pflege, dem Abwimmeln drängender Nachbar*innen oder Hausverwaltungen und dem Beantworten mehr oder weniger sinnvoller Anfragen des Sozialamtes:

> »Braucht die angeblich depressive Hausfrau (ärztliches Attest liegt bei) wirklich Teppichboden für ihre angeblich fußkalte Wohnung? Soll für Frau B. die beantragte Fußpflege übernommen werden? Kann dem minderbegabten und verhaltensauffälligen Peter Z. ausnahmsweise erlassen werden, die geforderten Nachweise von 30 Arbeitsbemühungen pro Monat beizubringen? Werden die folgenden Maßnahmen ärztlicherseits befürwortet: Drogenentzugstherapie für den in der Justizvollzugsanstalt einsitzenden Ali B? Sozialpädagogische Einzelfallhilfe, durchgeführt von einer Psychologin, für die geistig behinderte Manuela V.? Besuch der Tagesstätte für psychisch Kranke durch Heino X.? Der Werkstatt für Behinderte, der gerontopsychiatrischen Tagesstätte, der Entgiftung im Krankenhaus, da nicht krankenversichert? Ist die nicht pflegeversicherte Seniorin Karla Z. einem Pflegegrad zuzuordnen?« (Eichenbrenner, 2005, S. 117)

Mit diesem kleinen Einblick möchte ich nicht das Mitleid des Lesers für die erschöpften Mitarbeiter*innen des SpDi wecken (na gut, ein bisschen schon), sondern vor allem die Breite des Spektrums aufzeigen und Verständnis dafür wecken, dass die Sozialarbeiter*innen gut ausgelastet sind und nicht mal eben aus dem Stand einen langwierigen

Hausbesuch einschieben können. Vor allem aber soll das Spannungsfeld deutlich werden: mit der linken Körperhälfte ist man empathische*r Zuhörer*in für Belastung und Leid, mit der rechten Prüfer*in, Entscheider*in und Sparkommissar*in des ausgedörrten öffentlichen Haushalts. Kein Wunder, dass viele Klient*innen sich gerne an eine neutrale, professionelle Instanz wenden und im Krisendienst anwaltliche Unterstützung suchen.

In der Fachliteratur wird dieses doppelte Mandat – Hilfe und Kontrolle – gerne die Janusköpfigkeit des SpDi genannt. Aber haben nicht auch Eltern zwei Gesichter? Sie gewähren und versagen, sie setzen Grenzen, sie sind fürsorglich, verständnisvoll und streng. Die Arbeit im SpDi verlangt von den Mitarbeiter*innen die beständige Reflektion ethischer und sozialer Normen; hier schaffen Supervision und Fortbildung Abhilfe, teilweise noch in zu geringem Umfang.

6.3 Die Zusammenarbeit der beiden Dienste: Freund*innen, Kolleg*innen, Kontrahent*innen?

6.3.1 »Bitte wenden Sie sich außerhalb dieser Zeiten an den Krisendienst!«

Ab 16 Uhr ist der Krisendienst zuständig. Damit beginnt nicht unser Feierabend, aber eine Zeit, in der wir Hausbesuche machen, oder ungestört unsere Aktenberge umwälzen. Bereits während unserer Dienstzeiten von 8 Uhr – 16 Uhr ist die Zentrale des Berliner Krisendienstes besetzt, und verweist bei Bedarf an die einzelnen SpDi. Während der gesamten Nacht, von 24 Uhr – 8 Uhr, steht dieser zentrale Dienst in Berlin-Mitte für Krisen und psychiatrische Notfälle zur Verfügung. Alle neun Standorte in den sechs Regionen, sind von 16 Uhr – 24 Uhr besetzt – dies ist unsere entscheidende Nahtstelle. Das »Weiterverweisen« an den Krisendienst ist für uns eine enorme Entlastung, und ermöglicht es uns, ein wenig abzuschalten, ins Wochenende zu gehen, oder auch mal jemanden wegzuschicken. In unserem Metier bleiben Fälle immer in der Schwebe, selten ist eine Betreuung oder Begleitung wirklich abgeschlossen. Wie oft können wir unzufriedene Anrufer*innen doch noch glücklich machen mit dem Verweis auf den Krisendienst und seine ungewöhnlichen Präsenzzeiten!

Fallbeispiel: Der*die zweite Expert*in

Im Tagesdienst, der heute besonders unruhig ist, werde ich von Frau S. angerufen. Ihre Tochter Manuela ist seit einigen Tagen völlig verändert. Die Schilderungen weisen darauf hin, dass Manuela im Rahmen einer Lebenskrise, vielleicht auch ausgelöst durch Drogenkonsum, erstmals psychotisch geworden ist. Sie ist ständig unterwegs, knüpft wahllos Kontakte, taucht nur ab und zu völlig konfus bei der Mutter auf. Ich höre kurz zu und weise sie dann auf die bestehenden Möglichkeiten hin: Besuch bei einem niedergelassenen Psychiater, Medikamenteneinnahme, stationäre Behandlung. Frau S. entgegnet, Manuela kenne das alles und lehne es ab – sie fühle sich super! Als ich die eingeschränkten Möglichkeiten für Zwangsmaßnahmen schildere, lacht Frau S. zunächst ungläubig, und schimpft dann: »Das kann doch nicht wahr sein! Muss denn erst etwas passieren?« Ich suche die zuständige Kollegin heraus und empfehle, mit ihr einen Termin für ein ausführlicheres Beratungsgespräch zu vereinbaren. Da Frau S. sehr unzufrieden ist, und ich das Gespräch nur mit Mühe beenden kann, gebe ich ihr die Telefonnummer des Krisendienstes und die Zeiten seiner Erreichbarkeit.

Kommentar: Frau S. ist in großer Sorge, denn Manuela könnte ja noch am Abend oder in der Nacht auftauchen und Hilfe benötigen. Zudem ist sie so angespannt, dass sie rasch eine*n weitere*n Gesprächspartner*in finden muss. Ab 16 Uhr kann sie im Krisendienst anrufen, und ihre belastende Situation noch einmal schildern. Sie wird auf eine*n Kolleg*in treffen, der*die sie gelassen beraten kann, da kein akuter Handlungsdruck besteht, solange Manuela nicht präsent ist. Frau S. wird nun ausreichend Zeit haben, um auch die Vorgeschichte zu schildern. Ein*e erfahrene*r Krisenberater*in wird Frau S. genügend Raum, Zeit und Aufmerksamkeit schenken, um auch ihre eigene Befindlichkeit als Mutter wahrnehmen zu können. Vielleicht sitzt heute sogar jemand aus dem Betreuten Wohnen am Telefon, der*die mit genau dieser Rolle bestens vertraut ist: sich Sorgen zu machen, um Hilfe zu bitten, und vom Amt oder der Institutsambulanz abgewiesen zu werden, weil noch nicht genügend passiert ist. Ich stelle mir vor, wie das Gespräch zwischen diesen beiden Polen ablaufen wird: Die erneute Bestätigung der Haltung des SpDi (»wir können noch nichts tun«) und die empathische Entlastung der sorgenden Mutter (»ich weiß, das ist schwer auszuhalten.«). Aus Rückmeldungen wissen wir, dass im Krisendienst häufig eine zweite fachliche Meinung eingeholt wird – gerade so, wie wir selbst als mündige Patient*innen ja auch bei einer körperlichen Erkrankung eine*n weitere Ärzt*in, vermutlich sogar eine*n Fachärzt*in aufsuchen. Beide Dienste stehen unter einem hohen Handlungs- und Legitimationsdruck und müssen ihre juristischen und ökonomischen Grenzen immer wieder klarlegen. Im Krisendienst besteht allerdings eine bessere Chance, den Fokus auf die subjektive Befindlichkeit des*der Anrufer*in zu lenken.

Fallbeispiel: Der gute und der böse Dienst

Herr Z. wohnt in einem Haus, für das ich zuständig bin. Seine Nachbar*innen sind alkoholkrank, machen ständig Remmidemmi. Herr Z. lässt sich das nicht gefallen, er mindert die Miete. Er verlangt von der Hausverwaltung, dass »diese Penner« rausgeschmissen werden. Er schreibt immer wildere Briefe, nun zahlt er die Miete überhaupt nicht mehr. Er beschwert sich bei der Bürgermeisterin, beim Stadtrat. Die Hausverwaltung kündigt ihm, man will ihn loswerden. Ich werde eingeschaltet, weil Herr Z. als trockener Alkoholiker von einer Kollegin vor Jahren betreut wurde. Ich schreibe ihn an, es entsteht ein Kontakt. Ich soll ihm helfen, eine andere Wohnung zu bekommen. Seine Situation ist desolat, alles bricht über ihm zusammen. Er droht damit, rückfällig zu werden, auszurasten. Ich erkläre ihm, dass ich auch für seine Nachbar*innen sorgen muss – er kann es nicht fassen, brüllt mich an, ich werde sauer. Ich kämpfe mit dem Sozialamt und mit Herrn Z. Alles wird immer konfuser, wir geraten in einen Clinch. Herr Z. wertet jede Ablehnung, jede kleinste Kritik als Kränkung. Ich selbst bin so verwickelt, in meiner Funktion so befangen, dass ich Herrn Z. rate, sich zum Gespräch an den Krisendienst zu wenden. Dort kann er seine Wut äußern, ohne negative Konsequenzen befürchten zu müssen. Er bespricht mit der Mitarbeiterin, dass sie mich anrufen soll, quasi als seine Anwältin. Sie ist die »Gute«, während ich das Amt und seine Auflagen repräsentiere. Zweigleisig fahrend gerät er – vorübergehend – in ruhigere Bahnen.

Kommentar: Nicht alle Fälle nehmen ein gutes Ende. Herr Z. hat weitergekämpft, ohne Rücksicht auf eigene Verluste. Er hat alle Wohnungsangebote abgelehnt. Den Kontakt zu den »bösen« Ämtern hat er vollständig abgebrochen, einen Prozess verloren; seine Räumungsklage steht bevor. Er hat angekündigt, nach der Räumung so lange vor dem Haus zu campieren, bis man ihn angemessen entschädigt hat. Spätestens dann wird man uns offiziell einschalten. Für mich ist es eine ungeheure Erleichterung zu wissen, dass Herr Z. »bei den Guten« im Krisendienst Entlastung findet.

Fallbeispiel: Unverzügliche therapeutische Hilfe

Frau R. hat sich vor zwei Wochen an uns gewandt. Ihre 36-jährige Tochter Beate leidet an Krebs, und hat sich dafür entschieden, allein und unbehandelt zu sterben. Sie war von Beruf selbst Krankenschwester. Nun ist es für das Umfeld unerträglich geworden; Kinder, Geschwister, geschiedener Ehemann und Eltern sind am Ende. Aus ihrer kleinen Wohnung riecht es, Beate lehnt den Einsatz einer Sozialstation ab. Der Druck auf uns, Beate K. einzuweisen, wird immer größer. Bei einem Hausbesuch erlebt unsere Ärztin eine wache, vollständig orientierte Patientin, die genau weiß, was sie will. Der Anblick ist entsetzlich; eine Sozialstation darf nun doch gerufen werden, die aber ebenfalls meint, eine Einweisung sei unumgänglich. Unsere Ärztin schafft es, dass der Wille der Patientin respektiert wird. Eine Woche später ist sie tot. Die Mutter ruft an, vorgeblich um sich zu bedanken. Sie möchte noch einmal den langen Leidensweg besprechen. War die Entscheidung richtig? Sie erzählt von den Kindern der Verstorbenen, den Auseinandersetzungen innerhalb der Familie, den Schuldzuweisungen. Ich bin gerade im Gespräch mit einer Klientin, die zuständige Ärztin hat keine Zeit, ich merke, wie ich unruhig werde. Frau R. überlegt, ob sie nicht eine therapeutische Beratung bekommen könnte? Sie kann nicht schlafen. Ich empfehle ihr, noch heute den Krisendienst anzurufen. Dort findet sie (hoffentlich) eine*n Mitarbeiter*in mit mehr Zeit, eine Therapieberatung, und vielleicht sogar eine begrenzte Zahl therapeutischer Gespräche, bis diese Lebenskrise überwunden oder eine langfristige Therapie eingeleitet ist.

Kommentar: Viele Anrufer*innen erhoffen sich im SpDi eine spontane, unbürokratische aber auch ausführliche Beratung. Sie sind enttäuscht, dass dies in den letzten Jahren immer weniger möglich ist. Vor allem die kontinuierliche Begleitung weniger gestörter Klient*innen ist von uns zeitlich nicht mehr zu leisten. Wir Sozialarbeiter*innen konzentrieren uns auf die Regelung materieller und pflegerischer Notlagen; die Ärzt*innen unserer Dienststellen sind mehr als ausgelastet mit der Erstellung unterschiedlichster Gutachten und den akuten Meldungen. Aus einer sehr vielfältigen Tätigkeit, die einst die Kolleg*innen auch zum Erwerb therapeutischer Qualifikationen animierte, ist inzwischen eine Art soziale und psychiatrische Feuerwehrarbeit geworden. Nicht ohne Neid blicken wir deshalb zu den Krisendiensten mit ihrer luxuriösen Ausstattung an Mobiliar, Zeit und Kompetenz. Die Möglichkeit, über einen begrenzten Zeitraum hinweg Folgegespräche im Sinne einer Kurztherapie anzubieten, schätzen wir inzwischen (nach den Präsenzzeiten!) als seine höchste Qualität.

Eine Weiterverweisung an den Krisendienst ist sinnvoll:

aus zeitlichen Gründen
- weil die Situation außerhalb unserer Dienstzeit akut wird oder werden könnte
- weil wir zu wenig Zeit für eine ausführliche Beratung oder Krisenintervention haben

zur parallelen Ergänzung unseres eigenen Angebots
- für Anrufer*innen, die eine zweite Einschätzung einholen wollen
- für Klient*innen, die ein ganzes Netz zu Unterstützung benötigen

als Alternative zur Beratung in einer Stelle mit Amtsfunktion
- bei Bedarf nach der »objektiven« Meinung einer unbefangenen Expert*in

- bei Ängsten vor einem Amt mit Aktenführung und Behördenstatus

zur Klärung von Lebenskrisen
- wenn es sich in keiner Weise um ein psychiatrisches Problem handelt
- wenn das Gespräch von zwei Berater*innen geführt werden sollte
- wenn ein paartherapeutischer oder systemischer Blick gebraucht wird

zur Therapieberatung
- zur Abklärung einer Indikation für Psychotherapie
- zur Suche nach der geeigneten Methode und dem konkreten Therapieplatz

zur Vermittlung von Folgegesprächen
- wenn die therapeutische Hilfe unverzüglich beginnen sollte
- wenn Klient*innen ein besonderes Angebot benötigen

6.3.2 Die Vermittlung: »Ich habe Ihre Nummer vom Krisendienst«

Wir haben keine exakten Zahlen darüber, wie viele Klient*innen des Krisendienstes an uns verwiesen werden. Wir wissen aber aus dem Abschlussbericht der Begleitforschung des Berliner Krisendienstes, dass der SpDi als wichtigster Kooperationspartner angegeben wird. Tatsächlich scheinen häufig Ratsuchende über den Krisendienst an uns verwiesen zu werden. Besonders häufig haben die Anrufer*innen das Anliegen, über uns eine Behandlung oder Betreuung auch gegen den Willen eines Angehörigen, Freundes oder Hausbewohners zu erwirken. Es handelt sich dann häufig um bereits länger andauernde Problemlagen, denn akute Notfälle kann der Krisendienst – gemeinsam mit der Polizei – in der Regel ohne uns bewältigen.

Fallbeispiel: Meldung beim Amt

Nachbar*innen rufen an, weil sich in ihrem Haus ein unerträglicher Geruch verbreitet. Sie vermuten, dass die Bewohnerin, Frau X., »ein »Messie« (eine Sammlerin von Müll und Unrat in der eigenen Wohnung) ist, seit sie in der Presse von diesem Phänomen gelesen haben. Im Krisendienst wurde bereits abgeklärt, dass die Bewohner*innen selbst bei der Feuerwehr »Verdacht auf Unglücksfall« melden können, wenn sie befürchten, dass Frau X. in der Wohnung liegt. Sie ist aber hin und wieder zu sehen, und scheint wohlauf zu sein. Also erhält die Anrufer*in die Nummer des zuständigen SpDi. Sie erfährt dort, dass nun zunächst ein Kontaktangebot gemacht wird, und man hofft, dass Frau X. sich meldet. Ob der SpDi wirklich zuständig ist, muss erst abgeklärt werden.

Kommentar: Die Bearbeitung der klassischen »Meldung« ist, wie bereits beschreiben, eine der zentralen Aufgaben des SpDi. Aufgrund ihrer Struktur können und sollen Krisendienste diese Funktion nicht übernehmen. Hier sollte die Anrufer*in, also die »Melder*in« direkt an den SpDi verwiesen werden. Nur in Ausnahmefällen übernimmt dies der*die Mitarbeiter*in des Krisendienstes; möglich ist ein flankierender Anruf: »Es könnte sein, dass bei euch eine Frau anruft, die ihre Nachbarin meldet.«

Fallbeispiel: Einfädeln beim Amt

In einem großen Wohnblock hat die 84-jährige Frau U. eine Haushaltshilfe der Diakonie im Treppenhaus angesprochen: Frau U. hat ihre Stromkosten nicht bezahlt, und nun soll der Strom abgestellt werden. Sie ist sehr verzweifelt. Die Pflegerin der Diakonie, die in dem Haus eine ganz andere Dame betreut, schaut auf ihrem Heimweg beim Krisendienst vorbei. Unter den Diensthabenden ist eine erfahrene Sozialarbeiterin. Sie kann der Haushaltshilfe erklären, was zu tun ist. Gemeinsam rufen sie bei Frau U. an, und erklären ihr, dass sie einen Antrag beim Sozialamt stellen kann. Im Gespräch stellt sich heraus, dass Frau U. sehr verwirrt ist: Nun wird mit Frau U. vereinbart, dass der SpDi morgen früh eine Nachricht erhält, damit ihr geholfen werden kann. Im SpDi ist Frau U. bereits durch eine andere Meldung bekannt. Beim Hausbesuch finden sich Stapel mit ungeöffneter Post. Die Übernahme der Stromschulden wird beim Sozialamt beantragt; gleichzeitig wird beim Amtsgericht eine juristische Betreuung zur Regelung der Vermögensangelegenheiten angeregt.

Kommentar: Die Vermittlung wirtschaftlicher Hilfen ist Aufgabe der Sozialdienste; bei psychisch gestörten Menschen übernehmen dies die Sozialarbeiter*innen des SpDi. Wo immer möglich sollten die Klient*innen im Sinne von Hilfe zur Selbsthilfe direkt an das zuständige Sozialamt verwiesen werden. Auf Wunsch kann dies durch einen Anruf abgesichert werden. Nur bei deutlich gestörten oder verwirrten Menschen übernimmt die Mitarbeiter*in des Krisendienstes das Einfädeln beim SpDi, nicht ohne dies vorher deutlich anzukündigen!

6.4 Die Dynamik zwischen den Diensten: »It takes two to Tango«

Mal ist der eine Dienst am Ball, und mal der andere. Man informiert sich gegenseitig, oder auch nicht, und schickt sich gegenseitig neue Kundschaft. Wehe, es werden schwierige Fälle abgeschoben, oder der SpDi erteilt Kommandos. Dann knirscht es im gemeindepsychiatrischen Gefüge. Im besten Fall ergänzen Krisendienst und SpDi einander – wie beschrieben – in ihrer unterschiedlichen Funktion und Ausstattung. Manchmal sind notgedrungen beide Dienste für eine*n besonders gefährdete*n Klient*in zuständig; dann besteht die Gefahr, dass sie oder er zwischen ihnen zerrieben wird oder verloren geht. Oder aber Klient*innen nutzen aus eigenem Antrieb beide Dienste und spielen sie gegeneinander aus. Im Umgang mit unseren Klient*innen wissen wir es längst: Entscheidend ist die richtige Balance von Nähe und Distanz.

Doch was uns psychosozialen Profis mit den Klient*innen nach einigen Reinfällen fast mühelos gelingt, das erfordert zwischen Institutionen harte beständige Arbeit.

Wenn sich die beiden Dienste zu fern sind, wenn die Distanz zu groß ist, können sie nicht miteinander reden. Sie verständigen sich nicht; Grundhaltung, Regeln, Einschätzungen können nicht abgeglichen werden. Was der eine Dienst gefährdend findet, ruft beim anderen nur ein Schulterzucken hervor. Wie Eltern, die nicht mehr miteinander reden, werden die Dienste von ihren Klient*innen-Kindern gegeneinander ausgespielt. Aber auch eine allzu enge Kooperation ist problematisch; sie kann zur Falle werden und Entwicklungen verhindern. Gerade so, wie ein sehr rigides Elternpaar repressiv wirkt.

Fallbeispiel: Dann frag ich eben Mama!

Das kleine Heim leidet schon seit einigen Tagen unter einem rückfälligen alkoholkranken Bewohner. Der SpDi kennt ihn seit vielen Jahren; die hier zuständige Ärztin findet, dass die Mitarbeiter*innen und Bewohner*innen des Heimes das aushalten müssen, denn eine lebensbedrohliche Gefährdung ist nicht gegeben. Einen Hausbesuch lehnt sie per Telefon ab. Wenig später erfahre ich zufällig, dass die Heimleitung noch am selben Nachmittag, kurz nach 16 Uhr, den diensthabenden Arzt des Krisendienstes angefordert hat. Dieser Psychiater, ein »alter Hase« in unserem Bezirk, kommt zwar sofort, weist aber die Mitarbeiter*innen recht harsch zurecht: »Mit dieser Situation müssten Sie doch zurechtkommen – bei ihren Tagessätzen!«

Kommentar: Je nach Blickwinkel ist dies ein Beispiel für eine gute Kooperation, oder für ein zu enges System. In diesem Fallbeispiel hatte zufällig ein Arzt Dienst, der Jahrzehnte in der aufnahmeverpflichteten Klinik tätig war. Durch die enge Kooperation waren Grundhaltung und Entscheidungskriterien längst auf einander abgestimmt. Solche Zufälle sind in Diensten mit vernetzten Partnern eingeplant: Mitarbeiter*innen der psychiatrischen Dienste, Institutionen und Projekte arbeiten als Honorarkräfte im Krisendienst. Viele Krisendienste arbeiten mit Ärzten der SpDi als Rufbereitschaft. Dem*der Anrufer*in kann es passieren, dass er*sie im Krisendienst auf die Mitarbeiter*in trifft, mit der er*sie schon tagsüber nicht zurechtkam. Ein*e andere*r Klient*in hat vielleicht großes Glück, weil er*sie so an eine vertraute Beziehung anknüpfen kann. Vieles in unserem Arbeitsfeld ist von einzelnen Personen und ihren subjektiven Einschätzungen abhängig.

6.5 In Zukunft: Allein machen sie dich ein

Für die Zusammenarbeit zwischen SpDi und Krisendienst gibt es kein Patentrezept. Jeder gemeindepsychiatrische Verbund hat eine andere Geschichte, ist geprägt von ganz eigenen Persönlichkeiten, Trägern und Rivalitäten. Der Berliner Krisendienst verfügt durch seine Kernteams, bestehend aus festen Mitarbeiter*innen, über eine besonders stabile Grundstruktur. Aber wie inzwischen fast alle regionalen Krisendienste wäre auch das Berliner System undenkbar ohne die vielen Honorarkräfte, die im Hauptberuf in den unterschiedlichsten Bereichen tätig sind, und zwei bis drei Dienste im Monat als Nebentätigkeit abdecken. So ist ein kompliziertes Geflecht entstanden, da die einzelnen Honorarkräfte wieder ganz unterschiedliche Abhängigkeiten und Kooperationsbeziehungen haben. Ich empfehle beiden Institutionen, sich gegenseitig mit »warmem Respekt fern zu bleiben«. Einige Strukturen und Regeln können dabei helfen, eine gemeinsame Philosophie zu entwickeln und trotzdem den richtigen Abstand einzuhalten:

Die Honorarkräfte sollten aus unterschiedlichen Bereichen kommen; Mitarbeiter*innen aus dem gemeindepsychiatrischen Verbund garantieren eine Überlappung, Mitarbeiter*innen aus anderen Bereichen sorgen für die kritische Außenperspektive. Gegenseitige Teilnahme an Teamsitzungen oder Dienstbesprechungen, gemeinsame Besuche von Fortbildungen und Tagungen sind hilfreich für die Erarbeitung gemeinsamer »Basics«. Hier werden Probleme angesprochen und immer wieder neu die unterschiedlichen Zuständigkeiten und Schwerpunkte ausgehandelt.

Bei der Öffentlichkeitsarbeit kann »distanzierte Kooperation« demonstriert werden, in dem ein Dienst auf den anderen verweist; so findet sich auf den Anrufbeantwortern, Flyern und Visitenkarten des SpDi ganz selbstverständlich immer ein Hinweis auf den Krisendienst. Automatische Übergaben sind – nicht nur aus datenschutzrechtlichen Gründen – zu vermeiden. Klient*innen müssen die

Möglichkeit haben, beide Dienste auch unbemerkt parallel zu nutzen.

Wo immer es strukturell möglich ist, sollten die Dienste nicht voneinander abhängig sein. Der Krisendienst ist nicht der freundliche Nachtwächter für den SpDi – und der SpDi nicht das Bodenpersonal der Krisenintervention. Ein hierarchisches Gefälle ist zu vermeiden: kein Dienst ist der Erfüllungsgehilfe des andern, keiner ist Boss oder Guru oder Superstar. Wenn es beiden Diensten gelingt, innerhalb ihres Teams ein gutes Selbstbewusstsein und eine klare Identität zu entwickeln, können sie klar getrennt und trotzdem Hand in Hand agieren. Inzwischen wissen wir, dass die alten Verwahranstalten ausgedient haben, und die Psychiatriereform gelungen ist. (Dörner, 1998) In unserer Region leben nahezu alle Klient*innen in der eigenen Wohnung, autonom oder professionell begleitet. Den waghalsigen Prozess der Enthospitalisierung mehrerer hundert Patient*innen konnten wir nur alle gemeinsam bewältigen: Klinik, Betreutes Wohnen, SpDi, niedergelassene Ärzt*innen usw. unter besonderer Beteiligung des Krisendienstes. Eine spannende Herausforderung liegt vor uns: Die Begleitung aller Menschen in psychischen Krisen fast ohne stationäre Betten, mit dem Ziel eines möglichst selbstbestimmten Lebens. Gemeinsam und doch getrennt ersetzen wir Mauern, Stationen und Pflegepersonal. Gemeinsam halten wir bedrohliche und erregte Menschen aus; gemeinsam ertragen wir die Sorge um Lebensmüde, Verwirrte und Behinderte. Sorgfältig getrennt öffnen und verteidigen wir neue Nischen und Spielräume im kommunalen Geflecht.

6.6 Fazit

Das Zusammenspiel zwischen SpDi und Krisendienst war nicht immer einfach. Während sich die SpDi nach der Wende in Berlin weitgehend organisiert und berlinweit etabliert hatten (die SpDi im ehemaligen Westen existierten bereits seit 1967, im Ostteil der Stadt wurden die ehemaligen nervenärztlichen Beratungsstellen an den Polikliniken in die neu aufzubauenden SpDi umgewandelt (Eichenbrenner, Gagel & Lehmkuhl, 2011), musste der Krisendienst erst aufgebaut und verstetigt werden. Er fand zuletzt Eingang in die Novellierung des Berliner Psychisch-Krankengesetzes von 2016: in § 5 »Niedrigschwellige Angebote« als Bestandteil der bezirklichen psychiatrischen Pflichtversorgung.

Eine zeitweilige Spaltung zwischen SpDi und BKD, hier das böse Amt (zuständig für Unterbringungsverfahren und Begutachtung), dort der gute BKD (Garant für die Vermeidung von Zwangsbehandlungen), ist mittlerweile durch intensivierte Kommunikation einer beiderseitigen Anerkennung gewichen. Mit der Gründung eines bundesweiten Netzwerkes für SpDi 2010 ist ein Prozess im Gange, das Selbstverständnis der SpDi zu konturieren und Qualitätsstandards zu etablieren (www.sozialpsychiatrische-dienste. de). Dies wird den Diskurs und die Auseinandersetzung zwischen BKD und SpDi befruchten.

Literatur

Dörner, K. (Hrsg.) (2015) Ende der Veranstaltung: Anfänge der Chronisch-Kranken-Psychiatrie. Neumünster. Paranus Verlag.

Eichenbrenner, I., Gagel, D., E. & Lehmkuhl, D. (2011). Wie geht es eigentlich den Sozialpsychiatrischen Diensten in … Berlin? In: H. Elgeti & M. Albers (Hrsg.) *Hart am Wind – Welchen Kurs nimmt die Sozialpsychiatrie?* (S. 65–72).

Eichenbrenner, I. (2005). *Der Praktikant, die Wölffin und das Amt*. Psychiatrie-Verlag.

Hasse, K. (1927). Die offene Fürsorge für Geisteskranke der Stadt Berlin. In H. Roemer, G. Kolb & V. Falthauser (Hrsg), *Die offene Fürsorge in der Psychiatrie und ihren Grenzgebieten 1927*. Berlin: Julius Springer.

Netzwerk Sozialpsychiatrische Dienste: www.sozialpsychiatrische-dienste.de.

Wriedt, S. (2015). Die Patienten bleiben auf der Strecke – Personalnot beim psychiatrischen Dienst. *Weser Kurier*.

Senat von Berlin (2017) Zugriff unter: https://www.parlament-berlin.de/adosservice/18/Haupt/vorgang/h18-0042.C-v.pdf.

Wienberg, G (Hrsg.) (1993) Bevor es zu spät ist. Ausserstationäre Krisenintervention und Notfallpsychiatrie. Standards und Modelle. Psychiatrie Verlag Bonn.

7 Wohnungslos und Wohnungsnot – Krisenhilfe aus sozialpsychiatrischer Perspektive

Stefanie Schreiter und Stefan Gutwinski

> Wohnungslosigkeit ist häufig Ausdruck von massiven sozialen Exklusionsprozessen und trifft besonders häufig Menschen, die ohnehin seelisch belastet sind. Jugendliche, Personen mit Traumatisierung in der Vorgeschichte sowie Menschen mit Suchterkrankungen gelten hierbei als besondere Risikogruppen. Im Rahmen der Unterstützungsmöglichkeiten von wohnungslosen Menschen oder Personen, die von Wohnungsverlust bedroht sind, gibt es eine Vielzahl von Strategien, die in einem Überblick und anhand von Fallbeispielen in diesem Kapitel beschrieben werden.

7.1 Einleitung

Wohnungslosigkeit ist eine Lebenssituation. Es ist keine Krankheit oder Behinderung, auch wenn es Bestrebungen durch die Psychiatrie gegeben hat, die »Nicht-Sesshaften« so darzustellen. Trotzdem ist Wohnungslosigkeit häufig eine Folge von seelischem Leid und unter wohnungslosen Personen finden sich auch überdurchschnittlich häufig Menschen mit psychischen Erkrankungen.

Hinzu kommt, dass der Verlust von Wohnraum in deutschen Großstädten immer mehr Menschen betrifft. Steigende Mieten und der Bevölkerungszuwachs in den Großstädten erschweren es sozial schwächer gestellten als auch psychiatrisch erkrankten Menschen, Wohnungen zu finden. Kommt es zu sozialen Krisen oder zu Verschlechterungen von seelischen Erkrankungen, können Mieten nicht mehr gezahlt oder Hausregeln eingehalten werden, sodass in Folge häufig ein Wohnungsverlust droht.

Durch unsere Tätigkeit in der Psychiatrie in Berlin mit dem Versorgungsbezirk Wedding sind wir tagtäglich mit der Versorgung von wohnungslosen Menschen konfrontiert, welche unsere Rettungsstelle aufsuchen und häufig mit einem Teufelskreis aus psychiatrischen und sozialen Problemen kämpfen. Darüber hinaus ist die Wohnungsnot in Berlin unsere alltägliche Arbeit, denn wir finden für Patienten, welche wir auf unseren Stationen und in unseren Tageskliniken behandeln, keine bezahlbaren Wohnungen mehr.

Das folgende Kapitel beschäftigt sich mit genau diesen Menschen, die unfreiwillig wohnungslos sind oder davon bedroht werden.

7.2 Definition – Obdachlosigkeit oder Wohnungslosigkeit?

Die Begriffe der *Obdachlosigkeit* und *Wohnungslosigkeit* sind nicht gesetzlich definiert. Beide Begriffe werden im allgemeinen Sprachgebrauch meist synonym verwendet. In der Wissenschaft findet derzeit zunehmend der Begriff der *Wohnungslosigkeit* Gebrauch. Dieser umfasst als wesentliches Merkmal, dass kein mietvertraglich abgesicherter Wohnraum besteht.

Darüber hinaus wurde der Begriff des *Wohnungsnotfalls* eingeführt, der Situationen definiert, in denen Menschen durch den Verlust ihrer Wohnung bedroht sind, beziehungsweise in unzureichenden Wohnverhältnissen leben. Personen, bei denen ein *Wohnungsnotfall* vorliegt, wurden vom Deutschen Städtetag als Menschen definiert, »die aktuell von Wohnungsnot betroffen sind« – also Personen, die akut wohnungslos sind oder wegen unfreiwilliger Wohnungslosigkeit untergebracht sind. Zu Personen, die von einem *Wohnungsnotfall* betroffen sind, werden ebenfalls Menschen gezählt, die »unmittelbar von Wohnungsnot bedroht« sind, also Personen, gegen die ein noch nicht vollstreckter Räumungstitel oder eine Räumungsklage vorliegt oder denen die Wohnung gekündigt wurde oder deren Entlassung aus Anstalten ohne gesicherten Wohnraum bevorsteht. Weiterhin werden zum *Wohnungsnotfall* Personen gezählt, die in »unzumutbaren Wohnungsverhältnissen« leben, also in unzumutbar engen oder überfüllten Wohnverhältnissen, mit untragbar hohen Mieten oder bei eskalierten Konflikten mit Mitbewohnern.

7.3 Wie häufig ist Wohnungslosigkeit?

Leider liegt in der Bundesrepublik bereits seit vielen Jahren keine einheitliche Erfassung oder Statistik über das Ausmaß von Wohnungslosigkeit in unserer Gesellschaft vor. Initiativen, eine statistische Annäherung an dieses Problem zu fördern, wurden in der Vergangenheit immer wieder politisch eine Absage erteilt, da der hohe Aufwand dem nur geringen Nutzen nicht entsprechen würde.

Daher beziehen sich aktuelle Zahlen immer auf Schätzungen der Bundesarbeitsgemeinschaft Wohnungslosenhilfe, laut welcher im Jahr 2018 in Deutschland 678 000 Menschen ohne Wohnung umfassten (Jahresgesamtzahl). Dies entspricht einem Anstieg zum Vorjahr um 4,2 %. Seit 2016 schließt die Bundesarbeitsgemeinschaft Wohnungslosenhilfe in ihre Schätzungen die Zahl anerkannter Flüchtlinge mit ein. Unter Ausschluss wohnungsloser Flüchtlinge betrug die Zahl wohnungsloser Menschen 2018 gut 237 000. Davon lebten ca. 41 000 Menschen ohne jede Unterkunft auf der Straße. Der Anteil der erwachsenen Männer liegt bei 73 % (159 000), der Frauenanteil bei 27 %. Ca. 17 % der wohnungslosen Menschen (ohne wohnungslose Flüchtlinge) sind EU-Bürger*innen, dies entspricht ca. 40 000 Menschen. Viele dieser Menschen leben ohne jegliche Unterkunft auf der Straße. Von den auf der Straße lebenden Personen macht ihr Anteil in Großstädten mittlerweile ca. 50 % aus. Demnach wird die Straßenobdachlosigkeit stark durch die EU-Binnenzuwanderung geprägt, allerdings ist diese nicht Ursache des Anstiegs der Wohnungslosigkeit insgesamt (Bundesarbeitsgemeinschaft Wohnungslosenhilfe e. V., 2019).

Der Anstieg der Wohnungslosigkeit insgesamt hat vielfältige Gründe. Ein wichtiger Punkt ist sicherlich der seit Jahren abnehmende Bestand an bezahlbarem Wohnraum. Beispielsweise ist seit 1990 der Bestand an Sozialwohnungen um ca. 60 % gesunken, und wird bis 2020 schätzungsweise um weitere 170 000 Wohnungen reduziert werden. Zusätzlich wurden Bestände der Kommunen, der Länder und des Bundes an private Investoren verkauft und damit Reserven an bezahlbarem Wohnraum aus der Hand gegeben. Darüber hinaus fehlt es an mindestens 11 Mio. Kleinwohnungen. Dies liegt mitunter an der besonders großen Nachfrage der Gruppe der Einpersonenhaushalte. Diesen 16,8 Mio. Menschen stand 2016 nur ein Angebot von 5,2 Mio. Ein- oder Zweizimmerwohnungen gegenüber (Bundesarbeitsgemeinschaft Wohnungslosenhilfe e. V., 2015).

7.4 Wie häufig sind psychische Erkrankungen und wie verläuft damit der Weg in die Wohnungslosigkeit?

Welchen Anteil machen psychische Erkrankungen unter wohnungslosen Menschen aus? Basierend auf einer von uns durchgeführten Metaanalyse sind 78 % der wohnungslosen Menschen von einer psychischen Erkrankung betroffen (1-Monats-Prävalenz). Damit leiden wohnungslose Menschen in Deutschland im Vergleich zur Allgemeinbevölkerung an einer um das 3,8-fache erhöhten Rate seelischer Erkrankungen (19,8 % 1-Monatsprävalenz DSM IV Störungen laut DEGS1 Studie; im Vergleich: wohnungslose Menschen 77,4 %) (Schreiter et al., 2017). Substanzbezogene Störungen insgesamt finden sich sogar 21-mal häufiger als in der Allgemeinbevölkerung (60,9 % vs. 2,9 %) (Schreiter et al., 2017). Dass Suchterkrankungen, insbesondere die Alkoholabhängigkeit, die häufigsten seelischen Erkrankungen unter wohnungslosen Menschen in Deutschland ausmachen, unterliegt vermutlich verschiedenen Gründen. Hierbei spielt zum einen das in Deutschland vorwiegend auf Abstinenz ausgerichtete Hilfesystem eine erhebliche Rolle. Abstinenz als Barriere erschwert häufig den Zugang für besonders gefährdete Personengruppen. Das internationen anerkannte Konzept des »Housing First« ermöglicht nachgewiesenermaßen wohnungslosen Menschen, durch die Implementierung niedrigschwelliger Unterkünfte und durch Angebote mit Akzeptanz von Konsum, effektiv von der Straße zu kommen (Goering et al., 2011). Einen weiteren Faktor machen die vergleichsweise günstigen Alkoholpreise Deutschlands aus. Alkohol stellt hingegen in anderen westlichen Ländern wie den USA oder Kanada ein vergleichsweise teures und damit nicht erschwingliches Suchtmittel dar. Weiterhin darf nicht vergessen werden, dass der Konsum von Alkohol und anderen psychotropen Substanzen eine wichtige Coping-Strategie in schwierigen Lebensverhältnissen mit wenigen anderen Problemlösungsressourcen und unzureichendem Zugang zum Hilfesystem darstellt (Khantzian, 1990). Die Ursachen für die Entstehung von Wohnungslosigkeit sind komplex, die gegenseitige Beeinflussung von sozialen Faktoren sowie seelischen Erkrankungen und vor allem Substanzmittelkonsum ist dabei unumstritten. Doch genau dieses komplexe Ineinandergreifen verschiedener Faktoren macht ein eng verzahntes

Hilfesystem nötig. An dieser Schnittstelle entsteht häufig ein Vakuum zwischen der Wohnungslosenhilfe, dem psychiatrischen Versorgungssystem und den Suchthilfeträgern.

> **Fallbeispiel: Patient in einer psychotischen Krise und mit drohendem Wohnungsverlust**
>
> Herr A. ist 19 Jahre alt. Vor einem halben Jahr hat er sein Abitur gemacht und ist von seiner elterlichen Wohnung in Baden-Württemberg nach Berlin gezogen. Um sich beruflich zu orientieren hat er zunächst begonnen als Kellner zu arbeiten. Im nächsten Jahr wollte er beginnen zu studieren. In Berlin fühlt sich Herr A. zunehmend einsam und überfordert, es gelingt ihm nicht, ein soziales Netz aufzubauen. Zunehmend zieht er sich zurück und beginnt zu kiffen. Er fehlt vermehrt auf der Arbeit und zieht sich auch von seinen noch bestehenden Bekanntschaften und sogar seiner ebenfalls in Berlin lebenden Schwester mehr und mehr zurück. Zuhause beginnt er in eine neu geschaffene Realität abzugleiten. Er verlässt kaum noch das Haus, fühlt sich von den Nachbarn abgehört und wähnt den BND auf seinem Computer und seinem Handy. Seine Miete hat er zuletzt vor drei Monaten gezahlt, zusammen mit den Beschwerden anderer Mieter über das bizarre Verhalten von Herrn A. führt dies zu einer fristlosen Wohnungskündigung. In einem tief verzweifelten Moment gelingt es der Schwester von Herrn A., diesen zur Vorstellung in einer Rettungsstelle zu bewegen. Herr A. wird sofort in die dortige Soteria, einer auf junge, an einer Psychose erkrankten Menschen spezialisierte psychiatrische Station, aufgenommen. Durch eine behutsame psychotherapeutische Kontaktaufnahme, Ergo- und Sporttherapie sowie einer niedrigdosierten antipsychotischen Medikation gelingt es Herrn A., sich immer weiter Richtung Wirklichkeit zu orientieren und seiner Psychose zu entfliehen. Durch ein gemeinsames Gutachten des Stationsarztes und der Sozialarbeiterin wird eilig eine gesetzliche Betreuung für Herrn A. eingerichtet. Zusammen mit dem gesetzlichen Betreuer werden die Mietschulden beglichen und für Herrn A. ein Platz in einer therapeutischen Wohngemeinschaft organisiert. Nach sechs Wochen stationärer Behandlung kann Herr A. dort einziehen. In den nächsten anderthalb Jahren gelingt es ihm durch psychotherapeutische Unterstützung ein Studium aufzunehmen und von seiner Wohngemeinschaft in eine eigene Wohnung zu ziehen. Den Cannabiskonsum hat er seit dem Stationsaufenthalt eingestellt. In regelmäßigen Abständen sucht Herr A. seinen Psychiater auf.

Der Weg in die Wohnungslosigkeit beginnt nicht selten mit dem Aufwachsen in einem Umfeld mit instabilen und unsicheren Bezugspersonen. Oft berichten wohnungslose Menschen, dass sie in einem Heim groß geworden sind, dass sie mit suchtkranken Eltern oder bereits im Kindesalter mit Gewalt und Vernachlässigung konfrontiert waren (Fazel, Geddes and Kushel, 2014). Ein hoher Anteil von wohnungslosen Menschen hat erhebliche und frühe Traumaerfahrungen machen müssen (Sundin and Baguley, 2015). Raten körperlichen Missbrauchs im Kindesalter liegen unter wohnungslosen Menschen durchschnittlich bei 37 % (Sundin and Baguley, 2015). Zahlen in der Allgemeinbevölkerung von körperlichen Missbrauchs im Kindesalter waren im Vergleich deutlich niedriger: In den USA, Australien und dem Vereinigten Königreich liegen diese zwischen 4 und 16 % (Gilbert et al., 2009). Sexueller Missbrauch findet sich bei wohnungslosen Frauen in durchschnittlich 32 % und unter wohnungslosen Männern in etwa 10 % der Fälle (Sundin and Baguley, 2015). Opfer frühkindlichen Missbrauchs, die auf der Straße leben, haben häufig mehrfache und schwere Formen von Traumata erfahren, deren Einfluss auf die seelische als auch physische Gesundheit häufig vielgestaltig und gravierend ist. In der Literatur beschreibt man dieses Phänomen häufig auch als »komplexes Trauma«, das wiederum traumaspezifische Versorgungsmodelle für wohnungslose Menschen mit Traumaerfahrung dringend nötig macht (Sundin and Baguley, 2015). Häufig sind diese Erfahrungen eine Ursache für spätere Schwierigkeiten bei der Gefühls- und Impulskontrolle, welche in manchen Fällen zu Beziehungsabbrüchen, aggressivem Verhalten, sowie zu Konsum von Alkohol und Drogen führen. Die sich in solchen Fällen häufig entwickelnde psychischen Probleme können eine soziale Entwicklung erschweren und somit den Weg für eine spätere Wohnungslosigkeit ebnen.

Der konkrete Verlust der Wohnung ist oftmals Folge einer weiteren Verkettung von anderen sozialen Schwierigkeiten: die Trennung des Partners, Schulden, der Verlust des Arbeitsplatzes und der soziale Rückzug von Freunden und Familie. Dieser stetig sich selbst erhaltende Teufelskreis aus psychischer Erkrankung, Suchtmittelkonsum und sozialer Notlage macht es erst einmal auf der Straße angekommen umso schwieriger, wieder in ein stabiles Leben zurückzufinden.

7.5 Besonders gefährdete Gruppen

Einige gesellschaftliche Gruppen stellen besonders vulnerable Personenkreise dar. Insbesondere Frauen sind in wissenschaftlichen Untersuchungen zu wohnungslosen Menschen unterrepräsentiert (Fazel et al., 2008; Schreiter et al., 2017), so machen wohnungslose Frauen in deutschen Studien beispielsweise nur 10,7 % aus (Schreiter et al., 2017). Dabei weisen wohnungslose Frauen in der Gesamtheit seelischer Erkrankungen deutlich höhere Raten auf (83,3 % vs. 76,6 %) (Schreiter et al., 2017), zu nennen sind dabei insbesondere psychotische Störungen oder Drogenabhängigkeit (Schreiter et al., 2017). Zudem liegt vermutlich die Dunkelziffer wohnungsloser Frauen deutlich höher, denn sie leben seltener direkt auf der Straße, sondern kommen bei Bekanntschaften unter und befinden sich damit öfter in einer versteckten Wohnungslosigkeit (Riege, 1994; Bundesarbeitsgemeinschaft Wohnungslosenhilfe e. V., 2015).

Auch wohnungslose Jugendliche, die von zu Hause »abgehauen« sind, stellen eine besonders vulnerable Gruppe dar. Oft reaktualisieren sie ihre traumatischen Erfahrungen der Vernachlässigung und des Missbrauchs in ihrer Vergangenheit auf der Straße, ohne die Hilfe sozialer Unterstützung in Anspruch zu nehmen (Davies and Allen, 2017). Obwohl wohnungslose Jugendliche eine bunt gemischte Gruppe darstellen, teilen sie besonders häufig das Schicksal von Traumaerfahrungen in Form von Missbrauch bzw. Vernachlässigung (Davies and Allen, 2017). Somit stellen eine unzureichende physische und mentale Gesundheit sowie häufige Retraumatisierungen auf der Straße weitere Probleme wohnungsloser Jugendlicher dar (Davies and Allen, 2017).

Im Jahr 2016 betrug die Zahl der wohnungslosen anerkannten Flüchtlinge laut der Bundesarbeitsgemeinschaft Wohnungslosenhilfe ca. 440.000 Menschen (Bundesarbeitsgemeinschaft Wohnungslosenhilfe e. V., 2015). Dies entspricht ungefähr 50 % aller Wohnungslosen in Deutschland. Die Situation dieser Menschen stellt besondere Herausforderungen an das Hilfesystem, da Sprachbarrieren, Kriegstraumata, unsichere rechtliche Aufenthaltsformen und fehlende Krankenversicherungen die Versorgung deutlich erschweren.

7.6 Wohnungslos – was tun? Konkrete Hilfen im Versorgungssystem

7.6.1 Was tun, wenn jemand wohnungslos ist und auf der Straße lebt?

- *Soforthilfe* gibt es *auch am Wochenende oder nachts* durch das lokale Hilfsnetzwerk in der Stadt, z. B. die *Bahnhofsmission oder die Kältehilfe* in Städten wie Berlin. Über diese Stellen können kurzfristige Schlafplätze und eine Versorgung mit Nahrungsmitteln vermittelt werden. Sollten solche Unterstützungsmöglichkeiten nicht gewünscht sein, gibt es als Notfall-Möglichkeit in vielen Städten öffentliche Räume, wie nächtlich *offen gehaltene (U-)Bahnhöfe*, welche aufgesucht werden können.
- Bei einer Versorgung *tagsüber unter der Woche*, bei der keine Akutversorgung nötig ist, ist die Kontaktaufnahme mit dem *Sozialamt* möglich, welches in fast allen Bundesländern Angebote beispielsweise der *sozialen Wohnhilfe* vorhält. In diesem Rahmen können vorübergehende Wohnplätze vermittelt werden, in denen Betroffenen meistens am selben Tag oder in den Folgetagen meist ein Einzelzimmer, mit eigenem oder geteiltem Bad, für einen begrenzten Zeitraum (meist einen Monat) vermittelt wird. In diesen Einrichtungen sind meistens auch Sozialarbeiter tätig, welche bei der Vermittlung längerfristiger Wohnmöglichkeiten helfen können.
- Bei Vorliegen von *psychischen Symptomen*, welche möglicherweise einer Behandlung bedürfen, empfiehlt sich die Vorstellung in einer *psychiatrischen Institutsambulanz* einer nahegelegenen Klinik mit psychiatrischer Abteilung oder notfällig in der *Rettungsstelle* oder alternativ das Aufsuchen des lokalen *Krisendienstes*. In den meisten Städten und Regionen ist die psychiatrische Versorgung klar nach geographischen Zuständigkeiten gegliedert, z. B. nach Stadtteilen oder der letzten Meldeadresse. Während der psychiatrischen Behandlung können Wohnmöglichkeiten über die *soziale Wohnhilfe (z. B. § 67)* oder *spezifische psychiatrische Versorgungen (z. B. § 53)* vermittelt werden.
- Bei Vorliegen von *körperlichen Erkrankungen*, welche einer Behandlung bedürfen, empfiehlt sich ebenfalls eine Vorstellung in einer *Rettungsstelle* oder in *Ambulanzen für Wohnungslose*. Zusätzlich gibt es in einigen Städten *Obdachlosen-Hotels* oder medizinisch betreute Obdachlosen-Schlafplätze, z. B. die *Krankenwohnung für Wohnungslose* der Caritas in Berlin.

7.6.2 Drohender Wohnungsverlust – was tun?

Zuerst sind die Gründe zu klären:

- Liegen die Gründe beim *Vermieter*, z. B. plant dieser eine Selbstnutzung oder Sanierung, dann empfiehlt sich in erster Linie eine Beratung durch den *Mieterbund*. Dann können auch *Rechtsanwälte* hinzugezogen werden. Bei fehlenden finanziellen Mitteln kann eine *Prozesskostenhilfe* beantragt werden.
- Liegen die Gründe beim *Mieter*, z. B. durch *Mietschulden*, empfiehlt sich ein mehrstufiges Vorgehen. Zunächst ist eine Kontaktaufnahme mit dem Vermieter sinnvoll, mit der Frage, ob der Wohnungsverlust noch rückgängig gemacht werden kann, wie durch eine *Kredit- oder Ratenzahlung*. Werden Bezüge vom Jobcenter in Form von *Arbeitslosengeld I oder II* oder andere Bezüge bezogen, ist ein *Antrag auf ein*

Darlehen beim Jobcenter möglich. Dieses Vorgehen kann durch den *Mieterbund* begleitet werden.
- Besteht der Verdacht, dass zudem eine *psychiatrische Erkrankung* vorliegt, empfiehlt sich eine Vorstellung beim *Sozialpsychiatrischen Dienst (SpD)* oder – je nach Bundesland – bei äquivalenten psychiatrischen Versorgungsangeboten. Der *Sozialpsychiatrische Dienst* kann bei Überforderung des Mieters aufgrund von psychischen Beschwerden sozialarbeiterische und psychiatrische Unterstützung vermitteln und sogar bei schwereren Beeinträchtigungen eine vorübergehende Betreuung für Behördenangelegenheiten bei dem zuständigen Amtsgericht beantragen, welche nach einer erneuten Begutachtung für Teilaufgaben eingesetzt werden kann. Zusätzlich können bei drohendem Wohnungsverlust *betreute Einzelwohnungen* oder Plätze in *therapeutischen Wohngemeinschaften* durch den SpD zugewiesen werden.
- Handelt es sich um einen *drohenden Verlust einer Wohnung*, welche zu einer größeren *Wohnungsbaugesellschaft* gehört, lohnt es sich, die Wohnungsbaugesellschaft zu kontaktieren und dort zu erfragen, ob Sozialdienste vorhanden sind. Diese können bei nicht gezahlten Mieten und finanziellen Schwierigkeiten und/oder psychiatrischen Symptomen Unterstützung organisieren, z. B. *Mietratenzahlungen* ermöglichen.

Fallbeispiel: Räumung verhindern und Spielsucht behandeln

Frau K. ist eine 56-jährige Person, die erstmals eine Kontakt- und Beratungsstelle in ihrem Bezirk aufsucht. Frau K. hatte bislang ihr Leben selbst geregelt. Sie war mit 17 Jahren aus Marokko zum Arbeiten nach Deutschland gekommen. Im Alter von 23 Jahren lernte sie ihren Mann kennen und heiratete ihn. Seitdem hat sie die deutsche Staatsbürgerschaft und arbeitete bis vor drei Jahren regelmäßig in unterschiedlichen Tätigkeiten, u. a. in einer Fabrik, im Bereich der Montage, später im Verkauf in einer Bäckerei und zuletzt selbständig im Bereich Tourismus als Stadtführerin für französischsprachige Touristen. Frau K. hat seit seinem 30. Lebensjahr immer wieder Phasen erlebt, in denen sie einer massiven Spielsucht verfallen war, welche zu großen finanziellen Schwierigkeiten führte und zuletzt auch zum Ende der Ehe. Durch ihre regelmäßige berufliche Tätigkeit hatte sie über viele Jahre die Schulden immer wieder zurückzahlen können. Seit drei Jahren hat sich die Situation jedoch verschlechtert, da sie nur noch vereinzelt als Reiseführerin in Berlin gebucht wird. Zudem verlor sie fast monatlich ihr Geld beim Automatenspielen. Zuletzt hatte sie nur noch mit wenigen Euros überleben können und in Suppenküchen essen müssen. Die Kontakt- und Beratungsstelle sucht sie auf, weil sie Angst hat, den Boden unter den Füßen zu verlieren. Sie berichtet dabei auch über zunehmende Schlafstörungen, Gefühle von Hoffnungslosigkeit, innere Unruhe und Überforderungsgefühlen. Die Mitarbeiter der Kontakt- und Beratungsstelle begleiten die Klientin in unsere Ambulanz und Tagesklinik. Hier berichtet die Patientin über ihre Situation und wir vereinbaren, dass sie für einige Wochen unsere Tagesklinik besucht. Nach 14 Tagen bringt sie einen Koffer – voll mit ungeöffneter Post – zu uns. Darunter finden sich mehrere Briefe des Vermieters und zuletzt Gerichtspost mit Aufforderungen, die Miete zu bezahlen und die Ankündigung einer gerichtlichen Anhörung. Bei der Durchsicht der Kontoauszüge wird deutlich, dass Frau K. seit vielen Monaten die Miete nicht mehr bezahlt hatte und der Vermieter vergeblich versucht hatte die Patientin zu erreichen. Darauf hatte Frau K. jedoch nicht reagiert; nach eigenen Aussagen hatte sie die Post entweder ungeöffnet in ihre Wohnung gebracht oder einfach weggeworfen.

Mögliches Vorgehen:
Gemeinsam beantragen wir mit Frau K. eine Eilbetreuung beim zuständigen Amtsgericht für die Aufgabenbereiche Ämter und Behörden und finanzielle Angelegenheiten. Zusätzlich kontaktieren wir die Schuldnerberatung und eine Rechtsberatung, welche ehrenamtlich im Bezirk angeboten werden und zunächst eine Übersicht über die Schulden erstellen. Gemeinsam mit einem Rechtsanwalt wird ein Schreiben aufgesetzt, in dem der Räumung widersprochen wird, da Frau K. aufgrund ihrer seelischen Verfassung nicht in der Lage war, die Miete zu bezahlen. Zusätzlich beantragt der inzwischen bestellte gesetzliche Betreuer Arbeitslosengeld II und sorgt durch ein Darlehen für die sofortige Bezahlung der Miete. Der Vermieter besteht weiterhin auf die Räumung der Wohnung und ein Räumungstermin wird schließlich gerichtlich festgelegt. In diesem Zusammenhang ist Frau K. völlig verzweifelt und kündigt an, dass sie sich bei einem Wohnungsverlust und der Perspektive der drohenden Obdachlosigkeit suizidieren werde. In Form eines psychiatrischen Kurzgutachtens schildern wir dem Gericht die Situation, welches die Räumung um acht Wochen aussetzt. In dieser Zeit wird gemeinsam mit der Schuldnerberatung und dem gesetzlichen Betreuer die Rückzahlung der Mietschulden über vier Jahre vorgeschlagen, welchem der Vermieter schließlich zustimmt. Frau K. kann zunächst in ihrer Wohnung bleiben und versucht über die psychiatrische Ambulanz und Selbsthilfegruppen ihre Spielsucht zu behandeln.

7.6.3 Mietschulden verhindern

Der Verlust von Wohnraum in größeren Städten ist mittlerweile aufgrund der steigenden Mieten für viele Menschen mit enormen Folgen verbunden und kann dazu führen, dass Menschen über lange Zeit wohnungslos sind und langfristig in einem deutlich schlechteren Wohnumfeld leben müssen. Deshalb:

Mieten und Zahlungen an Energie- und Wasserbetriebe haben absoluten Vorrang im Haushaltsplan! Miete zu zahlen ist wichtiger, als Schulden zu tilgen! Dies gilt auch, wenn das Inkassobüro starken Druck macht.

Was kann helfen bei dem Vorliegen von Mietschulden?
Es sollte ein *Dauerauftrag* eingerichtet werden oder die Miete sollte direkt durch das *Jobcenter/Sozialamt* auf das Konto des Vermieters überwiesen werden.

Wann kann die *fristlose Kündigung* aufgrund von *Mietschulden* erfolgen?
Der Vermieter darf dem Mieter heutzutage aufgrund von *zwei ausstehenden Warmmieten* (laufende Mieten plus Nebenkosten) *fristlos* kündigen. Das Recht auf fristlose Kündigung besteht sogar dann, wenn in zwei aufeinander folgenden Monaten der Rückstand mehr als eine Monats-Warmmiete beträgt.

Wie sieht eine *fristlose Kündigung* aus?
Diese muss immer *schriftlich* erfolgen und *an alle Mieter* der Wohnung gerichtet sein; zudem muss ein *Kündigungsgrund* benannt sein. Die fristlose Kündigung beendet den Mietvertrag sofort, außer wenn im Kündigungsschreiben eine Frist genannt wird. Wird die Wohnung danach weiter genutzt, ist eine *Nutzungsentschädigung* weiter zu zahlen, welche mindestens der bisherigen Miete entspricht. Mittlerweile sind auch fristlose Kündigungen möglich, wenn eine vereinbarte Kaution für die Wohnung nicht bezahlt wurde.

Was ist eine *fristgerechte Kündigung* und wann darf sie erfolgen?
Eine *fristgerechte Kündigung* erfolgt z. B., wenn die Miete in der Vergangenheit unregelmäßig, verspätet oder nur teilweise gezahlt wurde. Der Vermieter kann dann *fristgemäß* kündigen

und ein Datum nennen, an dem der Mietvertrag endet. In solchen Fällen empfiehlt sich immer eine *Kontaktaufnahme mit dem Vermieter*, bei der die Gründe für die ausstehenden oder unregelmäßigen Mietzahlungen besprochen werden. Häufig sind Vermieter damit einverstanden, dass die Monatsmieten in Form von *Raten* nachträglich gezahlt werden und sie heben dann die fristgerechte Kündigung auf.

Was kann getan werden, wenn eine *Räumungsklage* vorliegt?
Wenn der Vermieter beim *Gericht* eine *Räumungsklage* erhoben hat und ein *Räumungsurteil* droht, sollte der Mieter umgehend das *Sozialamt/die Sozialverwaltung* der Stadt bzw. des Landkreises kontaktieren. In diesem Rahmen sollte der Mieter die Übernahme der Mietschulden als *Darlehen* beantragen. Ein solches Darlehen wird auch bei Bezug von *Arbeitslosengeld II* ermöglicht und kann mit Einbehalt der Arbeitslosengeldleistung, meist in Form von Raten rückgezahlt werden.

Der Mieter sollte den Vermieter und das Gericht darüber informieren, dass er oder sie die Übernahme der Mietschulden als Darlehen beantragt hat. *Anfragen des Gerichts* sollten immer *pünktlich* beantwortet werden. Durch die rechtzeitige Übernahme der Mietschulden wird die fristlose Kündigung aufgehoben und der alte Mietvertrag tritt wieder in Kraft.

Wichtig ist, dass die Zahlungen der Mietschulden *innerhalb von zwei Monaten* beim Vermieter eingegangen sind. Sollte sich das Amt weigern, die Mietschulden zu übernehmen, sollte der Mieter gegen den *Ablehnungsbescheid* unbedingt *Widerspruch* einlegen. Hierbei ist es möglich, sich durch *Mietberatungsstellen* oder *Schuldnerberatungsstellen* unterstützen zu lassen. Häufig werden dann *Fachanwälte für Sozialrecht* hinzugezogen.

Was kann getan werden, wenn das *Räumungsurteil* bereits vorliegt?
In diesem Fall sollte der Mieter eine angemessene *Räumungsfrist* beantragen. In der Regel beträgt die Räumungsfrist *drei Monate* und kann bis 14 Tage vor Ablauf der Frist verlängert werden. In jedem Fall sollte versucht werden, eine *Zwangsräumung* zu verhindern, da die Kosten für eine Zwangsräumung sehr hoch sind und nachträglich in Rechnung gestellt werden. Zudem kann der Vermieter in Form von Zwangsräumungen auch Teile des Mobiliars einbehalten und dieses *zwangsversteigern*. Diese Situation sollte möglichst vermieden werden.

7.7 Allgemeine Handlungsorientierungen für die Hilfe wohnungsloser Menschen in Krisen

7.7.1 Aufsuchende Versorgung

Die Annahme, dass wohnungslose Menschen, andere, marginalisierte Gruppen oder deren Angehörige aktiv Hilfe aufsuchen, ist oft nicht realistisch. Einige wohnungslose Menschen besitzen keine adäquate Versicherung und können somit gar nicht die üblichen Versorgungshilfen nutzen. Zudem ist der Lebensstil oft nicht vereinbar mit den Anforderungen der Hilfsangebote (z. B. Öffnungszeiten von Ämtern, regelmäßiges Einhalten von Terminen, Organisieren von Einweisungen für stationäre Behandlungen etc.). Auch haben wohnungslose Menschen zum Teil gar nicht die Kenntnisse über das komplexe soziale Hilfesystem geschweige denn die nötigen Ressourcen, die bestehenden Hilfsangebote zu nutzen. Auch Gefühle von vermindertem Selbstwert und Scham spielen oft eine Rolle.

Aus diesen Gründen ist in vielen Fällen eine aufsuchende Versorgung notwendig. Insbesondere der Prozess, Vertrauen zu wohnungslosen Menschen aufzubauen, stellt ein essenzielles Element aufsuchender Versorgungsprogramme dar, wobei eine Schlüsselrolle der regelmäßige Kontakt spielt. Auch stellen der Respekt vor der Autonomie und nicht überfordernde Angebote wichtige Teile aufsuchender Hilfsangebote dar (Priebe et al., 2012).

7.7.2 Kollaboration und Kooperation – Vernetzung der Versorgungseinrichtungen für wohnungslose Menschen

In Studien verschiedener Versorgungsangebote für marginalisierte Gruppen wie wohnungslose oder geflüchtete Menschen mit psychischen Beschwerden fanden sich als übergreifende Problemfelder eine unzureichende Kollaboration, ein unzureichender Informationsaustausch und Vernetzung zwischen den Trägern – sowohl bei spezialisierten als auch bei breit angelegten Programmen. Betroffene sind dadurch damit konfrontiert, ihre Notlage immer und immer wieder zu erklären, da kein Verantwortlicher das gesamtheitliche Bild vor Augen hat. Aufgrund der in Deutschland bestehenden Spezialisierung und Fragmentierung des Gesundheitssystems und des Sozialsystems ist es umso wichtiger, vulnerablen Gruppen wie wohnungslosen Menschen mit unterschiedlichsten Problemen eine Zusammenarbeit der verschiedenen Träger zu ermöglichen, um nicht »durch's Netz zu fallen«. So verweist beispielsweise ein psychiatrischer Versorgungsträger für die schnelle Lösung des sozialen Problems der Wohnungslosigkeit an die Wohnungslosenhilfe. Diese wiederum schickt den Betroffenen wieder zurück in die psychiatrische Klinik um zunächst die Suchterkrankung zu behandeln. Entscheidend wäre hier aber eine enge Absprache zwischen den involvierten Trägern (Priebe et al., 2012).

7.7.3 Information

Viele professionelle Helfer*innen geben an, dass es ihnen an Information und Überblick über die jeweils anderen Sektoren fehlt. Ein komplexes Überweisungssystem oder der Streit um die Zuständigkeit kann zum Beispiel die Zuweisung von wohnungslosen Menschen an das psychiatrische Versorgungssystem erschweren. Schnell wechselnde und kurzfristige Angebote, zum Beispiel finanziell unterstützte Programme, tragen zu einer Unübersichtlichkeit und fehlenden Information zu aktuellen Angeboten bei. Doch nicht nur der Informationsaustausch über Angebote anderer Versorgungseinrichtungen ist entscheidend, um eine effektive Zuweisung zu garantieren, sondern auch die Information der Betroffenen über bestehende Angebote. Genau zu überlegen, in welcher Form und auf welchem Weg diese Informationen vermittelt werden können, ist essentiell (Priebe et al., 2012).

7.8 Schlusswort

Die Hilfe von wohnungslosen Menschen stellt eine komplexe Herausforderung dar, die es nötig macht, mit Geduld und Zeit diesen Menschen ganzheitlich zu begegnen. Es reicht meist nicht aus, wohnungslosen Menschen nur eine Unterkunft und Verpflegung anzubieten. Häufig sind aufsuchende, niederschwellige und längerfristige begleitende Unterstützungen notwendig. Dies kann oft nur durch eine enge Vernetzung und Zusammenarbeit der verschiedenen sozialen Unterstützungsmöglichkeiten gelingen.

Literatur

Greifenhagen, A. & Fichter, M. (1996). Psychiatrische Obdachlosenforschung. *Nervenarzt*, 67, 905–10.

Bundesarbeitsgemeinschaft Wohnungslosenhilfe e. V. BAG (n. D.). *Zahl der Wohnungslosen.* Zugriff am 01.12.2018 unter https://bagw.de/de/themen/zahl_der_wohnungslosen/index.html

Fazel, S., Khosla, V., Doll, H & Geddes, J. (2008). The prevalence of mental disorders among the homeless in Western countries: Systematic review and meta-regression analysis. *PLoS Med*, 5 (12), 1670–81.

Schreiter, S., Bermpohl, F., Krausz, M., Leucht, S., Rössler, W., Schouler-Ocak, M. et al. (2017). The prevalence of mental illness in homeless people in Germany—a systematic review and meta-analysis. *Dtsch Arztebl Int.*, (17).

Goering, P.N., Streiner, D.L., Adair, C., Aubry, T., Barker, J., Distasio, J. et al. (2011). The At Home/Chez Soi trial protocol: a pragmatic, multi-site, randomised controlled trial of a Housing First intervention for homeless individuals with mental illness in five Canadian cities. *BMJ Open*, 1(2), 1–18.

Khantzian, E.J. (1990). Self-regulation and self-medication factors in alcoholism and the addictions. Similarities and differences. *Recent Dev Alcohol*, 8, 255–71.

Fazel, S., Geddes, J.R. & Kushel, M. (2014). The health of homeless people in high-income countries: descriptive epidemiology, health consequences, and clinical and policy recommendations. *Lancet. Elsevier Ltd*, 384(9953), 1529–40.

Sundin, E.C. & Baguley, T. (2015). Prevalence of childhood abuse among people who are homeless in Western countries: a systematic review and meta-analysis. *Social Psychiatry and Psychiatric Epidemiology*, Vol. 50, 183–94.

Gilbert, R., Widom, C.S., Browne, K., Fergusson, D., Webb, E. & Janson, S. (2009). Burden and consequences of child maltreatment in high-income countries. *Lancet*, 373(9657), 68–81.

Riege, M. (1994). Frauen in Wohnungsnot. Erscheinungsformen - Ursachenanalyse - Lösungsstrategien - Forderungen. Kinder und Frauen zuletzt?! *Frauen Wohnungsnot VSH Verlag für Soz Hilfe.* (25), 9–24.

Davies, B.R. & Allen, N.B. (2017). Trauma and homelessness in youth: Psychopathology and intervention. *Clinical Psychology Review*, Vol. 54, 17–28.

Priebe, S., Matanov, A., Schor, R., Straßmayr, C., Barros, H. & Barry M.M. et al. (2011). Good practice in mental health care for socially marginalised groups in Europe : a qualitative study of expert views in 14 countries. *BMC Public Health. BioMed Central Ltd*, 12, 248.

Neumann, H. (1968). Sozialmedizinische Beobachtungen in einem Obdachlosenasyl. *Med Klin*, 63(8), 309–10.

8 Eine Krise, die viele Krisen entstehen lässt – Krisenintervention und geistige Behinderung

Jonathan Henssler und Carlos Escalera

Die Krisenintervention bei geistig behinderten Menschen verläuft nach denselben Prinzipien wie die bei anderen Menschen, dennoch haben viele erfahrene Professionelle in krisenhaften Situationen Angst vor der Intervention bei Menschen mit anderen intellektuellen Fähigkeiten. Es sind Menschen, die nicht imstande sind, viele Zusammenhänge zu erkennen, die in der breiten Bevölkerung selbstverständlich sind, Menschen, die vielleicht auch nicht auf verbale Kontaktaufnahmen reagieren. Es handelt sich um Menschen, die daran gewöhnt sind, ihre Krisen mit anderen Mitteln zu lösen. Sie bewältigen ihre Krisen eher mit sehr starken, aber stillen Depressionen, mit Schreien, mit Wiederholungen, mit selbst- oder fremdverletzenden Handlungen.

Eine Krisenintervention bei diesen Menschen sollte immer mit dem Versuch beginnen, einen Zugang zu ihren Erlebniswelten herzustellen. Diese erscheinen uns anfänglich sicher oft fremd, sind aber dennoch verstehbar. Interaktion findet hier in ganz besonderem Maße auch auf non-verbaler Ebene statt, das Körperliche spielt in der Kommunikation eine entscheidende Rolle.

8.1 Einführung

Im Rahmen unserer klinischen Tätigkeit entstand über Jahre hinweg Gelegenheit, die komplexen Wechselwirkungen zwischen Betreuer*innen, Assistent*innen, externen Fachdienstmitarbeiter*innen, Familien und allgemeinem Umfeld in Krisensituationen selbst zu erfahren. Häufiger Bestandteil des Krisenverlaufs war, dass es zu ungewollten Synergieeffekten kam: Die Art und Weise, wie ein Mensch mit weniger ausgeprägten intellektuellen Fähigkeiten eine Krise bewältigte, stürzte viele oder sogar alle hinzugezogenen Helfer*innen in eigene Krisen. Die Krise eines Menschen drohte damit zur Krise einer gesamten Mikrogesellschaft (Familie, Pädagog*innen, Psycholog*innen, Ärzt*innen, Wohneinrichtungen, Werkstätten, Psychiatrie etc.) zu werden.

Wir wollen mit diesem Beitrag ein besseres Verständnis des besonderen Erlebens und Verhaltens von Menschen mit geistiger Behinderung ermöglichen und gleichzeitig anhand dessen auch für ein besseres Verständnis unseres eigenen Empfindens herstellen, das uns erlaubt, auch in Krisensituationen handlungsfähig zu bleiben. Eine entscheidende Frage ist für uns dabei: Welche Haltung hat der »normale« Mensch dem geistig behinderten Menschen gegenüber, wie beeinflusst sie unsere Wirksamkeit als Krisenhelfer*innen?

8.2 Die geistige Behinderung und ihre Klassifizierung

Alle Menschen sind unterschiedlich. Es gibt Personen, die schnelle Abläufe in ihrem Umfeld schnell erkennen können und ihr Verhalten entsprechend anpassen. Es gibt andere, die langsame Veränderungen der Umwelt in allen Details wahrnehmen und später beschreiben können. Manche Menschen können sich auf mehrere Handlungen gleichzeitig konzentrieren, andere immer nur auf eine Handlung, dafür aber sehr intensiv. Die eine Gruppe braucht sehr viel Veränderung, um sich gefördert und wohl zu fühlen, die andere braucht eine Beständigkeit in ihrem Umfeld, um sich sicher zu fühlen. Einige Menschen sind in der Lage, bei Schwierigkeiten sehr komplexe Zusammenhänge zu verstehen und daraus Lösungen abzuleiten. Andere können eher einfache Beziehungen verstehen, und dementsprechend gestalten sie ihre Lösungen.

Das alles sind Merkmale, die uns Menschen im Einzelnen charakterisieren können. Es handelt sich aber auch um Merkmale, die man mit dem Begriff »geistige Behinderung« in Verbindung bringt.

Laut ICD-10 (Klinisch-diagnostische Leitlinien der Weltgesundheitsorganisation WHO)(DMDI, 2019: WHO ICD-10: F70–79) wird eine Intelligenzminderung definiert als:

»Ein Zustand von verzögerter oder unvollständiger Entwicklung der geistigen Fähigkeiten; besonders beeinträchtigt sind Fertigkeiten, die sich in der Entwicklungsperiode manifestieren und die zum Intelligenzniveau beitragen, wie Kognition, Sprache, motorische und soziale Fähigkeiten.«

Dabei wird »Der Schweregrad einer Intelligenzminderung [...] übereinstimmungsgemäß anhand standardisierter Intelligenztests festgestellt.« Eine leichte Intelligenzminderung ist entsprechend ab einem IQ von unter 70 definiert.

Diese Kriterien sind keineswegs absolut und stabil. Sie haben sich vielmehr im Laufe der Zeit ständig geändert und mit ihnen die Zuschreibung und Wahrnehmung der Behinderung.

8.2.1 Komorbidität

Wir beschreiben in diesem Beitrag geistige Behinderung als transaktionales Gebilde (Jantzen 2002), d.h. als ein Zustand, der durch die Wechselwirkungen mit dem Umfeld entsteht. So kann man sich leicht vorstellen, dass Menschen mit anderen intellektuellen Fähigkeiten öfter Schwierigkeiten und Ohnmachtserfahrungen erleben, die zu Konflikten führen und das seelische Gleichgewicht entscheidend beeinflussen. Auch die Gefahr, Opfer von Gewalt und Missbrauch zu werden, ist wesentlich erhöht.

So leiden Menschen mit geistiger Behinderung drei bis viermal so häufig wie der Rest der Bevölkerung an psychischen Erkrankungen. Nahezu die Hälfte von ihnen sind davon betroffen, je schwerer die intellektuelle Beeinträchtigung, desto häufiger.

Am häufigsten begegnen uns:

- Verhaltensauffälligkeiten (Aggressivität, Hyperaktivität, Impulsivität, Selbstschädigungen, Stereotypien)
- Autismus-Spektrum-Störungen
- Affektive Störungen (v. a. Depressivität)
- Psychotische Störungen
- Angsterkrankungen

Es ist hilfreich, die »Verhaltensauffälligkeiten« auch als Bewältigungsstrategien aufzufassen. Dabei zeigt sich, dass sich mit zunehmender Schwere der geistigen Behinderung das Spektrum der psychischen Erkrankungen hin zu Störungen verschiebt, die im Kinder- und Jugendalter auftreten, beispielsweise Einnässen oder Einkoten und abnormes Essverhalten, wie Essen von Haaren, Schmutz, oder anderem Ungenießbarem (zum Vorausgegangen: Einfeld, Ellis & Emerson 2011, Hölscher & Schneider 2016, Cooper et al. 2007).

Jantzen (2002) beispielsweise geht von Gewalt als verborgenem Kern der geistigen Behinderung aus. Demnach erleben diese Menschen in ihrem Umfeld viel häufiger als der Rest der Bevölkerung Einschränkungen, Fremdbestimmung, Ohnmacht und Angstzustände. Bei genauerer Betrachtung zeigen sich Ähnlichkeiten mit dem Erleben von Menschen nach schweren traumatisierenden Erfahrungen. Psychische Störungen bei Menschen mit geistiger Behinderung lassen sich daher oft auch als Folge wiederkehrender Ohnmachtserfahrungen verstehen.

8.2.2 Übertragbarkeit des Krisenbegriffes auf Menschen mit geistiger Behinderung

Krisen kann man als Zustände beschreiben, in denen ein Mensch so schwere Konflikte erlebt, dass er einen dringenden Handlungsbedarf erkennt, aber nicht genügend Handlungsmöglichkeiten findet, sich aus diesem Zustand zu befreien.

Menschen mit geistiger Behinderung dagegen sind traditionsgemäß von der Gesellschaft isoliert worden, sie sind in Heimen aufgewachsen, oder sie sind überbehütet worden. Auf die eine oder andere Art sind sie somit ausgeschlossen worden und konnten deswegen nicht die vielfältigen Erfahrungen machen, die ihnen helfen könnten, vorhandene Probleme zufriedenstellend zu lösen. Körperliche und intellektuelle Handicaps verstärken die Problematik – die Betroffenen verfügen zusätzlich über weniger Ressourcen, um sich aus unangenehmen Situationen zu befreien oder sich auf neue Situationen einzustellen.

8.3 Besonderheiten von geistiger Behinderung und Krisenbewältigung

Aus der Fülle der »Besonderheiten« des Krisenerlebens und der Krisenbewältigung bei Menschen mit geistiger Behinderung wollen wir uns auf einige wichtige Aspekte konzentrieren:

Einerseits die viel stärkere Betonung der körperlichen und wiederholenden sprachlich einseitigen Strategien zur Konfliktbewältigung und damit einhergehend, der Rolle von Aggressivität und Gewalt, andererseits das unterschiedliche Erleben und der viel flexiblere Umgang mit der Zeit.

8.3.1 Strategien der Konfliktbewältigung

In der Entwicklung des Menschen lassen sich drei Grundformen und Phasen der Konfliktlösung beschreiben:

1) Körperliche Konfliktlösungsstrategien

Am Anfang des Lebens sind wir Menschen auf rein *körperliche Konfliktlösungsstrategien* angewiesen.

Haben wir Hunger, schreien wir. Ist uns kalt, schreien wir, spannen die Muskulatur an und bewegen uns. Fühlen wir uns allein gelassen, schreien wir. Wenn wir unsere motorischen Fähigkeiten entdeckt haben und die Neugier Oberhand gewinnt, so gehen wir in die Welt hinein und begreifen sie. Stört uns etwas an dieser Welt, so bewegen wir in der Regel schnell die Arme und beseitigen unter Umständen das Hindernis (wenn Babys das angebotene Essen nicht mehr wollen, landet es schnell an der Wand oder auf dem Boden). Begehrt ein Kind im Sandkasten die wunderschöne rote Schaufel eines anderen Kindes, so wird es versuchen, sich diese zu nehmen. Sprachlich einseitige Konfliktlösungsstrategien

Beginnt ein Kind über Sprache zu verfügen, so hat es eine neue Möglichkeit, seine Umwelt zu beeinflussen und ein neues »Werkzeug« im Umgang mit unangenehmen, nicht wünschenswerten Situationen. In dieser Phase können wir von einer *sprachlich einseitigen Konfliktlösungsstrategie* sprechen. Das Kind wird die Sprache einsetzen, um seinen Willen durchzusetzen, wird dabei aber kaum oder gar nicht den Standpunkt des Gegenübers berücksichtigen. Wenn sich zwei gleichsprachige Menschen in dieser Phase als Einengung erleben, werden sie versuchen, das Problem sprachlich zu lösen, gelingt es ihnen nicht, so werden sie auf andere vertrautere Konfliktlösungsstrategien zurückgreifen, nämlich auf die körperlichen Behauptungsstrategien.

Menschen mit geistiger Behinderung, die über Sprache verfügen, können sich dadurch in vielerlei Hinsicht behaupten und durchsetzen. Sie können ihren Willen so ausdrücken, dass wir sie auch unmissverständlich verstehen. Geraten sie aber in eine Diskussion mit uns, weil wir eine andere Meinung vertreten oder einen anderen Willen haben, sind sie uns schnell unterlegen. Sie erleben dadurch Ohnmacht und neue Konflikte und greifen auch auf vertraute Mittel zur Bewältigung des Konfliktes zurück. Das kann bedeuten, dass sie anfangen zu schreien und zu weinen, dass sie flüchten, sich zurückziehen und verspannen oder dass sie zum tätlichen Angriff übergehen, mal auf das Selbst, mal auf das Fremde gerichtet.

2) Sprachliche kooperative Konfliktlösungsstrategien

Verfügen die Menschen über ausreichende Erfahrungen in der sprachlichen Konfliktlösung, so erkennen sie, dass eine strikte einseitige Haltung langfristig keine zufriedenstellende Lösung darstellt. Selbst wenn ein Mensch in der Lage sein sollte, sich permanent sprachlich durchzusetzen, so ist die Wahrscheinlichkeit doch sehr groß, dass andere Menschen ihn meiden werden, weil sie sich nicht respektiert und anerkannt fühlen. Der sprachlich begabte Mensch begibt sich dadurch in die Isolation.

Der Mensch macht vielfältige Erfahrungen, die ihm bewusst machen, dass eine einseitige Konfliktlösung kein langanhaltendes Wohlbefinden, keine Zufriedenheit mit sich bringt. Solche Erfahrungen bringen uns in die dritte Phase, die Phase der *sprachlichen kooperativen Konfliktlösungsstrategie*.

In dieser Phase sind die Menschen in der Lage, den fremden Standpunkt bzw. die andere Meinung, den anderen Willen zu erkennen und in ihre Überlegungen zur Problemlösung einzubeziehen.

Die Mehrheit der Menschen mit geistiger Behinderung ist wegen mangelnder sozialer Erfahrungen und einfacherer kognitiver Fähigkeiten kaum in der Lage, dieses Niveau zu erreichen. Viele erleben aber auch ständig, wie sie von erfahrenen Redner*innen überredet und überlistet werden, sodass sie sich von sprachlichen Auseinandersetzungen nicht besonders viel Erfolg versprechen.

Wenn daher Argumentieren als nicht wirksam oder nicht durchführbar eingeschätzt wird, bleibt dem Betroffenen entweder die Wiederholung von Ideen und/oder Wünschen ohne Rücksicht auf andere oder die körperliche Bewältigung, beispielsweise in Form von

Autostabilisierung durch stereotypische Handlungen wie schaukeln oder Hände in der Luft schütteln oder in Form von selbst- oder fremdverletzenden Verhaltensweisen. Letztere sind der Versuch, einerseits eine innere Entspannung, andererseits die Veränderung des Umfeldes zu bewirken.

8.3.2 Umgang mit der Zeit

Geschieht eine Veränderung der inneren oder äußeren Welt und wird diese Veränderung als relevant und bedrohlich erlebt, so aktiviert sich das gesamte System des Menschen, um die Situation genauer einzuschätzen, ihre Bedeutung zu bewerten, notwendige Anpassungen zu selektieren und durchzuführen.

Bei Menschen mit geistiger Behinderung können sich diese Prozesse unendlich in die Länge ziehen, ausbleiben oder in veränderter Reihenfolge auftreten. Nichts scheint vorgeschrieben. Nichts scheint so abzulaufen, wie man es aus den Alltagserfahrungen oder aus der Praxis mit »normalen« Menschen kennt. Bei genauerer Betrachtung sind jedoch Parallelen erkennbar.

Hierfür einige Fallbeispiele

- Eine ausgebliebene Krise
  Nach dem Tod der Mutter eines Klienten mit einer mittleren geistigen Behinderung hatten alle Pädagog*innen Angst, es ihm mitzuteilen, weil sie befürchteten, die Nachricht würde zu einer schweren Krise führen. Als man es ihm schließlich sagte, blieb er stumm und schaute auf seine Halsketten. Man ging mit ihm zum Friedhof, um ihm dabei zu helfen, die Situation zu verwirklichen, weil man glaubte, er könne die Information nicht mit seiner Mutter in Verbindung bringen. Noch auf dem Friedhof fragte er nach dem Kuchen, den man ihm versprochen hatte. Einen Monat später fragte er, ob Mama komme. Die Pädagogin antwortete zum wiederholten Male, Mama sei im Himmel. Nach ca. drei Monaten wiederholte er selbst die Information. Bis jetzt konnte keine Person seines Umfeldes Anzeichen von Trauer oder irgendeiner emotionalen Beteiligung feststellen. Er schien selbstverständlich zum Alltag übergegangen zu sein.
- Eine unerwartete Krise
  Im Alter von 18 Jahren wurde bei einem Klienten eine Operation am Gehör durchgeführt, um seine Hörfähigkeit herzustellen. Sein Hörvermögen hatte er im Alter von drei Jahren aufgrund einer Erkrankung fast vollständig verloren. Seine autistisch anmutenden Verhaltensweisen hatte man in Verbindung mit der Krankheit und mit dem Hörverlust gebracht. Noch im Krankenhaus kurz nach der Operation fing er an, sich extrem zu schlagen und Leute zu attackieren. Es wurde so heftig, dass er fixiert werden musste. Nach der Entlassung, bereits in der Gruppe, in der er lebte, hat er die Angriffe gegen sich selbst und gegen die Leute fortgeführt. Er ist heute 34 Jahre alt, und noch immer können ihn bestimmte Geräusche, Laute oder Töne extrem stören, sodass er weiter mit heftigsten Handlungen reagiert.

Menschen mit geistiger Behinderung haben eine enorme Breite an Erlebensmöglichkeiten. Dazu gehört auch das Erleben der Zeit. So können manche etwas als gegenwärtig erleben, was vor einer Woche oder einem Monat passiert ist. Eine Aktion, die für die meisten eher langsam abläuft, kann für sie unvorstellbar schnell sein, sodass sie nur ein grobes Gefühl von Veränderung und Wichtigkeit bekommen. Wegen dieser Diffusität in der Wahrnehmung und Verarbeitung von Informationen sind sie nicht in der Lage, dem Empfinden entsprechend zu reagieren und bekommen Gefühle der Angst. Jede Handlung von außen kann demnach diese Angst verstärken, weil sie ja das Gefühl einer sich in Veränderung befindenden, nicht nachvollziehbaren, bedrohlichen Umwelt bestätigt.

8.4 Krisen der Klient*innen, Krisen der Helfer*innen

Es lässt sich allgemein sagen: je mehr die Problembewältigungsstrategie eines Menschen von der Norm der üblichen Bewältigungsstrategien der Menschen abweicht und je mehr sie starke destruktive Komponenten aufweist, desto wahrscheinlicher ist es, dass die dem agierenden Menschen nahestehenden Personen selbst in eine Krise geraten. Um weiter helfen zu können, muss also auch immer die eigene Belastung und Krisenbewältigung reflektiert werden.

Ein Beispiel: Ein Klient führt immer dieselben Handlungen beim Essen aus. Er führt das Essen in den Mund hinein, probiert es und spuckt es wieder aus. Dies wiederholt er drei- bis viermal, bis er schließlich das Essen hinunterschluckt. Es kommt immer wieder zu Konflikten zur Essenszeit. Die Mitarbeiter*innen haben unzählige Versuche unternommen, um das Verhalten zu ändern. Sie fühlen sich gleichzeitig ohnmächtig und angeekelt. Die Anspannung steigt. Seit einiger Zeit kommt es zwischen dem Klienten und Mitarbeiter*innen zu tätlichen Angriffen. Offensichtlich haben die wiederholten Versuche, das Verhalten des Klienten zu beeinflussen, für eine erhöhte Anspannung aller Beteiligten gesorgt, die ihrerseits zu einer Eskalation geführt hat.

Die Fragen, die sich hier stellen, sind u. a.: Hatte der Klient einen Konflikt, bevor die Mitarbeiter*innen intervenierten? Welchen Konflikt hatten die Mitarbeiter*innen im Umgang mit dem Klienten? Welche Motivation hatten die Mitarbeiter*innen, um das Verhalten des Klienten zu beeinflussen? In welchem Konflikt befinden sie sich zurzeit?

Die Handlungsentscheidungen in der Begegnung mit einer als relevant für die eigene Stabilität empfundenen Situation geschehen nach einer Bewertung. Diese berücksichtigt den Grad der Störung für das eigene System, und somit der Notwendigkeit einer Intervention, sowie die eigene Wirksamkeit. Je nachdem, wie wirksam wir uns empfinden und wie stark wir die Störung für das Selbst bewerten, werden wir stark emotionszentriert, im Sinne eine Erregungsregulation, handeln, oder aber problemlösend. Das heißt, erleben wir dringenden Handlungsbedarf, aber nicht genügend Handlungsmöglichkeiten, werden wir heftige Ängste und Ohnmachtsgefühle haben, die uns zu selbststabilisierenden Handlungen führen; wir werden also vor allem in unserem Sinne handeln und nicht so sehr im Sinne der Klient*innen. Hingegen werden wir, wenn wir dringenden Handlungsbedarf mit den Klient*innen erleben und genügend Handlungsmöglichkeiten erkennen, mehr im kooperativen Sinne handeln, also auch vermehrt im Sinne der Klient*innen.

Wir als Helfer*innen müssen also zunächst die Aggression der Interaktion verstehen, um von Grenzüberschreitung wieder zu Grenzrespektierung, um von destruktiver zu konstruktiver Handlung zu kommen.

8.5 Dimensionen menschlicher Aggressivität

Wird ein Mensch in meiner unmittelbaren Umgebung grenzüberschreitend, verletzend, aggressiv, so ist die erste Handlung die Überprüfung bzw. die Herstellung meiner eigenen Sicherheit. Das ist absolut essentiell, um meine Handlungsfähigkeit zu erhalten, um mein Erregungslevel niedrig genug zu halten, und um damit mein lösungsorientiertes Denken zu erhalten. Am besten gelingt das, indem man sich von der Gefahrenquelle distanziert. Diese Distanz kann physisch oder psychisch hergestellt werden.

Physische Distanzierung lässt sich meist leicht erreichen: man geht aus der Situation oder zumindest ein paar Schritte zurück. Psychische Distanzierung ist schwieriger zu beschreiben, wir wollen sie daher anhand von Strategien erläutern, mit denen wir selbst Erfahrung gemacht haben. In der Begegnung mit menschlicher Aggressivität haben wir es als hilfreich erlebt, die aggressiv agierende Person innerhalb drei Parameter zu analysieren und ihr entsprechend zu begegnen, schon dies verschafft eine gewisse innere Distanz. Die drei Parameter, bzw. die drei Dimensionen der menschlichen Aggressivität sind:

- Körperliche Dimension
- Kognitive Dimension
- Emotionale Dimension

Körperliche Dimension

Damit sind alle körperlichen Prozesse, die vor oder während einer aggressiven Interaktion stattfinden gemeint, z. B. Erregungszustände und ihre Schwankungen, Unwohlbefinden, Mangelerleben, Schmerz, etc.

Wenn eine Person in hohe Erregungszustände gerät, ist sie meistens über Sprache kaum erreichbar. So ist es oft besser zu schweigen, zu warten und den Raum zu öffnen, d. h. Fluchtwege deutlich zu machen, anstatt zu versuchen, die Person mit Argumentationen zu beruhigen. Die körperliche Dimension spielt aber ebenso eine große Rolle bei den Reaktionen der Professionellen. Einige von uns sind z. B. sehr schreckhaft. Das Sich-Erschrecken ist zunächst aber eine normale physiologische Reaktion. Die Muskeln spannen sich an, der Atem bleibt stehen oder wird oberflächlich, die Blutzufuhr wird im Körper teilweise umgeleitet. Aber auch für uns als Helfer*innen gilt, dass unter Erregung unsere Reflexionsfähigkeit herabgesetzt ist.

Es ist im Sinne des*der Professionellen, den Schreckmoment zu verkürzen. Der Weg dahin ist oft zuerst körperlich. Man nimmt den eigenen Körper wahr und man konzentriert sich darauf, die Muskulatur zu lockern und die Atmung zu regulieren. Dadurch kommt man viel schneller aus der Situation der Handlungsunfähigkeit heraus und schafft dadurch wieder die Grundlage, die Lage zu analysieren oder die Emotionen zu bearbeiten.

Kognitive Dimension

Hierbei geht es um alle bewussten oder unbewussten kognitiven Prozesse, die vor oder während einer Handlung passieren. Es handelt sich um zielgerichtete Handlungen, um Erlangungs- und Vermeidungsstrategien, um über den Intellekt gesteuerte Bedürfnisbefriedigung und/oder Vergeltungsaktionen. Bei dieser Art von Aggression wirkt die Person sehr kontrolliert. Man erkennt, dass sie die Lage analysiert und bewertet, um entsprechend entscheiden zu können. Die Argumentationen der aggressiv agierenden Person können stark von der Norm abweichende Vorstellungen aufweisen, haben aber oft in sich eine klare Logik. Wenn man diese Logik verstanden hat, kann man auf dieser Basis ein Gespräch führen und verhandeln.

Emotionale Dimension

Das sind alle emotionalen Prozesse, die rund um die Handlung eine Rolle spielen. Diese Emotionen können sehr standhaft über längere Zeiträume fühlbar und erkennbar sein. Sie können aber auch sehr instabil, flüchtig, wechselhaft erscheinen. Emotionen, die oft in Zusammenhang mit Aggression erscheinen, sind z. B. Angst, Wut, Lust, Frust, Scham, Ärger, Zorn, Ekel, etc. Die Menschen, die aus emotionalen Gründen aggressiv agieren, können sehr vielfältige Verhaltensweisen und mimische Ausdrücke zeigen. Intuitiv sind wir aber oft in der Lage, zu erkennen, ob die Person aus Angst, aus Frustration oder aus Wut agiert.

Wenn man sich ein paar Sekunden der Besinnung gönnt, kann man eine schnelle Diagnose der emotionalen Anteile durchführen. Personen, die in Angst geraten, kommen am besten damit zurecht, wenn man ihnen Zeit und Raum zur Verfügung stellt. Nicht umsonst kommt das Wort Angst von Enge. Ist die Handlung durch ein ursprüngliches Gefühl von Scham motiviert, ist es oft gut, die Person in ihrer Wertigkeit und Richtigkeit zu bestätigen. Kommt die Aggression aus der Wut, ist es gut zu überprüfen, ob man eventuell selbst das Ziel der Wut ist. Wenn Ja, ist es oft besser, den Raum zu verlassen und eine*n Kolleg*in hinzu zu ziehen, die oder der die Wut erst zulassen sollte, um sie anschließend zu bearbeiten.

In aggressiven Interaktionen ist es hilfreich, sich zunächst anhand dieser drei Dimensionen zu orientieren und zu versuchen, die dominanten Dimensionen in Stärke und Qualität zu erfassen. Dann ist es oft besser, sich auf den Umgang mit den Prozessen dieser Dimensionen als auf einzelne Gewaltsituationen vorzubereiten. Entsprechend gestalten sich dann grundsätzliche Interventionsmöglichkeiten.

Hierzu einige exemplarische Beispiele:

8.6 Mit Eskalationen umgehen – Beispiele

8.6.1 Beschleunigung der physiologischen Prozesse, der Emotionen, der Ereignisse

Die Klient*innen oder die Kolleg*innen werden immer schneller in ihren Handlungen, in ihren emotionalen Regungen, wir selbst bekommen Gefühle der Überforderung, unsere eigenen Emotionen wechseln auch schnell, wir wechseln von Überraschung zur Empörung zur Angst und das innerhalb von Sekunden. *Dominante Dimensionen: emotionale und körperliche.*

Solche Situationen zeigen sich oft bei Klient*innen, die durch Krankheiten Kontrollverlust erleben oder bei Menschen, die sich ausgeliefert fühlen, weil sie in einer fremden Kultur leben.

Tipp: Beteiligen Sie sich nicht an der Beschleunigung, fühlen Sie sich in die eigene Zeit hinein. Atmen sie tief, beobachten Sie, aber hören Sie auf, zuzuhören, fühlen Sie die innere Stille. Beobachten Sie sich, ob Sie zittern, ob Sie still sind. Versuchen Sie nicht ruhig zu sein, wenn Sie Unruhe spüren. Nehmen Sie sich so an, wie Sie gerade sind. Entscheiden Sie, wann Sie sich an der Beschleunigung beteiligen und wann Sie Abbrüche verursachen wollen. Sie können also laut und schnell werden. Wichtig ist nur, dass Sie selbst über den Moment entscheiden. Langsamkeit einführen. Bewegen Sie sich langsam, positionieren Sie sich nah am Fluchtweg ohne ihn zu sperren. Letzteres ist sehr wichtig, damit Sie die Macht spüren, wegrennen zu können. Es ist aber genauso wichtig, den Anderen deutlich spüren zu lassen, dass auch er fliehen kann.

8.6.2 Radikalisierung der Schlussfolgerungen und der Beurteilungen

Der Mensch zeigt zunehmend sehr radikale Meinungen. Die Logik ist oft schwer erkennbar. Die Professionellen merken oft, dass sie selbst dazu neigen, gegenteilige Positionen zu vertreten und tragen dadurch zur Eskalation bei. *Dominante Dimensionen: kognitive und emotionale.*

Dies kommt oft bei Klient*innen vor, die sich ungerecht behandelt fühlen, die empört über den Umgang, über die Behandlung sind. Sie fühlen sich absolut im Recht und betrachten ihre Aggressivität als logische Schlussfolgerung.

Tipp: Lassen Sie die Urteile zu, ändern Sie sie nicht, weichen Sie nicht von der Meinung der Anderen ab, hören Sie zu, ohne zu urteilen, wiederholen Sie einzelne besonders bedeutsame Elemente des Diskurses der Anderen, fragen Sie nach Einzelheiten, nehmen Sie sich Pausen für ihre Fragen und Interventionen. Warum-Fragen sollten dabei vermieden werden, da sie sehr schwer zu beantworten sind und oft Rechtfertigungsversuche hervorrufen. Leichtere Fragen zu Anfang sind Wo-Fragen (»Wo ist das passiert?«) Was-Fragen (»Was hat er gesagt?«) Wann-Fragen (»Wann hat er das gesagt?«) Wie-Fragen (»Wie hat er das gesagt? «). Die Funktion der Fragen ist es, dem Gegenüber wirkliches Interesse am Verstehen seiner Situation und seines Erlebens zu versichern. Pausen drosseln die Geschwindigkeit und signalisieren ebenfalls die Bereitschaft zuzuhören. Derartige empathische Validierung schafft das absolut notwendige Grundvertrauen, um das Denken des Gegenübers auch wieder für zusätzliche Sichtweisen zu öffnen (Bateman & Fonagy 2013).

8.6.3 Einengung der Wahrnehmung

Menschen, die in extreme Erregungszustände geraten oder unter Einfluss starker Emotionen stehen, entwickeln eine Art Tunnelblick. Oft sehen sie nur das, was sie stört. Dies passiert oft in Momenten von hoher Erregung, Emotionalität und kognitiver Starre. *Dominante Dimensionen: körperliche und emotionale.*

Dieser Zustand entsteht oft bei Personen, die etwas wahrnehmen, was sie nicht kennen und extreme Angst in ihnen auslöst. Dies kommt oft bei Klient*innen in psychotischen Krisen vor. In viel leichterer Form passiert es auch, wenn man sich von einem ungewöhnlichen Reiz gestört fühlt – bei Autismus sehr häufig –, die Störung aber nicht zugeben möchte (im Wartezimmer des Zahnarztes kann ein Mensch, der mit dem Knie schnell wackelt, die Aufmerksamkeit von allen Wartenden auf sich lenken und fixieren).

Tipp: Achten Sie besonders auf die Selbstwahrnehmung, beobachten Sie sich, achten Sie auf ihre Position im Raum und auf die Gegenstände, nehmen Sie eine Position an einer Stelle ein, an der Sie sich wohl fühlen. Mit diesen Maßnahmen wird versucht, Synergieeffekte zu verhindern. Durch diese Effekte würden wir Elemente der Fühl-, Denk- oder Handlungsweise der Anderen übernehmen, was nicht gut für uns und auch schlecht für die Optimierung der Intervention wäre. Verhalten Sie sich leicht erwartungswidrig. Tun Sie etwas, was den anderen verblüfft; das kann seine eingeengte Wahrnehmung öffnen. Überprüfen Sie, ob Sie die Anderen in ihrer Wahrnehmung des Raumes und der Zeit unterbrechen, stören können.

8.6.4 Polarisierung Gut/Böse

Menschen neigen dazu, in Situationen, in denen sie sich angegriffen fühlen, mögliche Angreifer*innen zu verteufeln. Es handelt sich um eine extrem gefährliche Eigenschaft, da die Menschen durch diese Zuschreibung in der Lage sind, hemmungslos anzugreifen. Jegliche Empathie kann durch diese Strategie vorübergehend ausgeschaltet werden. *Dominante Dimensionen: emotionale und kognitive.*

Tipp: Hören Sie zu, fühlen Sie mit allen Sinnen, überprüfen Sie die Polarisierung der Anderen, achten sie darauf, auf welcher Seite des Gut-Böse-Kontinuums Sie von ihm positioniert werden, widersprechen Sie nicht, achten Sie auf Fluchtwege, halten Sie nicht lange Blickkontakt, ahmen Sie Teile des Verhaltens der Körperhaltung der Sprechweise der Anderen nach, bleiben Sie auf Distanz aber im Kontakt, in gegenseitiger Wahrnehmung, lassen Sie sich Zeit. Wenn Sie selbst als böse erlebt werden, wechseln Sie mit einer*einem Kolleg*in. Suchen Sie Gemeinsamkeiten mit dem aggressiv agierenden Menschen.

8.6.5 Erregung

In allen oben beschriebenen Situationen spielt oft die Erregung eine wichtige Rolle. Aus der Mentalisierungs-Forschung (Luyten/Fonagy 2015) ist mittlerweile gut bekannt, was wir selbst oft intuitiv begreifen: je höher die Erregung, desto eingeschränkter sind Denken und Reflexionsfähigkeit. *Es dominiert die körperliche Dimension, kognitive Prozesse sind stark eingeschränkt.*

Eine starke Form der Erregungsaggressivität findet man oft bei Krankheiten mit neurologischer Beteiligung, z. B. bei bestimmten schwer einstellbaren Formen von Epilepsie.

In Situationen hoher Erregung muss daher die Intervention als erstes Ziel zunächst die Reduktion der Erregung haben. *Tipp:* Achten Sie auf die Erregung der Anderen, reden Sie nur, wenn Sie merken, dass die Andere »hören« können. Achten Sie auf Erregungsschwankungen, untersuchen Sie den Rhythmus ihrer Erregung, spannen Sie mit den Anderen an, teilen Sie mit ihnen die Erregung, begleiten Sie die Phasen der An- und Entspannung indem Sie »mitspielen«. Achten Sie auf die eigene Sicherheit, auf die der dritten Personen und auf die der »Täter*innen« (in dieser Reihenfolge), verlassen Sie den Raum, wenn Sie sich in Gefahr erleben, holen Sie Hilfe (Polizei, Feuerwehr, Sozialpsychiatrischer Dienst, Kolleg*innen). Vergessen Sie nicht, dass eine hohe Erregung auch einen hohen Energieverbrauch bedeutet, so dass Sie, wenn Sie Ihre Energien gut verwalten, länger in der Krisensituation aushalten können als der aggressiv agierende Mensch, der Energien vergeudet. Deshalb können Sie sich, wenn Sie feststellen, Sie haben die eigene und die Sicherheit Dritter gewährleistet, entspannen, damit Sie genug Kraft haben, um später zu intervenieren.

8.7 Berührungsängste der Helfer*innen

Eine besondere Schwierigkeit der Mitarbeiter*innen im Umgang mit körperlichen Auseinandersetzungen ist, dass solche extrem physischen, teilweise verletzenden Situationen trotz guter Ausbildung und langer Erfahrung in dem Beruf extrem unheimlich (nicht zum Heim, zum vertrauten Umfeld gehörend), unberechenbar und unangenehm für sie sind. Besonders in Nordeuropa, wo ab einem bestimmten frühen Alter körperliche Erfahrungen mit anderen Menschen zum Teil tabuisiert und dadurch immer seltener werden, fehlt es den Leuten an Standardstrategien für die Begegnung mit solchen Verhaltensweisen.

Wie können Helfer*innen gleichzeitig den Schutz des Selbst und die Sicherung des Dialogs erreichen? Die Begleiter*innen sollten ähnlich wie bei verbalen auch bei körperlichen

Aggressionen versuchen, die Energie der Klient*innen nicht zu stoppen, an sich abprallen zu lassen oder sogar gegen sie zu kämpfen, sondern sie zu kanalisieren. Es ist weder für die Klient*innen, noch für den Dialog, noch für die Gesundheit der Begleiter*innen gut, wenn sie Handlungen zeigen, die noch mehr Kampfgeist und Angst erzeugen. Strategien, die eine Minimierung der Verletzungsrisiken bewirken, die klare eindeutige Handlungen und Grenzen zeigen und die Alternativen bieten, sind unabdingbar für die Arbeit mit Menschen mit verletzenden Verhaltensweisen. Wichtig ist es vor allem, dass wir den Menschen erfahren lassen, dass wir ihn anerkennen und respektieren und dass wir für ihn keine Gefahr darstellen. Dies alles kann mit wenigen oder sogar ohne Worte geschehen.

8.8 Die Intervention in einer Akutsituation

Besonderes in einer Akutsituation, in der es Gefahr für Leib und Seele der Beteiligten gibt, gelten die oben beschriebenen Regeln. Wir wollen sie deswegen etwas genauer beschreiben.

1. Um das »unheimliche« Gefühl oder das Gefühl einer Begegnung mit dem Unheimlichen zu reduzieren, empfiehlt es sich, dass alle Professionellen, die in Krisensituationen mit Menschen mit geistiger Behinderung agieren sollen, sich zuerst mit der Vielfältigkeit des menschlichen Daseins auseinandersetzen. Es gilt: Alles Verhalten ist sinnig, auch, wenn man den Sinn nicht erkennt, und alle Menschen sind anzuerkennen. Wenn sie die Menschen nicht annehmen, wird es ihnen kaum gelingen, diesen Menschen Sicherheit zu vermitteln. Hospitationen in Wohnungen und Einrichtungen, in denen Menschen mit unterschiedlichen Formen von Behinderungen leben, werden diesen Helfer*innen nützlich sein, um ihre Begriffe der Normalität zu relativieren und um sich an fremde Gesichter, Kommunikationsformen und Behauptungsstrategien zu gewöhnen.
2. Die Vermittlung der Sicherheit: Egal was ein Mensch macht, wenn man eine Situation deeskalieren möchte, sollte eine Grundbotschaft ausgesendet werden: »Die Gefahr ist vorüber. Keiner wird verletzt.«. Konkreter kann es bedeuten, dass man dem verletzend agierenden Menschen vor allem nonverbal vermittelt, ich werde dich nicht »töten« und du wirst mich auch nicht »töten«. Diese Vermittlung wird den Helfer*innen vor allem dann gelingen, wenn sie ihr Gegenüber annehmen und respektieren. Es ist nicht ein Mensch mit einer geistigen Behinderung, es ist ein Mensch. Durch Einsetzen der Mimik, der Körperhaltung, der Bewegung sollen diese Botschaften ständig bestätigt werden, bis beide das Gefühl der Sicherheit bekommen. Körperberührungen und sogar Festhalten sind nicht auszuschließen, da bei solchen Erfahrungen Menschen besonders viel übereinander lernen und sich gegenseitig Halt geben können. Wenn körperliche Intervention notwendig ist, dann muss sie eindeutig als verletzungsverhindernd und dialogorientiert erkennbar sein. Sie zeigt klare Grenzen auf (»Niemand wird verletzt.«), aber sie entwürdigt ebenso auch nicht. Dabei kann ein Halten auch so lange notwendig sein, bis die körperliche Erregung abgeklungen ist und aus einem begrenzenden Halten ein stützendes und schützendes Halten geworden ist. Eine solche Technik

ist beispielsweise die Dialogorientierte Körperliche Intervention (DOKI).

Nicht zu vergessen ist, dass Menschen in einengenden, Angst machenden Situationen, eine Art »Scheuklappen« entwickeln, d. h. eine extreme Fokussierung der Aufmerksamkeit auf die Objekte der Angst. Um Zugang zu den Menschen zu bekommen, müssen diese »Scheuklappen« abgenommen werden. Dafür eignen sich insbesondere Strategien, die verblüffen, die paradox wirken oder einen starken Reiz darstellen.

3. Die Herstellung der gegenseitigen Akzeptanz. Die wird dann gelingen, wenn man selbst echt ist und das Gegenüber ehrlich annimmt. Die Helfer*innen müssen auf das ursprünglichste in sich zurückgreifen, um den Anderen diese Möglichkeit zu geben. Sich vielleicht von der Seite zeigen, den Blickkontakt nicht lange halten, den Körper handlungs- aber nicht angriffsbereit stellen, die Hände annahmebereit zeigen, die Distanz halten, die Mimik spiegeln. Das Angebot soll zunächst nur Kontakt heißen, ohne weitere Anforderungen, die als Bedrohung gedeutet werden könnten. Wichtig ist hier auch die erwähnte Andersartigkeit des Empfindens der Zeit. Schnelle Bewegungen werden nur falls nötig gezeigt (um Verletzungen zu verhindern oder zu minimieren), ansonsten versucht man, sich den Anderen nachvollziehbar zu zeigen. Letzteres stellt keinen Widerspruch zu dem Vorschlag dar, den verletzend agierenden Menschen zu verblüffen. Verblüffung ist vielleicht dann nötig, wenn der Mensch festgefahren in Gedanken oder im Verhalten ist. Die Verblüffung ermöglicht die Neuorientierung, diese wird durch die darauffolgende, nachvollziehbare, langsame Handlungen unterstützt.

4. Die weitere Entwicklung des entstandenen Dialogs durch Adaptionen der gesamten Struktur. Um weitere Eskalationen zu verhindern und um den Menschen zu stabilisieren, müssen auch die Strukturen des Alltags der Betroffenen einbezogen werden: Die soziale Struktur, die räumliche Struktur und die zeitliche Struktur.

Unter sozialer Struktur ist die Gesamtheit der sozialen Beziehungen gemeint, in denen sich der Mensch befindet. Oft ist es für die Begleitung der Krisenbewältigung notwendig, dass man bestimmte Individuen dieser Struktur unterstützt. Familien und Wohngruppenmitarbeiter*innen können besonders dann leicht dekompensieren, wenn Menschen mit geistiger Behinderung starke belastende oder sogar verletzende Verhaltensweisen zeigen. Um den Menschen in seiner gerade gewonnenen, aber wackeligen Stabilität zu festigen, muss man oft mit dem Team und/oder mit den Eltern arbeiten, um schädigende Transaktionen, d. h. gegenseitige Beeinflussungen, zu reduzieren. Die Kommunikationsmuster und deren Wert für die Betroffenen werden hier auch reflektiert und weiterentwickelt.

Bei der räumlichen Struktur wird die gesamte dingliche Welt in Betracht gezogen. Die Nähe zu Objekten und Subjekten, die Reibungsmöglichkeiten, die Bewegungsmöglichkeiten in den Räumen, die Verletzungsmöglichkeiten, etc. Konfliktbereiche werden dabei beschrieben und gegebenenfalls verändert.

Bei der zeitlichen Struktur werden alle Tätigkeiten untersucht und nach ihrer Entwicklungsfreundlichkeit für die Beteiligten überprüft. Der Tag von vielen Menschen mit geistiger Behinderung ist durch Tätigkeiten strukturiert. Wenn man Aktivitäten ankündigen möchte, nimmt man in der Regel Bezug auf die Grundstrukturierung: die Mahlzeiten. Dabei muss aber beachtet werden, dass die Tagesstruktur nachvollziehbar bleibt und dem, gegebenenfalls langsamerem, Tempo der Klient*innen entspricht.

Entwicklungsfeindliche Strukturen könnten der Grund für eine Krise sein – da viele der Menschen, die wir geistig behindert nennen uns ihren Willen nicht so mitteilen können, dass wir ihn ohne

Missverständnisse verstehen, sind sie und wir auf Interpretationen angewiesen. Die Überprüfung der Strukturen stellt einen Versuch dar, sich den Bedürfnissen und Erlebensweisen der Menschen mit geistiger Behinderung zu nähern.

8.9 Fazit und Ausblick: Fachliche und persönliche Anforderungen an die Helfer*innen

Wir möchten abschließend einige Fähigkeiten auflisten, die wir für besonders wichtig erachten im Umgang mit Menschen mit geistiger Behinderung – also mit Menschen, die stark von der Norm abweichende Fähigkeiten und/oder Geschwindigkeiten in der Aufnahme und Verarbeitung der Wirklichkeit zeigen und die zusätzliche Erfahrungen mit Verletzen und Verletzt-werden, mit Macht und Ohnmacht haben. Einige dieser Fähigkeiten sind:

- Wertschätzung der Subjektivität, d. h. der subjektiven Erfahrungen, Bewertungen und Handlungsneigungen aller Klient*innen und Kolleg*innen,
- in Verbindung mit Empathie und einer Bereitschaft, sich auf dieses subjektive Erleben der Anderen, ihr eigenes Tempo, einzulassen. Solch ehrliches Interesse ermöglicht gegenseitiges Grundvertrauen in der Krisenbewältigung.
- Konstruktives Eingehen auf systemische Zusammenhänge.
- Die Bereitschaft, sich intellektuell, emotional und körperlich mit dem Thema Aggression auseinander zu setzen aber auch ein Verständnis dafür, dass in Krisensituationen die Bewältigung von Erregung immer einer inhaltlichen Arbeit vorausgehen muss.
- Da Kränkungen und Verletzungen nicht auszuschließen sind, benötigen die Helfer*innen ein klares Bild ihrer Entlastungs-, Kanalisierungs- und Verarbeitungsstrategien. Das Empfinden von Wut oder Angst ist nicht das Problem der Arbeit, sondern die Tabuisierung dieser und anderer Gefühle. Ein klares Bild der Situationen, die sie ängstlich oder wütend machen können, sowie ein Repertoire an Strategien, die einerseits das Gefühl ausdrücken und andererseits den Dialog mit dem Klienten sichern, sind Dinge, die die Helfer*innen unbedingt brauchen.

In dem Maße, indem es uns gelingt, die genannten Anforderungen an uns Helfer*innen zu verinnerlichen und umzusetzen, nähern wir uns einer gelungenen, humanen und verständnisvolleren Krisenintervention bei Menschen mit geistiger Behinderung an.

Literatur

Aguilera, D. (2000). *Krisenintervention*. Bern: Hans Huber.

Deutsches Institut für Medizinische Dokumentation und Information (DIMDI) im Auftrag des Bundesministeriums für Gesundheit (BMG) unter Beteiligung der Arbeitsgruppe ICD des Kuratoriums für Fragen der Klassifikation im Gesundheitswesen (KKG) (2019): ICD-10-GM

Version 2019, Systematisches Verzeichnis, Internationale statistische Klassifikation der Krankheiten und verwandter Gesundheitsprobleme, 10. Revision, Stand: 21.September 2018. Köln. Zugriff am 10.05.2020 unter: www.dimdi.de – Klassifikationen – Downloads – ICD-10-GM – Version 2019. F70-F79: Intelligenzstörung.

Cooper, S.-A. et al. (2007). Mental ill-health in adults with intellectual disabilities: prevalence and associated factors. *British Journal of Psychiatry*, 190, 27–35.

Egli, J. (1993). *Gewalt und Gegengewalt im Umgang mit geistig behinderten Menschen*. Luzern: Edition SZH/SPC.

Einfeld, S. L., Ellis, L. A. & Emerson, E. (2011). Comorbidity of intellectual disability and mental disorder in children and adolescents: A systematic review. *Journal of Intellectual & Developmental Disability*, 36, 137–143.

Fengler, J. (1996). *Helfen macht müde. Zur Analyse und Bewältigung von Burnout und beruflicher Deformation*. Stuttgart: Pfeiffer bei Klett-Cotta.

Heijkoop, J. (1998). *Herausforderndes Verhalten von Menschen mit geistiger Behinderung*. Weinheim: Beltz.

Hennicke, K. (1996). Kontexte von Gewalt und Gegengewalt. *Geistige Behinderung*, 4, 290–305.

Hölscher F. & Schneider F. (2016). Intelligenzminderungen (F7) und psychische Störungen bei Menschen mit geistiger Behinderung. In Schneider F. (Hrsg.) *Klinikmanual Psychiatrie, Psychosomatik und Psychotherapie*. Berlin: Springer.

Jantzen, W. (2002). *Gewalt ist der verborgene Kern von geistiger Behinderung*. Vortrag auf der Tagung »Institution = Struktur = Gewalt« des Fachverbandes Erwachsene Behinderte. Schweiz.

Lindemann, H. & Vossler, N. (1999). *Die Behinderung liegt im Auge des Betrachters. Konstruktion des Denkens für die pädagogische Praxis*. Neuwied: Luchterhand.

Luyten, P. & Fonagy, P.(2015). The neurobiology of mentalizing. *Personality Disorders*, 6, 366–379.

Rohman, U. & Elbing, U. (1998). *Selbstverletzendes Verhalten*. Dortmund: Modernes Lernen.

Senckel, B. (1996). *Mit geistig Behinderten leben und arbeiten*. München: C. H. Beck.

Theunissen, G. & Lingg, A. (1994). *Psychische Störungen bei geistig Behinderten*. Freiburg: Lambertus.

9 »Fremde sind wir uns selbst« – Krisenintervention bei Migrant*innen und Geflüchteten

Eva M. Reichelt

Zunächst werden unterschiedliche Auswirkungen von Migrationserfahrungen auf die menschliche Psyche erläutert. Dabei werden Aspekte von Sprache, Lebensalter, Geschlecht, von transgenerationellen Einflüssen von Migrations- und Fluchterfahrungen sowie von Traumatisierungserfahrungen auf Geflüchtete und Migrant*innen gesondert berücksichtigt. Damit ein interkultureller Dialog gelingen kann, ist es notwendig, die eigene kulturelle Matrix zu reflektieren und sich eigene verinnerlichte rassistische Haltungen bewusst zu machen. Konsequenzen für die Haltung der Beratenden in Krisendiensten im Umgang mit Migrant*innen und Geflüchteten werden im Hinblick auf eine gelingende bzw. weniger gelingende Kommunikation aufgezeigt.

9.1 Einführung

Laut Angaben des Statistischen Bundesamtes (1) waren zum Jahresende 2019 in Deutschland 11,2 Mio. Ausländer*innen registriert. Insgesamt betrug der Anteil der hierzulande lebenden Menschen mit Migrationshintergrund 20,8 Mio. Dies macht ein Viertel der deutschen Gesamtbevölkerung aus. Wir tun also gut daran, uns für die Spezifika von Migration zu interessieren.

9.2 Hintergrund: »Die Migration als Trauma und Krise«

1974 veröffentlichte der hispano-amerikanische Psychoanalytiker César Garza-Guerrero sein Konzept des »Kulturschocks«. Die immigrierende Person erlebt nach der Ankunft zunächst eine Phase der tiefgreifenden Verunsicherung angesichts der umfassenden Andersartigkeit der neuen Umgebung, vor allem in sinnlicher Dimension: Die Menschen und die Dinge sehen anders aus. Leute kleiden sich anders, die Autos, die Straßen und Häuser sind verschieden vom Gewohnten. Das Essen schmeckt anders, eventuell auch das Wasser. Sogar die Luft mag anders riechen. Die neue Sprache will erlernt werden. Umgangsformen, kulturelle Werte und Normen, den Einheimischen geläufige Namen aus Geschichte, Politik, Kultur und öffentlichem Leben sind zumeist unbekannt. Es gilt, unterschiedliche Anforderungen bei der Organisation von Wohnung, Arbeitsplatz und eventuell Möglichkeiten zur Kinderbetreuung oder -ausbildung zu bewältigen.

Die aus Argentinien stammenden Psychoanalytiker León und Rebeca Grinberg postulieren in ihrem Buch »Psychoanalyse der Migration und des Exils« (1984 bzw. deutsche Ausgabe 1990, S. XII), dass »jede Migration, ihr Warum und Wie, [...] ihre Spuren in der Geschichte jeder Familie und jedes Individuums [hinterlässt]«. Zunächst differenzieren sie zwischen den verschiedenen Formen der Migration: »Nahe und ferne, vorübergehende und dauerhafte, freiwillige und erzwungene Migration« (Grinberg & Grinberg 1990, S. XIII). Sie zählen äußere und innere Motive für die Emigration eines Individuums oder einer Gruppe auf:

- aufgrund von Krieg, politischer oder religiöser Unterdrückung, Verfolgung und Vertreibung
- aus Armut, Hunger, aufgrund von Epidemien
- in der Hoffnung auf bessere Ausbildung oder berufliche Chancen bzw. allgemein in der Hoffnung auf eine glücklichere Zukunft, z. B. für ihre Kinder

Zwischen den Migrierenden und den Menschen, die einerseits die verlassene, andererseits die aufnehmende Umwelt darstellen, konstellieren sich unterschiedliche Gefühle und Einstellungen. So kommen als mögliche Emotionen der Emigrierenden im Hinblick auf ihre ursprüngliche Bezugsgruppe u. a. in Frage: Befreiung, Verfolgung, Schuld oder Verlustängste. Potenzielle Gefühle der Herkunftsgruppe gegenüber den Emigrierenden können sein: Mitleid, Groll, Schuld, Neid, Verlust, Verlassenheit oder Trauer. Grinberg & Grinberg (1990) bezeichnen die Phase der Entscheidung zur Migration und der Vorbereitungen dazu als Prä-Migration, die sich bereits durch eine erhöhte Unsicherheit und Empfindlichkeit auszeichnet: Das Vertraute wird aufgegeben, die Aussicht auf Unbekanntes verursacht Ängste.

Grinberg & Grinberg (1990, S. 84) gehen davon aus, dass die Unsicherheitsgefühle der Migrierenden »nicht nur von den Ungewissheiten und Ängsten angesichts des Unbekannten bestimmt« werden, »sondern auch von der unvermeidlichen Regression«, die durch die Ängste entsteht und teilweise dazu führt, dass das Individuum sich seiner eigenen Ressourcen nicht mehr effektiv bedienen kann. Als eine spezifische Emotion für die traumatische Qualität der Migrationserfahrung bezeichnen sie das Gefühl der Verlassenheit. Daraus resultiert ein großes Bedürfnis, sich angenommen zu fühlen. Aus diesem Grund benötigt das Individuum nach der Ankunft in der Fremde jemanden (eine Person oder Gruppe), der oder die Halt gewährt und Hilfe bei der Orientierung ermöglicht. Neben den Gefühlen der Einsamkeit, der Nicht-Zugehörigkeit, der Identitätskrisen und der Panik angesichts neuer Herausforderungen können Neuankömmlinge auch Zustände von Verwirrung, Desorientierung und Konfusion bis hin zu psychotischen Episoden entwickeln. Depressive Verstimmungen treten gehäuft bei Migrationen in höherem Lebensalter auf.

Eine andere Form der Bewältigung des Unbekannten kann die Idealisierung des Neuen mit entsprechender Entwertung der eigenen Herkunft darstellen. Diese Strategie zeichnet sich z. B. dadurch aus, dass manche neu Immigrierte scheinbar mühelos die neue Sprache erlernen und eine große Bereitschaft zur Anpassung an die neue Umgebung besitzen. Grinberg & Grinberg (1990) fanden bei einer Reihe solcher Immigrant*innen das »Syndrom der übergangenen Trauer«. Sie entwickelten nach einigen Jahren scheinbar müheloser Adaptationsleistungen psychische Krisen. Diese können sich auch in Form körperlicher Erkrankungen äußern, wie z. B. Magengeschwür, Diabetes oder Herzinfarkt.

Grinberg & Grinberg (1990) machen ferner deutlich, wie die Reaktionen des Aufnahmelandes auf die neu angekommene Person deren Erleben beeinflussen: Die neue Umgebung kann die Immigrant*innen als Eindringlinge erleben, die den Einheimischen ihre Arbeitsplätze, ihre Frauen bzw. Männer usw. wegnehmen wollen, und ihnen mit Misstrauen bzw. Ablehnung begegnen. Subtile Feindseligkeit kann sich in Kommunikationsproblemen äußern. Andererseits können die Einheimischen den neu Ankommenden mit Hoffnungen auf eine Bereicherung (durch die andere Kultur etc.) begegnen. Ein Prozess des gegenseitigen Kennenlernens kann nur stattfinden, wenn sich beide Seiten ihre kulturellen Vorurteile und Stereotype bewusstmachen und sich für eine Begegnung öffnen, die letztlich beide bereichern wird.

Garza-Guerrero (1974) und die beiden Grinbergs (1990) postulieren, dass der Prozess der Migration in mehreren Phasen abläuft. Dabei ist ein quasi normaler und komplikationsloser Verlauf zu unterscheiden von denjenigen Migrationsverarbeitungen, die in einer der zwei ersten Phasen stagnieren und möglicherweise zur Ausbildung von länger dauernden psychischen Symptomen beitragen. In der ersten Phase, der Trennung von dem Gewohnten und der Begegnung mit dem Neuen, dominieren einerseits Gefühle des intensiven Schmerzes um das Verlassene, andererseits die Angst vor dem Unbekannten (s. o.).

Während der zweiten Phase geht es um die Annäherung an die neue Umgebung bzw. um eine allmähliche Einverleibung der neuen Kultur sowie darum, Nostalgie und Kummer um das Verlorene auszuhalten. Die zitierten Autor*innen betonen, dass eine Atmosphäre des Vertrauens innerhalb der neuen Umgebung Grundvoraussetzung für eine innere Öffnung ist, aus der heraus sich Neugier entwickeln und das Unbekannte schrittweise erkundet werden kann. Subtile oder offen erlebte Feindseligkeit, z. B. von Behördenmitarbeiter*innen, von Kolleg*innen am Arbeitsplatz oder durch rassistisch motivierte Übergriffe, führt zu dem Eindruck, unerwünscht zu sein, zu Kränkung und zu innerem Rückzug.

Oft sind anfängliche Erwartungen, Hoffnungen und Idealisierungen sehr hoch und schlagen in der Begegnung mit der Realität des Emigrationsziellandes rasch in Selbstzweifel um. Wenn die Gegenwart keine ausreichende Befriedigung bietet, versucht die menschliche Seele durch eine Projektion der Wünsche in die Zukunft oder durch eine Rückwendung in die Vergangenheit Befriedigung zu erlangen. Hierin liegen bei den Migrant*innen, die ursprünglich als »Gastarbeiter*innen« kamen, die Wurzeln der Vorstellung eines begrenzten Aufenthalts, verbunden mit der Illusion der Rückkehr. Diese Vorstellung führt zu einer inneren Haltung der Entbehrungen mit extrem hohen Selbstanforderungen in Bezug auf die eigene Arbeits- und Sparleistung.

In Bezug auf die verlassene Heimatgemeinschaft führt Auswanderung oft zu unbewussten Schuldgefühlen im Sinne einer Trennungsschuld (Englisch, 2003). Zur Kompensation dienen verschiedene Mechanismen: Übernahme von Verantwortung für nachfolgende Migrant*innen aus dem eigenen Herkunftsland, wiederholt auffällig üppige und großzügige Geschenke für die Daheimgebliebenen, Kauf von Häusern bzw. Grundstücken in der Heimat, das Zurücklassen eigener Kinder bei Verwandten, meist den Eltern, quasi als Ersatz oder Pfand.

Grinberg & Grinberg (1990) führen eindrucksvoll aus, wie die besonderen Bedingungen des Exils, nämlich der von außen erzwungene Weggang und die Unmöglichkeit der Rückkehr, in den verschiedenen Phasen des Flucht- und Migrationsprozesses ihre Spuren hinterlassen. So beobachteten sie, dass sich Exilant*innen in der ersten Zeit nach ihrer Ankunft im Aufnahmeland als »Held*innen« fühlen mögen, aber auch gleichzeitig als »Abtrünnige«, deren Schuldgefühle gegenüber dem politischen Kampf, den zurückgebliebenen Genoss*innen bzw. Verwandten und den Umgekommenen ihre Integrationsmöglichkeiten beeinträchtigen. Wut gegenüber den Angreifern im Herkunftsland mag sich projizieren auf die neue Umgebung, ähnlich wie bei Waisenkindern, die sich nach einer Adoption für die entbehrte Zuneigung zunächst an den Adoptiveltern rächen. Geflüchtete können so eventuell zu viel von ihrer Umwelt fordern und sich dabei gierig und ungeduldig zeigen in einer drängenden Not nach sofortiger Abhilfe. Damit entsteht leicht ein Teufelskreis von Missverständnissen: Die Geflüchteten äußern ihre Kritik und Enttäuschung, die Beratenden oder Unterstützungswilligen der neuen Umgebung werden verschreckt, reagieren ihrerseits enttäuscht angesichts der vermeintlichen Maßlosigkeit der Wünsche und ziehen sich zurück, die Geflüchteten fühlen sich unverstanden und allein gelassen.

Viele Geflüchtete erleben eine komplexe Fluchterfahrung mit anhaltenden und wiederholten Traumatisierungen. Dazu gehört z. B. der Verlust des eigenen Zuhauses. Dies beinhaltet den physischen Verlust eines Hauses bzw. einer Wohnung wie auch der Umgebung, aber auch den ideellen Verlust der eigenen Gemeinschaft, von Verwandten, Nachbar*innen, Freund*innen, Kolleg*innen. Wenn Geflüchtete selbst grausamen Misshandlungen ausgesetzt waren oder Zeug*innen davon wurden, z. B. bei Vergewaltigung, Folter oder Genozid, resultiert manchmal eine seelische Heimatlosigkeit mit überwältigender innerer Leere. Das menschliche Bedürfnis, im Exil heimisch zu werden und sich ein neues Zuhause aufzubauen, kann durch aufenthaltsrechtliche und bürokratische Hemmnisse und Ungewissheiten erschwert werden.

In der dritten Phase des migratorischen Prozesses schließlich entwickeln Migrant*innen idealerweise ein neues Identitätsgefühl, wobei Elemente der Herkunftskultur in die neue Kultur integriert werden können, ohne eine von beiden auszuschließen. Diese Konsolidierung beinhaltet, dass die durch die Migration ausgelöste Krise nicht nur überwunden wird, sondern eine Chance darstellt, das eigene kreative Potenzial weiterzuentwickeln. Insofern wird sich die Ich-Identität erweitern und bereichern. Wenn die aufnehmende Gesellschaft sich nicht ängstlich-hermetisch gegen Neues zur Wehr setzen muss, sondern sich ihrerseits neugierig und offen zeigt, kann die interkulturelle Begegnung im Optimalfall zu einer gegenseitigen Inspiration und Befruchtung mit Anerkennung und Achtung vor dem jeweiligen Anderen führen.

9.2.1 Migration und Sprache

Kinder können bis etwa zum elften Lebensjahr relativ mühelos eine Fremdsprache sowohl in Bezug auf die Aussprache als auch den Wortschatz und die Grammatik erlernen. Auch Ältere können natürlich noch Sprachen lernen, aber dann scheint dazu besondere Begabung nötig zu sein, um es z. B. zu schaffen, relativ akzentfrei zu sprechen. Grinberg & Grinberg (1990) gehen der Frage nach, inwieweit erwachsene Immigrant*innen sich wie Kinder verhalten können, die gerade sprechen lernen. Sie gehen davon aus, dass es Erwachsenen mehr Schwierigkeiten bereitet, sich »mit der Umwelt zu identifizieren und sich von der neuen Sprache ›durchtränken‹ zu lassen« (1990, S. 125). Angesichts der neuen, unverständlichen Sprache und der Notwendigkeit zur Kommunikation können sich schnell Gefühle von Minderwertigkeit bzw. von Ausgeschlossensein entwickeln. Migrant*innen können emotional mit Hass, Eifersucht, Selbstwertzweifeln oder auch dem verzweifelten Wunsch nach Spracherwerb reagieren. Ist diese Phase überwunden, kann sich parallel Platz für beide Sprachen ergeben, ohne dass die eine die andere verdrängen müsste.

Durch meine Arbeit habe ich verschiedene Hemmnisse beim Spracherwerb kennengelernt. Bei vielen Arbeitsmigrant*innen, die bis Anfang der Siebzigerjahre in die Bundesrepublik kamen, hat die Erwartung einer baldigen Rückkehr in Kombination mit der korrespondierenden Einstellung der Einheimischen, die »Gastarbeiter*innen« blieben ohnehin nur vorübergehend, dazu beigetragen, kein ausreichendes Interesse für das Erlernen des Deutschen aufzubringen. Nach 30 bis 50 Jahren Aufenthalt hier fühlen sich viele von ihnen voller Scham, weil sie sich teilweise nur rudimentär verständigen können. Migrant*innen mit einem autoritären familiären Hintergrund können sich in eine rebellische Abwehrhaltung gegenüber dem erforderlichen Spracherwerb im Aufnahmeland begeben und blockieren so auf eine neurotische Weise unbewusst ihre Möglichkeiten zu echter seelischer Beheimatung in der Immigration. Geflüchtete wiederum sind oft aufgrund ihrer aufenthaltsrechtlichen Unsicherheit nicht zum Spracherwerb motiviert. Der Status einer »Duldung« mit dem Untertitel »Aussetzung der Abschiebung« gewährt keine rechte Perspektive für die Zukunftsplanung. Traumatisierte Geflüchtete mit unterschiedlichen psychischen Erkrankungen haben oft kognitive Schwierigkeiten mit Beeinträchtigung von Konzentration, Auffassung und Gedächtnis. Sie mögen sich nach Absicherung ihres Aufenthaltsrechtes bemühen, Deutsch zu lernen, und scheitern oft an ihren aus den genannten Gründen begrenzten Fähigkeiten. Dies kann zu erheblichen Kränkungen und Selbstwertzweifeln führen sowie zu dem Gefühl, aufgrund des Verständigungsdefizits auf immer von einer gleichberechtigten Teilhabe im Immigrationsland ausgeschlossen zu sein. Viele Migrant*innen und Geflüchtete schildern kränkende Erfahrungen mit Mitarbeiter*innen von Behörden, aber auch bei ärztlichen Untersuchungen, wenn sie tadelnd oder paternalistisch auf ihre fehlenden Deutschkenntnisse angesprochen werden, ohne dass sich ihr Gegenüber zuvor empathisch erkundigt hätte, was denn den Spracherwerb für die Betreffenden bisher erschwerte.

Ausreichende sprachliche Verständigungsmöglichkeiten sind eine Voraussetzung für eine befriedigende Beratung für beide Seiten, die Ratsuchenden wie die Beratenden. Bei einer interkulturellen Beratung sind Kenntnisse der jeweiligen Muttersprache begrüßenswert. Da die bei den Beratenden nicht für alle Sprachen vorhanden sein können, erfordert dies von ihrer Seite einen verantwortungsvollen, reflektierten Umgang mit der Benutzung der deutschen Sprache. Oft werden Sprachmittler*innen eingesetzt, die meist von den Ratsuchenden selbst mitgebracht werden. Dabei ist wiederum zu berücksichtigen, wie sich die Beziehung zwischen den beiden, der ratsuchenden und der dolmetschenden Person, gestaltet: Inwiefern besteht ausreichend Vertrauen? Kann sich die Person, die die Beratung aufsucht, hinreichend öffnen, oder muss sie die sprachvermittelnde Person schonen? Auf den Einsatz von minderjährigen Kindern als Dolmetscher*innen sollte möglichst verzichtet werden.

9.2.2 Migration und Lebensalter

Grinberg & Grinberg (1990) weisen darauf hin, dass man einerseits davon ausgehen könnte, dass Kinder den Wechsel von einem Land in ein anderes leichter verkrafteten als Erwachsene: Ihre Umgebung besteht aus wenigen Bezugspersonen, den engsten Familienangehörigen, die im Allgemeinen mit ihnen gemeinsam emigrieren. Kinder sind offener für neue Erfahrungen und haben es mit dem Spracherwerb ungleich einfacher. Ihr Alltag ist bald durch einen geregelten Tagesablauf mit Kindergarten bzw. Schule strukturiert, wo sie altersentsprechende Aufgaben zu bewältigen haben. Erwachsene, die sich mit der Sprache abmühen, Schwierigkeiten mit der Arbeitsplatzsuche haben und oft eine Tätigkeit unter ihrem intellektuellen Niveau annehmen müssen, scheinen demgegenüber wesentlich benachteiligter. Andererseits, so Grinberg & Grinberg, können »Eltern [...] freiwillige oder erzwungene Emigranten sein;

die Kinder werden immer zu ›Exilanten‹: Sie wählen das Fortgehen nicht und können über das Zurückgehen auch nicht entscheiden« (1990, S. 142).

In meiner Praxis habe ich die Erfahrung gemacht, dass es Migrant*innen bis zum Alter von etwa 50 Jahren noch möglich sein kann, sich im Aufnahmeland eine neue Perspektive zu schaffen. Die älteren, so scheint es, ziehen sich darauf zurück, dass schon viel »gelebtes Leben« hinter ihnen liegt. Sie können sich auch besser mit einer Rückkehr anfreunden.

Grinberg & Grinberg (1990) machen darauf aufmerksam, dass die Rückwanderung in das Geburtsland in höherem Lebensalter auch bedeutet, dass man zurückgehen will, um zu sterben. Dahinter steht die unbewusste Haltung, das im Aufnahmeland Erreichte hinter sich zu lassen, um sich quasi mit den Seinen wieder zu vereinen.

9.2.3 Zweite und dritte Generation von Migrant*innen

Die Berliner Psychoanalytikerin Tülay Özbek hat Überlegungen zur »hybriden Identitätsbildung« vorgelegt. In der ihr wiederkehrend begegnenden Frage »Bin ich deutsch oder türkisch?«, »deutsch oder japanisch?«, »deutsch oder indisch?« traf sie auf eine Frage nach der eigenen Identität mit dem »Fokus auf der kulturellen Zugehörigkeit«, die sie »Großgruppenzugehörigkeit« nennt (2012, S. 268). Damit sich eine Identität in mehreren kulturellen Bezügen ausbilden kann, ist es notwendig, dass ein Individuum zugleich die Unterschiede zwischen diesen anerkennen und sie miteinander verbinden kann. Özbek beschreibt, dass in den Konzepten zu einer hybriden Gesellschaft charakteristischerweise Grenzen aufgehoben werden und sich die Kulturen gegenseitig durchdringen. Außerdem fragt sie, wie es ein Individuum schaffen kann, »mehrere kulturelle Kontexte intrapsychisch so miteinander in Verbindung zu setzen, dass (es …) sich selbst als ganz/integriert und identisch mit sich selbst fühlt« (2012, S. 268). Sie geht davon aus, dass verschiedene Großgruppenzugehörigkeiten verinnerlicht werden können, also dass z. B. neben der verinnerlichten türkischen Großgruppenzugehörigkeit und der verinnerlichten deutschen Großgruppenzugehörigkeit auch eine verinnerlichte »Diaspora-Gruppenidentität« mit »identitätsstiftenden Narrativen« existiert. Sie gibt zu bedenken, dass die Diaspora-Gruppenidentität einerseits eine Bereicherung darstellt, sich andererseits aber auch durch ein Gefühl der Nicht-Zugehörigkeit auszeichnet, das schmerzlich ist und verunsichern kann: »Man ist eben nicht sowohl türkisch als auch deutsch, man ist weder deutsch noch türkisch, sondern etwas Drittes, derzeit benannt als Deutsch-Türke oder Neudeutscher« (2012, S. 273).

9.2.4 Migration und Geschlecht

In Bezug auf Zusammenhänge zwischen Migration und Geschlecht sind die Zahlen des Statistischen Bundesamtes (2) relevant: Der Anteil der Männer in der Altersgruppe der 18- bis 30-jährigen Schutzsuchenden ist im Vergleich zur sonstigen ausländischen Bevölkerung und zur Gesamtbevölkerung deutlich größer. Wehrfähige Männer fliehen zum einen aus Angst, zum Kriegsdienst eingezogen zu werden. Zum anderen traut die Familie den jungen Männern am ehesten zu, die Gefahren der mühevollen Flucht zu überstehen und im Ankunftsland dann Arbeit zu finden, so dass die Geflüchteten ihre in der Heimat verbliebenen Angehörigen ökonomisch aus der Ferne unterstützen können.

Die aus dem Iran stammende und in Frankfurt/Main praktizierende Psychoanalytikerin Mahrokh Charlier (2006) hat für die Gruppe der Migrant*innen aus patriarchal strukturierten islamischen Gesellschaften u. a. folgende Hypothesen bezüglich Genderfragen und Migration aufgestellt:

Laut ihren Erfahrungen werden Jungen und Männer, die aus diesen o. g. Gesellschaften in Länder Westeuropas bzw. in die USA emigrieren, subjektiv häufig zu Verlierern der Migration. Mädchen und Frauen aus diesen Gesellschaften hingegen können sich eher zu Migrationsgewinnerinnen entwickeln. Warum? Weil Männer in den Zielländern eine tiefe Verunsicherung hinsichtlich der Position des Mannes in der Gesellschaft erfahren. In ihren Herkunftsländern dominieren Männer das öffentliche Leben, die Frauen das private Leben im Haus. In westlichen Gesellschaften gilt diese vertraute Ordnung nicht mehr. Mädchen und Frauen sind genauso in der öffentlichen Wahrnehmung auf der Straße präsent und können – zumindest im Allgemeinen – selbstbestimmt Fragen bezüglich Ausbildungs- und Berufswahl sowie hinsichtlich Partnerschaft und Lebensform entscheiden. Das heißt, Mädchen und Frauen haben wesentlich mehr Chancen und Möglichkeiten, sich individuell durch Nutzung von Bildungsangeboten zu entwickeln. Der Verlust der vertrauten Ordnung führt bei Jungen und Männern laut Charlier viel eher zu einer tiefgreifenden Identitätskrise. Daraus folgt gegebenenfalls, dass an traditionellen Werten wie Familienehre umso ehrgeiziger festgehalten wird. Dies erfolgt zum Teil auch verzweifelt in Form von psychischer Bedrohung bzw. physischer Misshandlung derjenigen Familienmitglieder, die von den traditionellen Werten abweichen. Die Tatsache, dass die Zahl der Männer unter den 18–30-jährigen Schutzsuchenden in Deutschland so deutlich höher ist als die der Frauen, hat also mehrere Hintergründe: Abgesehen von der Verpflichtung zum Militärdienst für Männer sollen die vermeintlich schwachen Frauen geschützt werden vor den Gefahren und Belastungen der Flucht; zum anderen existiert in vielen Familien nicht die Vorstellung, dass junge Frauen auch ein Recht auf persönliche und berufliche Entwicklungschancen haben.

Besonders drastisch hat Güner Yasemin Balcı in ihrem Roman »Arabboy« das fiktive Migrationsverlierer-Drama eines Neuköllner Jugendlichen mit palästinensisch-libanesischem Familienhintergrund aufgezeichnet. Balcı, selbst mit türkischen Wurzeln in einem Neuköllner Problemkiez aufgewachsen, hat dort als Sozialpädagogin offenkundig diverse praxisnahe und desillusionierende Erfahrungen sammeln können, bevor sie als Journalistin tätig wurde. Sie beschreibt grausame und schockierende Misshandlungen, denen ihr Protagonist gleichermaßen ausgesetzt ist, wie er sie selbst verübt. Ihr Verdienst dabei liegt darin, dass sie implizit Verständnis für diesen verhaltensauffälligen Jugendlichen zeigt, ohne seine Verbrechen je zu beschönigen oder zu entschuldigen. Einer rassistischen Generalisierung widersetzt sich der Roman durch einen Kunstgriff, indem die alkoholkranken oder zur Verwahrlosung neigenden Neuköllner einheimischen Problemkiez-Bewohner*innen von der migrantischen Community verallgemeinernd als »So sind sie, die Deutschen« bezeichnet werden. Genauso wenig wie Neuköllner Alkoholiker*innen als stellvertretend für alle Deutschen angesehen werden können, kann die Geschichte des »Arabboy« als allgemein gültig für alle Jugendlichen mit türkischem oder arabischem Hintergrund gelten.

9.2.5 Das Konzept der sequentiellen Traumatisierung

Der aus Brandenburg stammende Kinderpsychiater Hans Keilson floh vor Nazi-Verfolgung in die Niederlande, überlebte dort und übernahm nach Ende des II. Weltkrieges die Aufgabe, jüdische Kriegswaisen – Kinder und Jugendliche – zu untersuchen, die bei holländischen Pflegeeltern oder untergetaucht im Versteck bzw. in einem Konzentrationslager die Kriegsgreuel der Nazis überlebt hatten, und mit zu entscheiden, wo sie in Zukunft weiter leben würden, in den Niederlanden oder in Israel. Keilson interviewte einen Teil der von ihm Untersuchten nach 25 Jahren, um zu erfahren, wie sich ihr Leben entwickelt hatte. Seine wichtige Entdeckung (publiziert 1979): Egal, wie alt die Kinder gewesen waren, als die erste traumatische Sequenz begann, in der sie Hohn und Spott, Bedrohung und Verfolgung als Jüd*innen ausgesetzt gewesen waren, egal, was für grausame Erlebnisse sie in der zweiten traumatischen Sequenz durchgemacht hatten, als sie ihre Eltern verloren und um ihr eigenes Überleben bangen mussten: Ihr Schicksal hing wesentlich von der dritten traumatischen Sequenz ab. Damit bezeichnet Keilson die Phase nach Ende des Krieges, als es darum ging, dass die Kinder und Jugendlichen die Chance benötigten, dass ihnen wertneutral zugehört, ihren Erfahrungen Glauben geschenkt wurde und ihre Wünsche und Bedürfnisse ernstgenommen wurden. Deswegen ist es heute so wichtig, dass Geflüchtete nach teils jahre- bzw. jahrzehntelangem Überleben in Kriegsgebieten (wie z. B. Afghanistan oder Syrien) und leidvollen, teils lebensbedrohlichen Fluchterfahrungen einen respekt- und würdevollen Umgang im Aufnahmeland erfahren. Wesentlich ist dabei u. a. die Möglichkeit zur aktiven Teilhabe in der Gesellschaft.

9.3   Migrant*innen und Geflüchtete in der Krisenberatung: Wie geht es den Beratenden?

Voraussetzung für eine geglückte interkulturelle Kommunikation ist die Bereitschaft, eigene, zum Teil nicht explizit bewusste Überzeugungen und Gewissheiten wahrzunehmen, zu reflektieren und in ihrer Begrenztheit und Relativität anzuerkennen. Dazu gehören eigene, verinnerlichte unbewusste rassistische Haltungen und Ängste.

Julia Kristeva, die aus Bulgarien stammende französische Philosophin und Psychoanalytikerin, hat darauf hingewiesen (Kristeva 1990/1988), dass es in einer psychoanalytischen Selbsterfahrung darum geht, Fremdes, Unvertrautes und Unheimliches in sich kennenzulernen und auszuhalten. »Wir wissen, dass wir uns selbst fremd sind, und es ist allein dieser Rückhalt, von dem aus wir versuchen, mit den anderen zu leben. […] Wie könnte man einen Fremden tolerieren, wenn man sich nicht selbst als Fremden erfährt« (S. 198)? Dazu schreibt der britische Kinderpsychiater Roger Kennedy: »Manchmal können wir nur unter größter Anstrengung lernen, sowohl das Fremde in uns als auch den Fremden außerhalb von uns auszuhalten« (2016, S. 807).

M. Fakhry Davids (2016) postuliert ein »Modell des inneren Rassismus«: Dieser ist in jedem und jeder von uns vorhanden. Nach seiner Auffassung existiert in uns ein organisiertes System von (unbewussten) Abwehrmechanismen, die vor archaischen Ängsten schützen sollen. Willkürliche Merkmale wie Hautfarbe oder Haarbeschaffenheit können zu »rassistisch aufgeladenen Platzhaltern« werden.

»Die innere rassistische Organisation […] bildet sich, um dem Kind bei der Bindung primitiver Ängste zu helfen, und zwar auf einer Entwicklungsstufe, auf der das Kind schon genügend an die äußere Realität angepasst ist, um die real existierenden gesellschaftlichen Stereotype zu kennen. […] Die betreffende Person glaubt, dass ihre festen Vorstellungen die äußere Realität als adäquat wiedergeben. Deshalb wird etwa der Immigrant als so verzweifelt bedürftig angesehen, dass er unsere Existenzgrundlage bedroht. Der

Umstand, dass diese stereotypen Überzeugungen Teil einer imaginären Konstruktion sind, bleibt verdeckt, weil sie in unserem sozialen Umfeld für wahr gehalten werden. Dies verleiht ihnen eine ungeheure Macht« (Davids 2016, S. 793 f.).

Davids beschreibt, wie diese innere rassistische Organisation bei der Begegnung mit Menschen, die einer anderen ethnischen Gruppe angehören, mobilisiert werden und unser Denken lahmlegen kann. Eigene Ängste vor Unbekanntem, Unvertrautem oder Befremdlichen können in einer Beratungssituation mit Menschen aus fremden Kontexten aufsteigen und sich z. B. in irritierenden, möglicherweise unheimlichen Gefühlen ausdrücken. Die rassistische innere Struktur drückt sich nach Davids über projektive Identifizierungen aus und lässt dem Gegenüber in dem Moment keinen Raum mehr, ein normaler Mensch zu sein. Davids ermutigt dazu, uns zu fragen, wie wir uns unseren inneren Rassismus eingestehen und mit ihm leben können. Auch starres »politisch korrektes« Verhalten kann letztlich vor allem zum Schutz vor dem eigenen inneren Rassismus und daraus abgeleiteten, als unerträglich schwer erlebten Schuldgefühlen dienen.

Idealerweise geht es in allen psychosozialen Beratungssituationen darum, im Kontakt mit den Ratsuchenden neben dem verbalen Dialog und der parallel erfolgenden Registrierung der Körpersprache die eigenen emotionalen Regungen wahrzunehmen und bei der Diagnostik als Hilfsinstrument zum Verständnis der jeweiligen psychischen Schwierigkeiten der Ratsuchenden zu nutzen. Die Psychoanalyse nennt diese permanent nebenher ablaufende Selbstreflexion »Gegenübertragung«.

Eine besondere Form der Gestaltung des Erstkontakts ist oft zu erleben: Viele Geflüchtete, die schwere Traumatisierungen erlitten haben, lassen implizit ein großes Maß an Misstrauen und Argwohn erkennen. Ihr Vertrauen in sich selbst und in ihre Mitmenschen ist in solch einem Ausmaß erschüttert worden, dass sie größte Schwierigkeiten haben, sich zu öffnen. Die Erinnerungen an erlittene Demütigungen, psychische, physische oder sexuelle Misshandlungen, Verluste etc. sind so schmerzlich, dass sie sich nicht vorstellen können, darüber zu reden, und genauso wenig, dass jemand bereit und in der Lage wäre, den Bericht über die Erfahrungen, die für einen selbst unaushaltbar waren, im Gespräch auszuhalten. Dann ist es notwendig anzuerkennen, dass es unsagbares Leid gibt, dass es schwer sein kann, dafür überhaupt Worte zu finden. Dann kann es auch darum gehen, die Gefühle der eigenen Hilflosigkeit zu reflektieren, die in der Begegnung spürbar werden und ein wesentliches Merkmal der traumatisierenden Erfahrung darstellen: Gefühle von Ohnmacht, von Ausgeliefertsein, von unendlicher Qual. Dann geht es darum, erst einmal geduldig zu versuchen, ein Arbeitsbündnis herzustellen, ohne dass sich der/die Geflüchtete bedrängt fühlt, das Angebot einer Beratung anzunehmen, die im eigenen kulturellen Kontext unvertraut sein mag.

Blockaden beeinträchtigen jedwede Kommunikation, nicht nur die interkulturelle. In der interkulturellen Begegnung erzeugt das Gefühl großer Fremdheit auf beiden Seiten, sowohl bei den Ratsuchenden wie auch bei den Beratenden, Verunsicherung. Dies kann bei den Beratenden zu Zweifeln an der eigenen Kompetenz oder auch zu Ängsten führen. Es ist wichtig für die Beratenden, für sich individuell zu unterscheiden, bis wohin sie ihre Bedenken und Befürchtungen noch aushalten und sich zumindest halbwegs empathisch einlassen können und ab wann eigene Berührungsängste eine erfolgreiche Zusammenarbeit nicht mehr zulassen.

In der Beratung stellen Intervisions- oder Supervisionsgruppen mit Kolleg*innen, die ebenfalls in einem interkulturellen Kontext arbeiten, eine wertvolle Hilfe dar, um die eigene Arbeitsfähigkeit aufrechtzuerhalten, sich gleichzeitig wirksam zu schützen und einem Burn-out vorzubeugen. Außerdem können so Gefühle der eigenen Unzulänglichkeit, Rat- und Hilflosigkeit bearbeitet werden. Günstig wird sich eine ethnisch gemischte Zusammensetzung der Arbeitsgruppe auswirken, da auf diese Weise gleich verschiedene interkulturelle Kompetenzen vorhanden sind und unterschiedliche Erfahrungen ausgetauscht werden können.

9.4 Haltungen in der Krisenberatung mit Geflüchteten und Migrant*innen

Wie oben erwähnt, ist es für Geflüchtete in der dritten traumatischen Sequenz (nach Keilson 1979), also nach ihrer Ankunft im Aufnahmeland, zentral, sich als Subjekt mit eigenen Wünschen und Bedürfnissen wahr- und ernstgenommen fühlen zu können. Zunächst ist es wichtig, einen Ort anzubieten, an dem sich die Ratsuchenden sicher fühlen können. Beratung mit Geflüchteten erfordert bei den Beratenden eine Bereitschaft, sich auf die politischen, historischen, sozialen und seelischen Gegebenheiten von Ratsuchenden aus unterschiedlichen Kriegs- und Krisensituationen einzulassen. Wir können unmöglich alles über die jeweiligen Hintergründe in den verschiedenen Krisenregionen dieser Welt wissen. Aber es ist hilfreich, eine offene, wache Haltung einnehmen zu können, um sich für die subjektiven Erfahrungen zu interessieren. Wenn Geflüchtete in der Krisenberatung über erlittene Kriegstraumatisierungen im Herkunftsland berichten, wird der*die Krisenberater*in zu einer*einem wichtigen Zeug*en/in (s. dazu Laub & Weine 1994). Um ein solches Zeugnis entgegennehmen zu können, ist es wesentlich, genau zuzuhören, sich auf eigenes Nicht-Wissen einzulassen und eine Haltung von Wertschätzung und Empathie zu vermitteln. Manchmal ist eine offizielle Bestätigung von Traumafolgeschäden, z. B. in Form eines Attests für eine Behörde, erforderlich. Außerdem ist es notwendig, dafür zu sorgen, dass die Rahmenbedingungen der Krisenberatung eine gewisse Geborgenheit bieten. Auf die eigenen Grenzen, diejenigen des Rahmens und des Gegenübers sowie ggf. der Sprachmittler*innen ist jeweils zu achten. Die geschilderten Probleme zeichnen sich oft durch eine existenzielle Angst aus, aus dieser Welt zu fallen oder seelisch zu zerfallen. Der*die Krisenberater*in kann nur vorsichtig und taktvoll versuchen, die Ängste wahrzunehmen und zu halten. Der Begriff »Containing« (Bion 1962/1990) beinhaltet die Fähigkeit, unerträgliche Zustände von Not, die teils verbal, teils unbewusst via projektiver Identifizierung vermittelt werden, aufzunehmen, wahrzunehmen, in sich zu bewahren, seelisch zu verdauen und in einer für das Gegenüber bekömmlichen Weise mit Worten und in Form von teilnehmender nonverbaler Körpersprache wieder zurückzugeben. »Projektive Identifizierung« bezeichnet eine unbewusste Schutzstrategie, eigenes, für das Ich in dem Moment unaushaltbares seelisches Leid im Gegenüber zu deponieren, sei es in Form von ausgeprägter Traurigkeit, Angstzuständen, körperlichen Reaktionen wie Ekelgefühlen, Herzklopfen, muskuläre Anspannung u. Ä. mehr. Erlittene psychische und körperliche Qualen sind oft schwer in Worte zu fassen; sie können häufig nur unzureichend symbolisiert werden und haben verstörende Auswirkungen (Varvin 2016). Auf solche eigenen seelischen und körperlichen Regungen sind in der Beratung zu achten. Sinnvoll erweist sich, die Probleme in der Gesamtschau zu betrachten und bei Bedarf unterschiedliche Maßnahmen zu koordinieren: Geht es um eine Weiterleitung in eine psychotherapeutische Behandlung, um zusätzliche körpermedizinische bzw. psychiatrische Versorgung, um Familienhilfe, um juristische Beratung, um sozialpädagogischen Unterstützungsbedarf? Dabei ist zu berücksichtigen, dass der*die Ratsuchende ausreichend informiert wird und selbst über die nächsten Schritte entscheiden kann. Damit wird seelisches Wachstum und Resilienzentwicklung gefördert. Für viele Geflüchtete und Migrant*innen ist das Angebot einer psychotherapeutischen Behandlung zunächst fremd, beschämend und demütigend; sie möchten ihre Probleme aus eigener Kraft bewältigen, ohne auf die Hilfe Anderer angewiesen sein zu müssen.

Fallbeispiel

Der syrische Student Mohamad Alsaid, 29 Jahre alt, berichtete, dass er in seinem Heimatland noch im ersten Kriegsjahr seinen Bachelor in einem technischen Fach abschließen konnte. Danach beobachtete er unzählige Kämpfe und erlitt selbst eine Verwundung. Schließlich schaffte er es zu fliehen; seine gefährliche und strapaziöse Flucht dauerte ein Jahr, bis er in Deutschland ankam. Das Asylverfahren nahm Zeit in Anspruch, die notwendigen Sprach- und Integrationskurse ebenfalls. Endlich konnte er sich an der Uni für einen Masterstudiengang in seinem Fach immatrikulieren, worauf er sich sehr gefreut hatte, und erhielt ein Stipendium. Nach Beginn seines Studiums hier – drei Jahre nach seiner Ankunft – entwickelte er jedoch diverse Symptome wie Schlafstörungen mit Grübelzwängen, Konzentrationsstörungen und Sinnzweifel. Ihn plagten Sorgen um die in der Heimat verbliebenen Angehörigen und Freunde, die er seit Jahren nur über Videotelefonate sehen konnte. Von seiner Freundin hatte er sich getrennt, weil er sie nicht anhaltend mit seinen Problemen belasten wollte. Er schämte sich immens über seine Schwierigkeiten und hatte keine Vorstellung davon, wie eine psychotherapeutische Behandlung ihm helfen könne; schließlich kann kein Therapeut ihm diese Sorgen oder seine Sehnsucht nehmen. Es wurde deutlich, dass Herrn Alsaids »Kampfmodus« ihn vor dem Zusammenbruch geschützt hatte: Er hatte für sein Aufenthaltsrecht, den Erwerb der deutschen Sprache, seinen Studienplatz und sein Stipendium kämpfen müssen. Nachdem er alles erreicht hatte, wofür er zuvor hatte kämpfen müssen, brach er seelisch im Sinn der von den Grinbergs beschriebenen »übergangenen Trauer« zusammen.

Wenn Familienangehörige in der Nähe leben, kann es sinnvoll sein, sie mit in die Beratung einzubeziehen. Dieses Angebot kann von den Ratsuchenden natürlich nur angenommen werden, wenn sie sich davon eine Unterstützung versprechen. In Familien, die sich nach außen eher abschotten, bei denen Werte wie »Ehre« und »guter Ruf« eine große Rolle spielen, kann allein die Tatsache, dass sich eines ihrer Mitglieder außerhalb des Familienverbandes professionelle Hilfe sucht, wie ein Verrat an den Familientraditionen angesehen werden. Dies gilt meiner Erfahrung nach letztlich kulturübergreifend.

Fallbeispiel

Wo dies sehr deutlich wurde, war bei Güzel Hukuk, einer 18-jährigen Abiturientin türkisch-kurdischer Herkunft, die nach einem Streit mit Vater und älterem Bruder in suizidaler Absicht große Mengen der Medikamente ihrer Mutter eingenommen hatte. Sie verweigerte das Angebot eines Familiengespräches und erklärte, allein die Tatsache, dass sie den Dienst einer Krisenintervention in Anspruch nehme und damit Familienschwierigkeiten nach außen trage, bedeute einen Affront gegenüber ihren Eltern und Geschwistern. In solchen Fällen kann die Methode des zirkulären Fragens in der Fantasie helfen: Wenn der Vater, die Mutter, der Bruder jetzt anwesend wären, was würden sie zu den von Frau Hukuk benannten Problemen sagen? Wenn dabei Meinungsverschiedenheiten mit den Familienangehörigen zu Tage treten: Wie kann sie diese lösen, ohne wieder an Selbstmord zu denken? Für Frau Hukuk bedeutete es einen Fortschritt, mit ihrer Mutter ein Einverständnis darüber zu erzielen, dass sie aufgrund ihrer psychischen Schwierigkeiten eine Einzeltherapie benötigte, die sie dann über lange Jahre fortsetzte.

Abschließend möchte ich betonen, dass Geflüchtete und Migrant*innen im Allgemeinen andauernde und harte Arbeit für einen Akkulturationsprozess zu leisten haben. Die Erfahrungen, die sie in einer Krisenberatung machen können, sollten bei traumatisierten Geflüchteten idealerweise zu einem Prozess der Re-Humanisierung beitragen. Die Erfahrungen, die die Beratenden in interkultureller Arbeit sammeln, können einen tiefen Einblick in die Abgründe der menschlichen Seele vermitteln, wenn Traumatisierte nach »man-made desasters« den Krisendienst aufsuchen. Zugleich kann diese Arbeit jedoch auch zu einer anhaltenden Bereicherung führen, aufgrund der faszinierenden Vielfalt von unterschiedlichen Lebenserfahrungen wie auch den Möglichkeiten, diverse Formen von Resilienz kennenlernen zu können.

Literatur

Balcı, G. Y. (2008). Arabboy. Eine Jugend in Deutschland oder Das kurze Leben des Rashid A. Frankfurt am Main: S. Fischer.

Bion, W. R. (1990). Lernen durch Erfahrung. Frankfurt am Main: Suhrkamp. (Original 1962).

Charlier, M. (2006). Geschlechtsspezifische Entwicklung in patriarchalisch-islamischen Gesellschaften und deren Auswirkung auf den Migrationsprozess. Psyche, 60 (2), 97-117. Stuttgart: Klett-Cotta.

Charlier, M. (2007). Macht und Ohnmacht. Religiöse Tradition und die Sozialisation des muslimischen Mannes. Psyche, 61 (11), 1116-1131. Stuttgart: Klett-Cotta.

Davids, M. F. (2016). Ethnische Reinheit, Andersartigkeit und Angst. Das Modell des »inneren Rassismus«. Psyche, 70 (9–10), 779-804. Stuttgart: Klett-Cotta.

Englisch, M. (2003). Migration als Trauma? Psychoanalytische Ansätze zur psychischen Verarbeitung von Migrationserfahrungen. Vortrag im Colloquium Psychoanalyse an der FU Berlin am 7. Juli 2003. In: O. Decker & A. Borkenhagen (Hrsg.), Psychoanalyse. Texte zur Sozialforschung. Lengerich: Pabst.

Garza-Guerrero, C. (1974). Culture shock: Its Mourning and the Vicissitudes of Identity. Journal of the American Psychoanalytical Association, 22 (2), 408-429.

Grinberg, L. & Grinberg, R. (1990). Psychoanalyse der Migration und des Exils. München: Verlag Internationale Psychoanalyse.

Keilson, H. (1979). Sequentielle Traumatisierung bei Kindern. Stuttgart: Enke.

Kennedy, R. (2016). Furcht vor Fremden: Wessen Zuhause ist das hier? Psyche, 70 (9–10), 805-825. Stuttgart: Klett-Cotta.

Kristeva, J. (1990). Fremde sind wir uns selbst. Frankfurt am Main: Suhrkamp. (Original 1988).

Laub, D. & Weine, S. M. (1994). Die Suche nach der historischen Wahrheit: Psychotherapeutische Arbeit mit bosnischen Flüchtlingen. Psyche, 48 (12), 1101-1122. Stuttgart: Klett-Cotta.

Özbek, T. (2012). Und es gibt sie doch, die pakistanischen Cowboys – Überlegungen zur hybriden Identitätsbildung. In: Reiser-Mumme, von Tippelskirch-Eissing, Teising und Walker (Hg., 2012). Spaltung: Entwicklung und Stillstand. Band über die Arbeitstagung der Deutschen

Psychoanalytischen Vereinigung Mai 2012, S. 268-273. Frankfurt: Geber + Reusch.

Statistisches Bundesamt (1): Zugriff am 3.5.2020 unter https://www.destatis.de/DE/Themen/Gesellschaft-Umwelt/Bevoelkerung/Migration-Integration/Tabellen/migrationshintergrund-geschlecht-insgesamt.html.

Statistisches Bundesamt (2); Zugriff am 3.5.2020 unter https://www.destatis.de/DE/Themen/Gesellschaft-Umwelt/Bevoelkerung/Migration-Integration/_inhalt.html#sprg229092.

Varvin, S. (2016). Asylsuchende und Geflüchtete: Ihre Situation und ihre Behandlungsbedürfnisse. Psyche, 70 (9–10), 825-855. Stuttgart: Klett-Cotta.

10 »Eigentlich will ich leben, aber so wie jetzt kann ich nicht mehr weiter« – Krisenintervention bei Kindern und Jugendlichen

Sigrid Meurer

> Der folgende Beitrag beschreibt Signale, die von Kindern und Jugendlichen in Krisen ausgesendet werden, und die Symptome, die sie in krisenhaften Situationen zeigen. Diese werden häufig nicht früh genug verstanden oder gelegentlich auch nicht ernst genommen. Risikofaktoren für die Entstehung von Krisen im Kindes- und Jugendalter, Krisensymptome und ihre Hintergründe werden aufgezeigt.
>
> Einen Schwerpunkt bildet das besonders belastende Thema der Suizidgefährdung. Anhand eines Fallbeispiels werden das Erleben der suizidalen Jugendlichen und sinnvolle Interventionen beschrieben.
>
> Im dritten Abschnitt wird dargestellt, warum Kinder und Jugendliche spezielle Kriseninterventionsangebote brauchen und mit welchen Belastungssituationen Mitarbeiter*innen in Krisendiensten im Umgang mit suizidgefährdeten Kindern und Jugendlichen konfrontiert werden können. Abschließend werden Folgerungen für die Qualifikation und Weiterbildung der beteiligten Berufsgruppen entwickelt.

10.1 Zur Einführung

Dieses Kapitel basiert auf meinen mittlerweile langjährigen Erfahrungen in der Krisenintervention und Therapie mit Kindern, Jugendlichen, jungen Erwachsenen und deren Angehörigen in der Kriseneinrichtung neuhland in Berlin. Das Angebot von neuhland umfasst ambulante Krisenintervention sowie im Bedarfsfall stationäre Unterbringung in einer Krisenwohnung. Aus zahlreichen Fortbildungen und Supervisionen mit unterschiedlichen Berufsgruppen und aus der täglichen Erfahrung mit betroffenen Helfern erfahre ich, wie viel Angst und Unsicherheit die Konfrontation mit Kindern und Jugendlichen – insbesondere bei suizidalen Krisen – auslösen kann. Der Verantwortungsdruck ist hier besonders groß.

10.2 Krisen bei Kindern und Jugendlichen

10.2.1 Krisen bei Kindern (bis zu einem Alter von ungefähr 12 Jahren)

Kinder, insbesondere traumatisierte Kinder, reagieren ganz unmittelbar auf belastende Ereignisse, können aber noch wenig verbalisieren, was die Auslöser oder Hintergründe der Krise sind. Sie zeigen Verhaltensänderungen und -auffälligkeiten, die häufig nicht als Krisensymptome verstanden werden (▶ Kap. 10.3.1 Signale/Alarmzeichen). Belastungen und Traumata wirken sich in den unterschiedlichen Entwicklungsstadien unterschiedlich aus und münden jeweils in unterschiedliche Symptome (Gahleitner, 2005; Wieland, 2011/2018).

Im Kleinkindalter kann sich ein trauriger Gesamteindruck zeigen, Essstörungen, Sprachstörungen, ein ausdrucksarmes Spiel, Einnässen oder Einkoten. Im Vorschulalter können verminderte Mimik und Gestik, die Unfähigkeit, Freude zu empfinden, introvertiertes oder auffällig extrovertiertes Verhalten, verminderte Motorik, Essstörungen, Schlafstörungen (mit Albträumen), Trennungsängste, Einnässen oder Einkoten auffallen.

Im Schulalter können verbale Äußerungen von Traurigkeit bis hin zu suizidalen Äußerungen hinzukommen sowie Unlust und Apathie, Trennungsängste, Schulleistungsstörungen, Hyperaktivität, Tics und psychosomatische Störungen.

In der Arbeit mit Kindern in Krisen ist es hilfreich, Materialien zu verwenden, die szenisch beschreiben helfen. Das können Handpuppen oder Tiere sein. In Bildern (gemalt oder auch imaginativ) können Kinder häufig ihre Gefühle und Erlebnisse ausdrücken. Allerdings ist bei der Verwendung von solchen szenischen Beschreibungen der Kinder als »Beweismaterial«, vor allem bei erlebter Gewalt, Vorsicht geboten. Sie dienen zunächst einmal dazu, einen kindgerechten, wenig Angst auslösenden Zugang zum Kind zu schaffen und können nicht als direkte »Wahrheit« übersetzt werden.

Kinder sind noch eng an familiäre Strukturen gebunden und haben noch keine ausgeprägten Distanzierungs- und Reflexionsmöglichkeiten. Schädigende familiäre Bedingungen empfinden sie zwar als belastend, glauben aber, sie seien normal und beziehen im Inneren die Schuld daran nicht selten auf sich.

Auslöser für Krisen können lebensverändernde Bedingungen, lebensgeschichtliche Belastungen sein, wie z. B. Trennung/Scheidung der Eltern, Umzug, langfristige schwere Erkrankungen, psychische Erkrankung eines Elternteils oder die Geburt von Geschwistern. Sie können zu einer langfristigen Belastung und allmählichen Zuspitzung führen.

Traumatische Erfahrungen, wie z. B. plötzlicher Verlust einer nahen Person, Unfall, sexuelle Übergriffe oder andere Gewalterfahrung oder Fluchterfahrung, können Auslöser von akuten Krisen sein.

10.2.2 Krisen bei Jugendlichen (Alter von ca. 12 Jahren bis zum jungen Erwachsenenalter)

Im Jugendalter zeigen sich als Krisensymptome vermehrt Selbstwertprobleme, Introvertiertheit, aggressives Verhalten, Leistungs-, Konzentrationsstörungen sowie depressive Symptome.

Pubertät und Adoleszenz sind nicht selten krisenhafte Zeiten. *Entwicklungs- und Reifungskrisen* können bei einer gesunden Persönlichkeitsentwicklung dazugehören. Ablösung von den Eltern, Brüche, Trennungen, körperliche Veränderungen, die Entwicklung der sexuellen Orientierung, die Suche nach der eigenen Identität und dann auch noch Leistungsanforderungen und Fragen nach dem Lebenssinn sind Anforderungen, die die wenigsten Erwachsenen (die ehrlich mit sich sind) nochmals bewältigen wollten. Ambivalente Wünsche führen zu Wechselbädern der Gefühle und zu – meist auch nach außen deutlich sichtbarer – Unausgeglichenheit. Auf der einen Seite steht der Wunsch nach größtmöglicher Unabhängigkeit, nach Abgrenzung von den Erwachsenen, auf der anderen Seite der Wunsch nach Nähe und Geborgenheit und danach, versorgt zu werden und noch keine Verantwortung übernehmen zu müssen. Suizidgedanken sind in dieser Zeit nicht ungewöhnlich.

Es wird davon ausgegangen, dass mindestens ein Drittel aller Jugendlichen Suizidgedanken kennen. Diejenigen, die ein gesundes Selbstwertgefühl entwickeln konnten, Unterstützung in Familie und Umfeld erfahren, die keine traumatisierenden Erfahrungen machen mussten und keine psychische Erkrankung entwickeln, überstehen diese Zeit in der Regel unbeschadet.

10.2.3 Einige Risikofaktoren für die Entwicklung schwerwiegender Krisen im Kindes- und Jugendalter

10.2.3.1 Psychische Störungen

Beginnende oder auch bereits ausgeprägte psychische Störungen können zum Ausbruch schwerer Krisen bis zu suizidalen Handlungen führen. Dazu gehören:

- Depressionen (die auch im Kindesalter in ausgeprägter Form auftreten können),
- psychotische Störungen (die auch bereits im Kindesalter auftreten können, aber häufig noch schwer zu diagnostizieren sind),
- Angst- und Zwangsstörungen (z. B. in Form von Schulphobien, die zunächst oft schwer nachzuvollziehen sind),
- Störungen des Sozialverhaltens, Leistungseinbrüche, Alkohol- und Drogenmissbrauch (die eine Vorstufe für eine beginnende psychiatrische Erkrankung sein können).

Die Symptomatik ist bei Kindern und Jugendlichen häufig noch nicht so ausgeprägt wie im Erwachsenenalter. Anfangs fallen insbesondere die Verhaltensstörungen auf. Beispielsweise kann eine beginnende Persönlichkeitsstörung zunächst ausgeprägte Symptome einer Depression zeigen. Diagnostische Festschreibungen sollten deshalb eher zurückhaltend gegeben werden. In der Diagnostik sollte auch die Möglichkeit einer *posttraumatischen Belastungsstörung* abgeklärt werden.

10.2.3.2 Symptome einer posttraumatischen Belastungsstörung

Kinder und Jugendliche, die extreme traumatische Erfahrungen gemacht haben, zeigen im Wesentlichen alle posttraumatischen Symptome, die auch bei Erwachsenen zu finden sind (zu Typ-I-Traumata ► Kap. 15, in diesem Band; zu Typ-II-Traumata Gahleitner ► Kap. 3, in diesem Band).

Folgende Symptome können bei betroffenen Kindern und Jugendlichen u. a. auftreten:

- Gedanken an das traumatische Ereignis, die sich immer wieder und in allen möglichen Situationen aufdrängen, häufig besonders in Ruhephasen (vor dem Einschlafen);
- Empfindungen, als ob das Trauma wieder erlebt wird, oft mit großer Angst verbunden;
- Neuinszenierung von Themen oder einzelnen Aspekten der traumatischen Szene im Spiel (z. B. wird eine Gewalt- oder Unfallszene immer wieder nachgespielt);

- Wiedererleben des traumatischen Erlebens in Träumen, Angstträume bei kleineren Kindern ohne wiedererkennbare Inhalte, in der Folge Schlafstörungen und Angst vor Dunkelheit;
- Trennungsängste – auch bei Jugendlichen zu finden (z. B. Schlafen im Elternbett oder Panik, wenn die Eltern nicht in der Nähe sind) und regressive Tendenzen (z. B. Rückkehr zur Nuckelflasche);
- Übermäßige Wachsamkeit (Lauern auf Gefahren),
- überstarke Schreckreaktionen;
- Vermeiden von Auslösereizen (z. B. von bestimmten Orten, Geräuschen oder Gerüchen);
- Erinnerungsverlust an wichtige Aspekte des Traumas;
- deutlich vermindertes Interesse an wichtigen Aktivitäten;
- Gefühlseinschränkungen (z. B. kann ein Kind, das vorher sehr zärtlich war, diese Gefühle nicht mehr zeigen, es wirkt wie »eingefroren«), pessimistische Gefühle, Hoffnungslosigkeit;
- Wut und Reizbarkeit (besonders Jugendliche verarbeiten die erlebte Hilflosigkeit aggressiv);
- Konzentrationsstörungen,
- Schulverweigerung;
- dissoziative Symptome wie Trancezustände (z. B. wirkt ein Kind wie »ausgeschaltet« oder wie im Tiefschlaf, ist nicht ansprechbar, die Zustände können manchmal wirken wie Absencen vor einem epileptischen Anfall), Halluzinationen (Sehen von Dingen, die nicht da sind, Hören von inneren Stimmen), selbstschädigendes Verhalten (Gahleitner, 2005).

Bei Kindern und Jugendlichen werden diese Auffälligkeiten häufig übersehen oder nicht mit früheren traumatischen Erlebnissen bzw. Entwicklungstraumatisierungen in Verbindung gebracht (Brisch, 2018). Besonders schwierig zu verstehen ist die Problematik bei kleineren Kindern, die noch nicht gut verbalisieren können. Wichtig ist vor allem zu verstehen, dass diese Verhaltensweisen *Schutzreaktionen* und damit zunächst einmal »angemessene« Reaktionen auf unnormale Situationen sind (▶ Kap. 3 von Gahleitner, in diesem Band). Betroffene Kinder und Jugendliche, die über längere Zeit entsprechende Symptome zeigen, benötigen eine spezielle psychotherapeutische Behandlung.

10.2.3.3 Familiäre Belastungsfaktoren

Die familiären Bedingungen stellen die häufigsten Belastungsfaktoren bei der Entstehung und der Manifestation kindlicher und jugendlicher Krisen dar.

Besonders gefährdet sind diejenigen, die

- in der Familie ungewünscht und ungewollt sind, die die Botschaft erhalten: Es wäre besser, wenn es dich gar nicht geben würde (eine Mutter sagt z. B. im Kriseninterventionsgespräch zu ihrer Tochter: »Hätte ich dich doch damals nur abgetrieben, wie ich es eigentlich vorhatte, dann hätte ich heute nicht so viel Ärger«);
- ständig überfordert werden, mit Leistungserwartungen der Eltern konfrontiert sind, die sie nicht erfüllen können, die positive Bestätigung nur bei entsprechender Leistung erfahren;
- in einer angespannten Familienatmosphäre aufwachsen, die durch andauernde Streitigkeiten, finanziellen Druck oder Alkoholismus gekennzeichnet ist;
- die Ausübung von Gewalt erfahren (physisch oder psychisch), sexuell missbraucht werden oder wurden;
- als Partnerersatz fungieren müssen oder viel Verantwortung für einen psychisch labilen oder kranken Elternteil übernehmen müssen;
- bereits mehrere Beziehungsbrüche durch Trennungen und/oder Verluste erfahren haben;

- in Familien aufwachsen, in denen Suizidalität als Problemlösungsstrategie vorgelebt wird (wenn z. B. ein Elternteil im Konfliktfall ständig droht, sich das Leben zu nehmen und Suiziddrohungen als Erpressung benutzt werden)

In Familien, die durch eine Häufung von äußeren und inneren Problemen belastet und instabil sind, ist es unmittelbar nachvollziehbar, dass die familiäre Problemsituation zu Krisen führen kann. Bei anderen, scheinbar »intakten« Familien sind die belastenden Beziehungsstrukturen nach außen oft nur schwer sichtbar. Kinder und Jugendliche aus diesen Familien müssen manchmal sehr deutliche Signale aussenden, um auf die gestörten Beziehungen und die Hilfsbedürfnisse hinzuweisen.

10.2.3.4 Soziale und kulturelle und äußere Faktoren

Folgende soziale, kulturelle und sonstige äußere Faktoren spielen eine wichtige Rolle bei Krisen:

- *Migration*
  Kinder von Eltern ausländischer Herkunft müssen sich häufig mit einer Vielzahl belastender Faktoren auseinandersetzen. Sie leiden unter den unterschiedlichen kulturellen Erwartungen zwischen Familie und Umgebung. Sie haben oft deutlich schlechtere schulische Voraussetzungen und Bildungsabschlüsse und kommen aus sozial schlecht abgesicherten Familien. Spezielle Beratungsangebote für diese Kinder und Jugendlichen sind nur sehr wenig vorhanden (▶ Kap. 9 von Reichelt in diesem Band).
- *Schulische Belastungen*
  Leistungsstress in der Schule ist zwar in der Regel nicht die Ursache für schwerwiegende Krisen, kann aber durchaus zum Krisenauslöser werden. Ohnehin schon bestehende Versagensgefühle verstärken sich durch schlechte schulische Leistungen. Problematisch wird es, wenn die Betroffenen weder in der Schule noch im Elternhaus Verständnis und Unterstützung finden.
- *Schwere Konflikte mit Gleichaltrigen*
  Mobbing sowie Gewalt durch Gleichaltrige können erhebliche Krisen und Ängste auslösen. Häufig haben die Kinder oder Jugendlichen Angst sich mitzuteilen, weil weitere Gewalt angedroht wurde, falls sie mit anderen über das Geschehene sprechen.
- *Gewaltverbrechen und Unfälle*
  Selbst Opfer oder Zeug*in von Gewaltverbrechen (Vergewaltigung, Überfälle, Entführung) oder Unfällen gewesen zu sein, ist in hohem Maße Auslöser für schwerwiegende Krisen.
- *Problematisches Coming-out*
  Jugendliche, die wegen ihrer homosexuellen Orientierung nicht akzeptiert werden, auch in der Familie ausgegrenzt werden oder ihre sexuelle Orientierung selbst nicht annehmen können, geraten häufig in schwere Identitätskrisen. Die Suizidgefährdung ist bei diesen Jugendlichen (insbesondere den männlichen) sehr hoch (Plöderl, Kralovec, Fartacek & Fartacek, 2009)!

10.3 Suizidalität bei Kindern und Jugendlichen

Die Zuspitzung einer Krise kann in ihrer extremsten Form zu Suizidalität führen. Die Anzahl der Suizide steigt mit zunehmendem Alter. Bei Kindern und Jugendlichen ist die Zahl der Todesfälle dennoch erschreckend hoch. Bei männlichen Jugendlichen in der

Altersgruppe zwischen 15 und 25 Jahren ist der Suizid nach Unfällen die zweithäufigste Todesursache. Zwei Drittel der Todesfälle in allen Altersgruppen betreffen Jungen und Männer, bei Mädchen und jungen Frauen hingegen sind Suizid*versuche* wesentlich häufiger.

Bei beiden Geschlechtern liegt die Anzahl der Suizidversuche im Vergleich zu Suiziden um ein Vielfaches höher. Ihre Zahl kann allerdings nur geschätzt werden, da sie statistisch nicht erfasst werden. Viele Suizidversuche bleiben zudem unbehandelt. Bei Kindern und Jugendlichen kann nicht unbedingt von der Gefährlichkeit des Suizidversuchs auf die Ernsthaftigkeit der Absicht geschlossen werden. Besonders Jüngere wissen z. B. noch nicht, welche Medikamente gefährlich sind. Einige Suizide geschehen sicher auch aus »Versehen«, weil aus Unkenntnis lebensbedrohliche Mittel eingenommen wurden, obwohl »nur« ein Signal gesetzt werden sollte.

Suizide und Suizidversuche kommen bei Kindern unter zehn Jahren eher selten vor. Allgemein wird davon ausgegangen, dass, entwicklungspsychologisch gesehen, jüngere Kinder noch keine Vorstellung von Endlichkeit haben, Vorstellungen über Suizidmethoden noch nicht vorhanden und psychische Störungen noch wenig manifest sind.

Suizidale Gedanken und Drohungen kommen aber auch bei jüngeren Kindern durchaus vor. Die Entstehung konkreter Suizidgedanken hängt sehr vom jeweiligen Entwicklungsstand des Kindes ab. Zu beachten ist auch, dass Kinder möglicherweise die suizidalen Anteile eines Elternteils stellvertretend ausdrücken und die Hilfebedürftigkeit des Familiensystems damit nach außen tragen.

10.3.1 Einige Signale und Alarmzeichen, die auf eine Suizidgefährdung hinweisen können

Krisen, insbesondere suizidale Krisen bei Kindern und Jugendlichen, sind häufig nicht sofort erkennbar. Unterschiedliche Alarmzeichen sollten aufmerksam machen. Sie können Hinweise auf eine mögliche Gefährdung geben. Folgende Anzeichen können auf eine Krise hinweisen:

- *Soziale Isolierung*
  Menschen in schwerwiegenden suizidalen Krisen haben die Tendenz, sich aus bestehenden Beziehungen zurückzuziehen. Ihr Selbstbewusstsein nimmt immer mehr ab. Sie fühlen sich nicht wertgeschätzt, nicht geliebt, nicht genügend beachtet. Bestehende Freundschaften oder Beziehungen werden vernachlässigt oder abgebrochen. Die Kommunikationsfähigkeit schränkt sich zunehmend ein. Jugendliche ziehen sich aus familiären Aktivitäten zurück, wirken lustlos, antriebslos. Für Außenstehende ist ihr Verhalten oft nicht nachvollziehbar.

- *Aggressiv-abwehrendes Verhalten*
  Insbesondere suizidgefährdete Jugendliche zeigen nicht selten nach außen ein abwehrendes, auch aggressives Verhalten. Ihre selbstzerstörerischen Impulse führen zu Abwehr und Ablehnung gegen die Außenwelt. Bemerkungen wie »Lasst mich doch alle in Ruhe«, »Ich will mit niemandem sprechen!« stoßen die anderen zurück und führen zu Ärger und Rückzug bei den anderen.

- *Stimmungsschwankungen*
  Auffällig können starke Gefühlsschwankungen gefährdeter junger Menschen sein, sie können in dem einen Moment in gehobener Stimmung, manchmal geradezu »aufgedreht« und im nächsten Moment völlig deprimiert wirken. Menschen, die bereits konkrete Suizidpläne gefasst haben, können ungewohnt ruhig und gelöst wirken, da sie sich durch den Entschluss, ihre Probleme »loszuwerden«, entlastet fühlen. Hier gilt es, sich nicht zu schnell beruhigen zu lassen, wenn ein vorher sehr deprimierter Mensch sich plötzlich als sehr ausgeglichen zeigt.

- *Veränderungen der äußerlichen Erscheinung*
Die äußerliche Erscheinung wirkt anders als vorher, vernachlässigt. Mimik und Gestik sind eingeschränkt und ausdrucksarm.
- *Weitere auffällige Verhaltensweisen*
Essstörungen (starke Gewichtszunahme oder -abnahme), vermehrter Drogen-/Alkoholkonsum, Leistungsveränderungen in der Schule, Schulverweigerung, Aufgabe von Hobbys und Interesselosigkeit.
- *Vermehrte Unfallneigung*
Besonders bei Kindern kann eine Unfallhäufung ein Ausdruck für verdeckte Suizidalität sein.
- *Konkrete Handlungen*
Sammeln von Tabletten, Gegenständen zur Selbstverletzung, Waffen, selbstverletzendes Verhalten (z. B. Ritzen, Schneiden, Verbrennen), Verschenken von geliebten Dingen (z. B. Haustiere, Lieblings-CDs).
- *Körperliche/psychosomatische Symptome*
Kinder und Jugendliche in schweren Krisen zeigen häufig auch körperliche Symptome wie z. B. Erschöpfung, Müdigkeit, Kopfschmerzen, Bauchschmerzen (besonders auch bei Kindern zu beachten), Appetitlosigkeit, Schwindelgefühle.
- *Verbale Äußerungen*
Äußerungen, die auf die eigenen Wertlosigkeitsgefühle, Belastungsgefühle oder auch Planungen hinweisen: »Es wäre für alle besser, wenn es mich nicht geben würde«. »Am liebsten würde ich vor allem meine Ruhe haben«. »Meinen Geburtstag erlebe ich sowieso nicht mehr.«
- *Schriftliche Äußerungen*
Manchmal werden »testamentarische« Verfügungen verfasst (wer soll welche Dinge bekommen), in Schulaufsätzen finden sich Andeutungen zu Suizidgedanken, Beschäftigung mit dem Tod.
- *Zeichnungen und Symbole*
Deprimierende Bilder, Zeichnungen von Gräbern und Grabkreuzen sind häufig Ausdruck pubertärer Auseinandersetzungen, können aber auch auf eine ernsthafte Gefährdung hinweisen.
- *»Philosophische Auseinandersetzung«* mit dem Thema *»Tod und Suizid«:*
Insbesondere Jugendliche, die sich mit Suizidgedanken beschäftigen, versuchen manchmal über den Sinn des Lebens und die Legitimation von Suizid zu diskutieren. Die darin versteckten Botschaften werden von den Erwachsenen häufig nicht erkannt.

Das Auftreten von einzelnen der aufgeführten Signale und Alarmzeichen muss noch kein Hinweis auf eine Suizidgefährdung sein. Es können Hinweise sein, besonders, wenn mehrere Signale wahrgenommen werden.

Ob eine tatsächliche Gefährdung vorliegt, kann ich nur erfahren, wenn ich mich traue, danach zu fragen. Nach Suizidgedanken muss und darf auch bei Kindern und Jugendlichen sehr konkret gefragt werden!

10.3.2 Was empfinden suizidale junge Menschen?

Suizidales Verhalten bei Kindern und Jugendlichen ist Ausdruck einer momentanen oder langfristigen *Beziehungsstörung*. Suizidale Gedanken entstehen in Verbindung mit anderen Menschen. Negative Erfahrungen und Erlebnisse, Zweifel an sich selbst und den anderen verdichten sich zu einem Gefühl der Wertlosigkeit. Sie fühlen sich ungeliebt, überfordert, hilflos und eingeengt. Ihre Probleme empfinden sie als unlösbar. Sie haben das Gefühl, dass sich vor ihnen ein unüberwindlicher Berg auftürmt und hinter ihnen der Abgrund droht.

Suizidales Verhalten ist zugleich ein *Kommunikationsversuch*. Es ist der Versuch, Kontakt aufzunehmen, den anderen zu zeigen: »Ich weiß nicht mehr weiter«, es ist der Wunsch, bemerkt zu werden. *Es ist ein Hilferuf, der dringend einen Empfänger sucht.*

Das Motiv für einen Suizidversuch ist für die meisten jungen Menschen nicht der

Wunsch, tot zu sein. Sie wollen vielmehr ihre Ruhe haben, alle ihre Probleme loswerden. Es ist der Wunsch nach einer Zustandsveränderung. »Eigentlich will ich leben, aber so wie jetzt kann ich nicht mehr weiter«, ist ein häufiger Ausspruch von suizidalen Jugendlichen. Während der Suizidversuchshandlung ist der Druck oft so groß, dass sie das Risiko zu sterben in Kauf nehmen.

Jeder Suizidversuch sollte ernst genommen werden, auch wenn er nicht zu einer tatsächlichen Lebensbedrohung geführt hat. Die Gefahr erneuter Versuche, die dann lebensbedrohlich sein können, wächst, wenn auf einen Suizidversuch kein Hilfsangebot folgt.

Ein Suizidversuch ist bei den meisten Jugendlichen kein Ausdruck einer psychiatrischen Erkrankung, sondern einer gravierenden Lebenskrise. Sie wollen in erster Linie verstanden und nicht gerettet werden. Die Abgrenzung zum Vorliegen eines *psychiatrischen Notfalls*, z. B. bei akuter Suizidalität oder akuten Psychosen, ist aber in der Praxis sehr wichtig (▶ Kap. 4 von Rupp, in diesem Band)!

10.3.3 Umgang mit suizidgefährdeten Kindern und Jugendlichen

Die weit verbreitete und durchaus verständliche Angst, konkret nach Suizidgedanken zu fragen, ist – auch, wenn es Kinder und Jugendliche betrifft – unbegründet. Jemanden durch Fragen nach Suizidgedanken erst auf den Gedanken zu bringen, sich das Leben zu nehmen, ist sehr unwahrscheinlich. Kein Mensch wird durch das Nachfragen Suizidgedanken entwickeln, wenn er sich nicht bereits damit beschäftigt hat. Im Gegenteil bietet es für den gefährdeten Menschen eine *Chance zur Entlastung*, wenn er bestehende Suizidgedanken konkret aussprechen kann und darf. *Es sind nicht die Gefühle des gefährdeten Menschen, sondern die eigenen Ängste, die das konkrete Nachfragen verhindern!*

Jugendliche reagieren, wie oben erwähnt, oft abwehrend und aggressiv auf Ansprache und Nachfragen. Hier gilt es, sich nicht zu schnell verschrecken zu lassen.

Fallbeispiel

Eine besorgte Mutter kommt mit ihrem 16-jährigen Sohn in die Beratungsstelle. Der Sohn hatte in der letzten Zeit sein Verhalten deutlich verändert. Er war mürrisch und reizbar, hatte sich von Freund*innen zurückgezogen und häufiger die Schule geschwänzt. Der Anlass für den Krisentermin war seine Drohung, von einem Hochhaus zu springen.

Im Beratungsraum setzte sich der Junge demonstrativ in eine Ecke, in abgewandter Haltung, deutlich aufzeigend, dass er nicht vorhabe, sich auf ein Gespräch einzulassen. Er sei nicht freiwillig gekommen und werde mit niemandem reden. Auf die Frage, warum er mitgekommen sei, antwortete er: »Meine Mutter hat mich dazu gezwungen.« Als ich meine Verwunderung darüber zum Ausdruck brachte, wie die körperlich zarte Mutter es geschafft haben könne, ihn, einen kräftigen jungen Mann, gegen seinen Willen in die Beratungsstelle zu bringen, entgegnete er: »Die macht das immer anders, die setzt mich moralisch unter Druck.« Nun war ein zentrales Thema zwischen Mutter und Sohn angesprochen, und der Junge zeigte erste Neugierde auf ein Gespräch. Langsam, immer noch deutlich auf Distanzhaltung bedacht, rückte er vorsichtig näher.

Im weiteren Gesprächsverlauf wurde die enge Beziehung zwischen Mutter und Sohn deutlich. Die alleinerziehende Mutter litt unter Depressionen und großen Ängsten, alleine zu sein. Der Sohn hatte das Gefühl, sich nicht entfernen zu dürfen, er fühlte sich für seine Mutter verantwortlich und hatte Schuldgefühle, wenn er sich nicht genügend um sie kümmerte.

Gleichermaßen empfand er eine ungeheure Wut über diese Einschränkung seiner Autonomiebedürfnisse, die wiederum seine Schuldgefühle verstärkte. Gefühle von Freiheit konnte er nur durch die Suizidfantasien empfinden. Gefühle von Wut richtete er gegen sich selbst. Nach anfänglicher Skepsis konnte er sich auf weitere therapeutische Gespräche einlassen, als er sich sicher war, dass die Suizidfantasien als Ausdruck seiner inneren Not verstanden wurden. Über diese, wie er es nannte, »abgrundtiefen« Gedanken sprechen zu dürfen, ohne Sanktionen und Entsetzen auf der anderen Seite auszulösen, empfand er als sehr entlastend. Seine Mutter entlastete ihn zusätzlich, indem sie sich nach einiger Zeit selbst therapeutische Hilfe suchte und ihm damit signalisierte, dass sie auf dem Weg war, sich selbst zu helfen.

Dieses Fallbeispiel ist eine idealtypische Schilderung. Es gibt natürlich auch zahlreiche, deutlich dramatischere familiäre Hintergründe, die es einem Kind oder Jugendlichen nicht erlauben, in die Familie zurückzukehren. Viele in unserer Krisenunterkunft aufgenommene junge Menschen müssen in Heimeinrichtungen oder therapeutische Wohngemeinschaften vermittelt werden. Außerdem gibt es, besonders im Jugendbereich, Beratungs- oder Therapieabbrüche. Das Eingeständnis, nicht alle Klient*innen/Patient*innen retten zu können, gehört in der Krisenintervention zur Realität. Es wird immer Menschen geben, die sich unserem Hilfsangebot entziehen, Menschen, für die wir letztendlich nicht die Verantwortung übernehmen können. Auch in geschlossenen psychiatrischen Abteilungen wird es trotz aller Sicherungsmaßnahmen weiterhin Suizide geben.

In der Arbeit mit Jugendlichen ist es manchmal schwieriger, an den zentralen Konflikten und unbewussten Beziehungsmustern zu arbeiten, als bei Erwachsenen. Jugendliche Ambivalenz, Abwehrhaltung und Bindungsproblematik behindern diesen Prozess immer wieder, der Weg zwischen dem Wunsch nach Orientierung von außen und Übernehmen von Eigenverantwortung muss immer wieder neu gesucht werden.

Hier muss eine Balance zwischen notwendiger Grenzsetzung und Absicherung sowie der Akzeptanz von Autonomie, die besonders für Jugendliche ein zentrales Thema ist, gefunden werden.

10.3.4 Weitere wichtige Punkte bei der Beratung suizidgefährdeter junger Menschen

Es ist nicht sinnvoll, mit dem suizidalen Menschen *über die Legitimation von Suizidgedanken zu diskutieren*. Je mehr ich versuche, jugendlichen Suizidalen die Suizidgedanken »auszureden«, desto mehr wird er oder sie wahrscheinlich auf die andere Seite gehen (jugendliche Ambivalenz). Hilfreicher ist es, ruhig zuzuhören, geduldig und aufmerksam zu sein, Raum zu geben für seine bzw. ihre Gedanken. Solange der*die Gefährdete mit mir spricht, ist die Gefahr geringer, dass er*sie sich etwas antut.

Meine eigenen Vorstellungen vom Leben kann ich nicht dem anderen Menschen aufdrängen, *konkrete Lösungsvorschläge werden meist als undurchführbar zurückgewiesen*. Das führt auf der Seite des*der Helfenden schnell zu Unmut und Hilflosigkeit. Aus Angst und Panik in Aktionismus zu verfallen, ist aber nicht hilfreich. Hilfreicher ist es, die *Ressourcen zu stärken*, denn Lösungsideen können letztendlich nur von dem*der anderen selbst entwickelt werden. Hierfür kann man Hilfestellungen anbieten und unrealistische Ideen benennen, positive Erlebnisse im bisherigen Leben finden und verstärken.

Angebote, die ich mache, muss ich *einhalten* können. Es ist sinnvoller, zuverlässige, *begrenzte Angebote* zu machen als unbegrenzte (»Ich bin immer für dich da«), die ich nicht einhalten kann. Helfer*innen, die beispielsweise mehrere Tage hintereinander nachts um drei Uhr privat angerufen werden, reagieren irgendwann zwangsläufig aggressiv. Ein Beziehungsabbruch (wie er häufig schon mehrfach erlebt wurde) kann dann die suizidalen Impulse des*der Gefährdeten verstärken.

Suiziddrohungen können sehr erpresserisch sein. *Erpressungsversuchen darf nicht nachgegeben werden*, irgendwann wird eine Abgrenzung notwendig. Besser ist es, rechtzeitig Grenzen zu setzen (beispielsweise dem*der anderen vermitteln, dass meine Hilfe allein nicht ausreicht, dass ich mich überfordert fühle und jemand anderen hinzuziehen möchte). *Es ist nicht sinnvoll, sich in Schweigeversprechen einbinden zu lassen.*

Von einer suizidalen Krise ist immer auch das gesamte Familiensystem betroffen. Deshalb muss *die Familie in die Krisenintervention einbezogen werden*. Das Setting hierfür hängt ab von dem jeweiligen Hintergrund des Konflikts (gemeinsam mit allen Familienmitgliedern oder Kind und Eltern bzw. Elternteile getrennt, Letzteres insbesondere bei eskalierter Gewalt).

10.4 Beispiele für Krisensituationen im Zusammenhang mit Kindern und Jugendlichen im Krisen- und Rettungsdienst

10.4.1 Unterbringung eines Elternteils nach PsychKG

Eine psychisch erkrankte Mutter in akutem psychotischem Zustand muss unter Zwang in die Klinik eingewiesen werden. Das Kind hat den Zustand der Mutter schon einige Tage miterlebt und ist verängstigt. Die Mutter will sich nicht von dem Kind trennen, klammert sich an und muss mit körperlichem Einsatz von dem Kind getrennt werden. Die Helfer*innen vom Krisendienst, die sich nicht unbedingt für die Arbeit mit Kindern kompetent fühlen, sind verunsichert, wie sie mit dem Kind umgehen sollen.

Das Kind weiß nicht, was mit der Mutter passiert, ob sie wiederkommt, es fühlt sich alleingelassen. Hat es früher Gewalt erfahren, reagiert es möglicherweise erschreckt auf Körperkontakt. In dieser Situation braucht ein Kind vor allem Trost. Diese Tatsache wird von Helfer*innen aus Angst, im Umgang mit Kindern etwas falsch zu machen, manchmal vergessen. Ein Kind kann getröstet werden, indem man sich auf seine Größe hinunterbegibt, fragt, ob es angefasst werden möchte, ihm erklärt, was vorgefallen ist, die Situation im Moment ernst ist, sich aber wieder ändern wird. Bezogen auf das Beispiel mit ihm darüber spricht, was jetzt mit der Mutter passiert, dass sich um sie gekümmert und auf sie aufgepasst wird. Häufig haben Kinder von psychisch erkrankten Eltern vorher viel Verantwortung übernommen, vielleicht auch teilweise die Elternrolle. Dafür steht ihnen Respekt und Anerkennung zu. Die Bedürftigkeit von Kindern (und auch Jugendlichen) wird aber oft unterschätzt, gerade wenn sie gefasst und kontrolliert wirken.

Bei kleineren Kindern sollte sich nach Möglichkeiten der stationären Mitaufnahme in der psychiatrischen Klinik erkundigt werden. In einigen Städten gibt es diese Angebote mittlerweile.

Der Kontakt zum Jugendamt bzw. dem örtlich zuständigen Kinder-/Jugendnotdienst sollte unbedingt aufgenommen werden, um auch längerfristige Hilfestellungen für die

Kinder in die Wege zu leiten (die Inobhutnahme nach § 42 KJHG entscheidet das Jugendamt bzw. der das Jugendamt vertretende Dienst).

Ähnliches Vorgehen gilt auch, wenn ein Kind Gewalt gegen sich selbst oder einen Elternteil miterlebt hat. Der Schutz des Kindeswohls steht hier selbstverständlich im Vordergrund. Bei akuter Gefährdung muss für eine Fremdunterbringung gesorgt werden. Hierfür ist der Notdienst des Jugendamtes bzw. der entsprechende Notdienst zuständig.

Kinder, die traumatische Erfahrungen gemacht haben, können häufig nicht über das Geschehene sprechen. Sie benötigen spezielle psychotherapeutische Behandlung.

Ernsthafte Krisen bei Kindern und Jugendlichen lösen bei den Helfer*innen schnell besonders ausgeprägte Rettungsimpulse aus. Gut gemeinte Sicherungsmaßnahmen können, wenn beispielsweise die Dynamik des Familiensystems und/oder die starke Ambivalenz jugendlicher Klient*innen/Patient*innen nicht beachtet werden, letztendlich nutzlos oder auch schädlich sein.

Wird z. B. ein Kind nach einem von ihm eröffneten sexuellen Missbrauch in der Familie aus der Familie herausgenommen, ohne vorher geklärt zu haben, wo es gut untergebracht wäre, und vor allem, ob die Vorwürfe »beweisbar« sind, verschlechtert sich unter Umständen die Position des Kindes, wenn die gesetzlichen Bedingungen für eine Fremdunterbringung nicht durchsetzbar sind und das Kind in die Familie zurückgeführt wird. In diesem Fall kann es sinnvoller sein, mit dem Kind in Kontakt zu bleiben, mit Fachdiensten eine gemeinsame Strategie zu entwickeln, um das Kind längerfristig zu stützen und nicht zu frühzeitig »aufdeckend« zu arbeiten.

10.4.2 Einsätze nach Schadensereignissen

Ähnlich wie bei Gewalterfahrungen gilt es zunächst, Schutz und Sicherheit zu vermitteln. Mögliche Traumatisierungen (spätere posttraumatische Belastungsstörung) sollten nicht unterschätzt werden (s. o. und ▶ Kap. 15 von Purtscher-Penz & Penz, in diesem Band; ▶ Kap. 3 von Gahleitner, in diesem Band; Karutz, Juen, Kratzer & Warger, 2017).

10.4.3 Überbringen von Todesnachrichten

Die Aufgabe, Todesnachrichten zu überbringen, ist, insbesondere wenn es um Kinder geht, besonders belastend. Die Helfer*innen brauchen nach einem solchen Einsatz Entlastungsmöglichkeiten.

Durch das miterlebte oder erzählte Trauma der anderen selbst langfristig belastet zu werden, ist eine ernst zu nehmende Gefahr für Helfer*innen (sekundäre Traumatisierung).

Die betroffenen Angehörigen brauchen Beistand, mit dem Wissen, dass Schmerz und Trauer ihnen nicht abgenommen werden können. Eltern machen nach dem Verlust eines Kindes häufig die Erfahrung, dass sich die Menschen aus ihrem Umfeld aus Unsicherheit und Angst, ihnen zu begegnen, zurückziehen. Dies gilt insbesondere, wenn ein Kind oder ein*e Jugendliche*r Suizid begangen hat. Längerfristig kann den Eltern möglicherweise die Teilnahme an einer speziellen Selbsthilfegruppe helfen. Auch die betroffenen Geschwisterkinder dürfen nicht übersehen werden.

10.5   Fazit: Wer bringt nun Licht ins Chaos?

Primäre Krisenintervention muss dort ansetzen, wo Kinder und Jugendliche sich aufhalten. Schwerwiegende Krisen zeigen sich, wie beschrieben, durch vielseitige Symptome im Alltag. Nur eine geringe Anzahl von gefährdeten jungen Menschen kommt in ärztliche oder psychotherapeutische Behandlung. Krisensymptome werden erst dann beachtet, wenn etwas passiert ist. Viele Eltern halten die anderen (Lehrer*innen, Erzieher*innen) für die Profis in der Erziehung ihrer Kinder und fühlen sich selbst überfordert. Die Gleichaltrigen meinen, dass doch die Erwachsenen die Verantwortung für die Hilfe übernehmen müssen. Berufsgruppen, die in ihrer täglichen Arbeit mit Kindern und Jugendlichen konfrontiert sind, fühlen sich alleingelassen mit der häufig massiven Problematik. Einrichtungen der Jugendhilfe geraten an ihre Grenzen. Die Schule fühlt sich vielleicht nicht zuständig für persönliche Probleme der Schüler*innen, die als »nicht primär schulisch bedingt« definiert werden. So wird die Frage der Zuständigkeit für die Probleme mitunter weitergereicht.

Insbesondere im Schulbereich existieren große Ängste vor einer möglichen »Kompetenzüberschreitung« seitens der Lehrer*innen. Viele fragen lieber gar nicht nach, obwohl sie vielleicht eindeutige Signale aufgefangen haben. Sie haben Angst vor der dann möglicherweise entstehenden Verantwortung für eine*n gefährdete*n Schüler*in. Die Hinweise (z. B. im Rahmen einer Fortbildung), dass sie die Verantwortung ja letztendlich gar nicht übernehmen können und müssen und dass das Delegieren von Verantwortung (Einbezug von Hilfsangeboten) oft sinnvoll ist, kann schon entlastend sein. Eine Vernetzung mit Hilfeangeboten in der Region ist zunächst zeitaufwendig, längerfristig können sie den Schulalltag aber deutlich entlasten.

Krisen im Kindes- und Jugendalter müssen und können thematisiert werden. Auch das Thema Suizidalität muss benannt werden. Nur so lässt sich die Angst davor reduzieren. In vielen Unterrichtsfächern können beispielsweise belastende Themen wie Konflikte im Elternhaus, mit Gleichaltrigen oder Leistungsstress angesprochen werden. Die Stärkung der eigenen Ressourcen der Kinder und Jugendlichen sollte dabei eine zentrale Rolle spielen. Sie werden bisher zu wenig in »Problemlösungsstrategien« mit einbezogen (z. B. durch Ausbildung in Konflikt- und Stressbewältigung).

Für Mitarbeiter*innen aus Schule und Jugendhilfe sind Fortbildungsangebote zur Kompetenzerweiterung zum Thema Krisenintervention sinnvoll und notwendig. Übungen zur Gesprächsführung mit gefährdeten Kindern und Jugendlichen sind besonders wichtig. Fragen nach Suizidgedanken zu stellen und über Suizidfantasien zu sprechen, kann eingeübt werden und mindert Ängste. Die Auseinandersetzung mit eigenen Krisenerfahrungen, besonders im Jugendalter, hilft Konflikte nachvollziehen zu können.

Auch im medizinischen Bereich (z. B. Akutversorgung in Krankenhaus oder Arztpraxis) besteht Fortbildungsbedarf, wenn es um die Früherkennung von ernsthafter Krisensymptomatik bis hin zur Suizidalität geht.

Im Bereich der Krisenintervention bei Kindern und Jugendlichen bedarf es dringend der interdisziplinären Zusammenarbeit (Prävention, Früherkennung, Behandlung). Entscheidend ist die Schaffung von haltgebenden Strukturen. Kompetenzstreitigkeiten zwischen den Berufsgruppen sind überflüssig und hinderlich. Starre Grenzen (z. B. zwischen Jugendhilfe und psychiatrischer Versorgung) müssen zugunsten einer sinnvollen Versorgung aufgelöst werden. Notwendig sind Angebote, die an der Schnittstelle zwischen Elternhaus, Psychiatrie, Jugendhilfe und Schule einsetzen. Nur eine Verbindung zwischen situationsgerechten Beratungsangeboten, ambulanter und stationärer Krisenintervention ermöglicht letztendlich eine wirksame Hilfe.

Literatur

Brisch, K. H. (2018). *Bindungstraumatisierungen. Wenn Bindungspersonen zu Tätern werden* (2., unveränderte Auflage). Stuttgart: Klett-Cotta (Erstauflage erschienen 2016).

Gahleitner, S. B. (2005). *Neue Bindungen wagen. Beziehungsorientierte Therapie bei sexueller Traumatisierung.* München: Reinhardt.

Karutz, H., Juen, B., Kratzer, D. & Warger, R. (Hrsg.). (2017). *Kinder in Krisen und Katastrophen. Spezielle Aspekte psychosozialer Notfallversorgung.* Innsbruck: Studia Universitätsverlag.

Plöderl, M., Kralovec, K., Fartacek, C. & Fartacek, R. (2009). Homosexualität als Risikofaktor für die Depression und Suizidalität bei Männern. *Blickpunkt der Mann, 7,* 4, 28–37. Zugriff am 27.11.2018 unter https://www.kup.at/kup/pdf/8386.pdf.

Wieland, S. (2018). *Dissoziation bei traumatisierten Kindern und Jugendlichen. Grundlagen, klinische Fälle und Strategien* (2., unveränderte Auflage). Stuttgart: Klett-Cotta (englisches Original erschienen 2011).

11 »Alter schützt vor Torheit nicht!« – Alterskrisen als Aufgabe der Krisenintervention

Burkhart Brückner

> Krisen im Alter sind von typischen Problemlagen geprägt. In diesem Beitrag werden einige Aspekte des Basiswissens für die Krisenarbeit mit älteren Menschen ab 60 Jahren dargestellt. Es geht um die charakteristischen Beziehungskonflikte, die Spezifik von Altersdepressionen und Alterssuizidalität sowie den Umgang mit altersverwirrten Personen. Ein Fallbeispiel verdeutlicht die Grundhaltung in der Begegnung mit desorientierten Klient*innen in Anlehnung an die Methode der Validation. Abschließend wird die Bedeutung der institutionellen Kooperation und der Hilfekette sowie die Rolle der Helfenden angesprochen.

11.1 Einführung

Dieser Beitrag basiert auf langjährigen Erfahrungen in der Krisenarbeit. 1992 begann ich als Psychologe in einem Krisendienst in Berlin-Schöneberg zu arbeiten. Nach der Gründung des Berliner Krisendienstes konnte ich zusammen mit Susan Al Akel und Ulrich Klein in der Region Südwest-Berlin das Projekt *Zukunft im Alter* aufbauen. Wir haben eine gemeindenahe, multiprofessionelle Krisenarbeit für alte Menschen konzipiert, implementiert, erforscht und 2006 in dem Band *Verstehende Beratung alter Menschen* dargestellt. Seitdem beschäftige ich mich in Forschung und Lehre sowie als Psychotherapeut mit Krisenbegleitung insbesondere für psychiatrieerfahrene Personen (Schlimme & Brückner, 2017).

Das folgende Interventionskonzept geht von mehreren Fragen aus: Wie können ältere Bürger*innen besser erreicht werden? Auf welche Weise ist es möglich, nächtliche Notfalleinsätze in den Institutionen der Altenhilfe zu verringern? Was für eine Unterstützung brauchen Professionelle in der Altenhilfe, aber auch Polizei und Feuerwehr, wenn sie mit alten Menschen in Krisen zu tun haben?

Das Thema wird an Bedeutung gewinnen, denn der demografische Wandel beschleunigt sich angesichts sinkender Geburtenraten und steigender Lebenserwartung. Gut ein Viertel der Bevölkerung war im Jahr 2016 über 60 Jahre alt (ca. 22,2 Mio.), im Jahr 2050 wird bereits jede dritte Person zur Generation 60+ gehören. Bei insgesamt abnehmender Bevölkerung erhöht sich der Anteil der über 60-Jährigen voraussichtlich im Jahr 2030 auf rund 35 % und im Jahr 2050 auf 38 %. Die Lebenserwartung dürfte 2030 für Frauen auf 85 Jahre, für Männer auf 80 Jahre steigen. Der Anteil der Hochbetagten über 80 Jahre wird für 2050 auf 9,9 Mio. oder 13 % der Bevölkerung prognostiziert. Trotz der schrittweisen

Anhebung der Altersgrenze für den Renteneintritt auf 67 Jahre werden 2030 nur noch 2,5 Erwerbsfähige im Alter von 20–66 Jahren auf eine Person im Rentenalter ab 67 Jahren kommen (Statistisches Bundesamt, 2016; Statistische Ämter des Bundes und der Länder, 2011). Das Alter wird somit zunehmend als eigenständige Lebensphase wahrgenommen und künftig werden andere Einstellungen und Lebensstile wichtig für die Zufriedenheit der älteren Generation. Mehr ältere Personen leben künftig allein, sie werden aber weniger Enkel haben. Ältere Paare erleben schon jetzt oft eine längere Lebensphase ohne Kinder, der Markt der Reise-, Bildungs- und Freizeitangebote für Senioren wächst, das Angebot an Heimplätzen wird ausgebaut und mit der sinkenden Alterssterblichkeit erhöht sich die Zahl der Altersdepressionen, Pflegefälle, Demenzkranken, Schwerbehinderten und Armutsgefährdeten. Die Zahl der Pflegebedürftigen könnte von 2,6 Mio. im Jahr 2013 auf etwa 3,4 Mio. im Jahr 2030 steigen (Robert Koch-Institut, 2015).

Die Forschung über Alterskrisen ist nach wie vor übersichtlich (vgl. Kainz, 2017; Wedler, Teising & Lindner, 2014; Etzersdorfer, 2008; Brückner, Al Akel & Klein, 2006). Obwohl die Alterspsychotherapie in den letzten Jahren zunehmend konzeptionell ausgebaut worden ist (Supprian & Hauke 2016), gibt es immer noch zu wenig spezialisierte Beratungsstellen und krisenpsychologisch geschulte Mitarbeiter*innen in der Altenhilfe. Die Klient*innen sind durch die klassische »Komm-Struktur« in der Versorgungslandschaft schwer zu erreichen. Denn alte Menschen setzen oft eher auf Selbsthilfe und »Durchhalten«. Es ist ihnen vertrauter, ihre Ärzt*innen zu konsultieren, als mit Sozialarbeiter*innen oder Psycholog*innen zu reden. Sinnvoll sind mehrfache Kontakte, um Vertrauen zu gewinnen, da psychisches Leid häufig nicht gezeigt, sondern als Versagen und Schande empfunden wird. Zudem ist ihr Lebenskreis oft auf die nähere Umgebung beschränkt; sie können einen Krisendienst nur mit Mühe aufsuchen. In der Krisenarbeit für alte Menschen ist deshalb eine aktive, gemeindeorientierte Arbeitsteilung und Vernetzung in den regionalen gerontopsychiatrischen Verbünden nötig. Wichtig ist eine gesundheitsfördernde, präventive Haltung durch die Einbindung von Angehörigen, Nachbar*innen und anderen Umfeldmediator*innen sowie das Angebot von telefonischen und persönlichen Mehrfachkontakten, Hausbesuchen und ambulanten Kurzzeittherapien. Dabei gilt es, grundsätzlich zu fragen: »Was können uns alte Menschen geben?« und »Wo liegen ihre Stärken und Erfahrungen?«

11.2 Die Grundhaltung und das Basiswissen

Verstehen, Wissen und Handeln ergänzen einander als Grundbausteine jeder Krisenberatung. Im Kontakt mit alten Menschen wächst die Bedeutung der Arbeitsbeziehung, zumal sie ihre Probleme im Erstgespräch häufig nur andeuten. Alterskrisen treten häufig als transitorische Veränderungskrisen auf, aber in der Praxis ist das Spektrum breiter und lässt sich in Anlehnung an die notfallpsychologische Triage in drei Kategorien einteilen (▶ Abb. 11.1):

1. *Lebenskonflikte* sind Anpassungsprobleme von Klient*innen, die in stabilen Zusammenhängen leben, aber »Hilfe zur Selbsthilfe«, eine »zweite Meinung« und Informationen benötigen. Ein Beispiel wäre die Sorge eines betagten Ehepaars über ihren

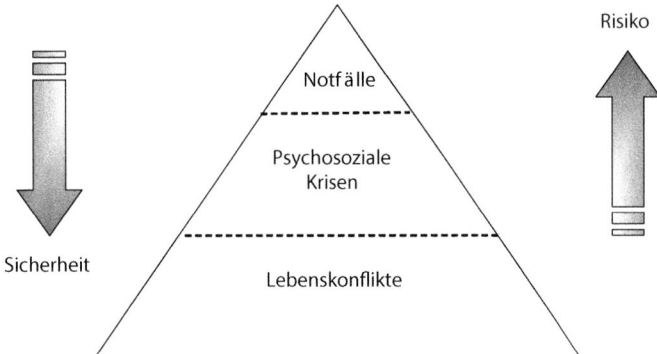

Abb. 11.1: Problemtypen: Risiken und Häufigkeit

erwachsenen, aber psychisch behinderten Sohnes.
2. *Psychosoziale Krisen* entstehen, wenn gewohnte Problemlösungsmuster scheitern und das psychische Gleichgewicht verloren geht. Dies ist der klassische Problemkreis der Krisenintervention, sowohl im Sinne von Veränderungs- oder Reifungskrisen als auch von traumatischen Krisen. Ein Beispiel wäre etwa eine 80-jährige Dame, die vor ihrer Wohnung überfallen wurde und starke Ängste entwickelt.
3. *Notfälle* erfordern eine sofortige ärztliche Abklärung. Die Krisenarbeiter sind in der Rettungskette beteiligt, gestalten die Situation schonend, nehmen Kontakt mit den Angehörigen auf und haben bereits die Nachsorge im Blick. Klassische Beispiele sind hochgradige Erregungszustände oder Suizidhandlungen.

11.2.1 Die verstehende Grundhaltung

Im Alter liegt nicht nur Torheit, sondern bekanntlich auch Weisheit. Zum einen ist es für alte Menschen durch ihre Lebenserfahrung möglich, schwierige Situationen zu meistern, andererseits sind sie oft mit körperlichen Probleme und psychosozialen Verluste konfrontiert. Wir müssen also die Risiken ernst nehmen, die das Alter birgt, aber auch die Ressourcen erkennen (vgl. Peters, 2004). Die professionelle Haltung basiert somit auf einem »integrativen Kompetenzmodell des Alters«. Tatsächlich müssen im Alter vermehrt Verluste verkraftet werden, während gleichzeitig eingeschliffene Bewältigungsmuster überwiegen, dies betrifft:

- die Gesundheit, die Körperfunktionen oder die Qualität der Sinne,
- soziale Beziehungen, den Tod von Angehörigen oder alten Freund*innen,
- die Weite des Lebensfeldes und die Mobilität,
- die Autonomie der Selbstversorgung,
- und in naher Zukunft möglicherweise auch das Leben selbst.

In der Praxis hat sich eine »verstehende« Grundhaltung bewährt. Das Verstehen der ganzen Person, des Krisenkontextes und der äußeren wie inneren Konflikte ist der Schlüssel für erfolgreiche Interventionen. Die Helfenden müssen Vertrauen aufbauen und begründen können, warum sie die richtigen Gesprächspartner*innen zur richtigen Zeit und am richtigen Ort sind. Auch in Ausnahmesituationen wird die Suche nach Verständigung von alten Menschen als Wert anerkannt. Es kommt darauf an, sich rasch in ihre inneren und äußeren Sinnzusammenhänge einzufühlen, in ihre Eigenarten, ihre soziale Prägung und die (unbewusst) drängenden

Konflikte – jedoch immer im kritischen Abgleich mit der Sichtweise von anderen Beteiligten und dem eigenen fachlichen Eindruck über Auslöser, Hintergründe und Prognose.

Die Herausforderung besteht in der richtigen »Dosierung« des eigenen Handelns, denn gerade alte Menschen reagieren empfindlich auf Eingriffe in ihre Autonomie, sie schätzen aber auch verbindliche Beziehungsangebote. Schließlich darf auch auf den ersten Blick Unverständliches Geltung besitzen, etwa die Verwirrung eines demenzkranken Menschen oder die Unbegreiflichkeit traumatischer Ereignisse. Notwendig ist also neben Takt, Resonanz und Einfühlungsvermögen genügend Konzentration auf den zentralen Fokus der Intervention.

11.2.2 Ältere Klient*innen im Krisendienst

Mit welchen konkreten Problemen alter Menschen sind Krisenarbeiter*innen konfrontiert? Kritische Lebenssituationen können eintreten, wenn der anvisierte Lebensplan nicht klappt (z. B. nach der Berentung), die Leistungsfähigkeit nachlässt (etwa bei chronischen Leiden) oder Angehörige sterben und Vereinsamung droht. Dabei ist der zunehmende Einfluss körperlicher Faktoren zu berücksichtigen (z.B Multimorbidität, Körperbehinderungen oder nachlassende Sinnesorgane). Teilweise treten Probleme auf, die in die Zuständigkeit der (Geronto-) Psychiatrie fallen, insbesondere Altersdepressionen und Demenzerkrankungen.

Genauere Anhaltspunkte ergab eine empirische Untersuchung, die wir im Berliner Krisendienst (Region Südwest) für den Zeitraum Dezember 2003 bis November 2004 durchgeführt haben (Brückner, Al Akel & Klein 2006). Ausgewertet wurden 235 Kontakte, in denen Probleme mit oder von über 60-jährigen Personen gemeldet wurden. Abbildung 11.2 verdeutlicht die Problemschwerpunkte.

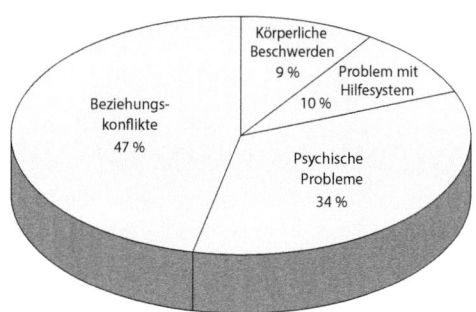

Abb. 11.2: Problembereiche alter Menschen im Krisendienst

Demnach wurden in rund der Hälfte aller Fälle Beziehungskonflikte thematisiert (109 Kontakte, inkl. Gewaltsituationen und Einsamkeit). An zweiter Stelle stehen Meldungen über individuelle psychische Probleme (80 Kontakte), während seltener Probleme mit dem Hilfesystem (z. B. Konflikte mit Ärzt*innen oder Pflegediensten) oder Klagen über körperliche Beschwerden (z. B. Krebserkrankung, Schmerzen oder Atemnot) auftraten. Wird der Bereich »psychische Probleme« genauer aufgeschlüsselt, ergibt sich ein Bild wie in Abbildung 11.3.

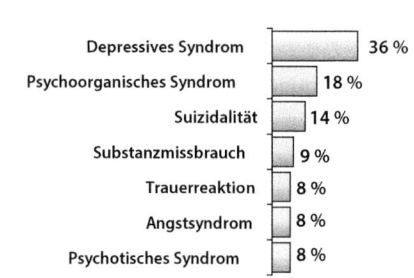

Abb. 11.3: Psychische Probleme alter Menschen im Krisendienst

Die Verteilung ist typisch für die Klientel. Wir sehen einen hohen Anteil depressiver Syndrome (inkl. Suizidalität und Trauerreaktionen rund 57 %) sowie psychoorganischer Störungen (18,7 %). In der Kategorie »Suizidalität« wurden nur Kontakte aufgenommen, in denen über akute Suizidgedanken gesprochen wurde. Meldungen über psychoorganische Probleme betrafen in der Regel akute Verwirrtheitszustände und die Berichte über Substanzmissbrauch häufig Probleme mit Alkohol. »Trauerreaktionen« betrafen überwiegend Todesfälle von Angehörigen. Dementsprechend beschreibe ich im Folgenden einige Besonderheiten bei Klient*innen mit Beziehungskonflikten, Altersdepressionen und Suizidalität sowie Altersverwirrtheit und Demenz.

11.2.3 Beziehungskonflikte im Alter

Hauptsächlich kommen drei Arten von Beziehungskonflikten vor: Probleme alter Menschen unter sich (etwa Partnerschaftskonflikte), Probleme mit oder von (jüngeren) Angehörigen oder aber Probleme mit Professionellen. Letzteres kann z. B. einen Streit mit dem Arzt im Altenheim betreffen oder die Sorge einer Apothekerin um den psychischen Zustand einer Kundin, aber auch Schwierigkeiten bei Notfalleinsätzen der Feuerwehr.

Häufig sind Konflikte mit Angehörigen der Anlass, um sich an den Krisendienst zu wenden. Die familiären Beziehungen werden im Alter besonders wichtig, aber diese Beziehungen sind oft zweischneidig: Einerseits wird Hoffnung in die Angehörigen gesetzt, um Unterstützung zu erhalten, andererseits stellen sich bisweilen Ängste und Schuldgefühle ein, wenn die eigene Hilflosigkeit den Angehörigen »zugemutet« wird oder wenn die Verwandten ihrerseits die (Un-) Selbstständigkeit der Alten fürchten. Manchmal werden von den Klient*innen nur versteckte Andeutungen gegeben, Klagen über Einsamkeit, Schwierigkeiten mit Anträgen auf Pflegegeld, Bitten um Vermittlung von Hauspflege etc. Hier geht es darum, die entsprechenden Ängste anzusprechen, aber auch um die Unterstützung bei sozialrechtlichen Angelegenheiten.

Die Angehörigen haben oft Sorgen um den Gesundheitszustand ihrer alt gewordenen Verwandten. Bisweilen wird die Überlegung vorgetragen, ob es nicht besser wäre, wenn die Betroffenen in ein Heim ziehen. Für diese aber sind solche Vorschläge in der Regel mit großer Angst verbunden. Sie empfinden den Umzug als einen Verlust von Autonomie. Zum Teil äußern die Angehörigen den Wunsch nach Heimeinweisung unter Umgehung des Betroffenen. Manchmal stehen bestimmte Interessen dahinter (der alte Mensch ist »lästig« geworden« oder die Wohnung wird gebraucht). Bisweilen wird die Androhung einer Einweisung auch als ein disziplinarisches Mittel angewendet. So kommt es darauf an, die Überforderung der Angehörigen zu verstehen und zu hinterfragen (Wer verlangt die Unterbringung? Triftige Gründe? Ambulante Hilfen ausgeschöpft?). Deshalb ist es in der Beratung wichtig, sich nicht vorschnell mit den Wünschen der Angehörigen zu identifizieren, aber auch deren Belastung zu verstehen.

In diesem Zusammenhang kommen auch Beratungen von hinterbliebenen Angehörigen nach einem Alterssuizid vor. Oft beschäftigt sie die Frage, ob sie den Suizid hätten verhindern können. Zum Teil entwickeln die Angehörigen schwere Schuldgefühle, wenn die Gründe und Auslöser der Selbsttötung ungeklärt bleiben. Nach vollzogenen Suiziden erhöht sich die Gefahr von weiteren Suizidhandlungen in der Umgebung!

11.2.4 Altersdepressionen und Suizidalität

Die Beratung von alten Menschen, die Todesfälle im Angehörigen- und Freundeskreis erlebt haben und depressiv reagieren (»Trauerreaktion«), unterscheidet sich im Prinzip nicht von der Krisenberatung bei jüngeren Menschen. Man sollte jedoch daran denken, dass Todesfälle im Umfeld von älteren Personen wesentlich häufiger sind.

Von den Trauerreaktionen sind die sogenannten Altersdepressionen zu unterscheiden, die neben den Demenzen die häufigsten gerontopsychiatrischen Störungen sind (Fellgiebel & Hautzinger, 2017). Studien zeigen unter Einschluss leichter depressiver Episoden eine Punktprävalenz von bis zu 25 % bei über 65-jährigen. Depressionen im Alter werden oft durch »subdiagnostische« Klagen über körperliche Beschwerden ausgedrückt und weniger durch klassische Merkmale wie Niedergeschlagenheit, Rückzug und Apathie gezeigt (»larvierte« Depression). Deshalb werden sie selbst von Ärzt*innen oft nicht erkannt und behandelt. Körperliche Beschwerden sollten also ernst genommen und überprüft werden, inwieweit sich »dahinter« eine Depression verbirgt. Charakteristisch sind Probleme wie Schlafstörungen, Appetitmangel, Verstopfung, Erschöpfung, Abgeschlagenheit, Kreislaufprobleme und Konzentrationsstörungen, aber auch Einsamkeit und Nutzlosigkeit. Altersdepressionen können organisch bedingt sein (etwa bei Alzheimer-Demenz, Parkinson-Krankheit, Schilddrüsenerkrankungen oder nach Schlaganfällen), aber auch durch psychische Faktoren (Kränkungen, Statusverlust) und soziale Bedingungen (Tod des*der Lebenspartner*in, Umzug ins Heim, Berentung) ausgelöst werden.

Die Suizidgefahr steigt im Alter! Obwohl die generelle Suizidrate in der Bundesrepublik im Jahr 2007 einen historischen Tiefststand mit 11,4 Fällen pro 100 000 Einwohner erreichte, stieg sie in den letzten Jahren wieder auf 13,4 im Jahr 2015 an. Von den insgesamt 10 080 Suizidtoten im Jahr 2015 waren 37,5 % älter als 65 Jahre. Das statistische Durchschnittsalter lag für Frauen bei 58,3 und für Männer bei 57,1 Jahren. Über 80-jährige Männer gelten als Hochrisikogruppe, ihr Anteil unter der männlichen Suizidtoten betrug 2015 knapp über 14 %. Die Rate der Suizidversuche wird nochmals um das Vier- bis Zehnfache höher geschätzt. Im Alter kommen häufiger vollzogene Suizide und weniger Suizidversuche vor, dabei werden »harte« Methoden bevorzugt (z. B. Erhängen), um die Überlebenschancen zu minimieren. Als größter Risikofaktor gelten Depressionen, Schätzungen zufolge sind sie der Grund für rund 70 % aller Suizide (Wolfersdorf, Schüler & Mauerer 2017; S. 62 f.). Suizidalität im Alter ist biopsychosozial und »multifaktoriell« bedingt, das heißt, körperliche, psychische und soziale Faktoren kommen zusammen. Als Risikofaktoren gelten neben den Depressionen ein niedriger sozioökonomischer Status, soziale Isolation, Substanzmissbrauch und schwere körperliche Erkrankungen. Problematisch sind ethische Vorurteile, die nahelegen, ein Alterssuizid sei »verständlich« – weil vermutet wird, dass eine negative Lebensbilanz gezogen wurde oder ein körperlicher Verfall und schwere Krankheiten als nachvollziehbare Gründe der suizidalen Selbstaufgabe gelten dürften. Der Sinn des Lebens von alten Menschen wird damit abgewertet und ihre Gefährdung verharmlost.

Suizidgedanken werden oft nicht direkt geäußert, sondern es heißt: »Ich weiß nicht mehr weiter«, »Ich bin am Ende«, »Manchmal wäre ich am liebsten tot«. Spüren wir, dass Suizidgedanken möglich sind, ist dies stets anzusprechen, wobei das Gefühl vermittelt werden sollte, dass die Berater*innen der Belastung gewachsen sind. Das Gespräch sollte klären, warum die Lebenssituation unerträglich und die Selbsttötung als letzter Ausweg erscheint. Falls die Fixierung auf die Suizidgedanken nicht nachlässt, und auch kein »Vertrag« möglich ist (verbindliche Absprache, dass der Suizid bis auf Weiteres nicht vollzogen wird), muss eine Klinikeinweisung (Kriseninterventionsstation) erwogen bzw. eingeleitet werden.

11.2.5 Altersverwirrtheit und Demenz

Bei jedem zehnten Menschen über 65 Jahre treten Beeinträchtigungen der geistigen Leistungsfähigkeit bis hin zur Demenz auf. Dementielle Störungen werden künftig stark zunehmen, bis 2050 wird sich Anzahl auf rund drei Mio. Fälle verdoppeln. In der Praxis haben es Krisenarbeiter*innen entweder mit Angehörigen zu tun, die mit der Belastung nicht mehr zurechtkommen, oder sie treffen vor Ort auf desorientierte Klient*innen. Bei verwirrt erscheinenden alten Menschen resultiert die Bewusstseinsstörung oft aus einer organischen Grundstörung, die sich auf die Leistungsfähigkeit des Hirns auswirkt, in schweren Fällen mit psychotischen Symptomen (Delir). Die Ursachen müssen medizinisch abgeklärt werden! Um den Grad der Desorientiertheit einzuschätzen, prüft man die Orientierung zur Zeit (»Wissen Sie, welcher Tag heute ist?«), zur Situation (»Warum sind Sie jetzt hier?«), zum Ort (»Wo befinden Sie sich jetzt?«) und zur eigenen Person (»Welchen Beruf haben Sie?«). Die zeitliche Orientierung ist am leichtesten störbar, die Orientierung zur eigenen Person lässt erst bei schweren Defiziten nach.

Akute und reversible Störungen äußern sich zunächst im leichteren »Durchgangssyndrom« (»Weggetretensein«, Gedächtnisstörungen, emotionale Schwankungen, zum Teil mit Desorientierung). Bei schweren akuten Bewusstseinstrübungen tritt deutliche Angst auf, mit Aufmerksamkeits- und Gedächtnisstörungen bis hin zum Delir mit manifester Verwirrtheit.

Chronisch verlaufende Störungen zeigen sich mit Persönlichkeitsveränderungen und »reizbarer Schwäche« (»Pseudoneurasthenisches Syndrom«) und gehen zum Teil in Demenzen über. Bei Demenzen treten oft zuerst depressive Symptome auf, aber auch Merkschwächen und Einbußen im räumlichen und abstrakten Denken. Im weiteren Verlauf wird das Altgedächtnis angegriffen, das Denken wird schwerfällig, die Klient*innen wirken reizbar, aber initiativlos. In späteren Phasen tritt Desorientiertheit hinzu, samt Wahrnehmungsstörungen (z. B. Personenverkennungen). Schließlich versagen auch Körperfunktionen (z. B. Inkontinenz). 60 % aller dementiellen Störungen werden als Demenzen vom Alzheimer-Typ erkannt, die zweithäufigste Form ist die so genannte Multi-Infarkt-Demenz infolge von Gefäßveränderungen im Hirn (10–20 %).

Krisen im Rahmen von Demenzen erfordern spezielles Handlungswissen und innovative Versorgungspfade (Kainz, 2017). Ein Beispiel ist das zwischen 2011 und 2015 durchgeführte Pilotprojekt »Gerontopsychiatrische Hausbesuche und Rat in Düsseldorf (GerHaRD)«, in dessen Rahmen auf Vermittlung von Freund*innen und Angehörigen Hausbesuche für Menschen mit dementiellen Störungen und Asonosognie (fehlender Krankheitswahrnehmung) angeboten wurden (Verhülsdonk, Supprian & Höft, 2017). Die Begegnung mit verwirrten älteren Menschen kann befremdlich wirken. Unsere gewohnten Kommunikationsmuster reichen nicht mehr aus. Die Begegnung erfordert Empathie und Geduld, aber auch Ehrlichkeit und Klarheit. Im Folgenden möchte ich Aspekte einer Grundhaltung ansprechen, die sich an die Methode der »Validation« anlehnt, die seit den 1980er-Jahren von der Amerikanerin Naomi Feil in den USA entwickelt wird. Validation bedeutet »gültig machen«. Es handelt sich um eine bewährte Methode des Umgangs mit verwirrten älteren Menschen, in der die Anerkennung ihrer Situation im Mittelpunkt steht. Sie eignet sich auch für die Kriseninterventionsarbeit (Feil & de Klerk-Rubin 2017).

11.3 Über den Umgang mit verwirrten älteren Menschen

11.3.1 Fallbeispiel

Es ist Hochsommer. An diesem Freitag klettert die Temperatur auf über dreißig Grad. Gegen 20 Uhr klingelt das Telefon im Krisendienst. Die junge Frau, die sich meldet, ruft wegen einer 80-jährigen Dame an, die im selben Haus wohnt. Sie kenne sie nicht gut. Seit einigen Stunden stehe Frau P. im Treppenhaus und rufe laut nach ihrem Mann, der aber schon vor 15 Jahren verstorben sei. Sie sei gesprächig, aber aus dem, was sie sagt, könne man nicht schlau werden. Die alte Dame klopfe immer wieder an der Wohnungstür, und alle Versuche, sie zu beruhigen, würden fehlschlagen. Noch nie habe sie Frau P. so erlebt. Am Vormittag habe sie aus dem Fenster beobachtet, dass Frau P. vor dem Haus wahllos Passant*innen ansprach und versucht habe, sie in ihre Wohnung zu lotsen. Auch andere Hausbewohner*innen seien sehr besorgt, aber niemand wisse, ob es Angehörige gibt, die man verständigen könne.

Ich überlege kurz: Wer meldet hier was? Wer ist überlastet? – Frau P. scheint desorientiert zu sein. Vielleicht ist es eine psychotische Krise. Wirklich vertraute Bezugspersonen sind offenbar nicht anwesend. Die Nachbar*innen sind überfordert. Es handelt sich um einen Notfall, also scheint ein mobiler Einsatz sinnvoll zu sein. Da offenbar ein akuter Verwirrtheitszustand vorliegt, verständige ich die Hintergrundärztin. Auf dem Weg zur Einsatzstelle besprechen wir das Vorgehen. Die Ärztin vermutet, dass die Dame einfach nicht genug getrunken hat. Es könnte sich um einen Flüssigkeitsverlust handeln (Dehydrierung), der durch die Hitze verstärkt wird, die Hirnleistung beeinträchtigt und die Verwirrtheit hervorruft.

Eine gutbürgerliche Gegend mit Stadtvillen. Kaum sind wir im Treppenhaus, hören wir bereits Frau P. im ersten Stock jammern. Sie steht vor ihrer Wohnungstüre, klein, weißhaarig, unruhig. Wir stellen uns vor, sie wirkt unschlüssig, redet dann aber auf uns ein. Ihr Mann sei doch gekommen, sie müsse ihn suchen, er warte auf sie. Sie habe schon Kaffee bereitet. Wir stellen uns vor und fragen, ob wir hereinkommen dürfen. Nach kurzem Zögern willigt sie ein. Die Wohnung ist großzügig und hell eingerichtet; sie wirkt relativ aufgeräumt.

Frau P. nimmt unseren Auftrag zur Kenntnis, kann aber weder das Datum, noch den Wochentag angeben. Ihre weiteren Auskünfte wirken sprunghaft und unzusammenhängend. Die Ärztin entscheidet, dass eine klinische Behandlung notwendig sei. Ihr Verdacht, dass die Verwirrtheit auf eine Dehydrierung zurückgeführt werden kann, habe sich verstärkt. Die Art des Verwirrtheitszustandes deute weder auf eine psychische Krankheit noch auf eine Demenz hin. Nach dem Ausgleich des Flüssigkeitshaushaltes werde sich der Zustand schnell stabilisieren. Auf die Bitte, mit ins Krankenhaus zu kommen, weigert sich Frau P. jedoch. Die Nachbarin wirft ein, dass Frau P. regelmäßig von einem Pflegedienst besucht wird, und so machen wir uns auf die Suche nach den Dokumentationsbögen. Frau P. protestiert vehement und ruft wieder ihren Mann um Hilfe. Als sie darauf angesprochen wird, dass ihr Mann unseres Wissens längst verstorben sei, wird sie sehr abweisend. Und sie sagt, sie müsse jetzt auf die Straße gehen, um ihn zu suchen. Wir bemerken, dass wir so nicht weiterkommen.

In dieser Situation sind mehrere Aufgaben zu leisten: Zum einen steht die Frage im Raum, wie Frau P. ins Krankenhaus kommt. Da nicht abzusehen ist, dass sie freiwillig mitgeht, sie aber auch nicht allein gelassen werden kann, verständigen wir die Polizei, um die Einweisung unter Umständen gegen den Willen von Frau P. durchzuführen. Zum anderen ist zu befürchten, dass dann die Situation eskaliert. Seit unserer Ankunft ist jetzt über eine Stunde vergangen.

Ich überlege: Wie kann ich mit Frau P. in Kontakt kommen? Was für ein Angebot macht sie uns? Offensichtlich ist sie momentan innerlich ganz mit ihrem Mann verbunden. Kann ich sie also in ihrer Wahrheit lassen und gleichzeitig bei meiner eigenen Aufgabe bleiben? Ich entschließe mich, Frau P. zu fragen: »Was ist mit Ihrem Mann? Wie sah er aus?«. Ich versuche, Blickkontakt zu halten, nonverbale Signale einzusetzen und zu erforschen, was sie aktuell beschäftigt. Tatsächlich geht Frau P. auf die Fragen ein. Ich erfahre, dass ihr Mann immer viel zu lange wegbliebe und sie häufig allein sei. Frau P. insistiert nun nicht mehr, auf die Straße gehen zu wollen. Sie sagt, dass sie Angst habe. Auf die Frage, wo ihr Mann denn sein könnte, erwägt sie mehrere Alternativen. Ich frage nach ihren Geschwistern und erfahre einiges über die Familie.

Inzwischen ist die Polizei eingetroffen. Die Ärztin spricht mit den Beamten. Als Frau P. bemerkt, dass die Männer in der Wohnung sind, bewegt sie sich in Richtung Balkontür und versucht, sie zu öffnen. Ich kann sie jedoch davon abhalten. Gemeinsam mit der Ärztin versuche ich, Frau P. nochmal davon zu überzeugen, dass es besser wäre, sie ginge freiwillig mit. Die vielen Personen in ihrer Wohnung beeindrucken sie, zumal die Polizeibeamten einfühlsam agieren. Wir drücken ihr ihre Handtasche in die Hand. Schließlich seufzt Frau P.: »Wenn es denn gar nicht anders geht …« – und dann lässt sie sich die Treppe herunter begleiten. Sie wird ins Krankenhaus gebracht. Zur Nachsorge wurde der zuständige Pflegedienst kontaktiert und der Sozialpsychiatrische Dienst des Bezirksamtes angesprochen.

11.3.2 Kommentar zum Fallbeispiel

1. Nach dem Vorlauf war der Befund vor Ort relativ schnell bei der Hand: leichte bis mittelgradige Desorientiertheit, Verdacht auf Dehydrierung. Zügig fiel die Entscheidung (»Einweisungssituation«). Selbstgeschaffene »Fakten« verleiten jedoch dazu, verwirrte Menschen mit einer Realität zu konfrontieren, mit der sie selbst nichts zu tun haben. Frau P. akzeptierte zwar unsere Anwesenheit, für sie gab es jedoch andere innere Notwendigkeiten. In dem Moment, als wir begannen, nach den Dokumentationsbögen des Pflegedienstes zu suchen, übertraten wir eine unsichtbare Grenze. Was theoretisch leicht über die Lippen geht (»den Klienten dort abholen, wo er sich befindet«), war im Handlungsdruck vergessen.
2. Das Dilemma verstärkte sich mit der nächsten Realitätskonfrontation: Der Hinweis, dass ihr Mann verstorben sei, schuf nicht die gewünschte Einsicht. Im Gegenteil, Frau P. zog sich weiter in ihre Welt zurück. Gleichzeitig wurden weitere Fakten geschaffen, als wir die Polizei verständigten. Es stellte sich die Frage, ob wir eine Gewaltsituation heraufbeschwören.
3. Der Wendepunkt ergab sich im Loslassen. Es ging nicht darum, der Klientin unsere Realitätssicht überzustülpen, sondern umgekehrt darum, mich erst einmal auf ihre Sicht einzulassen. Die innere Verbundenheit mit ihrem Mann gab ihr Sicherheit in einer Situation, in der sie den Boden unter den Füßen verloren hatte. Auf dieser Ebene angesprochen, konnte Frau P. sich auf den Kontakt einlassen und die nächste kritische Situation bewältigen. Ihr Vorhaben, auf den Balkon zu laufen, konnte dann auf der Basis des erarbeiteten Vertrauens abgewendet werden.

11.3.3 Validation in der Krisenintervention

In der geschilderten Situation konnte ich mich also in einer Phase der Eskalation auf eine Grundhaltung berufen, die in der Altenhilfe als »Validation« bekannt ist (Feil & de Klerk-Rubin 2017). Naomi Feil hat diesen Ansatz im Anschluss an Konzepte aus der analytischen und humanistischen Psychotherapie entwickelt (E. Erikson, C. Rogers). Sie unterscheidet verschiedene Grade der Desorientiertheit und jeweils angemessene Interventionsregeln. Sie geht davon aus, dass (anhaltende) Desorientiertheit trotz möglicher organischer Ursachen auch auf psychischen und sozialen Gründen beruht. Dabei könne es sich um geleugnete körperliche und soziale Verluste, überholte Rollenkonstrukte oder ungelöste Lebensaufgaben handeln, die verdrängt wurden, im Zustand der Desorientiertheit wieder zu Tage treten und auf diese Weise von den alten Menschen »bearbeitet« werden. Scheinbar befremdliches Verhalten kann aus dieser Perspektive als sinnvoll für die Betroffenen wahrgenommen werden: Die Flucht zum verstorbenen Mann wird als Suche nach Schutz verständlich, oder eine mit Essensresten vollgestopfte Handtasche kann als Symbol für Autonomie gelten.

In der Praxis ist es wichtig, den desorientierten Menschen nicht auf die Stufe des »Gesunden« bringen zu wollen und ihn dadurch weiter zu verunsichern. Die Verwirrtheit soll nicht bekämpft, sondern gültig gemacht, validiert werden. Statt Verunsicherung durch die Konfrontation mit der Realität erfährt der alte Mensch die Akzeptanz seiner Person im aktuellen Zustand. Es kommt nicht darauf an, die Verwirrtheit auszublenden, sondern darauf einzugehen, was die Betroffenen ausdrücken und anbieten. Grundsätzlich sind nonverbale Zeichen wichtig (Stimme, Mimik, Blickkontakt) sowie die Aufmerksamkeit für das emotionale Interventionsklima und für das von den Klient*innen bevorzugte Sinnesorgan (Seh- oder Hörbehinderungen beachten). Bei Unklarheiten in den Aussagen der Betroffenen kann man mehrdeutig und unkompliziert antworten, um im Kontakt zu bleiben. Bei konkreten Verständigungsschwierigkeiten sind Fragen nach den Umständen angebrachter (wer, wann, wie?) als Analysen und Warum-Fragen.

Wenn wir Elemente aus der Validation in der Krisenintervention anwenden, geht es darum, Kontakt zu schaffen und Interaktionen in Gang zu setzen. Die Validation ist kein Therapieverfahren, sondern eine Grundhaltung des verstehenden Umgangs mit alten Menschen, um Vertrauen aufzubauen und die Arbeitsatmosphäre zu beruhigen.

11.4 Die institutionelle Vernetzung und die Rolle der Helfenden

Krisenarbeiter*innen sind stets ein Glied in einer Hilfekette. Um die Zielgruppe zu erreichen, sind eine systematische Öffentlichkeitsarbeit und die Kooperation mit den ambulanten, teilstationären und stationären Einrichtungen der Altenhilfe unerlässlich (Brückner, Al Akel & Klein 2006). Die gerontopsychiatrischen Verbünde einer Region sind das Forum, um die Fragen zu klären, wie viel Krisenintervention für alte Menschen in einer Region nötig ist, welche institutionellen Ressourcen dafür optimiert werden können und wie das Angebot bekannt gemacht werden kann. Zum Teil können Weiterbildungen organisiert werden, zum Teil bedarf es spezieller Einrichtungen, zum Beispiel eines »Seniorenschutztelefons« für familiäre Gewaltsituationen oder einer Beratungsstelle für pflegende Angehörige. Das Angebot muss niedrigschwellig und breit genug sein, es darf nicht nur auf zugespitzte Krisensituationen zugeschnitten sein, sondern sollte auch eine qualifizierte Weiterverweisung ermöglichen (Rehabilitationsberatung, Pflegedienst, Altenselbsthilfegruppe, Seniorenfreizeitstätte, Psychotherapie). Eine besondere Rolle in der Hilfekette spielen die Angehörigen; sie gewährleisten oft einen Großteil der Nachsorge und müssen in die institutionelle Kooperation eingebunden werden.

Die Hemmschwelle ist für alte Menschen hoch, bevor sie sich aus eigener Initiative Helfenden anvertrauen. Sie benötigen erfahrungsgemäß Vorkontakte, genügend Zeit während der Intervention und Kontinuität nach dem Kontakt. Als »Türöffner« können Umfeldmediator*innen wie Pfarrer*innen, Hausärzt*innen oder Apotheker*innen eingebunden werden. Dabei sind die Helfenden in der Regel weit jünger als die Klient*innen, der Altersunterschied kann über 60 Jahre betragen. Die Probleme der Klient*innen können übersehen werden, wenn sich die Jüngeren noch nicht mit Themen beschäftigt haben, die ältere Menschen bewegen (Tod, Sterben, Angst vor Pflegebedürftigkeit, zunehmende Isolation). Zudem sind typische Übertragungssituationen möglich. Zum Teil werden die Klient*innen durch die jüngeren Berater*innen an die eigenen Kinder erinnert, sie strahlen dann unter Umständen eine überschwängliche Zuneigung aus und versuchen sich an die Helfenden zu klammern. Anstatt sich darin zu verstricken, sollte Ziel der Intervention sein, dem alten Menschen ein realistisches Gefühl für die eigenen Ressourcen zu vermitteln. Dies bedeutet auch, Abwehr zu respektieren, anstatt die alten Menschen »durchtherapieren« zu wollen.

Die Helfenden müssen sich bewusst sein, wie viel Leid sie tragen können, denn das Krisengespräch mit älteren Menschen bedeutet oft ein Ertragen und Mittragen von vielen Verlusten, Schicksalsschlägen und kritischen Lebensereignissen. Insofern ist es besonders wichtig, sich Zeit zu nehmen, um die lange Biographie der Klienten im Ganzen erfassen zu können. Die Krisenarbeiter*innen übernehmen zugleich Verantwortung für die Wahrnehmung von anderen Helfenden im Leben der Betroffenen, denn sie versuchen zwar neue Kompetenzen zu vermitteln, aber führen ihnen auch die Verluste durch die Tätigkeit des Helfens vor Augen. Gelingt die Kommunikation, kann dies nicht nur eine Hilfestellung für die Betroffenen bedeuten, sondern auch eine Bereicherung für die Helfenden im Bewusstsein für das eigene Altern.

Literatur

Brückner, B., Al Akel, S. & Klein, U. (2006). *Verstehende Beratung alter Menschen – Orientierungshilfen für den Umgang mit Lebenskonflikten, Krisen und Notfällen. Mit Beiträgen von Klaus Dörner und Norbert Erlemeier*. Regensburg: Roderer.

Etzersdorfer, E. (2008).: Krisenintervention bei alten Menschen. *Zeitschrift für Gerontologie und Geriatrie, 41* (, Heft 1), S. 29–37.

Feil, N., & de Klerk-Rubin, V. (2017). *Validation: ein Weg zum Verständnis verwirrter alter Menschen*. (11. Aufl.). München: Reinhardt.

Fellgiebel, A. & Hautzinger, M. (2017). *Altersdepressionen. Ein interdisziplinäres Handbuch*. Berlin: Springer.

Kainz, E. J. (2017). Akute Krisen in der Demenz. *Psychiatria Danubina 29* (4), 515–521.

Peters, M. (2004). *Klinische Entwicklungspsychologie des Alters – Grundlagen für die psychosoziale Beratung und Psychotherapie*. Göttingen: Vandenhoek & Ruprecht.

Raven, U. (2009). Zur Bewältigung der ›Seneszenzkrise‹ – Bedingungen einer professionalisierten Hilfe für Menschen im ›Vierten Lebensalter‹. In

S. Bartmann, A. Fehlhaber, S. Kirsch & W. Lohfeld (Hrsg.). *»Natürlich stört das Leben ständig«. Perspektiven auf Entwicklung und Erziehung* (S. 159–182). Berlin: Springer.

Robert Koch-Institut (Hrsg). (2015): *Gesundheit in Deutschland*. Berlin: Gesundheitsberichterstattung des Bundes.

Schlimme, J., & Brückner, B. (2017). *Die abklingende Psychose. Verständigung finden, Genesung begleiten*. Köln: Psychiatrie-Verlag.

Supprian, T. & Hauke, C. (Hrsg). (2016). *Störungsspezifische Psychotherapie im Alter: das Praxisbuch*. Stuttgart: Klett-Cotta.

Statistische Ämter des Bundes und der Länder (2011). *Demografischer Wandel in Deutschland*. Heft 1. Wiesbaden.

Statistisches Bundesamt (2016). *Ältere Menschen in Deutschland und der EU*. Wiesbaden.

Wedler, H., Teising, M. & Lindner, R. (2014). Krisenintervention und Gesprächsführung. In R. Lindner, D. Hery, S. Schaller, B. Schneider & U. Sperling (Hrsg.). *Suizidgefährdung und Suizidprävention bei älteren Menschen*. (S. 75–89). Berlin: Springer.

Verhülsdonk, S., Supprian, T. & Höft, B. (2017). Gerontopsychiatrische Hausbesuche bei Menschen mit Demenz und Anosognosie. *Zeitschrift für Gerontologie und Geriatrie, 50* (3), 219–225.

Wolfersdorf, M., Schüler, M. & Mauerer, C. (2017). Suizidalität im Alter. In A. Fellgiebel & M. Hautzinger (Hrsg.), *Altersdepression* (S. 57–65) Berlin: Springer.

12 Krisenintervention bei Menschen, die psychoaktive Substanzen konsumieren

Tomislav Majić und Stefan Gutwinski

In diesem Kapitel möchten wir zunächst einen knappen Überblick geben über verschiedene Formen von psychosozialen und toxischen Krisen, in die Menschen geraten können, die psychoaktive Substanzen konsumieren. Dies umfasst Komplikationen unter den akuten Effekten der Substanz, die Entstehung von Sucht, Krisen in der Behandlung von Abhängigkeit und auch Krisen, die das soziale Netz und die psychosoziale Situation der Konsumierenden betreffen (▶ Kap. 12.2).

Im zweiten Teil (▶ Kap. 12.3) sollen Besonderheiten von Krisen bei Konsumierenden von psychoaktiven Substanzen dargestellt werden, welche in der Behandlung eine wichtige Rolle spielen. Zu diesen zählen spezielle Reaktionsmodi, aber auch bestimmte Risikofaktoren, die prognostisch wirksam sind, insbesondere im Hinblick auf weiterführende Komplikationen.

Im dritten Teil des Kapitels soll skizziert und erörtert werden, welche Haltungen in der Behandlung von Krisen in dieser Gruppe von Patient*innen hilfreich sein könnten. Hier werden exemplarisch zwei Modelle erläutert (▶ Kap. 12.4).

Im vierten Teil (▶ Kap. 12.5) möchten wir einen Abriss über die Säulen des Suchthilfesystems geben, die Menschen in Deutschland zur Verfügung stehen. Dabei werden einige niedrig- und höherschwellige Angebote Aspekten der Schadensbegrenzung (harm reduction), die aus den Konzepten einer akzeptierenden Drogenhilfe hervorgegangen sind, vorgestellt.

12.1 Einleitung

Der Konsum von Substanzen wie Alkohol, Tabak, halluzinogenen Pilzen oder Pflanzen wie den Alkaloiden des Schlafmohns und des südamerikanischen Kokastrauchs hat eine Jahrtausende alte Tradition. So vielfältig wie die unterschiedlichen psychoaktiven Substanzen, die Menschen sich zuführen, sind auch die Motive, die diesen Konsum begründen. Im Zusammenhang damit sind jedoch auch Probleme bis hin zu erheblichen Krisensituationen bereits seit der Antike belegt (Klein, 2015).

Dennoch haftet Krisen im Zusammenhang mit der Einnahme von Psychoaktiva bis heute häufig eine moralische Bewertung an.

Die Mehrheit der Menschen weltweit hat bereits wenigstens einmal selbst psychoaktive Substanzen konsumiert oder konsumiert diese mehr oder weniger regelhaft. Dabei werden auch im jeweiligen kulturellen Rahmen bestimmten Verhaltensauffälligkeiten akzeptiert (bspw. Alkoholkonsum beim Kölner Karneval). Jedoch wird auf eine durch

Substanzen ausgelöste psychische Krise oft mit Ablehnung und Abwehrverhalten reagiert (Schomerus et al., 2017). So herrscht bei vielen die Annahme vor, dass Abhängige von Alkohol oder Drogen willensschwach oder moralisch instabil seien, zumindest aber »selbst daran Schuld«. Auch psychische Krisen, die durch nicht-abhängigen Konsum induziert wurden, werden durch die Öffentlichkeit und manchmal sogar durch professionelle Helfer*innen im Sinne einer Schuldzuweisung oder Verantwortungszuschreibung an die Konsument*innen zurückgewiesen, oder das Recht auf die Inanspruchnahme von Hilfe wird – zum Teil unterschwellig – in Frage gestellt.

12.2 Welche Arten von Krisen können bei Menschen auftreten, die psychoaktive Substanzen konsumieren?

12.2.1 Akute Komplikationen in Abhängigkeit von den eingenommenen Substanzen

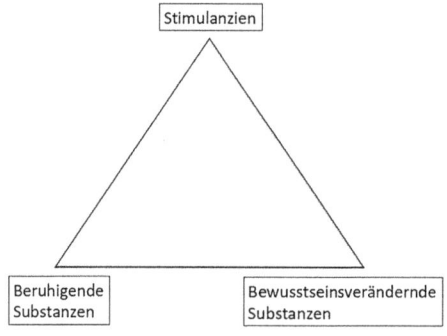

Abb. 12.1: Schematische Einteilung der psychoaktiven Substanzen nach psychologischer Wirkung (modifiziert nach Gouzoulis-Mayfrank et al. 2007, S. 80)

Schon beim einmaligen Konsum von psychoaktiven Substanzen können Situationen auftreten, welche die Betroffenen in eine akute psychische oder somatische Krise bringen können. Dabei spielen die Eigenschaften der jeweiligen Substanz eine wesentliche Rolle für die Art und Ausprägung einer potentiellen Krise. Zum Verständnis dieser Eigenschaften ist eine schematische Gliederung in drei Gruppen von Psychoaktiva hilfreich, wie sie auch in der Psychoedukation in der Behandlung von Substanz-assoziierten Störungsbildern zum Einsatz kommt. Diese Gliederung soll im Folgenden kurz skizziert werden:

Führt man sich die Unterscheidung zwischen quantitativen und qualitativen Bewusstseinsstörungen oder -veränderungen vor Augen, so lässt sich eine Achse definieren, die vor allem für die quantitativen Bewusstseinsveränderungen (Hypervigilanz-Somnolenz-Sopor-Koma) von Relevanz ist (▶ Abb. 12.1, linker Schenkel des Dreiecks).

An einem Pol dieser Achse befinden sich die vigilanzsteigernden Substanzen, die *Stimulanzien*. Zu diesen zählen Kokain in seinen verschiedenen Applikationsformen (Kokablätter, Kokainhydrochlorid und Crack bzw. Kokain-Base), sowie die amphetaminartigen Stimulanzien (Amphetamin und Methamphetamin und bestimmte neuere psychoaktive Substanzen), aber auch andere Substanzen, wie Nikotin und Cathinone. Am anderen Pol befinden sich die *beruhigenden Substanzen*, unter die sich einerseits die Sedativa im engeren Sinne (Benzodiazepine, Barbiturate etc.), aber auch Alkohol und die Opioide zusammenfassen lassen. Abseits von der Achse der quantitativen Bewusstseinsveränderungen befindet sich die Gruppe der *qualitativ bewusstseinsverändernden Substanzen*. Zu diesen zählt die Gruppe der Halluzinogene 1. Ordnung (z. B. LSD, Psilocybin, Meskalin und Dimethyltryptamin, DMT) sowie 2. Ordnung (z. B. Anticholinergika, Dissoziativa wie Ketamin). Einen Sonderstatus haben Entaktogene, wie MDMA (»Ecstasy«) und MDA, die auf dem Spektrum zwischen Stimulanzien und bewusstseinsverändernden Substanzen anzusiedeln sind, sowie Cannabis, das sich zwischen den sedierenden und den bewusstseinsverändernden Substanzen einordnen lässt.

In Bezug auf die akuten psychoaktiven Effekte lässt sich vereinfacht sagen, dass Stimulanzien und qualitativ bewusstseinsverändernde Substanzen zu Angstsymptomen, Panik, aber auch psychotischen Zustandsbildern führen können, die mit entsprechenden, zum Teil schweren Störungen des Erlebens und Verhaltens einhergehen können. Insbesondere bei den Stimulanzien können dabei auch fremdaggressive Verhaltensweisen eine wesentliche Rolle spielen, die zur Gefährdung Dritter und indirekt auch der Konsument*innen selbst führen und bisweilen polizeiliche Interventionen erforderlich machen können. Bei den Stimulanzien stehen Zustände der megalomanen Selbstüberhöhung und Selbstüberschätzung im möglichen Zusammenspiel mit paranoidem und bisweilen halluzinatorischem Erleben deutlich im Vordergrund. Durch die Stimulanzien kann es zu einer Hypervigilanz mit zusätzlicher Antriebssteigerung bis hin zu katatoniformen Erregungszuständen und aggressiven Handlungen im Falle eines pathologisch gefärbten Rauschverlaufs kommen. Gerade bei den Stimulanzien wird dabei der Zeitraum der akuten Intoxikation in Bezug auf die induzierten psychischen Auffälligkeiten häufig nur unwesentlich überschritten, nach einem Erholungsschlaf kommt es in den meisten Fällen zu einem vollständigen Abklingen der Symptomatik mit einem konsekutiven Tief und depressiv angefärbten Erschöpfungszuständen (Gouzoulis-Mayfrank, Majić & Schaub, 2019).

Bei den qualitativ bewusstseinsverändernden Substanzen ist zwischen den Halluzinogenen der 1. und 2. Ordnung zu unterscheiden: Während es bei den Halluzinogenen der 1. Ordnung ausschließlich zu einer qualitativen Bewusstseinsveränderung kommt, führen Halluzinogene der 2. Ordnung häufig zusätzlich zu einer quantitativen Bewusstseinsstörung (Schläfrigkeit bis Koma), sodass die Konsument*innen durch psychologische Kriseninterventionen häufig deutlich schlechter erreichbar sind. Bei beiden Gruppen kann es in einigen Fällen zu psychotischen Rauschverläufen (sogenannten »bad trips«) kommen, mit angstvollem Erleben der Ich-Auflösung und einem erlebten Kontrollverlust über das eigene Selbst und die koordinierenden und integrativen Ich-Funktionen. Dabei treten aggressive Reaktionen deutlich seltener auf, ängstlich-psychotische Symptome stehen eher im Vordergrund (Majić, Gouzoulis-Mayfrank & Schaub, 2019). Auch unter Einfluss von Entaktogenen und Cannabinoiden kann es zu entsprechendem angstvoll-psychotischem Rauscherleben kommen, insbesondere unter den Cannabinoiden sind jedoch auch aggressiv-psychotische Rauschverläufe nicht selten.

Im Gegensatz dazu kommt es bei der Gruppe der sedierenden Substanzen mit Ausnahme von Alkohol deutlich seltener zu ängstlichem Erleben und aggressivem Verhalten. Der Konsum von Benzodiazepinen, die als »stille« Drogen gelten und mehrheitlich in riskanter Weise von Frauen konsumiert werden, führen kaum je zu erheblichen Verhaltensstörungen. Sie haben anxiolytische, beruhigende Effekte und sind schlafinduzierend und werden damit bei sporadischer Einnahme seltener mit psychischen Erlebnis- und Verhaltensstörungen assoziiert. Problematisch ist hier eher die Entstehung von Suchtverhalten oder eine Benzodiazepin-induzierte Vigilanz- und Konzentrationsstörung und Ataxie-vermittelte Beeinträchtigung der Verkehrssicherheit, was zu einem erhöhten Unfallrisiko führen kann (Henssler, Schubert & Soyka, 2017).

Unter Alkohol dagegen kommt es häufiger zu verschiedenen Störungen des Erlebens und Verhaltens bis hin zu ängstlichen, aber auch aggressiven Verhaltensweisen. Opioide führen in vielen Fällen eher zur Beruhigung und euphorisieren, ohne angstauslösende oder psychotische Effekte. Die so zusammengefasste Gruppe der Substanzen mit beruhigenden Effekten zeigt in der akuten Intoxikation noch deutlichere somatische Risiken und Komplikationen, wie eine u. U. erhebliche Dämpfung des Atemzentrums bis hin zur Ateminsuffizienz. Dies trifft in besonderem Maße für die Barbiturate und Opioide mit enger therapeutischer Breite zu. Insbesondere bei Alkohol spielt das Auftreten einer verminderten Verkehrstüchtigkeit und von Unfällen im Allgemeinen bei psychomotorischer Enthemmung und Ataxie eine wichtige Rolle.

14.2.2 Entstehung von Sucht und Krisen bei Suchterkrankungen

Risikofaktoren für das Entstehen von Krisen durch den Konsum von Substanzen oder für Substanzabhängigkeiten werden von verschiedenen Disziplinen (Sozialwissenschaft, Neurobiologie, Psychologie und Medizin) unterschiedlich bewertet. Den Modellen gemeinsam ist aber die Grundannahme, dass es sich nicht um ein individuelles Fehlverhalten oder eine Willensschwäche handelt, sondern eine Vielzahl von Faktoren zu Störungen im Substanzgebrauch führen können, wie biographische Hintergründe, psychische Vorerkrankungen oder Vulnerabilitäten und auch soziale Umstände. Anhand der Komplexität ist daher ein multifaktorielles Modell am ehesten geeignet, um das Auftreten von Krisen unter Konsum von psychoaktiven Substanzen oder Substanzgebrauchsstörungen zu verstehen.

In psychodynamischen Modellen (für einen Überblick siehe: Bilitza, 2009) werden auslösende Ereignisse, wie Kränkungssituationen oder auch belastende familiäre Konstellationen, thematisiert.

Hierbei werden biographische und individuelle Faktoren berücksichtigt, denn im Kontakt mit Menschen, die wiederholt in psychische Krisen durch Substanzkonsum geraten oder auch an Substanzgebrauchsstören leiden, wird oft deutlich, dass begleitende seelische Vulnerabilitäten, wie depressive Symptome oder Symptome von Persönlichkeitsstörungen, wie z. B. eine emotionale Instabilität, vorliegen können. Nicht zuletzt haben eine Vielzahl von Studien zeigen können, dass Menschen, die unter Substanzgebrauchsstörungen leiden, häufiger traumatisierenden Erlebnissen, wie Missbrauchserfahrungen oder Belastung im familiären Elternhaus, ausgesetzt waren.

Neurobiologische Ansätze konnten in den letzten Jahren das Verständnis von Suchterkrankungen erweitern, bspw. durch ein besseres Verständnis von Toleranzentwicklung, Entzugssymptomen, Intoxikationen und Suchtverlangen. Hierbei haben neurobiologische Modelle Veränderungen auf molekularer Ebene deutlich gemacht, was dem Vorurteil einer reinen Störung der Willens- oder Motivationsleistung widerspricht.

Genetische Faktoren spielen insofern eine Rolle, dass Suchterkrankungen in vielen Familien über Generationen immer wieder auftauchen. Allerdings sind bisher keine spezifischen Gene gefunden worden und vermutlich spielt neben einer vererbbaren Genetik auch eine Weitergabe von Verhaltensweisen auf einer lerntheoretischen Ebene eine große Rolle. Trotzdem ist es für viele Betroffene teilweise erleichternd, wenn eine gewisse Vordisposition »die Schuld« an ihrem Verhalten abnimmt.

Soziologische Faktoren haben zuletzt vor allem Ausgrenzungsprozesse und damit verbundene Stressreaktionen untersucht und konnten deutlich zeigen, dass entsprechende Prozesse bspw. zu vermehrten aggressiven Handlungen führen können.

Sozialgesellschaftliche Theorien, bspw. von Hurelmann und Bründel (1997), diskutieren krisenhafte Prozesse unter Substanzkonsum im Kontext von Ausschließungs- und Individualisierungsprozessen in der Gesellschaft sowie damit verbundene sich auflösende traditionelle Familienformen, -strukturen und -beziehungen.

12.3 Welche Besonderheiten haben psychische Krisen bei Konsument*innen von psychoaktiven Substanzen?

Beim Auftreten von psychischen Krisen, die nicht direkt mit dem Konsum der Substanzen zusammenhängen (wie z. B. Intoxikation, Abhängigkeit etc.), sind bei Menschen, die psychoaktive Substanzen konsumieren, besondere Aspekte zu berücksichtigen. Dabei ist zunächst zu beachten, welche Funktionalität der Substanzkonsum initial bei den Betroffenen hatte, und welchen Stellenwert die initiale Motivation aktuell noch einnimmt. So treten in dieser Klient*innengruppe psychische Krisensituationen bis hin zu Lebensüberdrussgedanken und Suizidalität in ähnlicher Weise auf wie bei Menschen, die nicht konsumieren. Häufig standen psychische Problem- und Krisenzustände jedoch bereits am Anfang eines beginnenden Konsums, der schließlich kompensatorisch einsetzte. Dabei stammen die Klient*innen oft aus Familien, in denen der Substanzkonsum bereits als dysfunktionales Bewältigungsmuster – u. U. über mehrere Generationen – tief im familiären Netzwerk verankert war. Durch die Einnahme einer Substanz kommt es bei vielen zunächst zur Abschottung und Abpufferung der emotionalen Reaktion auf psychosoziale Krisen.

Im Verlauf kommt es durch die Entwicklung eines riskanten und später abhängigen Konsums jedoch zunehmend zu Rückzugstendenzen, einer erheblichen Verschlechterung der Emotionsregulation mit Aufschub von wichtigen lebenspraktischen Aktivitäten und zur Einengung auf den Konsum. Aufgrund des für Abhängigkeitserkrankungen spezifischen Reaktionsmuster in Bezug auf Problemlöseverhalten und Belohnungsaspekten erfolgt zudem eine Fokussierung auf kurzfristig entlastende und belohnende Reize, während die längerfristigen Konsequenzen zunehmend ausgeblendet werden. Dadurch kommt es beim Wiederauftreten von psychischen Krisen zu einer im Vergleich zur Normalbevölkerung deutlich erhöhten Tendenz, erneut mit Konsumrückfällen oder einer Zunahme der Konsummenge zu reagieren, um die psychische Stressbelastung rasch zu reduzieren und erträglich zu machen, was sekundär zu einer Zuspitzung der Problematik führt.

Während der Konsum initial kompensatorisch im Sinne eines dysfunktionalen Problemlöseverhaltens eingesetzt wurde, kommt es im Verlauf zu einer Entkoppelung des psychoaktiven Substanzkonsums von diesen Krisensituationen und damit zu einer zusätzlichen eigenständigen Problematik, welche jedoch weiterhin in engen Wechselwirkungen zu psychischen Störungen und psychosozialen Konfliktkonstellationen steht. Damit geschieht die Behandlung von Krisen in dieser Klient*innengruppe bestenfalls durch Helfer*innen, die sowohl psychiatrische als auch suchttherapeutische Erfahrungen haben. Insgesamt ist davon auszugehen, dass es bei dieser Gruppe von Krisenpatienten durch die Wechselwirkung von psychischen Beschwerden und Konsum u. U. zur einer rapiden Beschleunigung der Krisenzuspitzung mit entsprechenden Kontrollverlusten führen kann, die im schlimmsten Fall lawinenartig zu lebensbedrohlichen Situationen führen können. Die Gefährdungsmomente betreffen häufig den*die Konsument*in, im Vergleich zu Krisen bei abstinenten Personen ist im Zusammenhang mit schweren aggressiven Enthemmungseffekten und Erlebnis- und Verhaltensstörungen durch den akuten und fortgesetzten Konsum häufig jedoch auch mit einer Gefährdung des unmittelbaren Umfelds der Betroffenen zu rechnen. Diese kann zu fremdaggressiven Verhaltensweisen gegenüber dem*der Partner*in und auch den Kindern der Betroffenen führen, aber auch in Situationen münden, in denen aggressive Handlungen gegen Dritte vollzogen werden. Insbesondere beim Vorliegen einer komorbiden Persönlichkeitsstörung vom Cluster-B-Typus sind in diesem Fall auch strafrechtlich relevante Handlungen denkbar. Diese können im Rahmen einer überschießenden emotionalen Reagibilität auf frustrane Erlebnisse (wie die entstehende Krise) und durch die toxisch induzierte Enthemmung zu erheblichen fremdaggressiven Entladungen führen. Jedoch auch in Bezug auf Suizidalität kann es durch den kompensatorischen, zum Teil exzessiven Konsum von psychoaktiven Substanzen zu einer beschleunigten Zuspitzung und Gefährdung des*der Konsument*in kommen. Neben der Begünstigung von auch suizidalen Krisen im Sinne einer Beschleunigung des präsuizidalen kognitiven Einengungsprozesses durch die Substanzen sind auch nicht direkt suizidal eigengefährdende Effekte bei dieser Klient*innengruppe zu berücksichtigen. So kann durch einen impulsiven oder massiven (»Binge«-)Konsum der Substanzen eine bis dahin nicht bestehende psychische Symptomatik ausgelöst werden. Diese richtet sich in der Regel nach der entsprechenden Prädisposition der Konsument*innen, aber auch – damit in Zusammenhang stehend – mit der gewählten psychoaktiven Substanz. Im chronischen Verlauf häufen sich jedoch depressive und ggf. auch ängstliche und psychotische Symptome und führen zu einer entsprechenden Behandlungs- und Interventionspflicht. Auch die somatischen Folgeerkrankungen sind in besonderer Weise zu berücksichtigen; diese stehen mit der eingenommenen Substanz und den entsprechenden Konsumformen in engem Zusammenhang. Dabei sind etwa bei einem chronischen Konsum von Alkohol Beschwerden der Leber und des Verdauungstrakts sowie des zentralen und peripheren Nervensystems besonders relevant, während der chronische Konsum von Stimulanzien sekundär zu neurologischen und kardialen Folgeerkrankungen führen kann. In diesen Fällen ist bei stationärer oder ambulanter Behandlung von Konsument*innen von psychoaktiven Substanzen auch in Krisen eine somatische Diagnostik und Mitbehandlung erforderlich.

12.3.1 Konsumereignisse und Rückfälle als Indikatoren für Krisen bei der Behandlung von Abhängigkeitserkrankungen

Im Rahmen von Entgiftungs- und Entwöhnungsbehandlungen kommt es trotz getroffener Abstinenzentscheidung häufig zum Substanzkonsum, wobei man sporadischen Konsum als Konsumereignis und einen fortgesetzten, ins frühere Konsummuster zurückfallenden Konsum als Rückfall bezeichnen kann. Es kann sich dabei um die früher abhängig konsumierte Substanz handeln oder um eine Ausweichsubstanz im Sinne einer Verlagerung. Konsumereignisse bzw. Rückfälle sind häufig mit Versagensgefühlen und erheblichen Folgen für das Selbstwerterleben verbunden. Sie können – wie Krisen im Allgemeinen – aber auch als Indikatoren für bestimmte neu aufgetretene oder reaktivierte Problemkonstellationen angesehen werden, die einen Zugang zu darunter liegenden Themen ermöglichen können, sofern der Rückfall nicht zu einem Therapieabbruch führt, sondern im Zusammenhang mit der Behandlung weiter thematisiert werden kann.

Fallvignette 1:

Frau B. befindet sich seit einigen Wochen in der teilstationären Behandlung einer Abteilung für Abhängigkeitserkrankungen. Sie leidet unter einer Cannabis-und Kokainabhängigkeit und einer Borderline-Störung. Bei Beginn der Therapie fühlte sie sich soweit gefestigt und stabil, um eine Behandlung anzutreten. Zu diesem Zeitpunkt war ihr 5-jähriger Sohn bei dem Kindsvater untergebracht. Im Laufe der Behandlung kommt es zunehmend zu Problemen mit dem Kindsvater, der sich sowohl nicht ausreichend um das Kind kümmern zu scheint als auch selbst einen Konsumrückfall mit Cannabis zeigt. Zugleich kommt es vermehrt zu Problemen mit dem neuen Partner. In dieser Situation kommt es zu einem Konsumereignis mit Kokain, der im Rahmen einer Rückfallanalyse fruchtbar gemacht werden kann im Hinblick auf eine Verbesserung der Selbstfürsorge der Patientin und auf dysfunktionale Verhaltensweisen in zwischenmenschlichen Situationen. Parallel kommt es in Absprache mit der Patientin zu einer Installation von Familienhilfe über das Jugendamt. Durch eine verbesserte Planung der Tagesstruktur und Anpassung des Notfallplans für Suchtdruck stabilisiert sich der Konsum wieder und Frau B. gelingt es, die Abstinenz aufrecht zu erhalten.

Ein Konsumereignis kann jedoch durch die damit verbundenen psychischen Reaktionen zu einem circulus vitiosus und damit zu einem Rückfall führen, indem durch die Kränkungserlebnisse mit dem Gefühl, versagt zu haben, die Hemmschwelle für einen fortgesetzten Konsum auch nach einem einmaligen Ereignis bereits massiv herabgesetzt sein kann. Dabei ist es in der Krisenintervention wiederum wichtig, zunächst das Motivationsstadium zu erfassen, um dann über die Strategien der motivationalen Gesprächsführung einen Zugang zu dem Klient*innen zu finden.

12.4 Welche therapeutischen Haltungen sind im Umgang mit Krisen bei Menschen, die psychoaktive Substanzen konsumieren, hilfreich?

12.4.1 Das Modell »Stages of Change« von Prochaska & DiClemente

1. Stadium der Absichtslosigkeit (auch der Präkontemplation):
   In dieser Phase befinden sich meistens Konsument*innen, die keine Verhaltensänderung in Betracht ziehen. Die Gründe für diese Phase können vielfältig sein, z. B. können die negativen Effekte des Konsums eine untergeordnete Rolle spielen, so dass die Vorteile von Rauschzuständen oder anderer hedonistischer Gefühlen überwiegen. Es können aber auch fehlende Informationen über die Folgen und Konsequenzen des Konsums ursächlich sein.

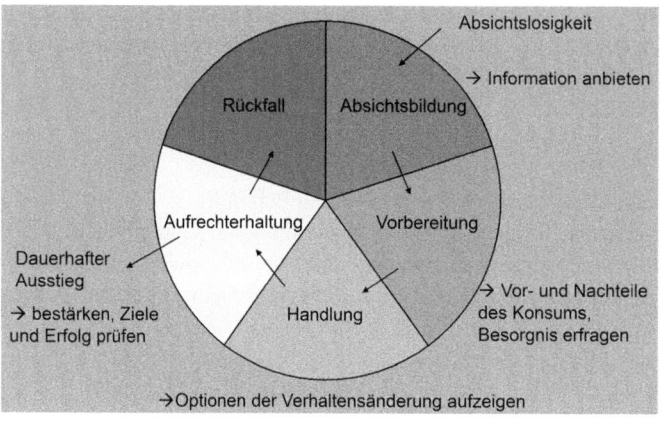

Abb. 12.2:
Das Modell *Stages of Change* von Prochaska und DiClemente kann im Umgang mit Menschen mit Substanzgebrauchsstörungen sehr hilfreich sein, um die Motivation des Betroffenen für eine Verhaltensänderung einschätzen zu können. Prochaska und DiClemente sind davon ausgegangen, dass Konsument*innen mit problematischem Konsum verschiedene Motivationsstadien durchlaufen, wenn sie den Substanzkonsum in Frage stellen oder zu beenden versuchen.

Eine Haltung, die in diesem Stadium ebenfalls häufig zu beobachten ist, ist eine »rebellierende Haltung«, bei der Vor- und Nachteile des Konsums sehr gut bekannt sind, allerdings das Gefühl von Bevormundung so stark erlebt wird, dass eine Veränderung nicht gewünscht ist. Gleicherweise können Gefühle der Resignation vorherrschen, bei der Patienten, die schon wiederholt versucht haben, ihren Konsum zu beeinflussen, aber keine Veränderung erlangen konnten. Ein »rationalisierender Umgang« findet sich sehr häufig und drückt sich darin aus, dass die Betroffenen auf fast alle Fragen eine »plausible« Antwort haben, so sei Alkohol ja gar nicht gefährlich, sondern fördere die Durchblutung, Helmut Schmidt habe ja auch bis zu seinem Tod geraucht und wäre 100 Jahre alt geworden und Cannabis konsumiere ja sowieso fast jeder und würde keine Folgeschäden mit sich bringen.

In der Phase der Absichtslosigkeit empfiehlt es sich, den Personen Informationen über den Konsum und die Konsumfolgestörungen zu geben. Rebellierenden Betroffenen kann man den »Wind aus den Segeln nehmen«, indem man ihrem Protest zustimmt und unterstreicht, dass niemand zu Veränderungen gezwungen werden kann, bei rationalisierendem Abwehrverhalten können Vor- und Nachteile des Konsums ausführlich besprochen werden, sodass der*die Patient*in sich verstanden fühlt und trotzdem unterstützt wird seine eigene Sichtweise zu erweitern. Resignierende Personen profitieren von Ermutigung und Überlegung einer weitreichenden Unterstützung.

2. Absichtsbildung:
In dieser Phase haben die Konsument*innen Probleme des Substanzgebrauchs erkannt und fangen an, entstehende Konsequenzen auf ihr Leben zu verstehen. In dieser Phase entsteht bei den Betroffenen das Gefühl der Ambivalenz. Es empfiehlt sich, gemeinsam mit den Betroffenen Vor- und Nachteile von Veränderungen abzuwägen, um die Ambivalenz zu verstärken und Widersprüche hinsichtlich von nicht gewünschten Veränderungen aufzudecken. In dieser Phase sind Interventionen des Motivational Interviewing besonders wirksam, auf welche wir im kommenden Abschnitt näher eingehen.

3. Vorbereitungsphase:
In der Vorbereitungsphase haben sich die Betroffenen entschieden, ihr Verhalten zu ändern. Dies bedeutet nicht automatisch, dass die Ambivalenz aufgehoben ist, aber

dass erste Schritte in die Wege geleitet werden. In dieser Phase ist es hilfreich, einen gemeinsamen und realistischen Plan zu entwickeln. Fallen und Hinderungsgründe, diesen Plan umzusetzen, sollten in dieser Phase wiederholt besprochen werden.

4. Handlungsphase:
In dieser Phase wird das Verhalten verändert, z. B. werden Substanzvorräte vernichtet oder bestimmte Situationen und Räumlichkeiten, wie Kneipen oder Diskotheken, vermieden. In dieser Phase gilt es, die Betroffenen zu unterstützen und in ihren geplanten Verhaltensänderungen weiter zu motivieren, im Sinne eines »Anfeuerns«. Ein rasches und direktes Feedback kann in diesen Phasen hilfreich sein, zum Teil aber auch provozierend wirken im Sinne von »ich bin mal gespannt, ob Sie das wirklich schaffen«. Wichtig ist, dass in dieser Phase bei anfangs kleinen Erfolgen konsekutiv nicht zu große Etappenziele gesetzt werden.

5. Aufrechterhaltung:
Diese Phase ist langwierig und kann von den Betroffenen als anstrengend empfunden werden, da jetzt das Wegfallen der positiven Wirkungen des Substanzgebrauches besonders wahrgenommen wird. In dieser Phase ist es hilfreich, immer wieder einen möglichen Rückfall und gefährliche Situationen für Konsummöglichkeiten zu besprechen. Hierbei sollen durchgeführte Strategien evaluiert werden und Fertigkeiten zur Aufrechterhaltung entwickelt werden, z. B. Entwicklung von anderen Formen der Freizeitgestaltung (Sport statt Kneipe). In dieser Phase können Selbsthilfemaßnahmen durch Selbsthilfegruppen oder Online-Angebote besonders wirksam sein.

6. Rückfall:
Prochaska und DiClemete haben den Rückfall in den Motivationskreislauf mit einbezogen, da diese bei vielen Konsumgebrauchsstörungen sehr häufig sind (z. B. Nikotin > 90 %, Heroin > 95 %). Ziel ist es, bei Rückfällen den Betroffenen die Schuldgefühle zu nehmen, die Rückfallsituation zu verstehen und daraus zukünftige Verbesserungen der Strategien abzuleiten. Bei wiederholt auftretenden Rückfällen ist es aber auch wichtig, zu prüfen, ob die Betroffenen weitere Unterstützung benötigen, z. B. durch Psychotherapien, Selbsthilfegruppen oder spezifische Suchtberatungsstellen. Eine häufige Reaktion der Helfenden ist oft eine Enttäuschung, dass der*die Betroffene es trotz der Hilfe nicht geschafft hat, was wiederum für den*die Betroffene*n oft spürbar und demotivierend ist. Auch dies kann angesprochen oder in Supervisionsgruppen erarbeitet werden (Gutwinski, 2018).

12.4.2 Das Konzept des Motivational Interviewing nach Miller und Rollnick

Das Konzept des Motivational Interviewing (motivationale Gesprächsführung) wurde in den 1980er Jahren von Miller und Rollnick (2012) zur Behandlung mit Menschen mit Suchterkrankungen entwickelt. Zuletzt wurde das Konzept weiterentwickelt, sodass es nun den Anspruch formuliert, Menschen unabhängig vom Kontext im Prozess von Veränderungen zu unterstützen. Hierbei ist eine der Grundhaltungen ein »kooperativer Gesprächsstil«, durch den Menschen erlernen, ihre eigene Motivation wahrzunehmen, und gestärkt werden in ihrem Wunsch für Veränderung. Hierbei ist der*die Therapeut*in nicht explizit in der Rolle des*der Expert*in, sondern er*sie versucht über offene Fragen, eine Auseinandersetzung mit der Ambivalenz anzuregen mit dem Ziel, dass sich daraus mögliche Veränderungswünsche ergeben. Es soll sich nicht um eine manipulierende Strategie handeln, die das Verhalten implementiert, welches dem*der Helfenden als »richtig« erscheint. Vielmehr sollen die Betroffenen die eigene Ambivalenz wahrnehmen lernen und diese selbst verstärken, um daraus Verhaltensveränderungen abzuleiten.

Grundhaltung beim Motivational Interviewing:
Nicht der*die Therapeut*in, sondern der*die Patient*in ist Expert*in für seine*ihre eigene Person. Der*die Therapeut*in tritt diesem*dieser Expert*in mit einer grundlegend respektvollen und unvoreingenommenen Haltung entgegen. Die therapeutische Interaktion ist geprägt von Nachfragen, einem Verstehen-Wollen und Interesse – weniger von Appellen, Ratschlägen oder Diskussionen. Der*die Therapeut*in versucht, eine urteils- und (be-)wertungsfreie Haltung einzunehmen, was aber auch nicht heißt, dass er*sie alles »gutheißt«, was der*die Patient*in macht. Er*sie versucht vielmehr, urteils- und wertungsfrei zu verstehen, warum der*die Betroffene bestimmte Verhaltensweisen zeigt. Neben einem kognitiven Verstehen versucht der*die Therapeut*in, eine mitfühlende Haltung einzunehmen. Weiterhin versucht er*sie, die Stärken und Ressourcen des*der Betroffenen herauszuarbeiten, zu unterstützen und in erster Linie erst einmal zu benennen.

12.5 Wo finden Menschen, die psychoaktive Substanzen konsumieren, Hilfe in Krisen?

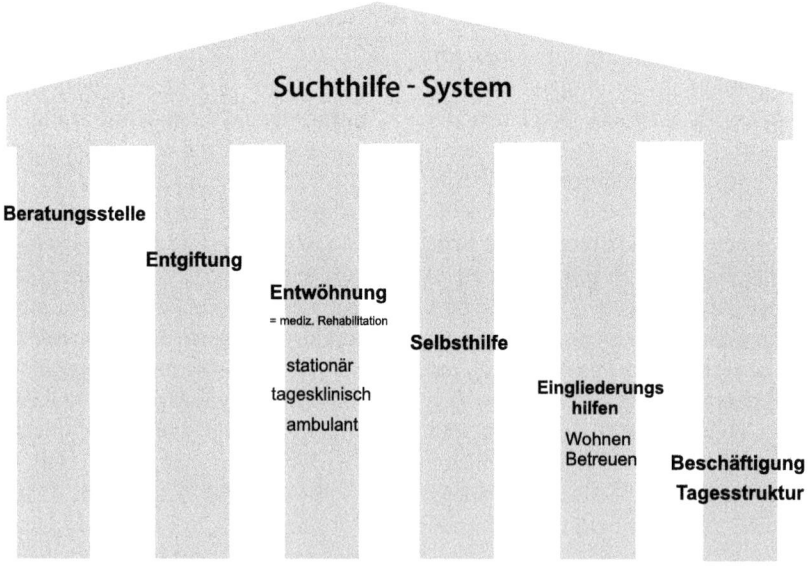

Abb. 12.3: Suchthilfesystem, dargestellt als Suchthilfe-Tor (Abbildung erstellt von Gabriele Cordier)

Beim Auftreten von psychischen oder psychosozialen Krisen stehen den Konsumierenden von psychoaktiven Substanzen zunächst alle psychiatrisch-psychotherapeutischen Hilfsangebote zur Verfügung, die auch den nichtkonsumierenden Menschen angeboten werden (Jäckel, 2020). In Abhängigkeit davon, wie stark der Konsum und die dadurch primär entstehenden Probleme im Vordergrund der Auslöser und Beschwerden der aktuellen Krise stehen, steht in Deutschland ein differenziertes Suchthilfesystem zur Verfügung, das sich über ein breites Angebot von niedrig- bis hochschwelligen Angeboten erstreckt. Zu den niedrigschwelligsten zählt die Suchtberatungsstelle, die auch ohne eine vorhandene Krankenversicherung anonym und spontan aufgesucht werden kann. Dort wird von der Beratung zu Problemen mit der Unterkunft über die Vermittlung medizinischer und psychologischer Unterstützung bis hin zur Beantragung von Entgiftungs- und Entwöhnungsbehandlungen ein breites Spektrum von supportiven Möglichkeiten angeboten. Auch der Zugang zu den Selbsthilfegruppen ist in den meisten Fällen anonym und ohne Vorankündigung oder Krankenversicherung möglich. Die Entgiftungsbehandlungen erfolgen zumeist im stationären psychiatrischen oder internistischen Rahmen – in Abhängigkeit von dem Wohnort und der jeweils zu entgiftenden Substanz. Entgiftungsbehandlungen sind häufig etwas höherschwellig, da in vielen Kliniken ein Vorgespräch und Aufnahmetermin vereinbart werden muss, zudem muss in einigen Fällen auch eine Kostenübernahme der Krankenkasse und Überweisung durch den behandelnden Arzt vorliegen. Noch höherschwelliger ist die medizinische Rehabilitation im Sinne einer Entwöhnungs- oder Langzeitbehandlung, die nach erfolgter Entgiftung über die Deutsche Rentenversicherung beantragt werden muss. An weiteren Angeboten stehen Eingliederungshilfen in Bezug auf Wohnen und Betreuen, aber auch Beschäftigung und Tagesstruktur zur Verfügung, bei denen es sich ebenfalls um eher höherschwellige Angebote handelt, bei denen eine Stabilität im Hinblick auf die psychische Verfassung und den aktuellen Konsum in den meisten Fällen Bedingung ist.

Zusätzlich ist zu den Angeboten bei eher psychischen oder psychosozialen Krisen zu ergänzen, dass in einigen Kriseneinrichtungen, wie Kriseninterventionsstationen, ein kürzlich erfolgter akuter Konsum oder eine aktive Abhängigkeitsproblematik einen Ausschlussgrund für die Behandlung darstellen, sodass die Gruppe der Konsumierenden entweder auf allgemeinpsychiatrischen Stationen oder ambulant behandelt werden müssen. In vielen Fällen erfolgt bei akuten Krisen und gleichzeitiger Konsumproblematik eine Krisenintervention auf einer suchtspezifischen Station, wobei die Behandlung direkt mit einer Entgiftungsbehandlung kombiniert wird. Dies führt häufig zu Problemen, da es zwar einen Wunsch nach kriseninterventioneller Unterstützung gibt, eine Abstinenzentscheidung aber nicht unbedingt getroffen wurde, sodass die Behandlung in vielen Fällen nach wenigen Tagen wieder abgebrochen und der Konsum fortgeführt wird. An dieser Stelle besteht eine bisher suboptimal ausgeformte Versorgungsstruktur, wie sie für den historisch gewachsenen Spagat zwischen psychiatrischer und suchtmedizinischer Versorgung typisch ist.

12.5.1 Harm reduction und psychedelische Krisenintervention

Neben den vorwiegend abstinenzorientierten oder auf psychotherapeutische Krisenintervention fokussierten Hilfeangeboten ist ergänzend der Ansatz der akzeptierenden Drogenarbeit zu nennen. Dieser umfasst im Sinne einer Schadensbegrenzung (harm reduction) unterschiedliche Angebote der Drogenhilfe und von ehrenamtlich tätigen Peers, und ist erstmalig und besonders nachhaltig etwa im Zusammenhang mit der Abgabe von sauberem Injektionsbesteck an intravenös drogeninjizierende Personen in Erscheinung getreten. Die Grundsätze der akzeptierenden Drogenarbeit basieren auf der Prämisse, dass

Konsument*innen von psychoaktiven Substanzen »mündige, zu Selbstverantwortung und Selbst- bestimmung fähige Menschen sind, die ein Recht auf menschenwürdige Behandlung haben« (akzept e. V., 1999, S. 14 ff). Es handelt sich dabei um einen bedürfnisorientierten Ansatz abseits eines strikten Abstinenzgebots und umfasst Hilfestellungen zur Sicherung des Überlebens durch Bereitstellen von Hilfen zur medizinischen, materiellen und psychosozialen Grundversorgung, zur Gesundheitsförderung, gesundheitliche und emanzipatorischen Information, Aufklärung und Bildung, Stabilisierung der Lebenssituation und Problembewältigung durch sozialarbeiterische Hilfen.

Besonders zu erwähnen ist, als eine Hilfe bei kritischen Erfahrungen in veränderten Wachbewusstseinszuständen, auch die psychedelische Krisenintervention (auch als Psychedelic Welfare bezeichnet). Dabei handelt es sich um Peer-Arbeit, vorwiegend auf größeren Musikfestivals (in den USA z. B. das »Burning Man«-Festival), auf denen intensiv bewusstseinsverändernde Substanzen konsumiert werden. Menschen, die angstvolle oder psychotische Rauschverläufe (»Bad Trips«) erleben, erhalten hier nicht-medikamentös eine Begleitung und Unterstützung. Dieser Ansatz ging ursprünglich aus dem Soteria-Konzept der Behandlung von psychotischen Störungen in Abgrenzung zur traditionellen Psychiatrie hervor und teilt mit diesem die Betonung der Begegnung mit den Hilfesuchenden im Sinne Martin Bubers (Buber, 1984). Die Menschen werden durch schwierige Phasen z. B. von Effekten von Halluzinogenen oder anderen Substanzen begleitet.

Literatur

Akzept e. V. und AIDS-Hilfe e. V. (1999). – Leitlinien einer akzeptierenden Drogenarbeit. Zugriff am 22.01.2020 unter https://www.akzept.org/pdf/aktuel_pdf/akzept_LeitlinienNr.3.pdf.

Bilitza, K. W. (Hrsg.). (2009). Psychodynamik der Sucht: psychoanalytische Beiträge zur Theorie. Göttingen: Vandenhoeck & Ruprecht.

Buber, M. (1984). Ich und Du (1923). In: ders., Das dialogische Prinzip, Band 4. Gütersloh: Gütersloher Verlagshaus..

Soyka, M., Batra, A., Heinz, A., Moggi, F., & Walter, M. (Hrsg.). (2018). Suchtmedizin. München: Urban & Fischer Verlag / Elsevier GmbH

Gouzoulis-Mayfrank, E. (2007). Komorbidität Psychose und Sucht-Grundlagen und Praxis: Mit Manualen für die Psychoedukation und Verhaltenstherapie. Berlin: Springer Nature.

Gouzoulis-Mayfrank, E., Majić, T., & Schaub, M. (2019). Stimulanzien vom Amphetamin-Typ. In: Soyka, M., Batra, A., Heinz, A., Moggi, F., & Walter, M. (Hrsg.). (2018). Suchtmedizin. München: Urban & Fischer Verlag / Elsevier GmbH.

Gutwinski, S., Kienast, T., Löber, M., Löber, S. & Heinz, A. (2018). Alkoholabhängigkeit – Ein Leitfaden zur Gruppentherapie. Stuttgart: Kohlhammer.

Henssler, J., Schubert, T., & Soyka, M. (2017). Beruhigungsmittel: Sedativa und Hypnotika. In von Heyden, M., Jungaberle, H., & Majić, T. (Hrsg.), Handbuch Psychoaktive Substanzen (S. 1–30). Berlin, Heidelberg: Springer.

Hurrelmann, K., & Bründel, H. (1997). Drogengebrauch-Drogenmissbrauch: eine Gratwanderung zwischen Genuss und Abhängigkeit. Darmstadt: Primus-Verlag.

Patients' Work-Related Participation Impairments and Need for Support in Day Hospital and Inpatient Psychiatric Treatment Jäckel D., Siebert S., Baumgardt J. , Leopold K., Bechdolf A. Psychiatr Prax 2020; 47(05): 235-241 DOI: 10.1055/a-1112-5519.

Klein, M. (2015). Geschichte Geschichte der Suchtprävention. In T. Hoff & M. Klein (Hrsg.), Evidenzbasierung in der Suchtprävention (S. 37–42). Berlin: Springer.

Majić, T., Kienast, T., Heinz, A., & Soyka, M. (2017). Drogen-und Medikamentenabhängigkeit. In Möller, H. J., Laux, G., Kapfhammer, H.-P. (Hrsg.) Psychiatrie, Psychosomatik,

Psychotherapie: Band 1: Allgemeine Psychiatrie Band 2: Spezielle Psychiatrie (S. 1–51). Berlin: Springer.

Majić, T., Gouzoulis-Mayfrank, E., & Schaub, M. (2019). Halluzinogene. In: Soyka, M., Batra, A., Heinz, A., Moggi, F., & Walter, M. (Hrsg.), (2018). Suchtmedizin. München: Urban & Fischer Verlag/Elsevier GmbH.

Miller, RM., Rollnick, R. (2012). Motivational Interviewing, Third Edition: Helping People Change (Applications of Motivational Interviewing). Guilford Publications.

Prochaska, J. O., & DiClemente, C. C. (1983). Stages and processes of self-change of smoking: Toward an integrative model of change. *Journal of Consulting and Clinical Psychology, 51*(3), 390–395. https://doi.org/10.1037/0022-006X.51.3.390

Schomerus, G., (2017). Das Stigma von Suchterkrankungen verstehen und überwinden. Psychiatr Prax 2017; 44(05): 249–251 1.

Walter, M., & Gouzoulis-Mayfrank, E. (Hrsg.). (2014). Psychische Störungen und Suchterkrankungen: Diagnostik und Behandlung von Doppeldiagnosen. Stuttgart: Kohlhammer.

13 Krisenintervention bei psychotischen Krisen – Was wir von den Skandinaviern lernen können

Volkmar Aderhold

> Der Beitrag beschreibt ein verändertes Herangehen an Menschen, die eine psychotische Krise durchleben. In den letzten Jahrzehnten wurden in mehreren skandinavischen Ländern unterschiedliche therapeutische Ansätze der Krisenintervention und Behandlung von Menschen mit *psychotischen* Erfahrungen evaluiert, als deren Ergebnis die Integration verschiedener Therapieelemente zunächst zum Bedürfnisangepassten Behandlungsmodell (*Need Adapted Treatment Model*) und darauf aufbauend der *Offene Dialog* gelten kann. Darin leitet die dialogische und systemische Perspektive sowohl das konkrete therapeutische Handeln als auch das paradigmatische Verstehen und verbindet sie, angepasst an die Bedürfnisse der Betroffenen und ihres sozialen Kontextes, mit weiteren Maßnahmen. Elemente der Krisenintervention, Krisenbegleitung und Therapie können dabei ineinander übergehen. In den Modellregionen hat sich diese Praxis auch auf die meisten Menschen mit anderen Diagnosen ausgeweitet.

13.1 Einleitung

Ich bin vor Jahren auf meiner Suche nach dem bestmöglichen und zugleich einem in der Regelversorgung anwendbaren Behandlungsmodell für Menschen mit Psychosen auf einen finnischen Ansatz gestoßen. Er hat eine hohe Plausibilität, kann weitere Behandlungsformen integrieren, wenn sie zusätzlich für notwendig erachtet werden, die Behandlungsergebnisse kompetenter Behandlungsteams sind beeindruckend und meines Wissens weltweit unübertroffen. Die durch diese Arbeitsform erreichbare minimale Anwendung von Neuroleptika ist für mich *ein* Grund für die guten Behandlungsergebnisse und hat mich daher zu einem kritischen Standpunkt zu unserer gegenwärtigen Behandlungspraxis veranlasst.

13.2 Entwicklungsgeschichte

Das Gesamtkonzept wurde über 25 Jahre kontinuierlich zunächst in der Psychiatrischen Universitätsklinik in Turku durch Yrjö Alanen gemeinsam mit vielen Mitarbeiter*innen entwickelt. In langjährigen Entwicklungsschritten wurden diese spezifischen Behandlungselemente nacheinander in das Modell integriert:

- psychodynamische Individualtherapie,
- stationäre Psychiatrie als therapeutische Gemeinschaft,
- familientherapeutische Kurzzeitinterventionen (vorwiegend Mailänder Modell),
- niedrig dosierte und selektive Neuroleptikabehandlung (API-Projekt).

Das Ergebnis war das Bedürfnisangepasste Behandlungsmodell (Need Adapted Treatment Model), in dem die systemische Perspektive sowohl das konkrete therapeutische Handeln als auch das paradigmatische Verstehen zentral leitet, jedoch keinesfalls darauf einengt. Die zunächst angewandte systemische Methodik kam aus dem Mailänder Ansatz und war eher kurzzeitorientiert. Unter dem Einfluss des sozialen Konstruktionismus wurde die intersubjektive dialogische Konstruktion von Wirklichkeiten mit unaufhebbarer Vielstimmigkeit (»Polyphonie«) zur zentralen Grundannahme des systemischen Handelns. In der alltäglichen gemeindepsychiatrischen Praxis entwickelte Jaakko Seikkula mit diversen Mitarbeiter*innen das systemische Modell des Offenen Dialoges zunächst vornehmlich an ersterkrankten psychotischen Patient*innen, ihren Familien und sozialen Netzwerken. Es bewährte sich auch bei Menschen mit anderen psychiatrischen Problemlagen. Evaluationsstudien zu depressiven Störungen liegen vor.

Dieses Modell ist aus meiner Sicht die konsequenteste methodische Weiterentwicklung des bedürfnisangepassten Ansatzes und soll nachfolgend ausführlicher beschrieben werden.

13.2.1 Therapieversammlung bzw. Netzwerktreffen

Die *Therapieversammlung* ist das Zusammenkommen aller wichtigen und erreichbaren Bezugspersonen des*der Patient*in in einer Krise und ist zugleich die zentrale therapeutische Krisen- und oft auch Langzeitintervention dieses Ansatzes. Sie hat gleichzeitig informative, diagnostische und therapeutische Funktionen: Alle Teilnehmer*innen lernen alle unterschiedlichen Sichtweisen und Problemlagen kennen und entwickeln gemeinsam mit dem meist fallspezifisch zusammengesetzten Therapeut*innenteam ein sich fließend fortentwickelndes Problemverständnis mit durchaus individuellen Unterschieden sowie hilfreiche Schritte für die Krisenbegleitung und die spätere Entwicklung.

Eine solche Sitzung dauert meist 1,5 Stunden, bei Bedarf auch länger, aber im Verlauf manchmal auch kürzer. Alle späteren Entscheidungen und Veränderungen des Behandlungssettings werden zunächst in den Therapieversammlungen diskutiert und entschieden.

Anfänglich können Therapieversammlungen in hoher Frequenz erforderlich sein, ggf. täglich, später dagegen finden sie in größeren zeitlichen Abständen statt. Insgesamt liegt die durchschnittliche Häufigkeit dieser Therapieversammlungen in einzelnen Regionen über fünf Jahre bei 25 bzw. 40 Sitzungen, je nach Studie. Mit der Erfahrung der Teams sinkt die Frequenz.

13.2.2 Therapeutische Prinzipien

Aus der projektbegleitenden Handlungsforschung zur Effektivitäts- und Prozessevaluation wurden in Westlappland sieben therapeutische Prinzipien abgeleitet (Seikkula & Alakare, 2007; 2015):

1. Sofortige Hilfe

Ein Anruf – von wem auch immer – genügt, und ein Netzwerktreffen kann innerhalb von 24 Stunden, bei Einverständnis in der Wohnung des*der Klient*in bzw. der Familie, stattfinden. Niedrigschwelligkeit und Frühintervention unter Nutzung aller verfügbaren Ressourcen sind so essentiell für das therapeutische Gelingen, dass das System ganz auf die Sicherstellung dieses Prinzips ausgerichtet ist. Die Wirksamkeit eines psychotherapeutischen Zugangs erhöht sich dadurch deutlich, und die Notwendigkeiten von Medikation und Hospitalisierung sinken. Ein Krisendienst im Hintergrund erleichtert die Arbeit und senkt die Hospitalisierungsrate weiter. Auch im späteren Verlauf bleibt diese Reaktionsflexibilität und Frühintervention bei Krisen essentiell.

In den ersten Netzwerkgesprächen in einer psychotischen Krise kommen belastende bis traumatisierende Lebenserfahrungen sehr viel leichter zur Sprache als später. Sind Äußerungen des*der Patient*in zu Beginn noch unverständlich, so wird mit zunehmender Information oft deutlich, dass er von realen Vorkommnissen in seinem Leben spricht. Auch Halluzinationen können direkt angesprochen und reflektiert werden. Oft sind es ängstigende und bedrohliche Begebenheiten, über die der*die Patient*in bisher noch nicht sprechen konnte. Manchmal weisen auch nur die Affekte auf solche Erfahrungen hin. Es scheint, als bestünde für das Aussprechen subjektiv extremer Erfahrungen öfter nur ein kurzes Zeitfenster von wenigen Tagen. Das Team kann durch die Herstellung eines sicheren Rahmens, einer offenen Atmosphäre und durch sehr aufmerksames Zuhören das Aussprechen dieser Erfahrungen fördern. Die Therapeut*innen versuchen dann, diesen schmerzhaften Erfahrungen eine verstehende Sprache zu geben, und so die damit verbundenen Gefühle erträglicher zu machen. Gelingt dies nicht, bedarf es meist einer mehrmonatigen Einzeltherapie, um diese Inhalte aussprechbar bzw. bewusst zu machen.

2. Einbeziehen des sozialen Netzwerkes

Von Beginn an, auch wenn der*die Patient*in akut psychotisch ist, werden die Familie und wichtige verfügbare Bezugspersonen einbezogen. Fragen zur Klärung des Teilnehmerkreises sind: Wer weiß von der Situation und hat sich dazu Gedanken gemacht? Wessen Teilnahme am ersten Treffen könnte hilfreich sein? Zu wem hat der*die Betroffene großes Vertrauen? Wenn möglich sollten die Einladungen mit dem Konsens des*der Betroffenen erfolgen.

Grundsätzlich wird das persönliche Netzwerk des*der Patient*in als eine potentielle Ressource bewertet und so weit wie möglich nutzbar gemacht. Auch ehemalige professionelle Helfer*innen sollten, wenn möglich, schnell eingeladen werden.

Will der*die Patient*in nicht an der Sitzung teilnehmen, wird entschieden, ob das Treffen trotzdem fortgesetzt wird. In diesem Falle wird der*die Patient*in darüber informiert, möglicherweise kann er*sie der Sitzung durch eine geöffnete Tür zuhören. Er*sie kann jedoch auch dann jederzeit direkt teilnehmen, wenn er*sie dies möchte. Während der Sitzung ohne den*die Patient*n fallen keine Entscheidungen, die den*die Patient*in betreffen. Falls Gefahrenmomente deutlich werden, sodass die Professionellen sich doch zum Handeln gezwungen sehen, wird der*die Patient*in zuvor davon unterrichtet.

Im Laufe des Behandlungsprozesses können weitere Personen wichtig werden. Dann werden beispielsweise auch Lehrer*innen, Arbeitgeber*innen, Vertreter*innen von Arbeitsämtern etc. zeitweise in die Therapieversammlungen eingeladen. Dabei kann der Ort der Versammlungen so wechseln, wie es günstig erscheint.

»Bei einer Netzwerk-Perspektive sollten alle in den Prozess integriert werden, denn das Problem ist nur gelöst, wenn alle, die es als solches definiert haben, es nicht mehr als Problem bezeichnen.« (Seikkula & Alakare, 2007, S. 240)

3. Flexible Einstellung auf die Bedürfnisse

Jeder »Fall« wird als einmalig angesehen, deshalb gibt es keine standardisierte Behandlung und keine festgelegten Behandlungsprogramme. Alle Therapiemethoden müssen an die Sprache, Lebensweise, individuellen Möglichkeiten und Interessen des*der Patient*in und seiner*ihrer Familie angepasst werden. Insbesondere sollten innere oder äußere Sitzungsroutinen vermieden werden. Die Flexibilität von Ort und Frequenz der Sitzungen gehört ebenfalls dazu. Es wird daher immer nur die nächste Sitzung vereinbart.

4. Verantwortung (als Team) übernehmen

Das psychiatrische System übernimmt die Verantwortung für die Organisation einer Therapieversammlung nach einem Hilferuf sowie die fortlaufenden Sitzungen und weitere Maßnahmen. Nach den ersten Treffen wird festgelegt, wer zu dem längerfristig verantwortlichen Team gehört. Bei komplexen Problemlagen sind es Mitarbeiter*innen aus unterschiedlichen Einheiten des Systems, z. B. zusätzlich aus der Suchtabteilung oder auch aus der Sozialbehörde. Alle Teammitglieder kümmern sich um das Einholen der erforderlichen Informationen, um die bestmöglichen Entscheidungen zu treffen.

5. Psychologische Kontinuität

Therapieabbrüche oder Therapeut*innenwechsel sollen so weit wie möglich vermieden werden. Die unterschiedlichen Therapieangebote werden durch die Therapieversammlungen als Gesamtprozess integriert; z. B. nimmt ein*e Einzelpsychotherapeut*in möglichst zu Beginn der Therapie und bei Bedarf, z. B in Krisen, an weiteren Sitzungen teil. In diesen Gesprächen bleibt er*sie der*die Vertraute des*der Patient*in. Der Zeitrahmen für die Begleitung nach einer psychotischen Krise wird durch das Netzwerk bestimmt. 60 % der Behandlungen sind jedoch bereits nach zwei Jahren abgeschlossen, das heißt bis zur Evaluation nach fünf Jahren hatten die Netzwerke keinen weiteren Hilfebedarf zum Ausdruck gebracht.

6. Aushalten von Unsicherheit

Um ein vertieftes Verstehen und einen koevolutiven Prozess zwischen dem privaten Netzwerk und den Professionellen zu fördern, sollten Therapeut*innen auf vorschnelle Festlegungen im eigenen Verstehen, der Diagnostik und der Pharmakotherapie, die gewöhnlich ein Gefühl der Sicherheit vermitteln, so weit wie möglich verzichten. Diese Unsicherheit ist jedoch nur dann auszuhalten und fruchtbar, wenn der Rahmen der Netzwerkgespräche und er Erreichbarkeit in den Intervallen zuverlässig sichergestellt wird. In Krisen kann dies z. B. durch tägliche Netzwerkgespräche gewährleistet werden. Mehr Sicherheit entsteht auch, wenn jeder der Beteiligten ausreichend gehört wird. Diagnosen und Krankheitskonstrukte sind Prozeduren, die nur eine vermeintliche Sicherheit schaffen. Durch den Zugang über die subjektiven Problemlagen und den Raum für ganz individuelle Prozesse wird grundsätzlich auf diese konstruierte Sicherheit verzichtet. Das bedeutsame Vertrauen der Netzwerkteilnehmer*innen in die Professionellen entsteht vor allem durch einen transparenten Umgang mit möglicherweise unterschiedlichen professionellen Sichtweisen. Durch Reflexionen der Professionellen untereinander und ohne Augenkontakt mit den Netzwerkteilnehmer*innen werden sie zur Verfügung gestellt und so zu einem Teil der Vielstimmigkeit und des sich anschließenden gemeinsamen Dialoges.

So werden ein bis zwei Mal im Gesprächsverlauf Reflexionen der Professionellen miteinander angeboten. Immer entscheidet das anwesende Netzwerk, ob sie tatsächlich stattfinden. Sie sollten jeweils kurz sein und das subjektiv Wichtige wiedergeben.

Durch das Reflektieren wird dem Netzwerk zum einen deutlich, wie aufmerksam die

Professionellen die Dialoge verfolgen, was meist die Ernsthaftigkeit des Gesprächs nach der Reflexion verstärkt. Des Weiteren existieren in jedem Anwesenden neben der geäußerten »Stimme« weitere und durchaus divergierende innere Stimmen (die sogenannte innere oder vertikale Polyphonie), die jedoch nicht ausgesprochen werden. Indem zentrale Inhalte der »äußeren Stimme« gespiegelt werden, werden diese oft gegensätzlichen inneren Stimmen aktiviert und so beginnt ein innerer Dialog. Zugleich werden auch die anderen evtl. im Konflikt stehenden Gesprächsteilnehmer*innen zu Hörenden dieser gespiegelten Inhalte. Werden diese jetzt wertschätzend von anderen wiedergegeben, können sie neu gehört und bereitwilliger aufgenommen werden (sog. Ricochet-Effekt). Auch dies führt oft zu neuen weiteren Dialogen. Die (noch) nicht ausgesprochenen inneren Stimmen sind oft wichtiger als die formulierten. Sie können auch unausgesprochen bleiben, bestimmen jedoch unter Umständen die weitere Entwicklung mit. In späteren Gesprächen werden sie möglicherweise ausgesprochen.

7. Förderung des Dialogs (Dialogik)

Der Schwerpunkt der therapeutischen Konversationen liegt auf der Förderung von offenen Dialogen innerhalb und mit der Familie und dem weiteren sozialen Netzwerk. Offene Dialoge entstehen eher durch eine Veränderung des eigenen Handelns des Teams als durch Versuche, die Klient*innen zu verändern.

Dazu liegt der Fokus der Netzwerkgespräche primär auf der Förderung von Dialogen, in denen jede*r gehört werden kann, damit neue psychologische Bedeutungen von Symptomen und die gemeinsame Erfahrung dieses Prozesses entstehen. Mitglieder des therapeutischen Teams reagieren dazu aus ihrem gesamten körperlichen Sein heraus und sind aufrichtig daran interessiert, was jede einzelne Person im Raum zu sagen hat. Sie vermeiden dabei jede Anmutung, dass jemand etwas Falsches gesagt haben könnte. Meistens sind ihre Antworten weitere Fragen, die auf dem aufbauen, was der*die Patient*in und Familienmitglieder bereits gesagt haben. Indem das Team die Alltagssprache der Klient*innen verwendet und aufgreift, erleichtern die Fragen der Teammitglieder das Erzählen der Erfahrungen auf eine Art, in der die alltäglichen Details und die problematischen Emotionen durch die Ereignisse enthalten sind. Indem sie dann die übrigen Netzwerkmitglieder um Kommentare zu dem Gesagten bitten, helfen die Teammitglieder, ein vielstimmiges Bild des Ereignisses entstehen zu lassen. Wenn dieser Prozess den Netzwerkteilnehmer*innen ermöglicht, ihre jeweilige eigene Stimme zu finden, können sie sich selbst Antworten geben. Alle Anwesenden erzeugen dadurch einen gemeinsamen Sprachraum zur Annäherung des Verständnisses der benutzen Worte.

Durch diese Dialoge über Schwierigkeiten und Probleme entsteht die Erfahrung von Handlungsfähigkeit im eigenen Leben. Vorschnelle Schlussfolgerungen und Entscheidungen über die Behandlung werden so vermieden. Die Professionellen werden vor allem zu Helfer*innen mit den Fähigkeiten, Dialoge zu fördern.

Wirklichkeit, Wahrheit und Selbst werden als Ergebnis sozialer und kultureller Prozesse ausgefasst. Sprache bildet dabei nicht Wirklichkeit ab sondern bringt diese hervor. Verschiedene Wahrheiten sind damit unausweichlich. Es kann demnach immer nur eine vorübergehende subjektive oder situativ gemeinsam empfundene Wahrheit entstehen. Sie entsteht durch Bezogenheit, Engagement und Hingabe und in einem dafür geeigneten Kontext. Diese polyphone Wahrheit braucht viele gleichzeitige Stimmen. Menschliche Begegnungen werden als grundsätzlich einzigartig und einmalig aufgefasst, sodass sich in jedem wahrhaft dialogischen Gespräch immer wieder neue Begegnungen (sogenannte

›Begegnungsmomente‹) (Stern, 2007) und Wege des Miteinanders eröffnen können.

Der Raum für neue Bedeutungen entsteht dabei nicht in jedem Einzelnen, sondern im interaktionellen Raum zwischen den Gesprächsteilnehmern während der dialogischen Praxis. Jede neue Antwort kann dabei die vorhandenen Bedeutungen verändern, insofern ist der Dialog offen und niemals abgeschlossen. Nicht endgültige Beschreibungen oder Erklärungen sind das Ziel, sondern der Dialog selbst ist ein gegenseitiges Handeln, das Subjekt-Subjekt-Beziehungen erzeugt, die auch die Therapeut*innen einbeziehen.

Oft befinden sich die Menschen in anfänglichen Therapieversammlungen in extremen Lebenssituationen mit tiefen emotionalen Erfahrungen. Am Beginn steht oft ein Gefühl der Ohnmacht und Hoffnungslosigkeit. Dieses darf jedoch zugelassen werden und kann eine Chance sein, um ein Gemeinschaftsgefühl zu entwickeln. Auch Therapeut*innen können mit intensiven Gefühlen reagieren und bewegen sich in einem Feld jenseits therapeutischer Technik.

Die Entstehung von »Ich-Du-Dialogen« (Buber, 1923) ist Voraussetzung für ein gegenseitiges Sich-Einlassen und wachsende Empathie, für Verständnis und Verstehen.

13.2.3 Weitere Besonderheiten

Aus den dargelegten Prinzipien ergeben sich einige weitere Aspekte.

Antipsychotische Medikamente wird nur selektiv und in möglichst geringer Dosierung eingesetzt.

Dazu wird eine neuroleptische Medikation bei Ersterkrankten in den ersten 3-4 Wochen möglichst ganz vermieden. Im Fall von Ängsten und Schlafstörungen sind Benzodiazepine o. ä. die Mittel der ersten Wahl. Neuroleptika werden, wenn sie dann noch erforderlich sind, erst später und dann in möglichst geringer Initialdosierung gegeben und gegebenenfalls allmählich erhöht. Bei Nebenwirkungen wird üblicherweise die Dosierung gesenkt. Die Einnahme von Neuroleptika ist in der Regel mit Ambivalenz und Unsicherheit verbunden – auch bei den anderen Netzwerkteilnehmer*innen – und soll daher zunächst in drei Therapieversammlungen besprochen werden, bevor eine Entscheidung getroffen wird.

Patient*innen, die in der ersten psychotischen Krise keine Neuroleptika benötigen, können in der Regel auch in weiteren Krisen auf sie verzichten. Werden diese Strategien angewandt, um die Medikation möglichst minimal zu halten, können 40–70 % der Patient*innen mit einer ersten psychotischen Episode über fünf Jahre erfolgreich ohne Neuroleptika behandelt werden. Je erfahrener das Team, desto geringer der Einsatz von Neuroleptika.

Integration verschiedener Therapieformen

Die unterschiedlichen therapeutischen Zugänge sollen sich gegenseitig ergänzen anstelle eines »Entweder-Oder«-Vorgehens. Die weiteren therapeutischen Angebote sind auch abhängig von den regionalen Gegebenheiten. Zum essentiellen Kern gehören derzeit Einzeltherapie, Kunsttherapie, Arbeitsintegration als unterstütztes Arbeiten (first place, then train) oder Ausbildung. Gruppentherapien werden derzeit selten praktiziert. Die Fokussierung der personellen Ressourcen liegt eindeutig auf den psychotherapeutisch bedeutsamen Kerninterventionen, ein versorgungspolitisch wesentlicher Grundsatz.

Psychodynamisch orientierte Einzeltherapie

Historisch betrachtet, hat sich der bedürfnisangepasste Ansatz aus der psychodynamischen Tradition der Psychosenbehandlung entwickelt. Psychodynamische Einzeltherapie wurde als wirksam evaluiert, jedoch mit geringeren Effekten als die therapeutische Arbeit mit Familien und Netzwerken. Aus klinischer Sicht ist sie vorwiegend für Patienten geeignet, die bereits eine autonomere Persönlichkeit entwickelt haben und schon aus der Ursprungsfamilie ausgezogen sind. Ihre initiale psychotische Symptomatik ist meist durch einem akuten Krankheitsbeginn gekennzeichnet. Eine grundlegende Einsichtsfähigkeit in den Zusammenhang von Problemen und Symptomen und eine geringe Neigung zum Externalisieren sind wesentlich. Für diese Einzeltherapie entscheiden sich ca. 50 % der Ersterkrankten. Sie findet entweder als fokussierte Einzeltherapie bei spezifischen Problemlagen oder auch längerfristig und kontinuierlich statt.

Kognitiv-behaviorale Einzeltherapie

Die kognitiv-behaviorale Einzeltherapie ist für persistierende Positiv-Symptome wie Halluzinationen und Wahnerleben als wirksam evaluiert. Auch in den englischen NICE-Leitlinien (NICE clinical guideline 82, 2009) wird sie als obligates psychotherapeutisches Verfahren in Kombination mit Familientherapie gefordert.

13.3 Evaluation des bedürfnisangepassten Behandlungsansatzes und Dialogs

Zur Wirksamkeit und zu Wirksamkeitsfaktoren der bedürfnisangepassten Behandlung und des Offenen Dialogs liegen bisher keine randomisierten Studien vor. Die Autoren*innen argumentieren, dass aufgrund der sich ändernden Struktur der Modelle, der Entwicklungsperspektive und des individuell zugeschnittenen Formates vorab vollständig definierte Behandlungsprogramme, zu denen eine zufallsbestimmte Zuteilung erfolgten könnte, nicht definiert werden konnten und die kontinuierliche Weiterentwicklung der Modelle so nicht möglich gewesen wäre. Daher wurden jeweils verschiedene Kohorten von Ersterkrankten (Anzahl der Studienteilnehmer zwischen 30–106), die mit den in der jeweiligen Zeitperiode verfügbaren Programmen behandelt worden waren, miteinander verglichen. Es erfolgten demnach prospektive Verlaufsstudien mit historischen Kohortenvergleichen.

Die Kohortenstudien aus der Gruppe um Seikkula (Seikkula, Alakare, and Aaltonen 2001; Seikkula et al., 2003; Seikkula et al., 2006; Aaltonen, Seikkula, and Lehtinen 2011; Seikkula, Alakare, Aaltonen 2011), zu denen auch 5-Jahres Katamnesen gehören, ergaben (bei jungen Menschen mit einer Psychose) deutliche Hinweise auf positive Effekte des Modells des Offenen Dialogs bei sozialen Funktionen, Aufnahme oder Fortführung von Arbeit oder Ausbildung in 75–80 % und der Reduktion stationärer Aufenthalte. Aufgrund des Designs und der unzureichenden Kontrolle möglicher konfundierender Variablen sind abschließende Aussagen auf Basis dieser Studien jedoch nicht möglich. Eine erste randomisierte Studie mit 664 Teilnehmer*innen hat 2019 in Großbritannien im Rahmen der Nationalen Gesundheitsdienstes begonnen. Zur Wirksamkeit der nur selektiven Anwendung von Neuroleptika wurden Kontrollgruppenstudien ohne Randomisierung durchgeführt. Jeweils drei Versorgungsregionen wurden verglichen. So ermittelten Lehtinen und Kolleg*innen (2000) bei 106 Patient*innen, dass 43 % der 67 schizophren oder schizophreniform diagnostizierten Studienteilnehmer*innen in der Gruppe mit bedürfnisorientierter Behandlung kontinuierlich ohne Antipsychotika behandelt werden konnten und nach zwei Jahren eine signifikant geringere stationäre Verweildauer, mehr Symptomfreiheit und ein höheres soziales Funktionsniveau aufwiesen.

Obwohl sich die Mehrzahl dieser Studien auf die Behandlung psychotischer Störungen bei jungen Menschen beziehen, sind laut Ansicht der Autoren die Prinzipien des Ansatzes nicht als diagnosespezifisch anzusehen, sondern beschreiben eine umfassende Behandlung im bestehenden sozialen Netz, bezogen auf die Besonderheiten von Krisensituationen. Wesentliche Elemente einer multiprofessionellen gemeindepsychiatrischen Behandlung werden hier, ergänzt um eine systemische und dialogische Orientierung, verwirklicht. Bei Menschen mit länger dauernder schwerer psychischer Erkrankung bedürfen beide Modelle weiterer Wirksamkeitsstudien. Der Ansatz erscheint für die Zielgruppe der vorliegenden Leitlinie sehr relevant.

13.4 An einem Praxisbeispiel soll der Ansatz weiter verdeutlicht werden

Ein gebrochenes Herz

»Christopher (C) hatte eine anhaltende Krise über drei Jahre erlitten. Die Therapeuten trafen sich mit ihm und seinen Eltern. Seit der Krise hatte er Schwierigkeiten, den Alltagsanforderungen gerecht zu werden. Therapeut 1 (T 1) kam zu dieser Therapie beratend hinzu.

T 1: Also... Wo sollen wir anfangen? *(schaut in Christophers Richtung)* Ich glaube, das ist nicht Ihr erstes Treffen, aber vielleicht können Sie für uns etwas darüber erzählen: Worum geht es hier Ihrer Meinung nach?
C: Sicher. Also, für ungefähr fünf Jahre, vor fünf Jahren habe ich mich irgendwie matschig in meinem Kopf gefühlt, ähm, ich dachte, ich habe nur eine Depression, ähm, aber, irgendwie, ähm, hatte ich Schwierigkeiten, mich zu konzentrieren, nachdem ich von einem Auslandssemester zurückkam. In meinem ganzen Leben habe ich mich gut gefühlt, wissen Sie, vorher, ähm, dann ging ich für mein Junior Year ins Ausland, Herbstsemester Junior Year, Herbstsemester, vom College, ich bin 25, ja, und ich war vier Jahre im College, ähm, nachdem ich zurückkam, fing ich an, Schwierigkeiten zu haben, irgendwie Depression, einfach Schwierigkeiten, mich in den Kursen zu konzentrieren, und war insgesamt unglücklich, mit meiner seelischen Verfassung, ähm, eine Menge Gedanken kreisen, am besten kann ich das als benebelt beschreiben, verschwommenes Denken, so ähm, wie, das geht schon fünf Jahre so, also ähm, ja, ähm...
T 1: Sie sagten, Sie waren ›unglücklich‹?
C: Ja, unglücklich...
Der Therapeut fragte beide Eltern, wie sie die Situation verstanden. Sie hatten unterschiedliche Perspektiven (Auch ein Beispiel für äußere Polyphonie). Die Mutter beschrieb, wie sie mit Christopher lebte und seine ›Lebensangst‹ beobachtete. Ihr Verständnis war, dass der ›Kodex des Schweigens‹ in ihrer Familie die jetzige Situation verursacht hatte. Mit ›Kodex des Schweigens‹

meinte sie, dass Probleme in der Familie kaum offen diskutiert wurden. Der Vater stimmte nicht damit überein und sagte stattdessen, dass die Probleme, die Christopher hat, daher stammen, dass er als Kind schon nicht in der Lage dazu gewesen sei, ›soziale Kommunikation‹ zu interpretieren. Christopher bezweifelte die Ansicht seines Vaters. Der Therapeut wandte sich dann wieder Christopher zu und bat ihn, mehr darüber zu sagen, wie er seine eigene Situation verstand. Christopher antwortete: ›gebrochenes Herz‹. ›Gebrochenen Herz‹ waren Christophers Worte. Der Therapeut wiederholte die Worte. Die Resonanz des Therapeuten lud Christopher dazu ein, die Geschichte zu erzählen, wie er sich in ein Mädchen verliebt hatte, während er im Ausland war, und wie er sie hatte verlassen müssen, um in die USA zurückzukehren. Er war der Ansicht, dass diese Erfahrung der Grund für alles andere war, was dann passierte, und dafür, dass er, um die Worte seiner Mutter zu benutzen, sich in seinem Leben ›paralysiert‹ fühle. Die einzelnen Stimmen und Ansichten von allen Beteiligten blieben in der Diskussion polyphonisch bestehen: Die Therapeuten zogen keinen dieser Standpunkte einem anderen vor. Allerdings verwendete der Therapeut einen großen Teil der weiteren Sitzung, um Christopher dabei zu helfen, den Begriff des ›gebrochenen Herzens« auszuformulieren.‹ (Olson, Seikkula & Ziedonis, 2014, S. 23 f., Übersetzung durch V.A)

Die öffnenden Fragen der Therapeuten an alle, bewirken polyphone Perspektiven auf das Geschehen. Diese schließen sich keineswegs aus, gewinnen jedoch durch das körperlich spürbare Schlüsselwort ›gebrochenes Herz‹ von Christopher eine Wendung in das Innere Drama dieses jungen Mannes, dass ihn in diese bisher unverstandene und nicht ausgedrückte Verzweiflung gebracht hat. Die Präsenz des Therapeuten, dieses Schlüsselwort zu spüren und in ganz einfacher Weise nachfragend zu wiederholen, machen Christopher diese Öffnung in die Erzählung seiner vorangegangenen Erfahrung und Dilemmata möglich. Damit entsteht ein Moment der Verblüffung (›striking moment‹) und vermutlich auch ein Begegnungsmoment zwischen den Eltern und ihrem Sohn, der dem Gespräch eine entscheidende Wende gibt. Ohne diese therapeutische Präsenz wäre diese Öffnungschance wohl verpasst worden. Man kann zusätzlich auch vermuten, dass die erste Reaktion von Christopher schon eine korrigierende und fokussierende auf die Äußerungen der Eltern war.

Die vorangegangene gleichwertige Polyphonie hat damit auch die Voraussetzung für Christophers Öffnung geschaffen. Der weitere positive Verlauf zeigt dann die transformative Kraft dieses Moments. Es geht demnach darum, offene und öffnende Fragen zu stellen und auf Schlüsselworte und verkörperte Gegenwartsmomente zu achten, die in Gesten, Gefühlen und Körpersprache zum Ausdruck kommen. Im Aufgreifen dieser Momente und weit weniger in Fragen, die aus vorläufigen Hypothesen hervorgehen, liegt die größte therapeutische Kraft des Ansatzes. Auch bei Äußerungen, die zunächst nicht verständlich sind, wird grundsätzlich ein Sinn und ein Verständigungsversuch unterstellt, der durch gründliches, wiederholtes Nachfragen als fortlaufende Suche nach geeigneten Worten oft gelingt, auch über mehrere Sitzungen. Öfter hat es auch den Anschein, als ob sich die Therapeuten durch die Gründlichkeit und Aufrichtigkeit ihrer Fragen in ihrem Bemühen, den Betroffenen wirklich zu verstehen erst bewähren müssen. Die subjektiven Bedeutungen und die innere Logik des Erlebens und Verhaltens als eine Antwort auf eine überfordernde, emotional meist unerträgliche Lebenssituation, werden ernst genommen und als folgerichtig (›Normalisierung‹) anerkannt. Zunächst unverständliche Sprache in Psychosen kann sich so auflösen. Kann sich so jeder Anwendende zunächst selbst ausdrücken und verständlich machen, so führt der sich anschließende, auch vielstimmige Austausch zu einer wesentlichen Erweiterung der

Perspektiven und kann so neue Orientierungen und die Erfahrung der gemeinsamen Handlungsfähigkeit und Selbstwirksamkeit vermitteln.

Weitere anschauliche Beispiele finden sich in dem zitierten Band von Seikkula und Arnkil. Eine ausführliche Darstellung der Forschungsergebnisse geben Aderhold, Alanen, Hess und Hohn (2003); Alanen 2001; Cullberg (2008); Cullberg et al. (2006); Seikkula et al. (2006) sowie Seikkula und Arnkil (2007).

13.5 Fazit und Ausblick

In Deutschland konnten aufgrund der Besonderheiten der Finanzierung und Organisation stationärer und ambulanter psychiatrischer Versorgung bisher nur Elemente von bedürfnisangepasster Behandlung und offenem Dialog umgesetzt werden. Dies erfolgt insbesondere in Modellen Integrierter Versorgung oder in Kliniken mit regionalem Budget. Durch Fortbildungen von stationären oder ambulanten Teams wird mittlerweile in einigen Versorgungsregionen oder Institutionen die therapeutische Kultur positiv verändert, insbesondere durch mehr Nutzerorientierung und eine stärker psychotherapeutische Haltung des multiprofessionellen Teams.

Familieninterventionen bei Menschen mit psychotischen Störungen sind die wirksamsten psychotherapeutische Methoden zur Rückfallprophylaxe (z. B. Pharao, Mari, Rathbone & Wong, 2006).

Im Vergleich zu üblichen familientherapeutischen Modellen kennzeichnen die bedürfnisangepasste Behandlung und den offenen Dialog spezifische Modifikationen, die die Wirksamkeit anscheinend noch verbessern und die Methode für mehr Familien erreichbar machen. Dies gelingt durch eine möglichst frühe und entschiedene Arbeit mit der Krise, die sofort mit dem ersten therapeutischen Kontakt und meist zu Hause beginnt. Sie sind Modelle der Primär- und Basisversorgung und umfassen eine Versorgungsregion. Die Grundversorgung wird mit einem hohen psychotherapeutischen Niveau aller Berufsgruppen praktiziert, systemisches Arbeiten ist Kern der psychiatrischen Versorgung und wird in selbstverständlicher Weise mit einzeltherapeutischen Verfahren kombiniert.

Dabei ist der Offene Dialog ein Behandlungsmodell, das am konsequentesten alle Phasen und Kontexte der Menschen mit psychotischen Störungen umfasst und diese durchgängig in die psychiatrisch-psychotherapeutischen Interventionen einbezieht.

Statt mit Familien wird – wenn möglich – mit sozialen Netzwerken gearbeitet, um die Ressourcenorientierung zu verstärken und um bei sehr aufgeladener Familiendynamik die Beteiligten zu entlasten – eine deutlich erlebte Erleichterung.

Das Vorgehen ist ausgeprägt prozessorientiert, sowohl in der Struktur als auch in der Haltung. Über das Setting und alle weiteren therapeutischen Fragestellungen wird transparent und in Kooperation mit dem Klient*innensystem entschieden. Entwicklungshemmende Prozesse durch übertriebene Maßnahmen werden vermieden und die natürlichen Potentiale erschlossen. Eine unnötige Ghettoisierung wird so weit wie möglich vermieden. Flexible Akutteams ermöglichen maximale Lebensfeldorientierung und die Arbeit innerhalb des natürlichen Sozialraums. Soziale Inklusion und natürliche Beziehungen zu Freunden und anderen Betroffenen werden so weit wie möglich aufrechterhalten.

Literatur

Aaltonen, J., Seikkula, J. & Lehtinen, K. (2011). The comprehensive open dialogue approach in Western Lapland: I The incidence of non-affective psychosis and prodromal states. *Psychosis*, 3, 779-797

Aderhold, V., Alanen, Y., Hess, G. & Hohn, P. (Hrsg.). (2003). *Psychotherapie der Psychosen. Integrative Behandlungsansätze aus Skandinavien.* Gießen: Psychosozial Verlag.

Alanen, Y. O. (2001). *Schizophrenie – Entstehung, Erscheinungsformen und bedürfnisangepaßte Behandlung.* Stuttgart: Klett-Cotta.

Buber, M. (1923). *Ich und Du.* 13. Auflage 1997. Gerlingen: Lambert Schneider.

Cullberg, J. (2008). *Therapie der Psychosen. Ein interdisziplinärer Ansatz.* Bonn: Psychiatrie-Verlag.

Cullberg, J., Mattsson, M., Levander, S. et al. (2006). Treatment costs and clinical outcome for first episode schizophrenia patients: a 3-year follow-up of the swedish ›Parachute Project‹ and two comparison groups. *Acta Psychiatrica Scandinavica*, 108 (10), 274–281.

Lehtinen, V., Aaltonen, J., Koffert, T. et al. (2000). Two-year outcome in first episode psychosis treated according to an integrated model. Is immediate neuroleptisation always needed? *European Psychiatry*, 15, 312–320.

NICE clinical guideline 82 (2009). Schizophrenia – Core interventions in the treatment and management of schizophrenia in adults in primary and secondary care. Developed by the National Collaborating Centre for Mental Health.

Olson, M., Seikkula, J. & Ziedonis, D. (2014). *The key elements of dialogical practice in open dialogue.* The University of Massachusetts Medical School. Worcester, MA. Zugriff am 28.4.2020 unter https://www.umassmed.edu/globalassets/psychiatry/open-dialogue/keyelementsv1.109022014.pdf.

Pharoah, F., Mari, J., Rathbone, J. & Wong, W. (2006). Family intervention for schizophrenia. Cochrane Database Syst Rev. 2006 Oct 18; (4): CD000088.

Seikkula, J. (2002). Die Kopplung von Familien und Krankenhaus. In N. Greve & T. Keller (Hrsg), *Systemische Praxis in der Psychiatrie* (S. 303–321). Heidelberg: Carl-Auer-Systeme.

Seikkula, J., Alakare, B. & Aaltonen, J. (2001). Open dialogue in psychosis II: a comparison of good and poor outcome cases. *Journal of Constructivist Psychology*, 14, 267–284.

Seikkula, J., Alakare, B., Aaltonen, J. et al. (2003). Open Dialogue approach: treatment principles and preliminary results of a two-year follow-up on first episode schizophrenia. *Ethical Human Sciences and Services*, 5(53), 163–182.

Seikkula, J., Aaltonen, J., Alakare, B., et al. (2006). Five-year experience of first-episode nonaffective psychosis in open-dialogue approach: Treatment principles, follow-up outcomes, and two case studies. *Psychotherapy Research*, 16, 214-228.

Seikkula J, Alakare B (2007). Offene Dialoge. In: Lehmann P, Stastny P (Hrsg.): *Statt Psychiatrie 2*, Berlin: Antipsychiatrie Verlag.

Seikkula, J. & Arnkil, T. E. (2007). *Dialog im Netzwerk. Neue Beratungskonzepte für die psychosoziale Praxis.* Neumünster: Paranus Verlag.

Seikkula, J., Alakare, B., Aaltonen, J. (2011). The comprehensive open dialogue approach in Western Lapland: II. Long-term stability of acute psychosis outcomes in advanced community care. *Psychosis: Psychological, Social and Integrative Approaches*, 3(3), 192–204.

Seikkula, J. & Alakare, B (2015). Bedürfnisangepaßte Behandlung und offener Dialog. *Psychotherapie im Dialog*, 16(3), 28–33.

Stern, D. N. (2007). *Der Gegenwartsmoment. Veränderungsprozesse in Psychoanalyse, Psychotherapie und Alltag.* Frankfurt: Brandes & Apsel.

14 Therapeutische Haltungen und unterstützende Interventionen für Menschen in Krisen, die unter einer Borderline Persönlichkeitsstörung leiden

Claudia Schmitt und Stefan Gutwinski

Das Kapitel erläutert zunächst einige Hintergründe wie u. a. Diagnosekriterien, mögliche Ursachen der Entwicklung einer Borderline Persönlichkeitsstörung und Funktionalität von langfristig schädigenden Verhaltensmustern (z. B. Selbstverletzungen, Suizidgedanken oder Konsum). Dann werden Strategien aus der von Marsha Linehan (1996a) entwickelten Dialektisch-Behavioralen Therapie (DBT) für Menschen mit chron. Suizidgedanken und häufigen psychiatrischen stationären Kriseninterventionen kurz skizziert und die therapeutische Haltung unter dem Gesichtspunkt der hilfreichen Kriseninterventionen dargestellt. Viele Aspekte, die wir im Text vorstellen, sind Teil eines internen Behandlungsleitfadens (Arbeitsgruppe St. Hedwig-Krankenhaus & Charité Campus Mitte, 2014), der in den letzten Jahren in unserer Klinik stations- und standortübergreifend entstanden ist. Dieser hat sich aus der täglichen klinischen Erfahrung entwickelt mit der Idee störungsspezifische Behandlungsstrategien, die z. B. stationäre und tagesklinische DBT-Therapieprogramme bieten, für den Umgang in akuten Krisen für Behandler aus verschiedenen Professionen und Settings nutzbar zu machen. Hierbei sind die vorgestellten Techniken der DBT nicht konkurrierend zu anderen Therapiemodellen zu verstehen, sondern als Möglichkeit der Krisenintervention bei Patient*innen mit einer Borderline-Störung, welche mit anderen Therapieverfahren kompatibel sind.

14.1 Diagnosekriterien einer Borderline Persönlichkeitsstörung

Nach dem Psychiatrischen Klassifikationssystem ICD 10-R (Dilling et al., 2015), das derzeit noch im europäischen Raum Gültigkeit hat, müssten wir von einer emotional-instabilen Persönlichkeitsstörung vom Borderline Typ (ICD 10-R: F60.31) sprechen. Wenn wir das Störungsbild diagnostizieren und beschreiben, beziehen wir uns vorrangig auf das Diagnosesystem DSM-5 (American Psychiatric Association, 2018) und nennen die Diagnose in diesem Kapitel Borderline Persönlichkeitsstörung (kurz BPS). Die Vergabe von Diagnosen ist der Versuch, psychische Probleme in Kriterien zu erfassen, was immer nur begrenzt möglich und in fortlaufender Überprüfung und Bearbeitung ist.

14.2 Mögliche Ursachen für die Entwicklung einer Borderline Persönlichkeitsstörung

»Die Bio-Soziale-Theorie«

Die »Bio-Soziale-Theorie der Entwicklung einer Borderline Persönlichkeitsstörung (Linehan, 1996a) umschreibt mehrere Einflussfaktoren: Betroffene haben meist im Kindes- und Jugendalter traumatisierende und invalidierende Erfahrungen machen müssen. Dies kann u. a. bedeuten starken Abwertungen und Missachtungen im sozialen Umfeld, sexueller und körperlicher Gewalt oder Mobbing in der Schule ausgesetzt gewesen zu sein. Invalidierende Erfahrungen können z. B. sein, wenn geäußerte Gefühle nicht als eine angemessene Reaktion auf Ereignisse wahrgenommen, abgewertet oder als falsch zurückgewiesen werden oder Betroffene bestraft und als sozial inakzeptabel bewertet werden. Dies kann zur Folge haben, dass Gefühle unterdrückt, nicht wahrgenommen oder reguliert werden können. Der*die Betroffene hatte nicht die Möglichkeit zu lernen, sich auf die persönlichen Empfindungen und Erfahrungen zu verlassen und lernt stattdessen, die soziale Umwelt ständig nach Hinweisen darauf abzusuchen, wie er*sie denken, fühlen und handeln soll. Dysfunktionale Überzeugungen (Grundannahmen) wie z. B. »Die Welt ist gefährlich und feindselig«, »Ich bin machtlos« oder »Ich bin ein schlechter Mensch«, werden entwickelt und sind dauerhaft präsent und wirksam. Häufig sind es vielfältige und über einen längeren Zeitraum andauernde traumatisierende und invalidierende Erfahrungen. Viele Behandler*innen betrachten daher dieses Störungsbild auch als eine Traumafolgestörung.

In Verbindung mit einer neurobiologisch veränderten Regulation haben Menschen mit einer Borderline Persönlichkeitsstörung eine erhöhte Sensitivität für das Entstehen von erhöhter Spannung und intensiven Gefühlen. Diese können sehr schnell ansteigen und kehren nur langsam wieder auf das Ausgangsniveau zurück. In Untersuchungen von Stiglmayr, Schmahl und Priebe (2013) zeigte sich, dass das emotionale Erregungsniveau durchschnittlich neunfach höher ist als bei psychisch gesunden Kontrollproband*innen, deutlich häufiger ausgelöst wird und doppelt so lange braucht bis es wieder auf der vorherigen Ebene ist. Für die Betroffenen scheint daher der innere Zustand und die emotionale Befindlichkeit oft sehr schwer aushaltbar. Die Erfahrung, durch z. B. den Gedanken an die Möglichkeit eines Suizides, durch Schnitte in den Körper, Dissoziationen oder durch Konsum von Substanzen sehr schnell Spannung abbauen und unangenehme emotionale Zustände verringern zu können, bewirkt, dass der Impuls diesen Verhaltensweisen in den nächsten leidvollen emotionalen Notsituationen wieder zu folgen extrem hoch ist. Dies bedeutet, auch wenn die Betroffenen meist sehr unter den langfristigen Folgen der schädigenden Verhaltensmuster leiden, werden diese über Jahre und oft auch mit einer hohen Frequenz durchgeführt werden.

14.3 Hilfreiche therapeutische Haltungen

14.3.1 Therapeutische Grundannahmen in der DBT

Marsha Linehan (1996 a und b) hat, um u. a. Vorurteilen, Bewertungen und auch Abwertungen auf Behandler*innenseite entgegen zu wirken, Grundannahmen formuliert, die eine annehmende, akzeptierende und verständnisvolle Haltung der Therapeut*innen stärken und dem Leid der Patient*innen gerecht werden sollen, gleichzeitig aber die Eigenverantwortung der Betroffenen für Veränderungen betonen. Folgende Grundannahmen sind wichtige Basis der therapeutischen Zusammenarbeit (modifiziert nach Bohus und Wolf-Arehult, 2013):

1. Patient*innen mit einer Borderline Persönlichkeitsstörung geben ihr Bestes und wollen sich verändern.
2. Sie müssen sich mehr anstrengen, härter arbeiten und stärker motiviert sein, sich zu verändern (als bisher).
3. Sie haben nicht alle ihre Schwierigkeiten selbst verursacht, aber sie müssen sie selber lösen. Die meisten haben traumatisierende und invalidierende Erfahrungen in der Vergangenheit erlebt, was nicht mehr rückgängig gemacht werden kann. Sie haben aber die Verantwortung für positive Veränderungen in der Gegenwart.
4. Das Leben suizidaler von Patient*innen mit einer Borderline Persönlichkeitsstörung ist so, wie sie es gegenwärtig empfinden, unerträglich.
5. Sie müssen in allen relevanten Lebensbereichen neues Verhalten erlernen (Kriterium einer Persönlichkeitsstörung: Beeinträchtigung in verschiedenen Lebensbereichen).
6. Sie können in der Therapie nicht versagen (sondern: Die Therapie kann zum gegenwärtigen Zeitpunkt nicht die hilfreiche sein).
7. Therapeut*innen, die Borderline-Patient*innen behandeln, brauchen Unterstützung durch z. B. Team oder Supervisionen.

Die therapeutische Grundhaltung auf der Grundlage der DBT bedeutet daher einerseits Patient*innen in ihrem Leiden wahrzunehmen und anzunehmen und gleichzeitig in Richtung gewünschter Veränderungen zu unterstützen. Gelernte dysfunktionale Verhaltensweisen wie z. B. Suizidversuche oder Selbstverletzungen stellen langfristig nicht hilfreiche Lösungsversuche dar, die aber nachvollziehbar und verständlich sind, da sie schnelle kurzfristig Entlastung bringen.

14.3.2 Kernaspekte therapeutischen Handelns im Umgang mit Patient*innen mit BPS

- *Dialektik*: Das Konzept stammt aus der dialektisch-behavioralen Therapie nach Marsha Linehan (1996 a und b. Danach gleicht die Therapie einem Prozess des ständigen Vor- und Zurückgleitens sowie Auf- und Abschaukelns auf einer Wippe (»teetertotter«), um diese so schließlich ins Gleichgewicht zu bringen. D. h. die Aufgabe der Behandler*innen ist es, Strategien des Verstehens und Wertschätzens eines Problems und dessen Veränderung so zu verbinden, dass Patient*innen befähigt werden trotz großer Ängste eigene Lösungsstrategien zu suchen und zu finden und alte Wege zu verlassen. Die letztendliche Verantwortung für Schritte der Veränderung und damit die Entscheidung neue Strategien zu wagen, verbleibt bei den Patient*innen.
- *Validierung*: Ich vermittle meinem Gegenüber, dass seine*ihre subjektive Sicht-

weise der Dinge für ihn*sie stimmig und daher nachvollziehbar ist. D. h. nicht sein*ihr Verhalten gut zu heißen, ihn*sie jederzeit zu loben oder Ähnliches, sondern mich in seine*ihre Situation zu versetzen. Aufgrund der Erfahrungen eines invalidierenden Umfeldes während der Entwicklung (siehe Krankheitsgenese) ist dies für BPS Patient*innen besonders wichtig.

Was und wie kann ich validieren?: Ich kann Verhalten, Gedanken, Emotionen oder auch körperliche Reaktionen validieren. Ich höre mit ungeteilter Aufmerksamkeit zu, frage interessiert nach (»aktives Zuhören«). Ich kann das Gesagte durch Wiederholung reflektieren (»Spiegeln«: z. B. »Habe ich das jetzt richtig verstanden, dass…..«). Ich kann Ebenen benennen, die von meinem Gegenüber vielleicht noch gar nicht wahrgenommen werden, wie z. B. mögliche Gefühle und daraus resultierende Handlungsimpulse (z. B.: »Ich habe den Eindruck, dass sie gerade ganz schön sauer sind und am liebsten den Raum verlassen würden.«). Wenn ich richtig liege mit meiner geäußerten Wahrnehmung fühlt sich mein Gegenüber gesehen und ernst genommen. Schädigende Verhaltensmuster sind kurzfristige Lösungsversuche für leidvolle Situationen und Befindlichkeiten. Dies kann ich anerkennen, ohne das Verhalten damit positiv zu bewerten (z. B.: »Dass ihre Freundin überhaupt nicht mehr ans Telefon gegangen ist und sie nicht wussten, was los ist, hat in ihnen solch existentielle Ängste vor Verlassenwerden ausgelöst, dass sie sich nicht mehr vorstellen konnten weiterzuleben und starke Suizidgedanken hatten.«). Als weitere Validierungsstrategie ist es möglich, das jetzige Verhalten vor dem Hintergrund vergangener Erfahrungen verstehend rückzumelden (z. B.: »Da sie als Kind häufig die Erfahrung gemacht haben, wenn sie wütend waren geschlagen zu werden, ist es verständlich, dass sie heute große Ängste haben Gefühle von Ärger und Aggression zuzulassen, das sie befürchten wieder verletzt zu werden.«)

14.4 Was bedeutet dies für Kriseninterventionen?

Wenn man sich deutlich macht, dass die Anspannungszustände, in denen sich Betroffene mit einer Borderline Persönlichkeitsstörung häufig befinden, einer Belastung während einer akuten lebensbedrohlichen Situation oder eines schlimmen Unfalls entspricht, wird verständlich dass der Druck hoch ist, diese sofort beenden oder verringern zu wollen. Die oben genannten Verhaltensmuster sind kurzfristig enorm effektiv, langfristig aber in der Regel sehr schädigend. Aufgrund der Dysregulation im Rahmen der Störung kommt es nachvollziehbarerweise häufig zu Krisen, die oft mit einer Überforderung in unterschiedlichen Lebens- und Alltagsbereichen verbunden sind (Probleme in der Familie, Partnerschaft oder Arbeit) und damit auch zu Kriseninterventionen, sei es ambulant, telefonisch (z. B. beim Krisendienst) oder auch stationär auf einer akutpsychiatrischen Station. Durch die geschützte Umgebung und die Kontakte können häufig Spannungen abgebaut und, anders als bei jemand mit einer z. B. depressiven Erkrankung, Suizidgedanken und -impulse wieder weniger werden. Dies kann auf Behandler*innenseite den Eindruck erwecken und Bewertungen entstehen lassen, dass das emotionale Leid des*der Betroffenen gar nicht so groß gewesen sein kann: »Die hat die Suizidkarte gezogen. Die tut nur so schlimm. Das macht sie extra.« Dadurch laufen professionelle Helfer*innen Gefahr invalidierend in ihrer Haltung gegenüber Betroffenen zu werden, was in der gemeinsamen Arbeit vor dem Hintergrund der invalidierenden Erfahrungen der Patient*innen nicht hilfreich ist.

In den genannten Grundannahmen nach Linehan sind Patienten*innen angesprochen, die eine Psychotherapie durchführen, dies ist nicht gleichbedeutend mit einer Krisenintervention. Dennoch halten wir die Sichtweisen auch dort für sinnvoll. Denn sie machen deutlich, dass Patient*innen mit Borderline-Störungen ihr Bestes versuchen (sonst würden sie z. B. gar keine Unterstützung in der Krise suchen), zum gegenwärtigen Zeitpunkt aber noch keine, auch langfristig hilfreichen, Strategien in ausreichender Weise zur Verfügung haben, um mit den starken Spannungszuständen umgehen zu können und daher in existentieller emotionaler Not auf die bewährten Strategien zurückgreifen.

14.4.1 »Normale« Krise in Abgrenzung zu Krise mit akuter Lebensgefahr und Gefahr eines potentiell lebensbedrohlichen Verhaltens

Stiglmayr und Gunia (2017) unterscheiden in ihrem Behandlungsmanual für ambulante DBT-Therapie zwei verschiedene Formen von Krisen in der Arbeit mit Patient*innen mit Borderline-Störungen:

a) In der »normalen« Krise, d. h. ein emotional belastender Zustand, aber ohne potentielle Gefahr für Leib und Leben, ist der*die Therapeut*in bemüht den*die Patient*in eng in der Anwendung von Fertigkeiten zu coachen, u. a. durch Abfrage der Spannungshöhe (am Anfang des Gesprächs), aktuellen Umstände der Krise, bereits angewandten Fertigkeiten und Aufforderung weitere durchzuführen. Je eingeschränkter der*die Patient*in desto aktiver ist der*die Therapeut*in. Hilfreiches Verhalten wird sofort verstärkt und dysfunktionales unterbrochen. Die Not und das Leid des*der Betroffenen soll validiert und die vorhandenen Gefühle in einer annehmenden und akzeptierenden Haltung benannt werden. Ein Maß für ein effektives Krisenmanagement kann die Veränderung der Spannung zu Beginn und am Ende des Coachings sein. Das Leid wahrnehmen und validieren, aber nicht »eintauchen« mit dem*der Patient*in einerseits und der Aufforderung und Unterstützung bei der Anwendung von neuen und hilfreichen Verhaltensweisen andererseits ist die Aufgabe des*der Therapeut*in.

b) In einer akuten lebensbedrohlichen Krise ist eine direktivere Vorgehenweise notwendig, d. h. eine Aufforderung Utensilien, die z. B. für einen Suizidversuch, Überdosis Medikamente oder Selbstverletzung genutzt werden könnten, abzugeben. Das Leiden und die Not des*der Patient*in wird immer wieder validiert. Sollte ein*e Patient*in dennoch nicht absprachefähig i. S. eines Non-Suizid-Commitments sein, sollte der*die Therapeut*in, den*die Patient*in auffordern zur nächsten stationären Notfallaufnahme zu gehen. Wenn Patient*innen dem nicht nachkommen möchten oder können, ist es notwendig selbst eine Zwangseinweisung zu veranlassen. Die Folge in einer ambulanten DBT-Therapie ist deren Beendigung, da der Entschluss mindestens die Therapiezeit am Leben zu bleiben als Voraussetzung für die Behandlung gesehen wird. Je weniger ich den*die Patient*in kenne, desto vorsichtiger sollte meine Intervention und Unterstützung sein.

14.4.2 Mögliche Strategien in der Krise

Umgang mit Suizidalität, Selbstverletzung oder Aggressivität und anderen Verhaltensmustern, die in Krisensituationen auftreten können: Diese

Verhaltensmuster können Ausdruck einer akuten Krise sein und Teil der Erkrankung. Hierbei ist es hilfreich, wenn im Vorfeld der Umgang mit solchen Situationen mit den Patient*innen und im Team besprochen wird und man versucht an diesen Absprachen festzuhalten. Ziel ist dabei, das Verhalten nicht durch zusätzliche (positive wie negative!) Aufmerksamkeit und Zuwendung zu verstärken. Wenn Sie an das Modell der Wippe denken: bei einer schweren Selbstverletzung finden oft besonders viele Kontakte und Gespräche statt und damit kann dies unbewusste, soziale Verstärkung eines nicht hilfreichen Verhaltens bedeuten, was es für den*die Betroffenen langfristig erschweren kann das schädigende Verhalten zu ändern. Auch wenn es für die Therapeut*innen zum Teil sehr schwer ist, zum Beispiel das selbstschädigende Verhalten als solches nicht abzuwerten, ist es wichtig, sich gewahr zu machen, dass der*die jeweilige Patient*in in dem Moment keine anderen hilfreichen Strategien hat, um die Situation zu bewältigen. Hier ist oft sehr hilfreich zu validieren, d. h. wertschätzend und annehmend wahrzunehmen (nicht i. S. von Gutheißen). Gleichzeitig ist aber auch wichtig, auf eigene Grenzen zu achten. Dies kann zum Beispiel auch bedeuten, dass man eine stationäre Behandlung empfiehlt, wenn man sich andauernd Sorgen macht, dass der*diejenige sich das Leben nimmt. Mögliche Strategie, um Veränderung in solch einer Situation zu erreichen, könnte sein, meinem Gegenüber die Wahlmöglichkeit transparent zu besprechen: »Ich würde sehr ungern eine stationäre Behandlung empfehlen, da ich denke, dass sie es auch mit meiner Unterstützung schaffen die Suizidgedanken zu verringern und es bisher auch erfolgreich geschafft haben am Leben zu bleiben, auch wenn der Zustand im Moment unaushaltbar scheint. Aber zu riskieren, dass sie sich das Leben nehmen, ist nicht mit meiner therapeutischen Haltung vereinbaren und es ist meine Fürsorgepflicht sie davor zu schützen.«

Transparenz: Dies meint die Offenheit und Klarheit bezüglich aller therapeutischen Schritte. Absprachen sind immer für und mit den Patient*innen zu treffen, andernfalls verstärkt dies das Empfinden in ihren Wünschen, Gefühlen und Wahrnehmungen nicht ernst genommen und akzeptiert zu werden. Dies kann z. B. bedeuten, wenn jemand häufiger zur stationären Krisenintervention in Behandlung kommt, dass es eine schriftliche Krisenvereinbarung mit festgelegter Dauer und Strategien für mögliche kommende Aufenthalte gibt, die für beide Seiten Verbindlichkeit hat.

Krisenintervention bedeutet daher zum einen die Patient*innen zu unterstützen nicht in akute Verhaltensmuster- und gedanken zu kommen bzw. diese wieder beenden zu können und es bedeutet aber auch zu versuchen, alternative Lösungsstrategien aufzuzeigen.

14.4.3 Aufbau von alternativen Fertigkeiten in der Krise

Das DBT-Konzept arbeitet mit einem Wahrnehmungs-, Regulations- und Fertigkeitentraining, dem Skillstraining. Patient*innen lernen hier, die Spannung, die Gefühle, die Handlungsimpulse und Bewertungsmuster in konkreten Situationen möglichst zeitnah wahrzunehmen und spezifische Strategien, die dem individuellen Zugang und der jeweiligen Spannung entsprechen zu nutzen. Skills sind Fertigkeiten, die kurz- und langfristig hilfreich sind und entlasten können, im Gegensatz zu den dysfunktionalen Mustern. Leider wirken diese häufig nicht so schnell und stark wie z. B. Schnitte in den Arm oder der Konsum von Substanzen.

Den einzelnen Spannungsbereichen sind spezifische Skills zugeordnet. Genaueres können sie im Skillstrainingsmanual (Bohus & Wolf, 2013) nachlesen. Für die Anwendung von Fertigkeiten ist es für Betroffene zunächst wichtig wahrnehmen zu lernen, wie es einem selbst geht, wie hoch die Spannung ist und was im gegenwärtigen Moment dann hilfreich sein könnte. Dies kann in einer Krisensituation gemeinsam mit dem*der Behandler*in erfasst werden. Für die Betroffenen ist es aber langfristig hilfreich dies selbst zu erlernen durch das Training einer sich selbst beobachtenden Perspektive im Sinne einer achtsamen Haltung.

Im Achtsamkeitstraining übt man sich und die Umgebung im gegenwärtigen Augenblick wahrzunehmen, ohne zu werten. Dies kann z. B. trainiert werden, in dem man versucht den eigenen Körper wie von außen neutral und in einer eher neugierigen offen Haltung zu betrachten oder auch die Geräusche, die man hört oder einen Apfel mit allen Sinneswahrnehmungen zu essen. Es gibt eine Vielzahl von Achtsamkeitsübungen, beispielsweise werden in Skillstrainingsmanualen der DBT einige vorgeschlagen.

Diese und die Anwendung von Skills muss geübt werden z. B. in einer Skillsgruppe (Metapher: »Die Feuerwehr übt auch nicht erst, wenn es brennt.«), damit die Strategien zeitnah und effektiv genutzt werden können.

Spannungskurve

Die Spannungskurve ist ein verhaltenstherapeutisches Element, welches den Betroffenen helfen soll, die eigene Anspannung einzuschätzen.

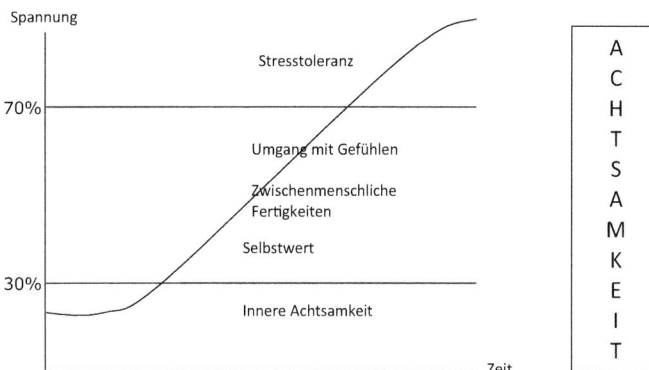

Abb. 14.1: Spannungskurve

Es gibt drei Bereiche der Spannungskurve die unterschieden werden:

0 %–30 %: Bereich mit geringer Anspannung, mit der Möglichkeit konzentriert zu handeln. Hier sind Skills nicht unbedingt notwendig. Viele Patient*innen berichten aber, dass sie diesen Bereich gar nicht kennen, sondern vom Grundniveau der Anspannung bereits bei 50 % sind und dies als normal wahrnehmen. Skills können in diesem Bereich z. B. achtsames Wahrnehmen der Atembewegung sein.

30 %–70 %: Bereich, der erhöhte Aufmerksamkeit benötigt. Hier ist es notwendig, auf die zwischenmenschlichen Kontakte, auf die Gefühle und die damit verbundene Regulation zu achten und entsprechend zu handeln, d. h. Erlerntes zur Emotionsregulation bzw. im zwischenmenschlichen Kontakt anzuwenden. Ein Ziel für die Anwendung von Skills in diesem Bereich ist es, dass Gefühle wahrgenommen und reguliert werden und somit Kontrolle über Handlungen erreicht werden können. Das kann z. B. bedeuten zu lernen, zu welchem Gefühl welche Körperempfindungen, Gedanken und Wahrnehmungsfilter gehören oder auch zu lernen ob ein Gefühl der gegenwärtigen Situation angemessen in seiner Intensität ist oder durch eine Brücke eher zu früheren traumatisierenden Erfahrungen zugehörig ist. Negative Grundannahmen zu verändern und eigene Bedürfnisse mehr wahrzunehmen und Ausdruck verleihen zu können sind weitere Fertigkeiten aus diesem Anspannungsbereich.

70 %–100 %: Das ist der Hochstressbereich! Klare und rationale Entscheidungen sind kaum oder gar nicht mehr möglich. Es gibt drängende Handlungsimpulse in alte, nicht hilfreiche Muster bis hin zu deren Umsetzung, ohne über die Folgen nachzudenken. Hier wird eine schnelle Regulation notwendig und dies ist der Bereich, der insbesondere in Krisenintervention wichtig ist. Daher werden wir mögliche Skillsarbeit dazu genauer erläutern.

Der Stresstoleranz – Bereich

Skills zur Krisenbewältigung sind notwendig um:

- Krisen auszuhalten und zu überleben
- akute Zustände beenden zu können
- unangenehme Ereignisse und Gefühle, die nicht änderbar sind, ertragen zu können
- zu vermeiden eine Situation noch schlimmer zu machen

Da es wichtig ist, dass die Betroffenen in der Krise erreichen, wieder möglichst rasch in einen emotionalen Zustand und auf ein Spannungsniveau zu kommen, in der wieder rationale Entscheidungen und Denkprozesse möglich sind, nämlich unter 70 %, müssen die notwendigen Skills in der Wahrnehmung zugänglich sein. Es werden für den Stresstoleranzbereich daher zwei Skillsbereiche unterschieden: Skills zur Krisenbewältigung, die schnell und kurzfristig wirksam sind und Skills zum Annehmen von Realität und Verantwortung, ihre Wirkung ist eher langfristig, vorbeugend und situationsübergreifend.

Skills zur Krisenbewältigung

Ablenkungsstrategien:
- Aktivitäten (z. B. Sport, Kochen), gedankliche Aufgaben (z. B. Hirn-Flic-Flacs, Kopfrechnen, Sudokus)
- sich vergleichen mit anderen Menschen, denen es im Moment schlechter geht
- andere unterstützen
- starke Körperreize (z. B. scharfes in den Mund nehmen, an Ammoniak riechen, in eine Hocke an der Wand gehen und Muskeln anspannen, kalte Dusche nehmen)
- etwas machen, was vielleicht andere Gefühle erzeugt, wie z. B. den Lieblingscomicfilm sehen

Sich beruhigen mit Hilfe der fünf Sinne:
- bewusste Wahrnehmung und Beschreiben von Dingen, die man hört, riecht, spürt, sieht oder schmeckt

Den Augenblick verändern:
- Entspannungsübungen
- in der Fantasie an einen angenehmen Ort gehen
- sich selbst ermutigen, stärkende Sätze zu sich selbst wie: »Ich kann es aushalten. Ich habe schon mal eine solche Krise erfolgreich gemeistert und werde es wieder schaffen. Es geht vorüber.«
- Meditation oder Gebet
- Sinngebung: in der unangenehmen Situation einen tieferen Sinn zu sehen
- Kurzurlaub: kurze und begrenzte Zeit etwas ganz anderes zu machen wie z. B. angenehme Musik hören

Gelenkte Aufmerksamkeit:
- Achtsame Körperhaltung oder achtsam ausgeführte Tätigkeiten
- 3 x 5: fünf Dinge zu nennen, die man sieht, danach fünf Dinge, die man hört und fünf Dinge, die man spürt

Eine Pro/Contra-Liste zu kurz- und langfristigen Auswirkungen des alten Verhaltens (z. B. Konsum oder Selbstverletzung) und den kurz- und langfristigen Auswirkungen neue Wege zu gehen.

Bestimmte Skills, mit denen der einzelne hilfreiche Erfahrungen gemacht hat (nicht zu viele, 3–4), können in einen sogenannten *Notfallkoffer* (z. B. kleine Tasche oder Gürteltasche) bei sich getragen werden, um bei möglichen und zukünftigen Krisen gewappnet zu sein. In diesen sollten auch Telefonnummern von Menschen, die man in einer Krise anrufen würde. Es erfordert meist eine sogenannte Skillskette, in der diese 3–4 Skills nacheinander genutzt werden, um wieder unter 70 % Anspannung zu sein. Die Skillsarbeit kann häufig auch über einen längeren Zeitraum, manchmal mehrere Stunden, andauern bis man wieder in den mittleren Anspannungsbereich anhaltend erreicht hat.

Viele Patient*innen mit Borderline-Störungen haben noch keine Erfahrung mit Skills und noch nie eine störungsspezifische Therapie gemacht oder ein Fertigkeitentraining besucht. Daher ist es wichtig auch in störungsspezifischen Behandlungsrahmen auf diese Strategien zurückzugreifen und zu vermitteln. Dazu ist es von Behandler*innenseite notwendig über Skills informiert zu sein, diese vorrätig zu haben, sodass auch z. B. in einer Kriseneinrichtung oder auf einer akutpsychiatrischen Station diese Patient*innen zur Verfügung gestellt werden können. Vorschläge für die Skillsanwendung, Informationen und gemeinsames Skillscoaching bzw. Ausprobieren kann einen ersten Zugang für die Betroffenen schaffen.

Skills zum Annehmen von Realität und Verantwortung – »Das Leben ist so wie es ist.«

Diese Skills helfen aus einem Muster des Haderns, das meist das Leid und damit auch die erlebte Krise noch verschlimmert, auszusteigen. Damit ist nicht gemeint den gegenwärtigen schmerzhaften Zustand gutzuheißen. Diese Skills sind aber oft nur durch längeres Üben in ihrer Wirkung erfahrbar.

Dazu gehören:
Entscheidung für einen neuen Weg: eine Entscheidung nicht den alten Wegen und Mustern wie z. B. Selbstverletzungen zu folgen, sondern die neuen Wege wie z. B. Skillsanwendung zu gehen, auch wenn noch Unsicherheiten da sein mögen, ob diese wirkungsvoll sind.

Innere Bereitschaft: in jeder Situation offen zu sein dafür, was notwendig und hilfreich ist. Damit ist eine innere achtsame Haltung gemeint, die offene Bereitschaft bedeutet im Gegensatz mit dem Kopf gegen die Wand gehen zu wollen.

Radikale Akzeptanz: Situationen, Umstände und Gefühle annehmen lernen, die nicht veränderbar sind: »Die Situation ist so wie sie ist.«

14.5   Was sonst noch hilfreich sein kann

- Klare Absprachen bezüglich kurzfristiger wie langfristiger therapeutischer Maßnahmen sind hilfreich für Patient*innen und Behandler*innen. Für Personen, die sich in Therapie oder regelmäßiger andersartiger Unterstützung befinden, ist es wichtig, dass die Absprachen für alle Beteiligten transparent sind, und man diese mündlich und gegebenenfalls schriftlich festhält.
- In jeder Situation den Betroffenen so viel Wahlmöglichkeit wie möglich lassen.
- Die Ursache einer »Spaltung« des Teams ist oft im Team selber zu finden (▶ Kap. 14.2.2, Grundannahmen), kollegiale Intervision

- oder externe Supervision kann hier hilfreich sein.
- Patienten mit BPS werden häufig wie ein »rohes Ei« behandelt, je stärker dies der Fall ist, desto eher verhält sich der Patient aber auch wie ein »rohes Ei«!
- In so gut wie jeder Behandlung eines Patienten mit BPS treten negative Gefühle von Ärger, Angst oder Frustration bei Behandler*innen auf (Übertragung). Dies ist normal, sollte nicht ignoriert werden und bedeutet nicht, dass der*diejenige ein* schlechte*r Behandler*in ist. Vielmehr kommt es darauf an, diese Gefühle in sich wahrzunehmen, zu akzeptieren und vor dem Hintergrund der Besonderheiten der Erkrankung des*der Patient*in, z. B. seinem*ihrem Interaktionsverhalten, zu verstehen. Durch ein »Innehalten« und Bewusstmachen der Gefühle in solchen Momenten wird eine kontrollierte therapeutische Reaktion möglich (Gegenübertragung), die Patient*innen wie Behandler*innen vor Verletzungen schützt. Auch hier ist eine Arbeit im Team hilfreich und notwendig, in Form von gegenseitiger Unterstützung und Supervision.

14.6 Fazit und Ausblick

Im Umgang mit Borderline-Patient*innen ist häufig eine therapeutische Grundhaltung hilfreich, welche das Verhalten der Patient*innen nicht bewertet, sondern vor dem Hintergrund der Lebensbiografie, der Lebensumstände und der manchmal »unaushaltbaren« Erkrankung die Patient*innen validiert. Dies bedeutet nicht, dass man das Verhalten gutheißt, sondern wahrnimmt und zu verstehen versucht. Mit dieser Grundhaltung des Gegenübers kann es auch den Patient*innen gelingen die Erkrankung als veränderbar wahrzunehmen und angebotene Strategien in der Krisenintervention zu entwickeln.

Literatur

American Psychiatric Association (2018). Diagnostisches und Statistisches Manual Psychischer Störungen DSM-5®. Deutsche Ausgabe herausgegeben von P. Falkai, H.-U. Wittchen, mitherausgegeben von M. Döpfner et al. 2., korrigierte Auflage. Göttingen: Hogrefe.

Arbeitsgruppe St. Hedwig-Krankenhaus & Charité Campus Mitte (2014). Leitfaden für die Behandlung von Patient*innen mit einer Borderline Persönlichkeitsstörung.unveröffentlicht.Berlin.

Bohus, M. (2002). *Borderline Persönlichkeitsstörung*. In D. Schulte, K. Grawe, K. Hahlweg & D. Vaitl (Hrsg.), *Fortschritte der Psychotherapie* (Band 13). Göttingen: Hogrefe.

Bohus, M. & Wolf, M. (2013) *Interaktives Skillstraining für Borderline-Patienten* (2. überarbeitete Auflage) Stuttgart: Schattauer.

Dilling, H., Mombour, W. & Schmidt, M. H. (Hrsg.) (2015). Internationale Klassifikation psychischer Störungen ICD-10 Kapitel V (F), klinisch-diagnostische Leitlinien (10. Aufl. unter Berücksichtigung der Änderungen entsprechend ICD-10-GM 2015). Göttingen: Hogrefe.

Linehan, M. (1996a). *Dialektisch-Behaviorale Therapie der Borderline-Persönlichkeitsstörung*. München: CIP-Medien. (Orginal erschienen 1993: Cognitive Behavioral Treatment of Borderline Personality Disorder).

Linehan, M (1996b). *Trainingsmanual zur Dialektisch-Behavioralen Therapie der Borderline-Persönlichkeitsstörung.* München: CIP-Medien. (Original 1993)

Stiglmayr, C.E. & Gunia, H. (2017). *Dialektisch-Behaviorale Therapie (DBT) zur Behandlung der Borderline-Persönlichkeitsstörung.* Göttingen: Hogrefe.

Stiglmayr, C.E., Schmahl, C. & Priebe K. (2013). *Dissoziation. Theorie und Therapie.* Heidelberg: Springer.

15 Krisenintervention nach akuter Traumatisierung

Katharina Purtscher-Penz und Bernhard Penz

Die unmittelbaren Reaktionen von Kindern und Jugendlichen nach einem traumatischen Lebensereignis zeigen sich im beobachtbaren Verhalten und sind Ausdruck des emotionalen Erlebens und der subjektiven kognitiven Bewertungen. Die Situationsfaktoren des traumatischen Ereignisses, die prätraumatische Vulnerabilität und besonders die Hilfe nach der traumatischen Erfahrung bestimmen den weiteren Verlauf der Reaktionen. Die Stressreaktionen und die ersten Symptome können von kurzer Dauer oder länger anhaltend sein und im weiteren Verlauf zu einer Traumafolgeerkrankung führen. Prognostische Aussagen aufgrund der frühen Symptome sind jedoch schwierig, da diese vielfältig und rasch wechselnd sein können.

In den letzten Jahrzehnten sind vielfältige Initiativen zu psychosozialer Akutbetreuung und Notfallversorgung von traumatisierten Menschen entstanden. Ziel der Interventionen ist immer die Begrenzung des Gefühls von Hilflosigkeit, Schutzlosigkeit und Ausgeliefertsein durch Fürsorge und psychosoziale Unterstützung. Es ist allgemein anerkannt, dass frühe Hilfestellungen und präventive und therapeutische Interventionen wirksam sind. Es existieren allerdings kaum Empfehlungen für die genauen Zeitpunkte der Interventionen, noch wann bestimmte Angebote am erfolgreichsten und nützlichsten sind. Die qualifizierte Hilfe in der Akutsituation – Krisenintervention und psychosoziale Notfallversorgung – werden meist von speziell geschulten Helfern und Fachkräften vor Ort geleistet. Darauf folgen bei Bedarf frühe notfallpsychologische und psychotherapeutische Interventionen. Die Möglichkeiten und Grenzen der psychosozialen und therapeutischen Akutinterventionen bei Kinder und Jugendlichen sind bisher noch wenig evaluiert worden. Möglicherweise können gerade vulnerable Personen wie Kinder und Jugendliche von frühen Interventionen am meisten profitieren. Dies betrifft vermutlich auch die frühe Unterstützung der nächsten Bezugspersonen von Kindern und Jugendlichen, da diese dann wieder hilfreich für ihre Kinder da sein können. Die fehlende Unterstützung durch wichtige Bezugspersonen, sei es durch deren Verlust oder durch deren eigener hoher Belastung, zeigt sich häufig als ein Risikofaktor für die Traumabewältigung der Kinder und Jugendlichen. Die direkte Hilfe für Kinder- und Jugendliche und indirekte durch Unterstützung ihrer relevanten Bezugspersonen stellen die wichtigsten Maßnahmen dar.

Kinder, Jugendliche und Erwachsene können von einer Vielzahl traumatischer Ereignisse betroffen sein. Hierzu zählen die Bedrohung des eigenen Lebens, das Erleiden schwerer körperlicher Verletzungen, körperliche und emotionale Misshandlung und sexuelle Gewalt. Gleichfalls können der Tod eines Elternteils, eine plötzliche Trennung von Eltern und Geschwistern oder die Zerstörung des Heims und der eigenen Lebensgrundlage als traumatisierend erlebt werden. Personen, die solche potenziell traumatisierenden Situationen miterleben, massive Angst- und Panikreaktionen naher Bezugspersonen mitansehen müssen oder selbst Augenzeug*innen schwerer Gewalt geworden sind, können in der Folge psychische Störungen entwickeln.

So zeigen Betroffene u. U. diffuse oder traumaspezifische Ängste, ihren Tagesablauf einschränkendes Vermeidungsverhalten und/oder eine oft über viele Monate bestehende Übererregbarkeit. Zu rechnen ist auch mit dem Wiederauftreten von Symptomen, wenn z. B. im Rahmen von Jahrestagen oder Gedenkfeiern an das traumatische Ereignis erinnert wird. Zwar nehmen die psychischen Reaktionen und Symptome als Folgen traumatischer Erfahrungen meist mit dem zeitlichen Abstand zum auslösenden Ereignis ab, sie sind jedoch oft auch noch nach Jahren vorhanden und beeinträchtigen die Alltagsbewältigung (Streeck-Fischer, 2006; Yule, 2001).

Für die Behandlung von Menschen mit solchen und ähnlichen traumabedingten psychischen Belastungen bzw. Traumafolgestörungen wurden unterschiedliche Behandlungsansätze entwickelt. Bei akut – also zeitnah – traumatisierten Personen, insbesondere akut traumatisierte Kinder und Jugendliche, empfehlen sich spezifische Interventionen und psychosoziale Hilfestellungen, die bislang jedoch wenig differenziert und evidenzbasiert sind. Im Folgenden soll nach einem Überblick über verschiedene Traumaformen ein kurzer Einblick dazu gegeben werden.

15.1 Klassifikation traumatischer Lebensereignisse

Je nach der Art der traumatischen Ereignisse und zur Differenzierung der Reaktionen bzw. der Symptome ist die von Terr (1991, 1995) vorgeschlagene Unterscheidung nach der Häufigkeit von traumatischen Ereignissen hilfreich.

15.1.1 Unterscheidung nach Lebensereignissen

Einmalige traumatische Lebensereignisse – Typ I: Darunter werden einmalige Ereignisse verstanden, z. B. der plötzliche Verlust einer nahen Bezugsperson, das Erleben einer Naturkatastrophe bzw. eines schweren Unfalls, aber auch einmaliger Gewalttaten, technischer Katastrophen oder Geiselnahmen.

Wiederholte traumatische Lebensereignisse – Typ II: Damit sind chronische und wiederholte Traumatisierungen gemeint, z. B. körperliche und/oder emotionale Kindesmisshandlung, chronische Gewalterfahrungen, sexueller Missbrauch oder auch überwältigende Ereignisse im Kontext von Krieg, Flucht oder Folter.

15.1.2 Unterscheidung nach der Verursachung

Hierbei wird differenziert zwischen schicksalhaften traumatischen Ereignissen wie Natur- oder technischen Katastrophen einerseits und von Menschen verursachten andererseits. Besonders bei Ereignissen, die eine Auseinandersetzung mit Täter*innen erfordern, ist die Frage nach einer damit einhergehenden Schuld von besonderer Bedeutung.

15.1.3 Unterscheidung nach traumatischen Situationsfaktoren

Folgende situationsspezifische Faktoren sind bedeutsam:

- Ausmaß der subjektiv empfundenen Gefahr oder Bedrohung während des Ereignisses,
- Erleben extremer Hilflosigkeit und Ausgeliefertseins,
- Ausmaß körperlicher Schmerzen,
- Intensität der Beziehung zu den verletzten oder getöteten Personen,
- bei zwischenmenschlicher Gewalterfahrung die abrupt veränderte Beziehung zum/zur Täter*in (Haag, Zehnder & Landolt, 2015).

15.2 Reaktionen im zeitlichen Verlauf

Die Reaktionen einer Person auf ein traumatisches Ereignis sind einerseits von den Ereignisfaktoren der Situation und andererseits von den individuellen Schutz- und Risikofaktoren abhängig. Dabei spielen auch die bisher im Umgang mit belastenden Ereignissen und Krisen gemachten Erfahrungen eine wichtige Rolle. Drei Phasen lassen sich differenzieren: Schock-, Reaktions- und Bewältigungsphase (vgl. u. a. Fischer & Riedesser, 2003; Stoddard et al., 2006).

1. Schockphase – das peritraumatische Intervall: Wie lange die Akutphase nach einem traumatischen Ereignis andauert, hängt von objektiven Situationsfaktoren (z. B. nach einem Absturz im Gebirge, bei einer langwierigen Rettung oder bei der Suche nach Vermissten nach einem Tsunami) und dem subjektiven Erleben der Betroffenen ab und kann nicht verallgemeinert werden. Diese unmittelbare Zeit nach einem traumatischen Ereignis wird auch als peritraumatisches Intervall oder – vom psychischen Erleben her – als Schockphase bezeichnet. Typisch für diese Phase ist das Nicht-Wahrhaben-Können der Situation bzw. der Erkenntnis, dass das Ereignis stattgefunden hat. Akut traumatisierte Menschen werden mit einer Fülle von neuen Eindrücken überflutet und sind von wechselnden Gefühlen überwältigt. Dies führt meist dazu, dass sie intensive Angst, Furcht und Hilflosigkeit fühlen. Durch den Verlust der Kontrolle über die jeweilige Situation erleben sich die Personen häufig als nicht mehr adäquat handlungsfähig.

2. Reaktionsphase: Erst allmählich können Betroffene das Ereignis und die damit verbundenen Folgen ausreichend wahrnehmen. Ihre Reaktionen können sehr unterschiedlich und rasch wechselnd sein. An emotionalen Reaktionen zeigen sie z. B. Angst, Panik, sie erstarren oder weinen und schreien heftig. Weitere Auffälligkeiten können psychosomatische Beschwerden, Schlafstörungen, Störungen der Konzentration und der Gedächtnisleistungen, der Nahrungsaufnahme und der Körperregulation sein (Daviss et al., 2000). Bei Jugendlichen ist oft zusätzlich die Fähigkeit zum Selbstschutz vermindert, wodurch sie häufiger Unfälle erleiden, zu erhöhtem Risikoverhalten neigen und sich daher auch schneller verletzen. Was in dieser Situation zunächst Ausdruck einer adäquaten akuten Stressreaktion ist, kann im weiteren Verlauf zu dysfunktionalen Reaktionen auf das traumatische Ereignis werden und somit Anzeichen einer beginnenden Störung sein (Fischer & Riedesser, 2003).

3. Bewältigungsphase: Wenn ein Minimum an äußerer und innerer Sicherheit wiederhergestellt ist, werden für die Betroffenen erste Schritte möglich, die traumatischen Erfahrungen zu bewältigen und zu verarbeiten. Die Wahrnehmung und die Bewertung des Ereignisses in der Akutphase und während der unmittelbar anschließenden Hilfe bestimmen spätere Folgen und die Bewältigung der Ereignisse wesentlich mit (Krüsmann & Müller-Cyran, 2005). Als Unterstützung in der Akutsituation ist daher primär eine psychosoziale

Krisenintervention geeignet und nur in Ausnahmefällen sind psychotherapeutische Hilfe oder psychopharmakologische Maßnahmen bereits hier indiziert. Um die einzelnen Schritte angemessen zu begleiten, bedarf es fundierter diagnostischer Kenntnisse.

15.3   Diagnostik

Die Diagnose einer *Akuten Belastungsstörung* erfolgt primär auf Basis der Anamnese, der Reaktionen der Betroffenen, die dem traumatischen Ereignis folgen sowie des Auftretens der klinischen Symptome im Verlauf. Die in der Erstphase häufig vielfältigen und wechselnden Reaktionen müssen zwar aufmerksam wahrgenommen, aber auch zurückhaltend bewertet werden (Landolt, 2003). In der Fachwelt wurde lange diskutiert, ob der Akuten Belastungsreaktion (ABR) der Status einer psychiatrischen Störung zukommt. Einigkeit besteht zumindest darüber, dass Personen mit einer ABR unterstützt werden müssen.

15.3.1   Akute Belastungsreaktion (F43.0), (Dilling & Freyberger, 2019)

Die in den ersten Stunden und Tagen nach dem traumatischen Ereignis auftretenden Veränderungen und Symptome werden in der ICD-10 als Akute Belastungsreaktion (Dilling & Freyberger, 2019) bezeichnet.

Erste Symptomgruppe: Die Person erlebte oder beobachtete ein oder mehrere Ereignisse (bzw. war mit ihnen konfrontiert), die den tatsächlichen oder drohenden Tod oder eine ernsthafte Verletzung oder Gefährdung der körperlichen Unversehrtheit der eigenen Person oder anderer Personen beinhaltet.

Die Reaktionsweise der Person umfasst intensive Furcht, Hilflosigkeit oder Entsetzen.
Entweder während des extrem belastenden Ereignisses oder danach zeigte die Person folgende Symptome:
subjektives Gefühl von emotionaler Taubheit, von Losgelöst-sein oder das Fehlen emotionaler Reaktionsfähigkeit,
Beeinträchtigung der bewussten Wahrnehmung der Umwelt,
dissoziative Amnesie (z. B. Unfähigkeit, sich an einen wichtigen Aspekt des Traumas zu erinnern).
Zweite Symptomgruppe: Das traumatische Ereignis wird ständig auf mindestens eine der folgenden Arten wieder erlebt:
wiederkehrende Bilder und Gedanken oder ganze Flashback-Episoden,
Träume oder das Gefühl, das traumatische Ereignis wieder zu erleben,
starkes Leiden bei Reizen, die an das traumatische Ereignis erinnern.
Neben diesen intrusiven (quälend wiederkehrenden) Symptomen können deutliche Vermeidungssymptome auftreten, die dazu führen, dass betroffene Personen, Orte oder Situationen meiden, die an das Trauma erinnern.

Dritte Symptomgruppe: Veränderungen, die mit einer erhöhten Erregbarkeit (arousal) oder auch erhöhter Angst einhergehen, z. B. Schlafstörungen, Konzentrationsschwierigkeiten, Hypervigilanz, übertriebene Schreckreaktionen und motorische Unruhe.

15.3.2 Akute Belastungsreaktion bei Kindern und Jugendlichen

Neben den Methoden der klinischen Beurteilung gibt es derzeit nur wenige deutschsprachige Interviewleitfäden zur Diagnostik der Akuten Belastungsstörung bei dieser Betroffenengruppe. Geeignet sind die von Steil und Füchsel (2006) publizierten Interviews zu Belastungsstörungen bei Kindern und Jugendlichen (IBS-KJ). Das Interview zur Erfassung der Akuten Belastungsstörung (IBS-A-KJ) ist ein Erhebungsinstrument zur Erfassung der frühen Symptome in den ersten vier Wochen nach dem Trauma. Zur Erfassung der dissoziativen Symptome kann das Heidelberger Dissoziationsinventar (Brunner, Resch, Parzer & Koch, 1999) für Kinder ab dem 11. Lebensjahr herangezogen werden.

Die überwältigenden Sinneseindrücke des traumatischen Ereignisses werden von Kindern und Jugendlichen je nach Entwicklungsstand kognitiv und emotional unterschiedlich wahrgenommen, interpretiert und bearbeitet. Die Angst vor Wiederholung ist vor allem bei jüngeren Kindern sehr groß, da sie die Ursachen und Zusammenhänge des Geschehens oft nicht oder nur schwer verstehen können. Bei Adoleszenten kann es durch traumatische Verlusterfahrungen zu Gefühlen der Hoffnungslosigkeit, Ausweglosigkeit und in der Folge zum Verlust einer Zukunftsperspektive kommen. So sind Jugendliche z. B. oft der Meinung, es lohne sich nicht mehr, in schulische oder berufliche Ausbildung zu investieren, da sie als Reaktion auf die traumatischen Veränderungen nur noch sehr kurzfristige Zukunftspläne machen. Eine radikale Umwertung ihrer Zukunftserwartung und Lebenseinstellung und damit einhergehendes erhöhtes bis lebensbedrohliches Risikoverhalten (Pynoos, 1994) können die Folge sein.

15.3.3 Posttraumatische Belastungsstörung (PTBS) (F43.1), (Dilling & Freyberger, 2019)

Die PTBS als eine mögliche Folge traumatischer Ereignisse kann bereits vier Wochen nach dem Ereignis diagnostiziert werden kann. Laut ICD-10 kann sie dem Trauma auch mit einer Latenz von Wochen bis Monaten folgen. In der Forschung hält man mit Flatten und Kollegen (2001) sogar eine mehrjährige Verzögerung für möglich. Die Symptome lassen sich in folgenden zwei Gruppen zusammenfassen:

Intrusionen (unfreiwilliges Wiedererinnern): Diese stressbedingten Verarbeitungsstörungen von Sinneseindrücken zeigen sich in Form von wiederkehrenden, eindringlichen und belastenden Erinnerungen an das Ereignis – als erinnerte Bilder, Gerüche, Geräusche, Albträume, Flashbacks (Handeln oder Fühlen wie im traumatischen Ereignis selbst). Intrusionen werden meist durch sogenannte Trigger (Auslöser) ausgelöst. Auch Gefühle von plötzlicher Hilflosigkeit, Sich-nicht-mehr-rühren-, Sich-nicht-wehren- oder Nicht-reagieren-Können, Schmerz und andere Körpermissempfindungen tauchen deshalb oft ohne direkten Kontext zum traumatischen Ereignis und unerwartet auf.

Vermeidungsverhalten: Um die unangenehmen Gefühle zu vermeiden, die mit dem Erinnern an das Trauma verbunden sind, gehen Betroffene Orten, Menschen, Aktivitäten oder Gesprächen, die mit dem Trauma in Verbindung stehen, aus dem Weg. Hinzu kommt eine stressbedingte Übererregung (Hyperarousal) mit Reizbarkeit, Konzentrationsschwierigkeiten, übermäßiger Wachheit (Hypervigilanz), Ein- und Durchschlafstörungen und gesteigerten Schreckreaktionen.

15.4 Aufgaben und Ziele der Akutbetreuung

Im Wesentlichen sind im Rahmen der psychosozialen Akutbetreuung folgende Aufgaben zu erfüllen (Krüsmann & Müller-Cyran, 2005; Purtscher, 2006):

situationsspezifische Interventionen der Berater*innen zur Reduktion von Ängsten bei Betroffenen und – wenn möglich – Zusammenführung mit nahen Bezugspersonen und Angehörigen.

Wichtig ist es, in der akuten Phase Informationen zum Ereignis selbst, zum Verbleib von Angehörigen und zu den weiteren Möglichkeiten, wo und wie Betroffene Hilfe erhalten können, zu vermitteln. Die rasche Bereitstellung von sozialer Hilfe für die Alltagsbewältigung, besonders nach Katastrophen oder dem Verlust des eigenen Heims, ermöglicht den Opfern, wieder ein Mindestmaß an eigener Handlungsfähigkeit und Autonomie zu erlangen.

Die Krisenintervention im eigentlichen Sinne beginnt mit einem Screening und der diagnostischen Einschätzung dazu, inwieweit die betroffene Person gefährdet scheint, Langzeitfolgen zu entwickeln, und entsprechende Hilfe benötigt oder ob sie sogar bereits eine Störung entwickelt hat. Durch Befragung der Einsatzdienste, Kontakt zur betroffenen Person selbst sowie durch eine Analyse der Ereignis-, Risiko- und Schutzfaktoren müssen dafür Informationen über das Ereignis sowie dessen Konsequenzen und über den Zustand und das Verhalten der betroffenen Person gewonnen werden. Für diese Einschätzung stehen verschiedene Screening-Instrumente zur Verfügung.

Das Beispiel der Elternberatung zeigt, dass die Unterstützung für Angehörige, damit sie ihre Kinder ausreichend gut betreuen können, als indirekte Hilfe für traumatisierte Kinder zu sehen ist. Zu den mittelbar wirkenden Unterstützungen zählt auch die Beratung von professionell beteiligten Personen (z. B. in der Einsatzleitung bei Unfällen, in beteiligten Behörden bei Jugendschutzfragen und Pressestellen), damit diese bei der Organisation von Abläufen der Akutbetreuung im Sinne der betroffenen Kinder, Jugendlichen und Erwachsenen sensibel Entscheidungen treffen.

In Bezug auf die Gefährdung lassen sich drei Gruppen unterscheiden:

Hochrisikogruppe: Diese Betroffenen sind besonders gefährdet, psychotraumatische Langzeitfolgen zu entwickeln. Hier müssen frühzeitig qualifizierte traumaspezifische Behandlungsmethoden eingesetzt werden, um eine Chronifizierung zu verhindern.

Selbstheilende: Diese Personen verarbeiten das Trauma adäquat und ohne spezielle fachliche Unterstützung.

Wechselgruppe: Hier steht es »auf Messers Schneide«, ob die Betroffenen eine Entwicklung in Richtung Erholung oder in Richtung Chronifizierung nehmen. Eine fachgerechte traumaspezifische Krisenintervention oder auch Fachberatung kann entscheidend dazu beitragen, dass diese Personengruppe sich in Richtung der »Selbstheilenden« entwickelt.

Ein eingehendes Screening kann helfen, diese Gruppen zu differenzieren.

15.4.1 Interventionen in der Akutphase

Ausgehend von Fachkräften im Rettungsdienst wurde in den letzten zwanzig Jahren der dringende Bedarf früher psychosozialer Hilfemaßnahmen für akut traumatisierte Personen erkannt (Müller-Cyran, 1999). Erste Maßnahmen der frühen psychosozialen Unterstützung bzw. Akutbetreuung wurden von Mitarbeiter*innen im Rettungsdienst eingeführt. Zunehmend wurden Fachkräfte aus den Bereichen der (klinischen) Psychologie und Psychotherapie einbezogen.

Auf Basis des Phasenmodells können die grundlegenden Bedürfnisse von Betroffenen in der Akutsituation folgendermaßen zusammengefasst werden (Dyregrov, 2001):
frühe Hilfe in der peritraumatischen Phase; proaktiver Zugang der Helfer*innen: Aktive (unangefragte) Angebote für soziale und psychische Unterstützung von außen;
konkrete Informationen zum Ereignis und den nächsten Unterstützungsmaßnahmen;
umfassende Informationen über den Verbleib oder das Befinden von Angehörigen und die Möglichkeit, mit ihnen in Kontakt zu treten oder Kontakte aufrechtzuerhalten;
Aufklärung über mögliche psychische Reaktionen und Information über die mittel- und langfristigen Hilfsangebote.

Die Interventionen in der peritraumatischen Phase und den ersten Tagen danach werden in verschiedenen Ländern und Organisationen meist als Krisenintervention, psychosoziale Akutbetreuung oder psychosoziale Notfallversorgung bezeichnet.

15.4.2 Erstversorgung von traumatisierten Menschen

Die (Erst-)Versorgung gestaltet sich wegen der Berücksichtigung ihrer Individualität so vielfältig wie die Menschen selbst. Gleichwohl haben sich sechs Maßnahmen bewährt.

Sicherheit herstellen und Hilflosigkeit begrenzen: Diesem Punkt kommt eine entscheidende Bedeutung zu. Entspannung und Stressreduktion können nur erreicht werden, wenn sich die Betroffenen tatsächlich in Sicherheit befinden und sich auch so fühlen können.
*Parteiliche*r Gesprächspartner*in sein:* Viele Betroffene klagen im Nachhinein darüber, dass ihnen niemand zur Seite stand. Sie fühlten sich im Stich gelassen und erfuhren keine Unterstützung. Dies verstärkt das Gefühl der Hilflosigkeit und unterläuft den Selbstheilungsprozess. Es ist also sehr wesentlich, als einfühlsame*r, empathische*r (u. U. auch strukturierende*r) Gesprächspartner*in zur Verfügung zu stehen und der betroffenen Person Unterstützungsbereitschaft zu vermitteln. Wichtig ist die Anerkennung des Geschehens. Hilfreich ist es, Betroffene behutsam dazu zu ermutigen, über das Ereignis zu reden. Gegebenenfalls können konkrete Hilfestellungen angeboten werden, um das Erlebte einzuordnen.
Unterstützung bei der akuten Stressbewältigung geben: Erfahren Betroffene Unterstützung und Anerkennung, z. B. eines Unrechts, stärkt dies ihren Glauben und ihr Selbstwertgefühl, weil Werte wie die Rechtsstaatlichkeit aufrechterhalten werden. Dabei sollen sich Berater*innen zur Verfügung halten, aber nicht aufdrängen. Ein Abwehrverhalten muss als unverzichtbarer Selbstschutzversuch respektiert werden. Betroffene sollen ermutigt werden, ihre Gefühle zuzulassen. Auch hier gilt: Nicht drängen. Auch Dissoziationen müssen beachtet werden. Betroffene sollen unterstützt werden, mit der Integration der Sinneseindrücke und Emotionen ins »Hier und Jetzt« zurückzufinden. Dies vermittelt Sicherheit, da es nicht mehr bedrohlich ist, und kann z. B. durch deutliches Ansprechen und/oder (vorsichtigen) Körperkontakt geschehen.
Verständnis für die Traumawirkungen fördern: Viele Betroffene sind durch die posttraumatische Symptomatik stark verunsichert und haben Angst, jetzt zu allem Übel auch noch verrückt zu werden. Eine ausführliche Psychoedukation über mögliche körperliche und emotionale Reaktionen entlastet die Betroffenen in hohem Maße. Dies ermöglicht ihnen Orientierung und fördert das Sicherheitsgefühl sowie den Kohärenzsinn (Kramer & Landolt, 2014).
Soziales Umfeld einbeziehen: In ein tragendes soziales Umfeld eingebunden zu sein, das hilfreich und geduldig zur Seite steht, unterstützt den Selbstheilungsprozess wesentlich. Bezugspersonen sollten ebenso

ausführlich informiert, betreut und über die möglicherweise zu erwartenden Symptome bzw. deren Normalität informiert werden wie primär Betroffene. Beim Umfeld kann so für eine begleitende und geduldige Unterstützung der Betroffenen geworben werden. Sollte kein tragendes soziales Netz vorhanden sein, ist indiziert, geeignete Hilfe zu organisieren.

15.4.3 Besondere Hilfestellung für Kinder und Jugendliche in der Akutbetreuung

Wenn Kinder und Jugendliche ein traumatisches Ereignis gemeinsam mit ihren Bezugspersonen erleiden, sind Letztere in der Akutphase (sofern diese Personen noch dazu in der Lage sind) die wichtigsten und vertrauenswürdigsten Personen, die ihnen Informationen zum Ereignis geben können. Falls Kinder und Jugendliche jedoch ohne Bezugspersonen dem Ereignis ausgesetzt waren, wird diese wichtige Aufgabe von den psychosozialen Betreuer*innen wahrgenommen (Juen, Warger & Nindl, 2015; Juen, Werth, Warger & Nindl, 2017).

15.4.3.1 Informationen geben

Die Vermittlung der stabilisierenden Informationen kann je nach Situation in der Akutphase einzeln, gegebenenfalls in Klein- oder Großgruppen erfolgen. Das hohe Zusammengehörigkeitsgefühl einer Gruppe direkt Betroffener stellt meist einen wichtigen Schutzfaktor dar und sollte in der Planung der Unterstützungsmaßnahmen und in der Durchführung der Betreuung unbedingt Berücksichtigung finden.

Informationen für Kinder und Jugendliche über das traumatische Ereignis müssen alle wichtigen zum Zeitpunkt der Mitteilung verfügbaren Angaben zum Hergang des Ereignisses, zur Verletzung oder Gefährdung von nahen Angehörigen oder Freund*innen enthalten. Müssen schlechte Nachrichten oder gar Todesnachrichten überbracht werden, kommt es auf entsprechende Rahmenbedingungen an: Idealerweise gibt es einen geschützten Ort, genug Zeit und Betreuungspersonen oder gar vertraute Bezugspersonen.

Wichtig ist es, dass die bisher geleisteten Hilfsmaßnahmen dargestellt und erklärt werden. So ist es z. B. für Kinder wichtig und hilfreich zu hören, dass für schwer verletzte Mitschüler*innen oder Freund*innen oder getötete Kinder im Rahmen eines Unglücksereignisses Hilfe durch Rettungspersonal oder Notärzt*innen geleistet wurde. Selbst wenn es zum Tod von Freund*innen oder Mitschüler*innen kam, ist es wichtig darzustellen, welche Hilfsmaßnahmen getroffen wurden und noch möglich waren. In diesem Zusammenhang sollten z. B. die Rettungsmaßnahmen, die Schmerzbekämpfung, die Art und Weise einer würdevollen Bergung erwähnt werden. Selbstverständlich müssen all diese Informationen für Kinder und Jugendliche altersgerecht und dem jeweiligen Verständnis für Endlichkeit und Tod entsprechend dargestellt werden. Nicht alle Details der zentralen Botschaften müssen jedoch bereits in einem ersten Schritt kommuniziert werden. Wichtig ist es, den Kindern zu vermitteln, dass sie weitere Fragen stellen können. Oft geben Kinder und Jugendliche dadurch sehr klar zu erkennen, welche Wahrnehmung sie möglicherweise von dem Ereignis haben, welche Erklärung dafür oder auch, welche Ängste und Befürchtungen (Purtscher, 2006).

15.4.3.2 In Kontakt mit »belastbaren Dritten« bringen

Oft scheuen sich Erwachsene, ihre Trauergefühle zu zeigen. Durch dieses Vorbild sind Kinder und Jugendliche oft gehemmt, ihre eigene Trauer zum Ausdruck zu bringen. Wenn Eltern selbst ihre Trauer nicht wahrhaben wollen oder zumindest im Beisein anderer unterdrücken, führt dies oft auch zu einer

Hemmung im Ausdruck der Trauergefühle der Kinder und Jugendlichen. Sind Eltern jedoch von ihrer eigenen Trauer überwältigt und stehen sie kaum noch als emotionale Unterstützung für ihre Kinder zur Verfügung, so führt dies oft dazu, dass Jugendliche verstärkt Rücksicht auf sie nehmen, sie schonen wollen und daher selbst ihre Trauer nicht oder nur sehr verhalten zeigen.

In solchen Situationen sind außenstehende Personen besonders hilfreich und notwendig, die als vertrauensvolle »Dritte« angesehen werden können. Diese Personen müssen von den Kindern und Jugendlichen nicht »geschont« werden und dürfen mit ihrer eigenen Trauer belastet werden. Sind Eltern schwer traumatisiert (z. B. durch Naturkatastrophen oder Krieg), ist für Kinder und Jugendliche die Unterstützung durch externe Helfer*innen oder Therapeut*innen besonders wichtig. Oft spielt auch ein tragfähiges Umfeld durch nachbarschaftliche oder verwandtschaftliche Hilfe eine große Rolle. Wichtige Unterstützungsmöglichkeiten sind gerade im Zusammenhang mit schwer traumatisierten Eltern auch die Institutionen Kindergarten, Schule oder andere soziale Gruppen. Sie stellen oft einen Raum dar, in dem ohne Rücksicht auf die schwer belasteten Eltern Ängste, Trauer, Sorgen oder auch Ärger und Wut geäußert werden können. Fachliche Möglichkeiten der Hilfeleistung in weiterer Folge stellen therapeutische Gruppen oder einzeltherapeutische Unterstützung (Traumatherapie) dar.

Extrafamiliäre Hilfe ist unbedingt notwendig bei Beziehungstraumata, vor allem, wenn Eltern als traumatisierende Personen erlebt wurden.

Bei Todesfällen innerhalb der Familie sollen Kinder in die Vorbereitung der Verabschiedung und Beerdigung – so sie es selbst wünschen – eingebunden werden. Dabei ist es hilfreich, gemeinsam Symbole und Rituale des Abschieds zu finden. Dies können Erinnerungszeichnungen oder Briefe einzelner Kinder oder ganzer Gruppen (z. B. einer Schulklasse) sein. Gerade bei unerwarteten Todesfällen oder beim Tod mehrerer Personen ist Trauer nicht nur ein individuelles Geschehen, sondern ein Geschehen in der Gruppe. Der gemeinsame Ausdruck von Trauer in Ritualen und Abschiedsfeierlichkeiten oder Gedenkfeiern bedeutet eine gegenseitige Unterstützung und kann das Gefühl der Sicherheit und Geborgenheit stärken. Insgesamt kommt es auf die altersadäquate Beteiligung und Gestaltung der Ausdrucksformen an.

Die Wiederaufnahme von Alltagsaktivitäten, wie z. B. Schulbesuch, Sport oder Treffen von Freund*innen, bedeutet neben der möglichen Unterstützung durch Lehrer*innen, Trainer*innen oder Freund*innen ein Signal in Richtung Rückkehr zur Normalität. Gerade bei Großschadensereignissen wie Überflutung und Evakuierung sind dies nach oft wochenlangen Ausnahmesituationen wichtige Signale der Wiederherstellung der eigenen Handlungsfähigkeit (Wisiol, Juen & Unterrainer, 2017).

15.5 Rollenvielfalt und das Zusammenspiel verschiedener Ebenen der Krisenintervention

Die vielfältigen Aufgaben in der Akutbetreuung sind immer vom Anpassungs- bzw. Bewältigungsprozess der Betroffenen bestimmt. Entsprechend dem zeitlichen Verlauf der Akutreaktionen umfassen die Aufgaben und »Rollen« der Berater*innen in der psychosozialen Erstbetreuung verschiedene Aktivitäten von Informationsvermittlung, Organisieren bzw. Sicherstellen der Basisversorgung täglicher Bedürfnisse, und Hilfestellung zur Zusammenführung von Angehörigen bis hin zum stabilisierenden Halten und Betreuen in der Schock- und Reaktionsphase (Shalev, 2002). Wichtig ist ein gut funktionierender Übergang von der Unterstützung in der Akutphase zur weiterführenden Betreuung oder Therapie in der Regelversorgung.

Dabei sind auch die verschiedenen Ebenen der Krisenintervention im Auge zu behalten, die von unterschiedlichen Personen angeboten werden können und sollten. Hausmann (2003) unterscheidet drei Ebenen der Hilfe zur Unterstützung von Betroffenen nach traumabedingten Notfällen:

Die *erste Ebene* umfasst die einfache soziale Unterstützung, die von jedem hilfeleistenden Menschen gegeben werden kann und sich in einer allgemeinen zwischenmenschlichen bzw. sozialen Unterstützung oder auch in notwendiger praktischer Hilfeleistung ausdrückt.

Die *zweite Ebene* ist die psychosoziale Betreuung im engeren Sinn und erfolgt üblicherweise durch Personen, die über eine spezifische Ausbildung für die Interventionen in der Akutphase verfügen. Dazu zählen Kenntnisse über die Erlebens- und Reaktionsweisen von traumatisierten Menschen, eine Ausbildung für die Gesprächsführung in Krisensituationen und die Fähigkeit zur Einschätzung der Notwendigkeit von weiterführender fachlicher Betreuung. Diese Art der Hilfeleistung wird von in unterschiedlichen Quellberufen geschulten Personen im Rahmen eines Kriseninterventionsteams oder der notfallpsychologischen Hilfe geleistet.

Die *dritte Ebene* stellt die spezifische fachliche Hilfe dar. Sie wird von psychosozialen Fachkräften mit spezieller Qualifikation im Bereich Psychotraumatologie und Notfallpsychologie geleistet. Ein Schwerpunkt liegt hier auf der diagnostischen Einschätzung des psychischen Zustandes der Betroffenen und der Beratung bzw. den Empfehlungen für weiterführende Hilfe und Behandlung.

In einem multiprofessionellen Zusammenwirken soll auf diese Weise eine möglichst umfassende Unterstützung für Betroffene geleistet werden.

Literatur

Brunner, R. M., Resch, F., Parzer, P. & Koch, E. (1999). *Heidelberger Dissoziations-Inventar (HDI). Instrument zur dimensionalen und kategorialen Erfassung dissoziativer Symptomatologie bei Jugendlichen und Erwachsenen*. Frankfurt: Swets Test Services.

Daviss, W. B., Racusin, R., Fleischer, A., Mooney, D., Ford, J. D. & McHugo, G. J. (2000). Acute stress disorder symptomatology during hospitalization for pediatric injury. *Journal of the American Academy of Child and Adolescent Psychiatry, 39*, 5, 569–575.

Dilling, H., Freyberger J. H. (Hrsg.). (2019). *Taschenführer zur ICD-10-Klassifikation psychischer Störungen. Nach dem Pocket Guide von J.E. Cooper, 9. aktualisierte Auflage entsprechend IDC-10-GM*. Göttingen: Hogrefe.

Dyregrov, A. (2001). Early intervention – a family perspective. *Advances in Mind and Body Medicine, 17*, 3, 168–174.

Fischer, G. & Riedesser, P. (2003). *Lehrbuch der Psychotraumatologie* (3., aktualisierte und erweiterte Auflage). München: Reinhardt.

Flatten, G., Hofmann, A., Liebermann, P., Wöller, W., Siol, T. & Petzold, E. (2001). *Posttraumatische Belastungsstörung. Leitlinie und Quellentexte*. Stuttgart: Schattauer.

Haag, A. C., Zehnder, D. & Landolt, M. A. (2015). Guilt is associated with acute stress symptoms in children after road traffic accidents. *European Journal of Psychotraumatology, 6*, 1, Art. 66. Zugriff am 09.01.2019 unter https://www.ncbi.nlm.nih.gov/pmc/articles/PMC4626649/pdf/EJPT-6-29074.pdf.

Hausmann, C. (2003). *Handbuch Notfallpsychologie und Traumabewältigung. Grundlagen, Interventionen, Versorgungsstandards*. Wien: Facultas.

Juen, B., Warger, R. & Nindl, S. (2015). Akute Krisen und Traumatisierungen bei Kindern und Jugendlichen. In J. Gerngroß (Hrsg.), *Notfallpsychologie und psychologisches Krisenmanagement. Hilfe und Beratung auf individueller und organisationeller Ebene* (S. 125–146). Stuttgart: Schattauer.

Juen, B., Werth, M., Warger, R. & Nindl, S. (2017). Trauer bei Kindern und Jugendlichen als Folge von akuter Traumatisierung. *Praxis der Kinderpsychologie und Kinderpsychiatrie, 66*, 1, 59–73.

Kramer, D. N. & Landolt, M. A. (2014). Early psychological intervention in accidentally injured children ages 2-16: a randomized controlled trial. *European Journal of Psychotraumatology, 5*, 1, Art. 74. Zugriff am 09.01.2019 unter https://www.ncbi.nlm.nih.gov/pmc/articles/PMC4074605/pdf/EJPT-5-24402.pdf.

Krüsmann, M. & Müller-Cyran, A. (2005). *Trauma und frühe Interventionen. Möglichkeiten und Grenzen von Krisenintervention und Notfallpsychologie* (Reihe: Leben lernen, Bd. 182). Stuttgart: Pfeiffer bei Klett-Cotta.

Landolt, M. A. (2003). Die Bewältigung akuter Psychotraumata im Kindesalter. Praxis der Kinderpsychologie und Kinderpsychiatrie, 52, 2, 71–87. Zugriff am 07.01.2019 unter nbn:de:bsz-psydok-44185

Müller-Cyran, A. (1999). Basis-Krisenintervention. Fundierter Umgang mit akut psychisch Traumatisierten. Notfall- und Rettungsmedizin, 2, 5, 293–296.

Purtscher, K. (2006). Trauma im Kindesalter – komplexe Anforderungen in der psychosozialen Akutbetreuung. In B. Lueger-Schuster, M. Krüsmann & K. Purtscher (Hrsg.), Psychosoziale Hilfe bei Katastrophen und komplexen Schadenslagen (S. 195–212). Wien: Springer.

Pynoos, R. S. (1994). Traumatic stress and developmental psychopathology in children and adolescents. In: R. S. Pynoos (Hrsg.), *Posttraumatic stress disorder. A clinical review* (S. 65–98). Lutherville, MD: Sidran Press.

Shalev, A. Y. (2002). Acute stress reactions in adults. *Journal of Biological Psychiatry, 51*, 7, 532–543.

Steil, R. & Füchsel, G. (2006). *Interviews zu Belastungsstörungen bei Kindern und Jugendlichen (IBS-KJ). Diagnostik der akuten und der posttraumatischen Belastungsstörung*. Göttingen: Hogrefe.

Stoddard, F. J., Saxe, G., Ronfeldt, H., Drake, J. E., Burns, J., Edgren, C. & Sheridan, R. (2006). Acute stress symptoms in young children with burns. *Journal of the American Academy of Child and Adolescent Psychiatry, 45*, 1, 87–93.

Streeck-Fischer, A. (2006). *Trauma und Entwicklung. Frühe Traumatisierungen und ihre Folgen in der Adoleszenz*. Stuttgart: Schattauer.

Terr, L. (1991). Childhood trauma: and outline and overview. *American Journal of Psychiatry, 148*, 1, 10–20.

Terr, L. (1995). *Schreckliches Vergessen, heilsames Erinnern. Traumatische Erfahrungen drängen ans Licht*. München: Kindler (englisches Original erschienen 1994).

Wisiol, F., Juen, B. & Unterrainer, C. (2017). Der Einfluss von Risiko- und Wirkfaktoren auf den Erfolg in der Krisenintervention für Kinder und Jugendliche. *Praxis der Kinderpsychologie und Kinderpsychiatrie, 66*, 5, 345–361.

Yule, W. (2001). Posttraumatic stress disorder in children and adolescents. *International Review of Psychiatry, 13*, 3, 194–200.

16 Umgang mit gewalttätigen Patienten – Prinzipien der Deeskalation

Manuel Rupp

> Gewalttätigkeit trifft nicht nur einzelne Menschen, sondern verunsichert ganze Patientengruppen, destabilisiert den Teamzusammenhalt und beeinträchtigt das Klima in einer ganzen Institution. Gewalttätigkeit stellt die Sicherheit in Frage, die Basis für zwischenmenschliches Vertrauen und damit die Grundlage der professionellen Arbeit in Psychiatrie und Psychotherapie. Es wird deshalb gezeigt, was unter Gewalt verstanden werden kann, wie Gewalttätigkeit entstehen kann, wie unterschiedliche Risiken erkannt und wie entsprechend deeskaliert werden kann. Dabei wird ein Ansatz dargestellt, wie der Gefahr vorgebeugt und wie interveniert werden kann. Es wird dabei deutlich, dass die Gewaltprävention eine Aufgabe für die ganze Institution ist, was an einem Beispiel erläutert wird. Konkrete Hinweise zur Selbsthilfe schließen das Kapitel ab.

16.1 Gewalttätigkeit in psychiatrischen Institutionen

Gewalterlebnisse erschüttern die Betroffenen nachhaltig und können eine konstruktive Arbeitsgrundlage in ganzen Institutionen infrage stellen. Zwar stellen psychisch Kranke insgesamt gesehen keine Risikogruppe dar; hingegen gibt es einzelne psychopathologisch definierte Patientengruppen, von welchen statistisch gesehen ein geringeres Gewaltrisiko ausgeht (z. B. Depressive), und andere, die eher gewaltbereit sind. Die meisten entsprechenden Studien identifizieren akut Paranoide als besonderes Risiko. Ein Großteil des Personals in psychiatrischen Institutionen wird denn auch im Verlauf ihrer Berufslaufbahn von Gewalttätigkeit betroffen, sei es als Opfer oder als Mitarbeiter*innen mit dem Auftrag, Zwang auszuüben. Von Krankenhauspersonal in psychiatrischen Kliniken wird gelegentlich erwartet, dass es die Gewalttätigkeit von Patient*innen hinnimmt (»das gehört halt zur beruflichen Aufgabe«), was dazu beitragen kann, dass betroffene Berufsleute im Verdeckten ihrerseits gewalttätig werden.

Was tun? Konzepte rein gewaltfreien Vorgehens sind faktisch gescheitert, Methoden der bloßen Gegengewalt sind aus ethischen Gründen glücklicherweise nicht mehr durchsetzbar. Welche Alternativen wirksamer und zugleich verhältnismäßiger Machtanwendung jenseits von Rache und Abstrafung gibt es? Wie lässt sich im Gefährdungsbereich kommunizieren?

16.1.1 Was ist Gewalt, Aggression, Eskalation?

Als »Gewalt« bezeichnen wir in unscharfer Weise sowohl die sozial legitimierte wie die missbräuchliche Anwendung von psychischen, physischen und strukturellen Machtmitteln (strukturelle Gewalt besteht im Entzug von Ressourcen). Es sollen Ziele durchgesetzt werden, die auf kommunikativem Weg alleine nicht erreicht werden können – gegen den Willen eines andern. Dabei wird auch die Verletzung der Integrität der Gemeinschaft in Form ihrer Spielregeln, ihrer ausgesprochenen oder impliziten Grundvereinbarungen in Kauf genommen. Anstelle des Aushandelns von gemeinsamen Lösungen im Sinne von »Sowohl-du-als-auch-ich« kommt ein radikales, unerbittliches »Entweder-du-oder-ich«.

Die menschliche Kommunikation ist eine hohe Kulturleistung, um unsere Ziele in wechselseitiger Abstimmung zu erreichen, ohne die Ressourcen der Gemeinschaft zu schädigen. Dies setzt ein filigranes Gebilde von expliziten und impliziten Regeln voraus, die im Verlauf friedlicher Entwicklung gestaltet, über Generationen tradiert, im Rahmen der Sozialisation erlernt und in sozialer Kontrolle gehütet werden. Regelverletzungen müssen dabei durch Kontroll-, Eingrenzungs- und Wiederherstellungsprozesse beantwortet werden, die ihrerseits bis zur energischen Anwendung von Übermacht gehen. Regelverletzungen sind zugleich Indikatoren für nicht-kommunizierte und damit übersehene Problembereiche der individuellen und kollektiven Bedürfnislage.

Die unangemessene, nicht legitimierte *Gewalt* kann sowohl von gewalttätigen Patient*innen, die z. B. im Wahn eine*n Angehörige*n bedrohen, wie von Mitarbeiter*innen ausgehen, die ihrerseits unangemessen oder gar unbefugt Machtmittel einsetzen. Was Gewalt und was Zwang ist, kann von verschiedenen Personen gegensätzlich bewertet werden: eine häufige Erfahrung in der stationären Psychiatrie, wenn psychotische Patient*innen krankheitsbedingt eine völlig andere Situationseinschätzung haben als Gesunde und dies mit derselben Gewissheit erleben wie ihr (nicht krankes) Umfeld.

Aggressionsbereitschaft oder *Aggressivität* bezeichnet eine innere Gestimmtheit, die bei fehlender Zurückhaltung zur Bereitschaft führt, andere Lebewesen mit physischer, psychischer Kraftanwendung respektive sozialer Machtentfaltung (d. h. nicht primär mit Mitteln der Überzeugung) in der Verfolgung ihrer Absichten zu manipulieren, zu beeinträchtigen, zu beschädigen oder gar zu vernichten. Ob Aggressivität destruktiv wird, ist abhängig von der Werthaltung und der Impulskontrolle der aggressiv gestimmten Person, jedoch auch vom Verhalten des Gegenübers und des Kontextes und damit des sozialen Umfeldes und der Institution.

Unter *Eskalation* versteht man den Prozess fortwährend steigender aggressiver Spannung. Diese stufenweise Spannungserhöhung kann dabei über viele Zwischenschritte geschehen. Eine Eskalation bis hin zu Gewalttätigkeit erfolgt mit Ausnahme von hirnorganisch beeinträchtigten oder akut paranoiden Menschen in der Regel über mehrere Eskalationsstufen.

16.2 Die Dynamik der Gewalttätigkeit

Gewalttätigkeit in verbaler und tätlicher Weise entsteht vornehmlich zwischen Menschen, die einen Bezug zueinander haben oder einen Bezug zu einer anderen Person fantasieren oder gar halluzinieren. Verhältnismäßig häufig geschieht Gewalttätigkeit deshalb in realen nahen Beziehungen (Partnerschaft, Familie, Wohngruppe, Betreuungsverhältnissen) oder vorgestellten Beziehungen (idealisierten oder verteufelten Repräsentanten gesellschaftlicher Gruppen).

Auf eine einzige Ursache ausgerichtete Erklärungsversuche gewalttätigen Verhaltens sind inzwischen aufgegeben worden (Rupp & Rauwald, 2004a). Der Gewalttätigkeit geht in der Regel eine (seelische) Krankheit, (körperliche) Erschöpfung oder soziale Belastung voraus, was zu Sorgen, Stress, dauernder Anspannung und allmählicher Erschöpfung der inneren Ressourcen führt. In Beziehungen entstehen nun aus kleinen unbedachten Äußerungen des Unwillens kleine Missstimmungen, was notwendig machen würde, die Probleme zu lösen. Falls jedoch eine verminderte Kommunikations- und Problemlösekompetenz der Konfliktpartner*innen besteht, eskaliert der Konflikt weiter, da Unterlegene in Kampfsituationen dazu neigen, schrittweise Spielregeln zu verletzen, um in einer Auseinandersetzung ihre verbliebene Kraft doch noch wirkungsvoll einzusetzen (Glasl, 2017). Eine Unterlegenheit im Kommunikationsbereich kann die Gewaltbereitschaft deshalb fördern (z. B. bei minder intelligenten Menschen; aber auch gelegentlich bei Männern: Frauen haben eine größere Kommunikations- und Sozialkompetenz, und sie dürfen schwach sein).

Falls wichtige Spielregeln in einer Auseinandersetzung nicht mehr eingehalten werden, können Angreifende oder Angegriffene sich verbal defensiv verhalten oder räumlich ausweichen, um eine destruktive Entwicklung zu vermeiden. In Abhängigkeitsbeziehungen oder in Situationen von Zwangsnähe (Arbeitsplatz, Wohnheim) existiert jedoch derart viel räumliche Nähe und zu häufiger Kontakt, dass eine weitere Eskalation wahrscheinlich wird. Wenn wegen dieses Missverhältnisses zwischen Vertrauen und Vertrautheit keine Distanzierung erfolgt, kann eine neue Beziehungskonstellation, die *Verstrickung*, entstehen: Menschen fühlen sich zwar seelisch distanziert oder gar fremd (z. B. wegen eines schwelenden Konfliktes), sind sich räumlich trotzdem nahe (z. B. zwei zerstrittenes Bewohner im gemeinsamen Schlafraum). Das für nahe Beziehungen notwendige Basis-Wohlbefinden ist nicht mehr da. Unter dem entstehenden Stress entdifferenzieren sich Wahrnehmung, Denken und Fühlen:

- Tendenz zur vornehmlichen Wahrnehmung bereits bekannter Signale (neue Informationen – z. B. das Entgegenkommen des*der Partner*in – werden übergangen),
- Einengung des Denkens (Schwarz-Weiß-Perspektive: entweder »gut« oder »böse«, »Opfer« oder »Täter*in«),
- unbehagliche Stimmungslage mit einer Tendenz zu Misstrauen und Pessimismus.

Das Verhalten des*der Kommunikationspartner*in gegenüber verändert sich. Es verliert an Sorgfalt, wird heftiger und beginnt Grenzen zu überschreiten; sowohl im räumlichen Sinn (das Revier wird verletzt, in den Nahbereich des*der anderen eingedrungen, der körperliche Intimbereich wird nicht mehr respektiert) wie auch seelisch (der Wille, die Würde, der Status sowie die Zeichen seiner*ihrer Identität und Autonomie bleiben nicht mehr respektiert). Es entwickelt sich eine dauernde Spannung, verbunden mit einer ständigen Beschäftigung mit einem drohenden Angriff (Gewaltfantasien). Dies führt zu anhaltendem Unwillen, dabei werden Bilder früherer traumatisierender Konflikte erinnert, die auf das Gegenüber übertragen werden: Der Konfliktpartner wird zu einem Rollenspieler eines unbewussten Beziehungsdramas, was wiederum in wechselseitige Verkennungen bis hin zu wahnhafter Missdeutung mündet. Nun werden sogar die Deeskalationsstrategien des einen vom anderen als Angriffsstrategie verkannt. Was auch immer geäußert wird, wird von dem*der »Gegner*in« als destruktiver Beitrag interpretiert. Die jetzt erlebten Ungerechtigkeiten, Kränkungen und seelischen Verletzungen steigern die Heftigkeit der Emotionen, bis eine beträchtliche Erregung erreicht werden kann, die wiederum die Wahrnehmung auf das ängstlich-wütend Erwartete einengt (»Ich weiß genau, was du denkst ... wie du bist ... was du willst!«).

Durch die Heftigkeit der in der Verstrickung aufkommenden feindlich-abwehrenden Gefühle von massiver Angst, heftiger Wut und Ärger wird das Gegenüber nun entwertet und dämonisiert, gleichzeitig fühlen sich dadurch die Angegriffenen in unmittelbarer Gefahr, bis die Konfliktpartner*innen einander hassen, sodass die Verletzung von Integrität innerlich erlaubt wird oder gar als Notwendigkeit erscheint, um einen in der Fantasie vorausgenommenen Kampf überstehen zu können. Die Verletzung oder gar Vernichtung des anderen wird innerlich gerechtfertigt.

Die jetzt massiv erhöhte Spannung kann die Impulskontrolle vermindern, die bereits anderweitig beeinträchtigt sein kann als Folge von Erschöpfung oder Erregung, von psychischer Krankheit oder als Auswirkung des Konsums von Alkohol oder Drogen, die verhängnisvollerweise zur Spannungsverminderung eingenommen werden. Das Umfeld wird wegen einer stressbedingten weiteren Einengung der Wahrnehmung kaum mehr beachtet. Bisher vermiedene Tabubrüche wie z. B. beschämende Szenen in der Öffentlichkeit werden in Kauf genommen. Entsprechend beginnt sich das Umfeld, allenfalls nach einer Phase vorsichtiger Vermittlung, allmählich zurückzuziehen. Die Gewalttätigkeit wird nun nicht nur ausfantasiert, sondern auch angedroht und – wenn keine innere (ethische) oder soziale Kontrolle mehr existiert – schließlich praktiziert.

16.3 Der Umgang mit den Risiken

16.3.1 Risiken erkennen

Die möglichst sparsame Anwendung von Zwang macht sowohl ethisch als auch vom weiteren Verlauf einer Betreuungsbeziehung her Sinn. Wegen der psychologisch ungünstigen Auswirkung von Zwangsanwendung ist es sinnvoll, die Risikogruppe, Personen mit erhöhtem Gewaltrisiko, zu erkennen (▶ Kasten 16.1). Immerhin muss bei 2–2,5 % der Aufnahmen in eine psychiatrische Klinik mit Gewaltvorfällen gerechnet werden (Steinert, 2002). Viele Studien (Heitmeyer & Hagan, 2002) zeigen auf, dass sowohl Sozialisation wie konstitutionelle Einflüsse (u. a. hirnorganische Defizite) einen wesentlichen Einfluss auf die Gewaltbereitschaft haben. Die Rückfallgefahr ist dabei sehr hoch. Viele potenziell Gewalttätige waren schon früher Opfer oder Täter*innen. Bei der Risikoerkennung spielen beobachtbare Merkmale und die intuitive Wahrnehmung des*der Helfer*in eine Rolle (Hoffmann & Streich 2017; Dynamische Risiko Analyse Systeme DyRiAS).

Kasten 16.1: Allgemeine Risikomerkmale bei Patient*innen hinsichtlich Gewaltgefahr

- **Äußere Faktoren**
  massive äußere Belastung, Erschöpfung, schwere Kränkung durch Verlust der bisherigen sozialen Rolle
  soziale Nähe zu potenziellem Opfer (Achtung bei Einbezug in einen Wahn!)
- **Biografische Belastungen**
  Anamnese von Missbrauch/Misshandlung in der Jugend
  Anamnese früherer Gewalttaten, respektive Häufung schwerer Unfälle

- **Psychopathologie**
  Schwere Kränkbarkeit, plötzliche Stimmungswechsel, Reizbarkeit
  Frustrationsintoleranz, starke sexuelle Triebhaftigkeit
  Fehlende Selbstkritik, krass egozentrisches Verhalten, Gewissenlosigkeit
  Projektionstendenz, Feindseligkeit, Verachtung gegenüber nahen Bezugspersonen
  Geringe Kommunikationskompetenz
  Verminderung der Impulskontrolle (z. B. bei Rausch, Erregung)
  Psychose (insbesondere akute paranoide Schizophrenie, v. a. bei Komorbidität Alkohol- bzw. Drogenmissbrauch)
- **Interpersonelle Faktoren**
  Verstrickung mit Bezugspersonen
  Verkennung (feindselige Übertragung)

Die Kurz-Abklärung hinsichtlich des Gewaltrisikos sollte im Rahmen einer kurzen Aggressionsanamnese Informationen erheben (▶ Kasten 16.2). Gesprächsfähige, potenziell Gewalttätige sind offen und mit deutlichen Worten (»Haben Sie daran gedacht, Ihre Partnerin anzugreifen, zu verletzen oder gar zu töten?«) nach einer eventuellen Gewaltabsicht zu fragen. Dabei ist nicht nur wichtig, wie die Betreffenden inhaltlich antworten, sondern auch welche Gefühlsänderung sich beim Interviewer einstellt, wenn eine verneinende Antwort gegeben wird: Fühlen wir uns von der Antwort unseres Gegenübers tatsächlich beruhigt?

Kasten 16.2: Was ging unmittelbar voraus? Die kurze Aggressionsanamnese

- Konflikt*beteiligte*?
- Konflikt*anlass*?
- *Eskalationsstufe* (verbale Grenzüberschreitung → Sachbeschädigung → Drohung → Tätlichkeit → schwere Gewalt)?
- Konkrete *Befürchtungen des Anrufers*?
- Hinweise auf *Gefahr von Verlust der Impulskontrolle* (akute Alkoholisierung, Drogeneinnahme, Erschöpfung; Schizophrenie, senile Demenz, Minderintelligenz)?
- Sind *Waffen* vorhanden?
- Vorerfahrung mit *ähnlichen Vorfällen* (Was hat damals geholfen?)
- Getroffene *Sicherheitsmaßnahmen* (Kinder bei Nachbarn untergebracht? Waffen weggeschlossen? Entfernung von Alkohol und Drogen? Hinzuziehen der Polizei?)

Vor Ort ist die Evaluation der erlebten Interaktion mit potenziell Gewalttätigen hilfreich:

Kasten 16.3: Was lässt sich beobachten? Kurz-Abschätzung des akuten Risikos

- *Sind Zeichen von abgelaufener Gewalt erkennbar* (beschädigte Wohnungseinrichtung, verängstigte Frauen und Kinder)?
- *Wie zugänglich auf verbale Intervention sind die Konfliktbeteiligten?* Reagieren Sie auf taktvolle, ruhige und bestimmte Grenzsetzung? Reagieren Sie auf Belastungsverminderung (z. B. durch das Wegschicken von anderen Konfliktpersonen)?

- Ist *das drohende Verhalten gerichtet?* Sind Zeichen von fehlender Impulskontrolle erkennbar (z. B. gegenüber Personen, vor allem gegenüber Schwächeren, z. B. Kindern)?
- *Liegen Gegenstände herum, die sich als Waffe eignen könnten?* Ist ein Fluchtweg frei? Sind andere Helfer in unmittelbarer Nähe?
- *Wie fühlt sich die Helfer*in im Kontakt mit dem potenziell Gewalttätigen* (Vorsicht → Bedrohung mit Angst → akute Gefahr mit schwerer Angst oder dem Wegbleiben einer Gefühlsreak-tion: Dissoziation)?

Es gibt auch Risikofaktoren für Gewalttätigkeit, die bei Mitarbeiter*innen einer psychiatrischen Institution vorhanden sein können (Rupp & Rauwald 2004b). Hierzu können sich Teammitglieder selbst befragen: Habe ich eine Vorgeschichte von eigener Misshandlung oder Missbrauch oder von eigener Gewalttätigkeit? Neige ich dazu zu rivalisieren, d. h., herausfordernd zu reagieren? Ärgere ich mich schnell, oder werde ich bald einmal wütend? Kenne ich bei mir eine Tendenz zu Angst und Panik respektive Wutpanik? Fühle ich mich von einer*einem potenziell gewalttätigen Klient*in schnell persönlich gekränkt, möchte ich ihm oder ihr vielleicht etwas heimzahlen? Habe ich mich schon dabei ertappt, dass ich verächtliche Bemerkungen über eine*n Klient*in mache? Bin ich im Moment unter Stress? Leide ich unter Selbstzweifeln? Glaube ich, dass mir keine Gewalt angetan werden wird – dass dies nur andern passiert? Fühle ich mich im Team isoliert?

Viele Pflegefachkräfte und Ärzt*innen fühlen sich nach der Durchführung von Zwangsmaßnahmen denn auch »schrecklich«, »nervös«, »schuldig«. Deshalb kann es nach Eskalationen mit Patient*innen in den Behandlungsteams zu wechselseitigen Schuldzuschreibungen kommen, die übers Ziel hinausschießen können:

- Teammitglieder, die eher einen konsequenten bis konfrontativen Kurs steuern, beschuldigen die anderen Teammitglieder, fachlich inkompetent, naiv zu sein und vereinbarte Grenzen nicht durchzusetzen, sondern diese unangenehme Aufgabe insgeheim den anderen zu überlassen.
- Die eher nachgiebigen, jedoch auch sehr einfühlenden Teammitglieder beschuldigen die andere Gruppe als »übermäßig hart«, gar als »brutal« oder »grenzüberschreitend«.

Dies kann zu schweren Teamkonflikten führen, vor allem wenn eine psychotische Erkrankung nicht offensichtlich ist oder es sich bei den Patient*innen um Menschen mit einer schweren Persönlichkeitsstörung handelt, die als solche nicht erkannt wird. Die daraus entstehenden Teamspaltungen können in einer Behandlungseinrichtung zu ernsten Problemen – und damit zu einem zusätzlichen Risiko – beitragen. So kann es im Zusammenhang mit der Betreuung von Patient*innen geschehen, dass diese bzw. ihre psychische Störung selbst als die eigentlich Mächtigen erscheinen. Es sei denn, es gelingt durch einen integrierenden Leitungsstil, der zugleich klar Position für Spielregeln und Grenzsetzung bezieht, sowie durch eine klärende Supervision, wieder ein gemeinsames Arbeitskonzept innerlich zu verankern und auf einer Handlungsebene durchzusetzen.

Die Risikosituation ergibt sich aus einem Bündel interagierender Einflussgrößen: Den meisten Gewaltvorfällen geht ein ähnliches Ereignis voraus, und die Gewalttat kündigt sich mit drohendem Gebaren an. Der*die Helfer*in soll jedoch auch auf die eigene Aggressionstendenz und die für eine Institution Verantwortlichen auf Spaltungserscheinungen in Teams achten (Kienzle & Paul-Ettlinger, 2017).

16.3.2 Risiken durch professionelle Deeskalation vermindern

Mit dem Begriff *Deeskalation* wird der umgekehrte Vorgang der Eskalation beschrieben. Bei der professionellen Deeskalation, der Gewaltprävention, werden konzeptualisiert Methoden und Mittel eingesetzt, um die aggressive Spannung und damit die Gefahr weiterer destruktiver Entwicklung wirksam zu vermindern, womit die betroffenen Personen eher im Bereich der Kommunikation bleiben – oder wieder in diesen zurück finden (Rupp & Rauwald, 2004b; Rosenberg, 2007; Rupp 2008; Rupp 2017; Löhr & Nienhaber 2019). Dabei gelten folgende Prioritäten:

Kasten 16.4: Prioritäten bei der Gewaltprävention

1. *Vorbeugen* bei sich selbst; persönliche Sicherheit
2. *Vorbeugen* der Gewaltentstehung im Umfeld
3. *Erkennen* der Frühzeichen von Gewalt-Eskalation
4. *Eingrenzen* von Gewalttätigkeit
5. *Betreuen* von seelisch traumatisierten Menschen (Opfer und Täter*in)
6. *Nachbesprechen* von Gewalttaten als Rückfallprophylaxe

Die Deeskalation ist aus psychiatrischer Sicht wichtig, weil das Erlebnis von Gewalttätigkeit für alle Beteiligten, seien sie nun in der Rolle als Opfer, als Täter*in oder als Zeug*in, traumatisierend wirken kann. Seelische Traumatisierung führt zu einer Reihe von potenziell schwer wiegenden seelischen Folgezuständen, die das Ausmaß einer behandlungsbedürftigen Störung annehmen können. Ganz abgesehen von den Auswirkungen auf das Sicherheitsgefühl in der Institution. Sicherheit ist die Grundlage des Vertrauens!

Die Deeskalation bzw. Gewaltprävention erfolgt dabei in drei Bereichen (▶ Kasten 16.5).

Kasten 16.5: Bereiche der Gewaltprävention

- *Patienten*bezogene Prävention
- *Mitarbeiter*bezogene Prävention
- Prävention im persönlichen *Umfeld* (Familie, Arbeitsstelle, Behandlungseinrichtung)

Bei schwerer Gewaltgefahr ist eine Vorgehensweise gleichzeitig in mehreren Bereichen unverzichtbar. Das Ziel der Deeskalation ist es, Rahmenbedingungen zu schaffen, die es ermöglichen, von der Gewaltanwendung wieder zur Kommunikation zu finden. Dies geschieht durch methodisches Vorgehen auf drei Ebenen (▶ Tab. 16.1).

Tab. 16.1: Die drei Ebenen der Deeskalation bei aggressiven Patienten

Achtsamkeit	Wahrnehmung von Risikohinweisen bei sich selbst (Angst vor Gefahr) und andern
Methoden der Krisenintervention	Stimulation vermindern Komplexität vermindern Lösungsorientiert arbeiten
Methoden der Machtanwendung	Grenzen setzen und Spielregeln einführen Schutz-Maßnahmen aus einer Position von Sicherheit durchsetzen
Methoden der Beziehungsgestaltung	Konstruktives Verhalten wertschätzen Neutrale Drittpersonen einbeziehen Grenzüberschreitungen nachbesprechen

Mit *Achtsamkeit*, dem intuitiven Erkennen von Hinweisen auf eine Gewaltgefahr, nehmen wir Angst (oder Angstäquivalente wie heldenhafte Impulse bei uns selbst und im Umfeld von potentiellen Täter*innen) wahr. Das Beachten von Risikomerkmalen hilft uns, wertvolle Hinweise aus dem Vorleben und dem aktuellen Verhalten von möglicherweise gewaltbereiten Menschen zu erkennen.

Mit den *Methoden der Notfallintervention* wird durch Verminderung von Stimulation, Komplexität und äußerer wie innerer Belastung (z. B.. schwere Konflikte mit Mitmenschen bzw. psychische Störung) Stress reduziert. Damit werden die unmittelbaren Anliegen der an einem Konflikt beteiligten Personen ernst genommen (z. B.. in Schweickhardt & Fritzsche 2016). Mit einer lösungsorientierten Betrachtungsweise wird vom Problem auf hier und jetzt konkret Umsetzbares fokussiert, was bei belastungsbedingt erregten Menschen sehr hilfreich sein kann. Durch strukturierende Moderation bei der Krisenintervention wird Übersicht geschaffen und es werden Prioritäten gesetzt. Jede nähere Besprechung eines Konfliktes ist auf einen Zeitpunkt zu verschieben, in welchem die erregten Beteiligten wieder genügend gelassen sind. Eine medikamentöse Unterstützung ist je nach Syndrom sinnvoll. Jeder Interventionsschritt wird evaluiert. Vorgehensweisen, die zu Spannungsreduktion führen, werden weiterverfolgt. Falls während der Intervention die Spannung wider Erwarten steigt, wird das Interventionsziel sofort vereinfacht (Entlastung von Patient*in *und* Mitarbeiter*innen) und die Strategie modifiziert. Dies erfordert stets neben einem Plan A (die favorisierte Vorgehensweise) einen Plan B (die alternative Vorgehensweise, wenn sich Plan A nicht durchführen lässt).

Bei Menschen mit erheblicher Gewaltbereitschaft ist eine allein auf Beziehung und Überzeugenwollen gründende Grenzsetzung nicht möglich. Hier braucht es *Methoden der Machtanwendung* durch eine angemessen auftretende, befugte *physische Übermacht*. Das bedeutet im Notfall das gemeinsame Auftreten mit der Polizei. Dies ist die technische Voraussetzung dafür, dass ein Schutzeinsatz wirksam, ohne Trick und ohne verletzende Wucht erfolgen kann. Nach aller Erfahrung unterbleibt durch das bloße Erscheinen von Uniformierten mutwillige Gewalttätigkeit. Zugleich gibt man damit den gewalttätigen Menschen ein Zeichen, dass ihre Drohung ernst genommen wird. Dies wirkt deeskalierend. Zu den Methoden der Machtanwendung gehört der sofortige energische Schutz gefährdeter Personen oder deren Entfernung aus dem Gefahrenbereich. Im Zweifelsfall hat Schutz Vorrang vor Grenzsetzung! Sobald eine klare, für alle Beteiligten erkennbare (allenfalls auch physische) Übermacht erkennbar ist, indem Vorgesetzte hinzugezogen werden, mehrere Mitarbeiter*innen vor Ort erschienen sind oder die Polizei gerufen wurde, werden die notwendigen Grenzen gesetzt und die die Gemeinschaft schützenden Spielregeln durchgesetzt. Derjenige, der die Intervention leitet, koordiniert die verschiedenen Einsatzkräfte und hält Kontakt mit den direkt Betroffenen. Auch bei psychotischen Patient*innen wirkt der Einsatz von sichtbar überlegenen Kräften häufig sofort deeskalierend. Dabei geht vom Machteinsatz meist nur eine Kurzzeitwirkung aus im Sinne einer vorläufigen Maßnahme. Übermacht ist eine notwendige, aber nicht hinreichende Voraussetzung zur Intervention bei eskalierter Gewalt!

Damit die Wirkung einer Intervention anhält, ist es notwendig, eine Beziehung zu den Betroffenen zu schaffen. Beziehung schafft die Grundlage für die psychische Integration von sozialer Werthaltung, Respekt und Grenzsetzung. Hier sind die Mitarbeiter*innen der Institution und deren Kompetenz in der psychotherapeutisch-betreuerischen Beziehungspflege gefragt. Die *Methoden der Beziehungsgestaltung* bestehen darin, auf geduldige Weise Kontakt aufzunehmen, den Kreis der meist ineinander Verklammerten aufzubrechen, indem neutrale Drittpersonen einbezogen werden. Da Gewalttätigkeit meist die Endstrecke von Beziehungszerrüttung darstellt, sind die Verknüpfungen zu Nachbar*innen, Freund*innen, Angehörigen sowie anderen Betreuer*innen eingerissen. Hier gilt es, die konstruktiven alten Bezüge wiederherzustellen und neue Verbindungen zu schaffen. Dies erfordert eine ruhige, feste und damit konfrontationsbereite *und* begrenzt anteilnehmende Haltung, um eine Kultur von Verbindlichkeit und Respekt zu pflegen, um Grenzen zu markieren und konstruktiv genutzte Spielräume anzuerkennen. Wenn die Beziehungsaufnahme gelingt, geht davon die beste Langzeitwirkung hinsichtlich Gewaltprävention aus. Ein wichtiges Mittel für diese Beziehungspflege ist die – obligatorische – Nachbesprechung nach einem Ereignis, das für Betroffene grenzüberschreitend war.

Im Verlauf der Intervention wird versucht, soweit wie möglich mit den Mitteln des Gesprächs und soweit notwendig mit Machtmitteln deeskalierend zu wirken. Je fortgeschrittener die Eskalation, desto eher muss gehandelt werden und desto weniger wird verhandelt. Zu viel sprechen kann die Spannung erhöhen. Doch auch während des Handelns wird dauernd in kurzen Sätzen erläutert, was und warum man etwas tut.

Unterschiedliche Patient*innengruppen bedürfen entsprechend unterschiedlicher psychopathologischer Eigentümlichkeiten eines unterschiedlichen kommunikativen Zugangs (Rupp, 2010):

- Insbesondere *Menschen mit einer akuten paranoiden Schizophrenie*, krankhaft misstrauisch, sind in der Lage, aus einem Wahnzusammenhang heraus eine gefährliche Tat zu planen und zielgerichtet umzusetzen. Bei Menschen mit schizophrenen Störungen ist es deshalb notwendig, aus Sicherheitsgründen grundsätzlich drei Armlängen Abstand zu halten, zu den Betreffenden in seitlich leicht abgedrehter Körperhaltung zu stehen, direkten Augenkontakt zu vermeiden und darauf zu achten, in der Nähe der offenen Türe zu stehen, um sich notfalls sofort zurückziehen zu können. Zum Kontakt insbesondere mit unbekannten Patient*innen ist aus Sicherheitsgründen grundsätzlich stets eine weitere Person hinzuzuziehen. Helfer*innen, die in ein Wahnsystem einbezogen werden, sollen die entsprechende Betreuungsaufgabe an andere delegieren.
- *Menschen im Drogen- oder Alkoholrausch* können unberechenbar, reizbar und stimmungslabil reagieren. Sie haben eine verminderte Selbstkritik und eine reduzierte Impulskontrolle. Deshalb können sie aus einem Affekt heraus Gewalt anwenden oder eine schon vorher ausfantasierte Gewalttat unter Suchtmitteleinfluss plötzlich umsetzen. Ein argumentativer Zugang ist nicht mehr möglich. Beruhigendes Zureden mit ruhiger Stimme kann die Situation entspannen. Es ist jedoch nicht sinnvoll, Maßnahmen lange zu erklären oder gar um Zustimmung zu fragen. Eine Diskussion bleibt unergiebig. Gemachte Versprechen werden sofort vergessen.
- *Menschen mit dissozialer Persönlichkeitsstörung* erscheinen in ihrer Argumentation nachvollziehbar, jedoch kaum flexibel. Ihre empathische Einfühlungsfähigkeit in den anderen ist vermindert. Gewalt oder destruktive Muster können bei dieser Personengruppe für sie übliche Mittel zur Zielerreichung darstellen. Eine bloß auf Einsicht gegründete Intervention bleibt mit großer Wahrscheinlichkeit ohne Wirkung, wenn nicht durch begleitende Handlungen den Worten Nachdruck verliehen wird. Diese Menschen brauchen gelegentlich eine deutliche, konfrontative Grenzsetzung – ganz im Gegensatz zu psychotischen Menschen! Man beachte dabei, dass sich hinter einem »schwierigen« Kommunikationsstil auch eine präpsychotische Störung, eine Doppeldiagnose usw. verbergen kann.
- *Menschen mit hirnorganischen Störungen* verlieren von einer bestimmten Erre-

gungsstufe an unvermittelt die Selbstkontrolle, da sie die Komplexität und Intensität von Reizeinwirkungen nicht mehr verarbeiten können und eine darauf folgende Erregung nur langsam abklingt. Hier sind Vorbeugung und prophylaktischer Selbstschutz (Abstand halten!) besonders wichtig.

16.3.3 Risiken durch Vorbeugung in der Institution vermindern – ein Beispiel

Im folgenden, authentischen Fallbeispiel wird illustriert, wie das vorher ausgeführte Konzept in der Gewaltprophylaxe umgesetzt werden kann. Es wird deutlich, wie wichtig die Pflege institutioneller Rahmenbedingungen, wie entscheidend die Abstimmung im Team und die Haltung der Vorgesetzten und wie unabdingbar eine Kultur von bezogener Verbindlichkeit ist.

Ausgangssituation

Eine Institution in einer Großstadt im deutschsprachigen Raum bietet im Rahmen einer betreuten Kaffeestube für sozialpsychiatrisch betreute Langzeitpatient*innen niederschwellig Kontakte und Aufenthalt an. Im Verlauf von Monaten hat sich zunehmend eine Gewaltszene ausgebreitet, verschiedene Mitarbeiter*innen wurden bedroht und teilweise tätlich angegriffen. Diese leiden unter Erscheinungen von schleichender Entmutigung, viele sind krank oder schauen sich nach einer anderen Stelle um. Das Geschlechterverhältnis unter den Benutzer*innen verändert sich, sodass schlussendlich nur noch ein Viertel Frauen den Begegnungsraum frequentiert. Im Zentrum herrscht ständig eine angespannte, gelegentlich gar explosive Atmosphäre.

Intervention

Aufgrund eines erneuten Vorfalles beschließt das Team, klare Spielregeln einzuführen, die den Klient*innen mitgeteilt werden:

- Kultur von wechselseitigem Respekt. Keine Toleranz von Gewalttätigkeit
    - Bei Drohung oder Gewalttätigkeit sofortiges Hausverbot, ausgesprochen in eigener Kompetenz des*der jeweiligen Betreuer*in. Das Verbot wird am nächsten Tag durch das Gesamtteam/die Vorgesetzten bestätigt.
    - In nicht eindeutigen, jedoch unangenehmen Situationen wird zuerst eine Teambesprechung abgehalten und der betreffende Klient mit seinem Verhalten konfrontiert. Dieser muss darauf die Mitarbeiter*innen davon überzeugen, dass die Grenzsetzung durch das Team verstanden und akzeptiert wird. Entscheidend ist der nachfolgende Tatbeweis.
    - Formelle Entschuldigungen werden nicht automatisch akzeptiert, sondern die Entschuldigung muss in einem separat einberufenen Gespräch die Mitarbeiter*innen überzeugen.
    - Ebenso wird bei rassistischen oder sexistischen Bemerkungen verfahren, die ebenfalls nicht akzeptiert werden.
- Diese Regeln und Vorkehrungen werden im Team abgesprochen und *von allen gutgeheißen und nach außen klar vertreten.*
- Ausgeschlossene Klient*innen haben die Möglichkeit, sich nach einer Karenzzeit wieder um eine Aufnahme im Zentrum zu bemühen (*Eintrittsschleuse*). Dabei müssen sie eine Konferenz von mindestens zwei Teammitarbeiter*innen davon überzeugen, dass sie die Grenzsetzung verstehen. Sie müssen nachvollziehbar zusichern können, dass sie Derartiges nicht mehr tun werden. Dabei ist wichtig, dass diese Grenzsetzung auch gegenüber hochpsychotischen Menschen gilt.

Verlauf

Nach einzelnen erneuten Grenzüberschreitungen, die – wie angekündigt – sofort zum Hausverbot führen, erleben die Mitarbeiter*innen wichtige Veränderungen:

- Die ausgeschlossenen Raufbolde respektieren das Hausverbot und zeigen sich nicht mehr.
- Das Spannungsniveau in der Institution hat sich gesenkt, sodass keine Gewalttätigkeit mehr stattfindet.
- Die Mitarbeiter*innen fühlen sich wieder sicher, haben kein Bauchweh und kein Burn-out mehr.
- Die Frequentierung der Institution hat beträchtlich zugenommen, die Leute beginnen, Mitverantwortung zu übernehmen und üben ihrerseits in ihrem nahen Umkreis eine soziale Kontrolle aus: Sie bemühen sich darum, dass die Spielregeln tatsächlich eingehalten werden.
- Das Geschlechterverhältnis verändert sich ebenfalls: Nun sind rund die Hälfte der Besucher*innen wieder Frauen.
- Interessant ist die Beobachtung, dass auch akut psychotische Menschen keine Tätlichkeiten mehr begehen!
- Gewaltvorfälle werden grundsätzlich im Team nachbesprochen und die Vorgehensweise nochmals überprüft. Dabei stellt sich als entscheidend heraus, *dass die unmittelbar betroffenen diensttuenden Mitarbeiter*innen von sich aus bei einer Tätlichkeit ein sofortiges Hausverbot einleiten dürfen, das von den übrigen mitgetragen wird.*

Auch Menschen, die sonst keine Regeln einhalten, beachten nun die Regel des Hausverbots. Besonders wirksam scheint zu sein, Beziehungsangebote von der Einhaltung von minimalen Spielregeln der Kommunikation abhängig zu machen.

Gewalttätigkeit zerstört Vertrauen. Dieses kann wiederhergestellt werden, indem eine Situation von verlässlicher Sicherheit geschaffen wird. Das Bemühen von Betreuer*innen, trotz Bedrohung weiterhin bloß auf der Ebene von Überzeugenwollen andere für Friedfertigkeit zu gewinnen, ist gegenüber gewaltbereiten Menschen unwirksam. Menschen, die wiederholt Grenzen überschreiten, entwickeln diese Verhaltensauffälligkeit in der Regel in Interaktion mit dem Helfer*innensystem, wenn dieses unsicher ist, wie der Gewalt zu begegnen ist. Ein häufiger Anlass zu Teamspaltung ist die Frage, ob eine Grenzüberschreitung »absichtlich« oder »bloß krankheitsbedingt« geschieht. Bei Sicherheitsfragen ist dies im Moment der Gefahr unerheblich. Ganz abgesehen davon, dass meist beides – Absicht und Störungsanteil – vorliegt: Die Grenzziehung ist ein wichtiges Signal, eine notwendige Schutzmaßnahme und keine Strafe!

Durch grundlegend unterschiedliche Einschätzungen von Risiko und Ursache entstehen in Behandlungsteams polarisierte Haltungen. Sie sind nicht mehr handlungsfähig. Dies vermittelt Grenzen überschreitenden Patient*innen auf der einen Seite ein Machtgefühl, andererseits fühlen sie sich im Stich gelassen. Denn viele spüren, dass sie äußere Grenzsetzungen brauchen, um in der Gemeinschaft bleiben zu können. Frühintervention und Einigkeit in Bezug auf die zu treffenden Konsequenzen, die angemessen, verhältnismäßig, respektvoll und energisch erfolgen sollen, sind Voraussetzung dafür, dass ein Team wieder handlungsfähig wird. Alle Zwischenfälle sollen in Teambesprechungen aufgegriffen werden. Grenzüberschreitungen gegenüber Mitarbeiter*innen müssen als seelische Verletzung respektiert werden.

Die Regel »keine körperliche Gewalt und keine seelische Gewalt« ist nicht verhandelbar. Die Einhaltung dieser Grenzen hat gegenüber allen übrigen Zielsetzungen Priorität. Es gibt keine Rechtfertigung dafür, Grenzen nicht einzuhalten, es sei denn, es handle sich um Notwehr. Diese muss verhältnismäßig sein. Wenn ein*e Patient*in eine*n andere*n Mitpatient*in provoziert und diese*r dann gewalttätig wird, so ist in erster Linie der Verlust der Impulskontrolle zu besprechen. Die Provokation entschuldigt den*die Betreffende*n nicht, eine Grenze überschritten zu haben. Andererseits muss auch die Provokation besprochen werden, jedoch nicht verknüpft mit der Besprechung der Grenzverletzung.

16.3.4 Risiken durch eine Kultur von Respekt, Anerkennung und Verbindlichkeit vermindern

Über 50 % der Menschen, die mit psychisch Kranken arbeiten, werden im Laufe ihrer Berufstätigkeit Opfer einer Tätlichkeit. Männliche Pflegefachkräfte in Ausbildung werden dabei eher Ziel von Gewalttätigkeit durch Patient*innen als weibliche. Hier spielen sicher auch interaktive Elemente eine Rolle. Es kann beobachtet werden, dass sich in das männliche Aggressionsgebaren – auch wenn es von akut Psychosekranken kommt – Imponiergehabe mischt, das bei männlichem Pflegepersonal ein rivalisierendes Verhalten auslösen kann, was zu schlimmen Eskalationen führt. Zu beachten ist, dass Praktikant*innen gefährdeter sind als Berufserfahrene, weshalb »schwierige Fälle« nicht ausgerechnet dieser Personengruppe zur Betreuung überlassen werden sollen.

Viele Berufstätige erleben die Gewalttätigkeit wie »normale« Menschen als schwere, persönlich adressierte Grenzverletzung, von welcher sie sich intim getroffen fühlen. Es ist, als bräche im Moment der Tätlichkeit die Schale professioneller Abgrenzung und Schutzes entzwei, sodass tatsächlich eine persönliche Berührung entsteht. Falls keine stützende Begleitung durch das übrige Team und die Vorgesetzten erfolgt, kann dies zu bleibenden Auswirkungen (Traumatisierung) führen.

Für unsere Gefühle Sorge zu tragen ist deshalb eine unabdingbare Voraussetzung für das Gelingen einer Krisenintervention. Ganz besonders, wenn es darum geht, Gewalttätigkeit zu vermeiden oder in der Anwendung unserer Machtmittel verhältnismäßig zu bleiben. Doch als Helfer*innen neigen wir dazu, eher auf das Wohlbefinden anderer zu achten als auf unser eigenes. Die Pflege der eigenen Ressourcen trägt entscheidend dazu bei, dass eine Intervention konstruktiv verläuft oder die Anwendung unserer Entscheidungs- und Handlungsmacht keine zusätzlichen Wunden zufügt. Und: Setzen Sie sich selbst nicht unter Druck! Stellen Sie sich keine unlösbaren Aufgaben! Ziehen Sie Hilfe hinzu! Halten Sie sich zurück, wenn Sie sich überfordert fühlen, und geben Sie die Leitung der Intervention ab! Oder mit anderen Worten: Nehmen Sie sich so ernst wie Ihre Klient*innen! Die folgenden vier Gebote sollen Ihnen eine Hilfe beim Verhalten in eskalierten Situationen sein:

> **Vier Gebote im Umgang mit bedrohlichen Situationen**
>
> - Drohung ernst nehmen!
> - Distanz nehmen und gewähren!
> - Sicherheit durch Übermacht!
> - Beruhigen Sie sich und andere!

Drohung ernst nehmen!

Eine Gewaltdrohung ist so ernst zu nehmen wie eine Suiziddrohung! Die meisten Gewalttaten wurden vorher angekündigt. Eine Verletzung wichtiger Spielregeln ist die Vorstufe einer Gewaltdrohung. Schauen Sie hier nicht einfach weg! Die meisten späteren Opfer oder ihre Angehörigen hatten vor den späteren Täter*innen vorher Angst – eine lebenswichtige Gefühlsinformation! Achten Sie auf Ihre eigenen Körpersignale! Eine angstfreie, d. h. sichere Situation für die Helfer*innen zu schaffen ist wesentliche Voraussetzung zur Deeskalation. Denn das Gefühl von Sicherheit hilft, keine unverhältnismäßige Gewalt auszuüben. Doch wir Berufstätigen im psychosozialen Bereich haben gelegentlich den unvoreingenommenen Bezug zum Angstgefühl verloren. Vielleicht täuschen wir uns über unser Angstgefühl hinweg: Die indirekten Zeichen der Angst können sein:

- der*die Helfer*in als Held*in,
- der*die Helfer*in als Retter*in,
- der*die Helfer*in bagatellisiert eine Gefahr trotz eindeutiger Anzeichen (z. B. Waffe, vorangegangene Gewalttätigkeit etc.).

Diese Hinweise sind immer ernst zu nehmen! Gehen Sie in der kritischen Zuspitzung davon aus, dass Ihr Angstgefühl Sie vor echten Gefahren warnt – Angst zu haben ist nicht unprofessionell!

Distanz nehmen und gewähren!

Wagen Sie es, sich zurückzuziehen, wenn Sie sich gefährdet fühlen! Behalten Sie den Fluchtweg frei (die Türe bleibt offen)! Berühren Sie keine Menschen, die innerlich stark gespannt sind (auch kein Begrüßungshändedruck)! Lassen Sie ihnen Rückzugsmöglichkeiten – stellen Sie sich nicht vor die Türöffnung! Bedrängen Sie einen Menschen nicht, wenn er sich verfolgt fühlt. Ziehen Sie sich unbedingt ruhig zurück, wenn Waffen herumliegen oder Sie gar damit bedroht werden. Nehmen Sie eine Waffe nie persönlich entgegen, sondern lassen Sie sie auf einen entfernten Tisch oder den Boden legen. Hantieren Sie nie mit Schusswaffen, wenn Sie darin nicht geübt sind.

Sicherheit durch Übermacht!

Lassen Sie sich helfen! Unbedingt Unterstützung organisieren und sich nicht auf gefährliche Situationen einlassen! Gehen Sie im Zweifelsfalle lieber mit zu viel als zu wenig Unterstützung ans Werk! Menschen mit krankheitsbedingter Gewaltbereitschaft kann man nicht alleine mit Argumenten und Appellen Grenzen setzen. Hier ist physische Übermacht notwendig, um von vornherein das klare Signal zu setzen, dass mit Gewalttätigkeit keine Ziele durchgesetzt werden können. Das bedeutet im Notfall das gemeinsame Auftreten mit einer eindeutigen Übermacht, allenfalls der Polizei. Eine Voraussetzung dafür, dass der Notfalleinsatz sicher und ohne Tricks und verletzende Wucht erfolgen kann. Der Einsatz von Schutzmaßnahmen zeigt den Patient*innen, dass sie mit ihrem drohenden Gebaren ernst genommen werden. Und: Es ist nicht unser Auftrag, unser Leben und unsere körperliche sowie seelische Unversehrtheit wissentlich aufs Spiel zu setzen!

Beruhigen Sie sich und andere!

Vermindern Sie Ihr eigenes Erregungsniveau, damit die Konfliktpersonen nicht mit zusätzlicher Intensität beansprucht werden! Doch wie? Der Kasten 16.6 gibt dazu Anregungen. Voraussetzung dazu ist natürlich, dass man sich in einer gesicherten Lage befindet und augenblicklich wirksame Hilfe kommt, wenn trotz allem eine weitere Eskalation folgen würde.

Kasten 16.6: Anleitung zur Gelassenheit

- *Reden Sie bewusst eher zu leise als zu laut* – bleiben Sie jedoch mit ihrer Aussage eindeutig und mit der Stimme fest und bestimmt.
- *Vermeiden Sie Beschimpfungen und eine brüllende Stimme* sowie alle übrigen Arten der Reizüberflutung oder zu hoher Komplexität.
- *Sprechen Sie in einfachen, knappen Sätzen.* Beziehen Sie sich auf das Aktuelle und Konkrete sowie auf die Handlungen der betreffenden Person und nicht auf die Person selbst.

- *Vermeiden Sie persönliche Verallgemeinerungen und Entwertungen* (»Sie sind immer so ...«), beginnen Sie nicht, jemanden zu duzen, den Sie sonst mit »Sie« ansprechen.
- *Greifen Sie Gefühle von Wut und Ärger auf,* indem Sie dafür Verständnis zeigen; setzen Sie jedoch Grenzen gegenüber grenzüberschreitenden Bemerkungen und Handlungen.
- *Nehmen Sie Ihr Gegenüber im Klartext.* Vermeiden Sie psychologisierende Äußerungen oder gar Gedankenlesen (»Ich weiß genau, was in Ihnen vorgeht!«), und deuten Sie Aussagen nicht einfach um.
- *Drohungen immer ernst nehmen* (diese nicht ernst zu nehmen bedeutet eine Kränkung und kann zu einer Eskalation führen)
- *Vermeiden Sie es, den*die Patient*in verbal in die Ecke zu drängen.* Stellen Sie keine bohrenden Fragen, werden Sie nicht penetrant.
- *Nicht trickreich zustimmen, jedoch auch nicht widersprechen* (wie z. B.: »Das stimmt nicht!«, »Da bin ich dagegen«, »Da kommst Du nicht draus«), sondern z. B. sagen: »Hier haben Sie offenbar diese Meinung; meine Haltung dazu ist so und so«.
- *Im Kontakt bleiben:* eigene Handlungen kurz erklären, Gesprächspausen nicht andauern lassen, ungewöhnliche – auch non-verbale – Äußerungen der Klient*innen und düstere -Andeutungen taktvoll ansprechen.
- *Bei festgefahrenen Situationen ablenken:* eine Zigarette oder einen Becher Mineralwasser anbieten, Thema wechseln. Allenfalls eher Belangloses ansprechen.
- *Gönnen Sie sich eine kurze Verschnaufpause,* wenn Sie zu erregt sind. Atmen Sie tief durch. Nehmen Sie innerlich Distanz (stellen Sie sich vor, Sie sehen die erlebte Szene auf dem TV-Bildschirm), sprechen Sie zu jemand anderem!
- *Eins nach dem anderen!* Beachten Sie Interventionsprioritäten:
  – *Schutz* hat Vorrang vor Durchsetzung von Spielregeln,
  – Durchsetzung von *Spielregeln* (▸ Kasten 16.7) hat Vorrang vor anderen Betreuungszielen.

Eine ruhige, klare Botschaft, die vom ganzen Helfer*innensystem getragen wird, ist entscheidend, damit in angespannter Situation Worte nützen können.

Bei eskalierenden Beziehungskonflikten sind die in Kasten 16.7 erwähnten Spielregeln hilfreich.

Kasten 16.7: Spielregeln bei eskalierenden Konflikten zwischen zwei oder mehreren Personen

- *Bedürfnis nach Abgrenzung* hat Vorrang vor Nähe: Vertrauen lässt sich nicht erzwingen.
- *Bei schwerem Streit* kann man nicht mehr diskutieren – wenn man nicht mehr diskutieren kann, ist Distanz angesagt.
- *Eine Wiederannäherung* ist erst dann sinnvoll, wenn von beiden Konfliktparteien die Spielregeln für den Kontakt aus der Distanz eingehalten werden.
- *Streitende oder sich seelisch verletzende Konfliktpartner*innen* können nicht zugleich einander helfen: Hilfe muss in solchen Fällen von außerhalb gesucht werden.
- *Jede und jeder ist für die Sorge um sein eigenes Wohlergehen* grundsätzlich selbst zuständig. Dabei hilft ihr oder ihm die Bezugsbetreuungsperson.
- *Verbleibende Feindseligkeit* ist Ausdruck davon, dass noch zu viel Nähe und gemeinsame Verbindlichkeit bestehen.
- *Beziehungsveränderungen sind erst möglich,* wenn sich der eine unabhängig vom anderen zu einer Veränderung entschließt.

16.4 Fazit und Ausblick

Gewaltgefahr ist eine Herausforderung nicht nur für die einzelnen Mitarbeiter*innen, sondern für die ganze Institution – gelegentlich für einen ganzen Versorgungsbereich. Gewalt gefährdet Kommunikation, die Basis für das Leben in der Gemeinschaft und damit auch für Psychiatrie und Psychotherapie. Darauf weist das Bemühen vieler psychiatrischer und psychotherapeutischer Einrichtungen hin, das Personal in der Methodik der Deeskalation weiterbilden zu lassen, damit die hinter der Gewalt wirkenden Einflussgrößen verstanden werden können und eine Kultur des sozialen Umgangs sowie der angemessenen Anwendung von Macht installiert werden kann. Denn durch die Stärkung der Rahmen gebenden und integrierenden Kräfte wird die Gewaltanwendung unwahrscheinlicher. Dabei zeigt es sich, dass wirksame Deeskalation nur durch einen Verbund aller Kräfte in einer Institution geschehen kann. Nicht nur die untergebenen Mitarbeiter*innen, sondern auch die Vorgesetzten, ja ganze Teams profitieren von einem gemeinsamen Konzept: Dessen konsequente Umsetzung schafft den sicheren Rahmen, der den therapeutischen Spielraum erst ermöglicht. Ohne Sicherheit keine konstruktive psychische Entwicklung!

Literatur

Dynamische Risiko Analyse Systeme. DyRiAS Zugriff unter https://www.dyrias.com/de/.

Glasl, F. (2017). *Konfliktmanagement. Ein Handbuch für Führungskräfte, Beraterinnen und Berater.* Bern: Haupt & Verlag Freies Geistesleben.

Heitmeyer, W. & Hagan, J. (Hrsg.). (2002) *Internationales Handbuch der Gewaltforschung.* Wiesbaden: Westdeutscher Verlag.

Hoffmann, J. & Streich, K. (2017). Bedrohungsmanagement in Fällen von Stalking. Ein verhaltensorientierter Ansatz zur Risikoeinschätzung und zur Prävention von psychischer und physischer Gewalt. In: W. Ortiz-Müller (Hrsg), *Stalking – das Praxishandbuch. Opferhilfe, Täterintervention, Strafverfolgung.* Stuttgart: Kohlhammer.

Ketelsen, R. et al. (Hrsg.). (2004). *Seelische Krise und Aggressivität. Der professionelle Umgang mit Deeskalation und Zwang.* Bonn: Psychiatrie-Verlag.

Kienzle, T. & Paul-Ettlinger, B. (2017). *Aggression in der Pflege: Umgangsstrategien für Pflegebedürftige und Pflegepersonal.* Stuttgart: Kohlhammer.

Löhr, M., Schulz, M. & Nienaber, A. (2019). *Safewards: Sicherheit durch Beziehung und Milieu.* Köln: Psychiatrie Verlag.

Rosenberg, M. (2016). *Gewaltfreie Kommunikation.* Paderborn: Junfermann.

Rupp, M. & Rauwald, C. (2004a). Von der Aggressivität zur Eskalation – Klärung einiger Grundbegriffe. In R. Ketelsen et al. (Hrsg.), *Seelische Krise und Aggressivität. Der Umgang mit Deeskalation und Zwang* (S. 12–26). Bonn: Psychiatrie-Verlag.

Rupp, M. & Rauwald, C. (2004b). Maßnahmen zur primären Prävention. In R. Ketelsen et al. (Hrsg.), *Seelische Krise und Aggressivität. Der Umgang mit Deeskalation und Zwang* (S. 27–43). Bonn: Psychiatrie-Verlag.

Rupp, M. (2008). Der Umgang mit aggressiven Patienten. In J. Küchenhoff & R. Klemperer Mahrer (Hrsg.), *Psychotherapie im psychiatrischen Alltag. Die Arbeit an der therapeutischen Beziehung* (S. 180–201). Stuttgart: Schattauer.

Rupp, M. (2017). *Notfall Seele. Ambulante Notfall- und Krisenintervention in der Psychiatrie und Psychotherapie.* Stuttgart: Thieme (dort ausführliche Besprechung der Intervention bei Gewalttätigkeit).

Schweickhardt, A. & Fritzsche K. (2016). *Kursbuch ärztliche Kommunikation.* Köln: Deutscher Ärzteverlag.

Steinert, T. (2002). Gewalttätiges Verhalten von Patienten in Institutionen. Vorhersagen und ihre Grenzen. *Psychiatrische Praxis*, 29, 61–67.

17 Endlich traue ich mich – Chancen und Herausforderungen der Online-Beratung für Betroffene sexualisierter Gewalt

Petra Risau

> Online-Beratung wird als niedrigschwelliges Hilfsangebot von Betroffenen sexualisierter Gewalt verstärkt nachgefragt. Wurde die Online-Beratung anfangs noch skeptisch betrachtet, hat sich diese mittlerweile als eigenständige Beratungsart mit ihren je eigenen Qualitäten entwickelt. So nutzen immer mehr Beratungseinrichtungen diese Art der Beratung als sinnvolle Erweiterung der bestehenden Beratungsstrukturen. Im folgenden Beitrag möchte ich anhand von Erfahrungen und Erkenntnissen zur Online-Beratung für Betroffene sexualisierter Gewalt die Chancen und Möglichkeiten dieses Beratungsmediums aufzeigen.

17.1 Die Bedeutung der Online-Beratung für Betroffene von sexualisierter Gewalt

Wie das Internet mittlerweile als selbstverständliches Alltagsmedium genutzt wird, so ist auch die Online-Beratung im deutschsprachigen Raum seit mehr als zwanzig Jahren aus der Beratungslandschaft nicht mehr wegzudenken. Das war nicht immer so: Anfangs wurde die Online-Beratung noch skeptisch betrachtet und als unseriöses Randphänomen bezeichnet. Für viele Berater*innen war es undenkbar, Beratung über das Internet anzubieten, ohne ihre Klient*innen zu Gesicht zu bekommen. Es bestand die Befürchtung, dass computervermittelte Kommunikation zu einer emotionalen Verarmung im Beratungskontakt führen würde und eine Beziehungsgestaltung über das Netz ohne nonverbale Signale wie Gestik und Mimik nicht möglich sei.

Entgegen diesen zunächst vermuteten Erwartungen belegen Praxisberichte und Studien positive Wirksamkeitsnachweise und die Effektivität von Online-Beratung. Internetbasierte Beratungen sind nicht emotionslos, sondern im Gegenteil sehr intensiv (Eichenberg & Küsel, 2016; Eichenberg, 2007; Gahleitner & Preschl, 2016; Gehrmann & Klenke, 2008; Hinsch & Schneider, 2002; Kühne & Hintenberger, 2009). »Als Wirkmechanismen werden vor allem das Schreiben selbst (siehe auch Knatz, 2009; Pennebaker, 2009/2010) sowie die Trias aus Anonymität bzw. Pseudonymität (Hartel, 2008), erhöhter Autonomie (Schultze,

2007) und Beziehung (Eichenberg, 2007) diskutiert« (Eichenberg & Küsel, 2016, S. 97).[1]

So beschreiben Ratsuchende häufig, dass sie über Problembereiche kommunizieren, die sie selbst am Telefon niemandem anvertrauen würden, da sie im Internet nicht einmal ihre Stimme zu erkennen geben müssen. Berater*innen stellen fest, dass die Online-Beratung eine intensive Beziehung zum*-zur Klient*in ermöglicht und eine Vertrauensbasis aufgebaut werden kann. Da die Ratsuchenden bei der Online-Beratung anonym bleiben können, entsteht die paradoxe Situation einer Nähe durch Distanz. Die Distanz bewirkt, dass insbesondere gesellschaftlich tabuisierte Themen angesprochen werden können, wie bspw. Gewalterfahrungen, Sexualität, Ängste, Suchtprobleme, Depressionen, Tod (Knatz & Dodier, 2003).

So liegt es nahe, dass die Online-Beratung besonders für Betroffene sexualisierter Gewalt einen wichtigen Zugang zur Beratung bietet. Durch die Anonymität des Internets und die Privatheit des eigenen Umfelds werden Kontaktschwellen schneller abgebaut, und es fällt den Betroffenen leichter, über die Probleme per E-Mail oder im Chat zu kommunizieren.

Denn erlebte sexualisierte Gewalt – vor allem über einen längeren Zeitraum – stellt häufig ein extrem einschneidendes, traumatisches Erlebnis für das Opfer dar und ist oft mit Schuld- und Schamgefühlen besetzt. Neben der Schwellenangst bei der Kontaktaufnahme besteht für diese Personen meist auch die Scheu, das belastende Thema überhaupt anzusprechen. Denn die Betroffenen werden von den Täter*innen oft durch Drohungen und Geheimhaltungsdruck zum Schweigen gezwungen. Sie reden den Betroffenen ein, dass ihr Handeln völlig normal ist und etwas Schlimmes passieren wird, wenn diese es wagen, jemandem von dem »kleinen Geheimnis« zu erzählen. So schweigen viele Betroffene aus Angst, dass ihnen nicht geglaubt wird, und aus Furcht, dass der*die Täter*in die Drohungen wahr macht. Nicht selten fehlen ihnen auch die Worte. Deshalb bietet die psychosoziale Online-Beratung besonders für diesen Personenkreis enorme Vorzüge: Betroffene können hier über ihre Erlebnisse schreiben, anstatt darüber zu reden. Folgende Worte einer Ratsuchenden machen dies deutlich:

»*Schreiben ist lauter als denken und leichter als sagen*« (Mädchenhaus Bielefeld, 2020).

Die Distanz zum*zur Berater*in bietet ihnen darüber hinaus einen gewissen psychischen Schutz.

> »Das Internet bietet Opfern sexueller Gewalt einen Handlungs- und Kommunikationsraum, innerhalb dessen sie ihr Bedürfnis nach Anonymität gewährleistet sehen. Dies hat zur Konsequenz, dass junge Menschen die Möglichkeit ergreifen, sich mit sehr schambesetzten und innerhalb der mündlichen Kommunikation ›unaussprechlichen‹ Inhalten anzuvertrauen.« (Mosser, 2007, S. 76)

Vor diesem Hintergrund nutzen viele Beratungseinrichtungen gegen sexualisierte Gewalt diese Art der Beratung als sinnvolle Erweiterung der bestehenden Beratungsstrukturen. Dabei dient die Online-Beratung nicht mehr nur dem Erstkontakt, sondern wird mittlerweile sehr flexibel und zielgruppenspezifisch eingesetzt: im Rahmen der Prävention, Intervention, Nachsorge, aber auch zunehmend begleitend zu Therapien und auch in Form von Blended Counseling (Mischform von Offline- und Online-Kommunikation). Unter dem Sammelbegriff »E-Mental-Health« finden Ratsuchende darüber hinaus zusätzlich

---

1 Allerdings steht die Forschung über konkrete Wirksamkeitsmechanismen noch am Anfang. Auch gilt es zwischen Online-Beratung und Online-Therapie zu unterscheiden: Im Gegensatz zur Online-Beratung ist das Ziel der Online-Therapie, klinisch relevante Störungen zu behandeln und eine Veränderung zu erreichen (vgl. Eichenberg & Kühne, 2014; Eichenberg & Küsel, 2016). In diesem Artikel beziehe ich mich, sofern nicht anders erwähnt, auf die Form der Online-Beratung.

zu Gesundheitsinformationen auch Angebote zu psychosozialer Internettherapie. Auch hier zeigen Studien, »dass in internetgestützten psychologischen Interventionen positive und vergleichbar gute Beziehungen wie im Face-to-Face-Setting hergestellt werden können« (Gahleitner & Preschl, 2016, S. 113; vgl. auch z. B. Cook & Doyle, 2002; Knaevelsrud & Maercker, 2006; Preschl, Maercker & Wagner, 2011; Wagner, Brand, Schulz & Knaevelsrud, 2012).

Welche Möglichkeiten eröffnet die Online-Beratung also konkret für Betroffene sexualisierter Gewalt?

17.2 Besonderheiten, Chancen und Möglichkeiten der Online-Beratung für Betroffene von sexualisierter Gewalt

17.2.1 Erkenntnisse und Erfahrungen

Ein Großteil der Anfragen[2] besteht in Hilferufen von Betroffenen, die sich noch in einer akuten Krisensituation befinden. Ihre Anfragen sind meist von großer Bedrängnis und Angst geprägt.

»Hallo, falls einer da ist mit dem ich quatschen kann, melde dich bitte. Ich bin auch von meinem Vater sexuell missbraucht worden!!!!! Mir geht es eigentlich richtig scheiße, […]« (Kerger, 2001, S. 18). »Helft mir! ich weiss nicht was ich machen soll! Meine Freundin ist vergewaltigt worden, vor einem jahr, von einem bekannten. Sie versteht sich mit ihren eltern nich. sie denkt an selbstmord, sie ritzt sich die arme […]« (Kerger, 2001, S. 18).

Eine Besonderheit der Online-Beratung ist, dass viele Betroffene hier zum ersten Mal über ihre Gewalterfahrung berichten bzw. schreiben, das heißt, sie »lüften zum ersten Mal das Geheimnis«. Im Schutz der Anonymität und durch die Möglichkeit der niedrigschwelligen Kontaktaufnahme fällt es den Ratsuchenden leichter, sich erstmalig zu öffnen.

»Der Freund meiner Mutter missbraucht mich, er kommt öfters abends wenn meine Mutter arbeitet in mein Zimmer und so. […] Hab' auch noch mit niemandem darüber gesprochen, und obwohl ich weiß, dass es nicht meine Schuld ist, schäme ich mich« (Meßmer, Weinhardt & Bauer, 2012, S. 5).

»Wie gesagt hab bisher noch nie mit jemanden darüber gesprochen und ich merke gerade, dass ich jetzt darüber sprechen möchte, aber nicht persönlich mit jemanden. Das wäre mir zu peinlich. Es geht nur hier anonym im Internet« (Jugendforum der Bundeskonferenz für Erziehungsberatung (bke), 2016).

»Ich weiß nicht genau, ob ich zu einer Beratungsstelle gehen würde. Per E-Mail ist es viel leichter, weil du einer Person nicht gegenüberstehst. Musst ihr nicht in die Augen sehn, sondern schreibst es einfach. Ich möchte auf jeden Fall nicht, dass meine Eltern davon erfahren. Ich habe nämlich Angst, dass sie mir nicht glauben könnten oder mich einfach nicht verstehen« (Kerger, 2001, S. 18).

---

2 Sämtliche Nicknamen der Ratsuchenden und die Namen der Berater*innen sind in den Fallbeispielen anonymisiert. Die Fallbeispiele stammen u. a. von Dunkelziffer e. V., Wildwasser-Berlin e. V., Zartbitter Münster e. V., www.gewaltlos.de, www.maedchenhaus-bielefeld.de.

Die Online-Beratung hat für viele Ratsuchende eine Ventilfunktion, indem sie sich alles *von der Seele schreiben* und ihre Sorgen dann abschicken können. Dies wird von vielen Ratsuchenden als sehr entlastend empfunden.

»Nach diesem Beratungs-Chat hatte ich schon das Gefühl, dass etwas Druck raus war, ich hatte geschrieben, hatte ein Feedback und es ging mir danach auch schon besser, ich fühlte mich schon erleichtert« (Hinsch & Schneider 2002, S. 18).

Im Gegensatz zur Beratungsarbeit vor Ort, wo die Betroffenen oft erst als Erwachsene Hilfen in Anspruch nehmen und von sexualisierten Gewalterfahrungen aus der Kindheit erzählen, befinden sich die Betroffenen während der Online-Beratung vielfach noch in der akuten Missbrauchssituation (Mosser, 2007). Darin liegt eine große Chance der frühzeitigen Intervention seitens der Beratungseinrichtung. Online-Beratung bietet also insbesondere Menschen in Krisensituationen eine ideale Möglichkeit, ihren akuten Beratungsbedarf direkt und ohne Umwege mitzuteilen. Die Herausforderung für Berater*innen besteht nun darin, wie sie online mit (akuten) Krisensituationen umgehen können und welche Interventionen sie wann konkret einsetzen.

So gilt es zu berücksichtigen, dass asynchrone Beratungsangebote, wie bspw. die webbasierte E-Mail-Beratung, aufgrund der Zeitversetztheit der Anfrage- und Antwort-Mails für akute Situationen und Notfälle, die eine unmittelbare Intervention erfordern, nicht angemessen sind. Auch kann fehlendes direktes Feedback zu Missverständnissen führen und den Zeitaufwand bei Rückfragen erhöhen. Hier sind bspw. Chat oder auch Messenger-Dienste[3] durch die synchrone Kommunikationsmöglichkeit eher geeignet. Ebenso müssen Beratungseinrichtungen für diese ganz akuten Fälle auf ihrer Online-Beratungsstelle auf andere Kriseneinrichtungen, bspw. die Telefonseelsorge o. Ä., verweisen.

Welche Sorgfaltspflichten Online-Beratungsstellen hier haben, wurde mittlerweile in Form einer Vielzahl von fachlichen und technischen Qualitätsstandards erarbeitet, die die Beratungseinrichtungen sich zu eigen machen (müssen), um online Handlungssicherheit im Umgang u. a. mit Krisenfällen zu bekommen (Eidenbenz, 2009; Justen-Horsten & Paschen, 2016; Meßmer & Weinhardt, 2011; Risau, 2019).

Eine weitere Besonderheit in der Online-Beratung besteht darin, dass sich Jugendliche aus eigenem Antrieb an eine Beratungsstelle im Netz wenden und nicht über Dritte (Eltern, Fachkräfte, Behörden) kommen, wie es in der Regel bei einem Face-to-Face-Beratungskontakt der Fall ist. »Diese Beobachtung ist auch insofern bedeutsam, als Pädosexuelle und ihre Helfershelfer in Justiz und Wissenschaft immer wieder argumentieren, die Not der Opfer wäre eine Erfindung aus ihrem sozialen Umfeld« (Mosser, 2007, S. 75). Bei der Online-Beratung sind es die betroffenen Jugendlichen selbst, die über das Internet Rat und Hilfe suchen. »Tatsächlich erweist sich das Internet als einziges Medium, das es unserer Zielgruppe ermöglicht, sich direkt und aus eigener Motivation an unsere Beratungsstelle zu wenden« (ebenda).

So fördern Internetkontakte in weit höherem Maße die Eigeninitiative der Klient*innen (vgl. Mosser, 2007; Höver, 2007). Bei der Online-Beratung entscheiden die Ratsuchenden selbst, wann sie sich in einen Beratungskontakt begeben, was und wie viel sie von sich preisgeben möchten. Für die Betroffenen ist wichtig, dass sie die Inhalte der Kommunikation kontrollieren können, und das scheint ihnen bei der Online-Beratung möglich zu sein. So können sie jederzeit wieder aus dem Beratungskontakt aussteigen, indem sie beispielsweise den Chat verlassen oder nicht mehr auf E-Mails antworten. Diese

---

3 Dies erfolgt unter Berücksichtigung des Daten- und Klient*innenschutzes, wie bspw. bei www.gewaltlos.de.

Form der Autonomie ist ein ganz besonderes Merkmal der Online-Beratung und insofern bedeutsam für Betroffene, da »es wichtig ist, dass ihnen im Rahmen der Hilfe ein hohes Maß an Mitgestaltungsmöglichkeiten zugestanden wird und ihre Autonomiebedürfnisse Berücksichtigung finden« (Mosser, 2017, o. S.).

Bei der Online-Beratung werden die Ratsuchenden nicht gesehen und nicht gehört. Es fällt ihnen dadurch oftmals viel leichter, über die Dynamik der erlebten sexualisierten Gewalt zu schreiben, auch darüber, dass sie sich häufig für die sexuellen Übergriffe schuldig fühlen.

> »Die Anonymität in der Online-Beratung fördert eine offene, neugierige Haltung zwischen Klienten und Beratern. [...] Klienten fühlen sich auf diese Weise eingeladen, über Seiten von sich zu sprechen, die sie bislang nicht beachtet oder über die sie in Beziehungen zu anderen (noch) nicht gesprochen haben.« (Zenner & Gielen, 2009, S. 117 ff.)

Die physische Abwesenheit der Berater*innen kann bewirken, dass die psychosozialen Hilfeleistungen nicht von äußeren Faktoren beeinflusst sind (vgl. Gahleitner & Preschl, 2016, S. 111). Umgekehrt ist es ähnlich: So sind persönliche Eigenschaften des*der Ratsuchenden, wie Aussehen, Kleidung, sozialer Status etc. (zunächst) irrelevant, was häufig einen formlosen Umgangston und das direkte Ansprechen auch von sehr schmerzlichen Problemen fördert. Äußere Kriterien spielen also bei der Online-Beratung eine untergeordnete Rolle und führen zum Abbau sozialer Hemmungen und Kontrollen (Döring, 2003).[4] Die Möglichkeit des Niederschreibens des Problems ohne Beeinflussung von interaktiven Variablen (u. a. bei der E-Mail-Beratung) sowie der Schutz vor sichtbaren negativen Reaktionen der Berater*innen fördern die offenere und schnellere Mitteilung des Problems (Gahleitner & Preschl, 2016). »In der Regel ist eine Ratsuchende sehr schnell beim Thema, oft wird auch beim ersten Chat keine lange Zeit zur Vertrauensbildung benötigt, um direkt über die Probleme zu sprechen oder über Missbrauchshandlungen zu erzählen« (Höver, 2007, S. 68).

Nach Gahleitner (2005) ist vor allem die »schützende Inselerfahrung« (S. 63) wichtig, die Betroffene in der Online-Beratung machen können (Gahleitner & Preschl, 2016, S. 119). Angst- und schambesetzte Themen können so schneller benannt werden. Dabei ist die Online-Beratung keine Alternative zu traditioneller Beratung und Therapie, sondern eine Beratungsform mit eigenen Stärken: »Viele Klienten kann man nicht in die Praxis bewegen. Sie brauchen den Schutz dieser Anonymität, um Hilfe in Anspruch zu nehmen. [...] Die Alternative ist nicht Face-to-Face-Beratung, sondern gar keine Hilfe« (Hintenberger, 2006, o. S.).

17.2.2 Zu Beratungsverlauf und Ziel der Beratung

Die Online-Beratungskontakte können einmalig sein, nicht selten gehen diese in Folgekontakte über und können viele Monate andauern. Der Bedarf nach längerfristigen Online-Beratungsprozessen ist häufig auch bei Betroffenen sexualisierter Gewalt festzustellen. So wünscht sich die Mehrzahl der Betroffenen zunächst den schriftlichen Kontakt. Hierzu bemerkt Mosser (2007): »Dies scheint nicht nur in dem Bedürfnis nach Schutz der Anonymität und nach Kontrolle über den Beratungsprozess begründet zu liegen. Hier drückt sich auch eine bestimmte Form des Beziehungsempfindens aus, das für jugendliche Internet-User nicht untypisch ist« (S. 82).

Für Jugendliche und junge Erwachsene ist es mittlerweile selbstverständlich, Freundschaften online zu führen und zu pflegen,

---

4 Die Anonymität kann jedoch auch antisoziales Verhalten fördern.

das heißt, Beziehungen auch online zu gestalten. Mit dieser Haltung gehen sie auch in die Beratungskontakte hinein, was allerdings für viele Berater*innen zunächst noch neu und ungewohnt ist bzw. war. Anfangs wurden Ratsuchende oft direkt an Beratungsstellen vor Ort weiter vermittelt. Es fehlte den Berater*innen u. a. an Methodik und Konzepten der Gesprächsführung im Rahmen der Online-Beratung. Dies hat sich im Zuge der Professionalisierung der Online-Beratung verändert, und man hat erkannt, dass Ratsuchende – unabhängig vom Alter –, die online Hilfe suchen, in der Regel auch online weiter begleitet werden wollen. So fällt den Berater*innen die Aufgabe zu, sich einerseits auf längerfristige Beratungsprozesse einzulassen, andererseits müssen sie im Einzelfall genau überlegen, inwieweit die ausschließliche Beratung im Internet den Ratsuchenden ausreichende Unterstützung geben kann. So wird diese Beratungsart immer als eine von mehreren Interventionsformen gesehen und mit den Betroffenen zusammen eruiert, inwieweit der Besuch einer Beratungsstelle vor Ort sinnvoll ist.

Ähnlich wie im Face-to-Face-Kontakt ist es Ziel der Beratung, die Ratsuchenden zu stärken und mit ihnen Handlungsmöglichkeiten zu erarbeiten. Dies kann durch vielfältige Methoden, wie u. a. gezielte Fragestellungen, selektives Zusammenfassen, Spiegeln der eigenen Lebenssituation, Reframing erfolgen (vgl. Hintenberger, 2009; Knatz, 2009). So impliziert insbesondere das schriftliche Zusammenfassen auch eine empathische, wertschätzende Anerkennung des Hilfesuchens im virtuellen Setting (Gahleitner & Preschl, 2016). Ebenso wird häufig nach Unterstützungsmöglichkeiten in der unmittelbaren Lebensumgebung gefragt oder im Bedarfsfall den Ratsuchenden das Angebot unterbreitet, sich an eine Beratungsstelle vor Ort zu wenden. Hier geht es darum, Betroffenen aus ihrer Isolation nach erlebten Gewalterfahrungen oder einer aktuellen Missbrauchssituation herauszuhelfen. Da die Anfragen in der Regel aus dem gesamten Bundesgebiet erfolgen, kann der Kontakt zu einer Vor-Ort-Beratungseinrichtung lediglich angeregt, in der Regel aber nicht kontrolliert werden. Letztlich ist bzw. sollte die »Vermittlung« an eine örtliche Beratungsstelle und/oder eine*nTherapeut*in auch nicht immer das vorrangige Ziel sein.[5] »Eine grundlegende Stabilisierung wird oft schon dadurch erreicht, dass Opfer ihre sexuelle Gewalterfahrung mitteilen können und gleichzeitig die Erfahrung machen, dass sie als … [die, die] sie ›auch sonst noch‹ sind, anerkannt werden« (Mosser, 2007, S. 78; Erg. v. Verf.).

Interessant ist in diesem Zusammenhang die Studie von Eichenberg und Aden (2015) zu konkret verwendeten Interventionstechniken und deren Bedeutung für die Zufriedenheit der Ratsuchenden mit der Beratung:

> »Hier zeigte sich, dass vor allem (die Häufigkeit der) Interventionstechniken, wie zum Beispiel konkrete Informationen (ohne den bloßen Verweis auf eine Beratungsstelle), Fragen, direkte Ermunterungen, Lob, die Aufforderung nochmals zu schreiben oder die Beschreibung eines Zustandsbildes, die Zufriedenheit der Ratsuchenden beeinflussen.« (Eichenberg & Küsel, 2016, S. 97; vgl. Eichenberg & Aden, 2015).

Allerdings gilt es bei der zeitversetzten Beratung (E-Mail-Beratung) zu beachten, dass sich der Zustand und die Gefühlslage der Ratsuchenden im Vergleich zur letzten erhalten E-Mail verändert haben kann und dann die Reaktion der Berater*innen vielleicht nicht mehr passend ist, ohne dass diese davon wissen (Eichenberg & Küsel, 2016).

Das Niederschreiben der eigenen Lebenssituation ermöglicht den Ratsuchenden dar-

---

5 Interventionen und Gestaltung der Beratungskontakte sind natürlich immer abhängig vom Beratungsauftrag der jeweiligen Institution bzw. Beratungsstelle (zur Prozessgestaltung in der Online-Beratung vgl. auch Justen-Horsten & Paschen, 2016).

über hinaus Zugang zur inneren Erlebniswelt: Emotionen können sprachlich ausgedrückt und Geschehnisse nach außen gebracht werden, sodass Betroffene sich oftmals von den erlebten Gewalterfahrungen distanzieren können. Die Verschriftlichung fördert darüber hinaus selbstreflexive Prozesse, und dies schafft für viele Betroffene Klarheit und vor allem eine enorme Entlastung sowie eine erhöhte Veränderungsbereitschaft (Knatz & Dodier, 2003; Hintenberger & Kühne, 2011). Auch für die Berater*innen ist es von großem Vorteil, dass sie den Beratungsverlauf immer wieder nachlesen, nachvollziehen und dokumentieren können. Dies ist für ihre eigene Qualitätskontrolle und Supervision sehr nützlich.

» […] Inzwischen sind einige Monate vergangen und »eigentlich« ist »es« vorbei. Im Moment fühle ich mich unendlich einsam und verloren und vielleicht ist das hier eine Möglichkeit, über das Eigentlich und das Es zu reden. Ich würde gerne einige Inhalte loswerden, die mich seit Wochen quälen und bisher keinen Platz gefunden haben…mal sehen, wie es kommt.
Ich habe gehofft, dass das Leben weiter geht, so, wie es all die Jahre einfach weiter lief.
In der Zeit, als es wohl am Schlimmsten war, habe ich funktioniert, konnte zur Uni gehen, arbeiten, Freude treffen, präsent sein. Es hat sich entwickelt und manifestiert, ist ausgeufert und hätte mich beinahe zerstört. Oft ganz beiläufig, umhüllt in den Anschein der Normalität, zumindest nach außen.
Übrig geblieben ist ein Schatten, der sich über alles legt und alles verfärbt. Da ist eine unfassbare Angst, die jeder Rationalität trotzt und sich nur schwer bändigen lässt. Viele Flashbacks und Zustände, in denen ich es körperlich fühle und am Ende in eine Verzweiflung rutsche, die ihre Berechtigung wohl schon lange verloren hat.
Es fällt mir schwer mir einzugestehen, dass es Zeit und Raum braucht. Ich weiß, dass es schlimm war und nicht heilen kann, wenn ich nicht aktiv etwas dafür mache. Es wird nicht einfach so wieder gut.
Mit viel Abstand sehe ich, dass es nicht verwerflich oder schwach ist, dass es mich überfordert und in einen Zustand bringt, in dem ich Hilfe benötige und vielleicht durch eine stationäre Begleitung aus dem Loch komme […] « (Wildwasser Forum/ Wildwasser Kreis Groß-Gerau e. V., Ein Selbsthilfe-Forum gegen sexuellen Missbrauch (2020).

Im Gegensatz zum Face-to-Face-Kontakt, bei dem es Ratsuchenden häufig schwerfällt, die eigene Missbrauchssituation explizit zu benennen, scheint hingegen die geschützte Situation am (eigenen) Rechner, Laptop, Tablet oder Handy eine aktive Auseinandersetzung mit dem Trauma zu erlauben.
Aufgabe der Berater*innen ist es, auch in der psychosozialen Online-Beratung, den Traumatisierten zu vermitteln, dass deren Symptome eine gesunde Reaktion auf völlig abnormale Ereignisse, wie die Missbrauchserfahrung, sind. Durch eine hohe Verbindlichkeit im Online-Kontakt können sie den Betroffenen Struktur und Halt geben und eine erste Vertrauensbasis sowie einen sicheren Ort (»Safe Place«) für sie schaffen (Gahleitner & Preschl, 2016). Dies stärkt nicht zuletzt die Beziehung zwischen Berater*in und dem*der Ratsuchenden, ein Hauptwirkfaktor in der Online-Beratung.

17.3 Ausblick

Für viele weibliche und auch männliche Betroffene bietet die Online-Beratung enorme Chancen, da sie nicht über den herkömmlichen Weg in die Beratungsstelle kommen würden. Sie trauen sich eher, den anonymen Weg über das Internet zu gehen, dieser ist unverbindlicher und für sie wesentlich niedrigschwelliger. Die Möglichkeit, spontan und schnell Hilfe zu bekommen, bestärkt die Betroffenen, sich auch oder insbesondere in einer akuten Krisensituation an Beratende zu wenden. Somit erhöht sich die Chance einer frühzeitigen Intervention.

Es gilt nun, bestehende Online-Beratungsangebote weiter zu fördern und gleichzeitig neue, innovative Projekte zu entwickeln sowie die Aus,- Fort- und Weiterbildung und die Forschung in diesem Bereich zu verstärken.

Denn es geht nicht mehr um die Frage, ob Online-Beratung eine sinnvolle Beratungsform ist, sondern eher darum, wie Online-Beratung konzipiert sein muss, um effektiv zu wirken und Ratsuchende zu erreichen. Dies betrifft sowohl die Beratungsformate als auch die Beratungskonzepte und Interventionen.

So sind »internetgestützte Angebote nicht für alle Menschen in allen Situationen gleichermaßen geeignet […] – wie übrigens auch Face-to-Face-Settings« (Gahleitner & Preschl, 2016, S. 112).

Es geht also um die Frage der Passung, wann ist welches (Online-)Beratungsformat für welche Person, mit welchen Störungen und in welcher Phase sinnvoll und effektiv? Hier gilt es, weiter nach Wirkmechanismen der einzelnen Online-Beratungsformate unter Berücksichtigung der Einflüsse zeitversetzter, anonymer und synchroner Kommunikation zu forschen.

Ebenso wird deutlich, dass sich Beratungsstellen fragen müssen, ob sie mit ihren bestehenden Beratungsformaten (noch) ihre Zielgruppe erreichen. Jugendliche und junge Erwachsene leben vermehrt in virtuellen Welten, ihre Kommunikation findet zunehmend in virtuellen sozialen Räumen und häufig per Messenger statt. E-Mail- und Chat-Beratungsangebote alleine werden auf Dauer nicht mehr zeitgemäß sein und an der Zielgruppe vorbeigehen. Denn die Kommunikationskanäle haben sich in den letzten zwanzig Jahren ausdifferenziert. Es sind viele neue Kanäle hinzugekommen, ohne dass bestehende wegfallen (Kühne, 2018). Neben der Face-to-Face-, Telefon- und E-Mail-Beratung sind »Video-, Text-, Symbol- und Bildkommunikation, Einzelchats, und Gruppendiskussionen […] für junge Menschen durch die Nutzung von bspw. Kommentarfunktionen, Dating-Apps und Chatgruppen alltäglich« (Fixemer, Herzog & Reichenecker, 2018, S. 74)

Das Projekt »www.anti-helden.de« für Jungen und junge Männer sei an dieser Stelle als ein innovatives Projekt der aufsuchenden Arbeit im Netz hervorgehoben. Der digitale Raum wird als hybrider Sozialraum für Jugendliche und junge Erwachsene genutzt. Eine Beratungs-App dient der digitalen Interventionsmethode, und mittels Chats wird der Ansatz »hybride Streetwork« zur Prävention und Intervention gegen sexualisierte Gewalt im digitalen Raum für Jungen und junge Männer genutzt (Fixemer, Herzog & Reichenecker, 2018).

Es gilt, vielfältige, zeitgemäße Online-Beratungsangebote zu entwickeln, um Betroffenen sexualisierter Gewalt weitere Kanäle und niedrigschwellige Hilfsangebote im Netz zu bieten. Denn:

»Die digitalen Medien sind im Lebensalltag der Menschen angekommen, sie werden sich verändern und sie werden die Menschen verändern, aber weggehen werden sie nicht mehr. Aus diesem Grund ist es wichtig, dass sich Beratungsstellen damit auseinandersetzen, wie die digitalen Medien für den eigenen Beratungsauftrag genutzt werden können. Professionelle Beraterinnen und Berater müssen in diesem digitalen Raum präsent sein und aktiv werden – sonst tun es mitunter andere, die nicht dafür ausgebildet sind und die andere Interessen verfolgen.« (Kühne, 2018, o. S.)

Literatur

Bundeskonferenz für Erziehungsberatung e. V., bke-Jugendberatung (2016). Rubrik - Forum - Themenansicht: Jugendforum Liebe + Sexualität - Missbrauch bei Jungen. Zugriff am 21.04.2020 unter https://jugend.bke-beratung.de/forum/4/60155/missbrauch-bei-jungen.html?pg%5B2%5D=%3E%7C

Cook, J. E. & Doyle, C. (2002). Working alliance in online therapy as compared to face-to-face therapy: preliminary results. *CyberPsychology & Bahavior, 5*, 2, 95–104. Zugriff am 29.09.2018 unter http://personal.psu.edu/jec44/pubs/Cook%20&%20Doyle%20%282002%29.pdf.

Döring, N. (2003). *Sozialpsychologie des Internet. Die Bedeutung des Internet für Kommunikationsprozesse, Identitäten, soziale Beziehungen und Gruppen* (Reihe: Internet und Psychologie, Bd. 2; 2., vollständig überarbeitete und erweiterte Auflage). Göttingen: Hogrefe.

Eichenberg, C. (2007). Online-Sexualberatung. Wirksamkeit und Wirkweise. Evaluation eines Pro familia-Angebots. *Zeitschrift für Sexualforschung, 20*, 2, 247–262. Zugriff am 29.09.2018 unter https://www.researchgate.net/publication/238477647.

Eichenberg, C. & Aden, J. (2015). Online-Beratung bei Partnerschaftskonflikten und psychosozialen Krisen: Multimethodale Evaluation eines E-Mail-Beratungsangebots. *Psychotherapeut, 60*, 1, 53–63.

Eichenberg, C. & Kühne, S. (2014). *Einführung Onlineberatung und -therapie. Grundlagen, Interventionen und Effekte der Internetnutzung* (Reihe: PsychoMed compact, Bd. 7). München: Reinhardt.

Eichenberg, C. & Küsel, C. (2016). Zur Wirksamkeit von Online-Beratung und Online-Psychotherapie. *Resonanzen, 4*, 2, 93–107. Zugriff am 29.09.2018 unter https://www.resonanzen-journal.org/index.php/resonanzen/article/view/391/340.

Eidenbenz, F. (2009). Standards in der Online-Beratung. In S. Kühne & G. Hintenberger (Hrsg.), *Handbuch Online-Beratung. Psychosoziale Beratung im Internet* (S. 213–227). Göttingen: Vandenhoeck & Ruprecht.

Fixemer, T., Herzog, P. & Reichenecker, S. (2018). Prävention von und Interventionen gegen sexualisierte Gewalt im digitalen Raum für Jungen* und junge Männer*. *Kindesmisshandlung und -vernachlässigung, 21*, 1, 70–81. Zugriff am 29.09.2018 unter http://www.verein-jugendliche.de/fileadmin/user_upload/pdf/DGfPI_FZ_1_2018_Artikel_Praevention_von_und_Intervention_gegen_sexualisierte_Gewalt_im_digitalen_Raum.pdf.

Gahleitner, S. B. (2005). *Neue Bindungen wagen. Beziehungsorientierte Therapie bei sexueller Traumatisierung* (Reihe: Personzentrierte Beratung & Therapie, Bd. 2). München: Reinhardt.

Gahleitner, S. B. & Preschl, B. (2016). Professionelle Beziehungsgestaltung über das Internet: Geht denn das überhaupt? Überlegungen zu einem methodenübergreifenden Wirkfaktor. *Resonanzen, 4*, 2, 108–129. Zugriff am 29.09.2018 unter http://www.resonanzen-journal.org/index.php/resonanzen/article/view/392/341.

Gehrmann, H.-J. & Klenke, H. (2008). Empirische Sozialforschung im Internet. Befunde einer Onlinebefragung zu Inhalten und Erwartungen in der anonymen Beratung. *e-beratungsjournal.net, 4*, 1, Art. 5. Zugriff am 29.09.2018 unter http://www.e-beratungsjournal.net/ausgabe_0108/gehrmann.pdf.

Hartel, J. (2008). Wirkfaktoren in der E-Mail-Beratung. Die Effektivität von Peer-Beratung und die Beratungsbeziehung in der Online-Beratung. *e-beratungsjournal.net, 4*, 2, Art. 5. Zugriff am 29.09.2018 unter http://www.e-beratungsjournal.net/ausgabe_0208/hartel.pdf.

Hinsch, R. & Schneider, C. (2002). *Evaluationsstudie zum Modellprojekt »Psychologische und sozialpädagogische Beratung nach dem KJHG im Internet« – Onlineberatung* (Reihe: Arbeitsberichte des Instituts für angewandte Familien-, Kindheits- und Jugendforschung (IFK)). Potsdam: Universität Potsdam. Zugriff am 29.09.2018 unter http://www.mediathek.jhj.de/PDF/Evaluationsstudie-www.beranet.de/Evaluationsstudie-Onlineberatungfinal.pdf.

Hintenberger, G. (2006). Rat holen im Schutz der Anonymität. *Der Standard*, 21.08.2006. Zugriff am 29.09.2018 unter https://derstandard.at/2558457/Rat-holen-im-Schutz-der-Anonymitaet.

Hintenberger, G. (2009). Der Chat als neues Beratungsmedium. In S. Kühne & G. Hintenberger (Hrsg.), *Handbuch Online-Beratung. Psychosoziale Beratung im Internet* (S. 69–78). Göttingen: Vandenhoeck & Ruprecht.

Höver, S. (2007). Streetwork online – Wildwasser online. Chatberatung für Mädchen und Frauen. In Innocence in Danger Deutsche Sektion & Bundesverein zur Prävention von sexuellem Missbrauch an Mädchen und Jungen (Hrsg.), *Mit einem Klick zum nächsten Kick. Aggression und sexuelle Gewalt im Cyberspace* (S. 62–73). Köln: Mebes & Noack.Justen-Horsten, A & Paschen, H. (2016). Online-Interventionen in Therapie und Beratung. Ein Praxisleitfaden. Weinheim: Beltz.

Justen-Horsten, A. & Paschen, H. (2016). *Online-Interventionen in Therapie und Beratung. Ein Praxisleitfaden*. Weinheim: Beltz.

Kerger, C. (2001). Alltag der eMailberatung von DUNKELZIFFER e. V., Hilfe für sexuell missbrauchte Kinder. In: prävention - Zeitschrift des Bundesvereins zur Prävention von sexuellem Mißbrauch (Hrsg.), *Internet & Neue Medien, Bedeutung und Nutzen für Beratung & Prävention* (S. 17-18,) November/Dezember 2001, Jahrgang 4, Heft 6. Zugriff am 21.04.2020 unter https://dgfpi.de/files/presse-medien/bundesverein/2001_05.pdf

Knaevelsrud, C. & Maercker, A. (2006). Does the quality of the working alliance predict treatment outcome in online psychotherapy for traumatized patients? *Journal of Medical Internet Research*, 8, 4, e31. Zugriff am 29.09.2018, unter http://www.jmir.org/2006/4/e31/.

Knatz, B. (2009). Die webbasierte Mail-Beratung. In S. Kühne & G. Hintenberger (Hrsg.), *Handbuch Online-Beratung. Psychosoziale Beratung im Internet* (S. 59–68). Göttingen: Vandenhoeck & Ruprecht.

Knatz, B. & Dodier, B. (2003). *Hilfe aus dem Netz. Theorie und Praxis der Beratung per E-Mail* (Reihe: Leben lernen, Bd. 164). Stuttgart: Pfeiffer bei Klett-Cotta.

Kühne, S. (2018). *Chancen und Grenzen digitaler Beratung*. Köln: IQ. Zugriff am 29.09.2018 unter https://www.netzwerk-iq.de/berufliche-anerkennung/fachstelle-beratung-und-qualifizierung/inhalt/newsletter/gastbeitrag-kuehne-chancen-und-grenzen-digitaler-beratung.html.

Kühne, S. & Hintenberger, G. (2009). Vorwort. In S. Kühne & G. Hintenberger (Hrsg.), *Handbuch Online-Beratung* (S. 7–9). Göttingen: Vandenhoeck & Ruprecht.

Mädchenhaus Bielefeld (2018). Rubrik Mädchenhaus Bielefeld > Onlineberatungen. Zugriff am 21.04.2020 unter: www.maedchenhaus-bielefeld.de/onlineberatungen.html

Meßmer, S. & Weinhardt, M. & Bauer, P. (2012). Kindeswohlgefährdung und Onlineberatung – ein Fallbeispiel. e-beratungsjournal.net, 8, 1, Art. 2. Zugriff am 21.04.2020 unter https://www.e-beratungsjournal.net/ausgabe_0112/messmer_weinhardt_bauer.pdf.

Mosser, P. (2007). Online-Beratung für Jungen mit sexuellen Gewalterfahrungen. Erfahrungsbericht aus der Beratungsstelle kibs/München. In Innocence in Danger Deutsche Sektion & Bundesverein zur Prävention von sexuellem Missbrauch an Mädchen und Jungen (Hrsg.), *Mit einem Klick zum nächsten Kick. Aggression und sexuelle Gewalt im Cyberspace* (S. 74–90). Köln: Mebes & Noack.

Mosser, P. (2017). *Geschlechtersensibilität – »ist das noch männlich?« – Jungen als Opfer sexualisierter Gewalt. Aktuelle Perspektiven aus Forschung und Praxis*. Warendorf: Förderverein Kinderschutzportal. Zugriff am 28.09.2018 unter http://www.schulische-praevention.de/wissensbereich-sexualisierte-gewalt/grundlegende-informationen/geschlechtersensibilitaet/.

Pennebaker, J. W. (2010). *Heilung durch Schreiben. Ein Arbeitsbuch zur Selbsthilfe* (Reihe: Psychologie Sachbuch). Bern: Huber (englisches Original erschienen 2009).

Preschl, B., Maercker, A. & Wagner, B. (2011). The working alliance in a randomized controlled trial comparing online with face-to-face cognitive-behavioral therapy for depression. *BMC Psychiatry*, 1, 11, Art. 189. Zugriff am 29.09.2018 unter https://bmcpsychiatry.biomedcentral.com/articles/10.1186/1471-244X-11-189.

Risau, P. (2019). Technische Anforderungen und Rahmenbedingungen in der Online-Beratung. In: supervision. Mensch. Arbeit. Organisation. Zeitschrift für Beraterinnen und Berater. #wirsindimnetz. *Online-Supervision und Coaching*. Psychosozial-Verlag. 1.2019.37: Jahrgang., S. 10-16. supervision, 37 (1) 3-9, Psychosozial-Verlag

Schultze, N. G. (2007). Erfolgsfaktoren des virtuellen Settings in der psychologischen Internet-Beratung. e-beratungsjournal.net, 3, 1, Art: 5. Zugriff am 29.09.2018 unter http://www.e-beratungsjournal.net/ausgabe_0107/schultze.pdf.

Wagner, B., Brand, J., Schulz, W. & Knaevelsrud, C. (2012). Online working alliance predicts treatment outcome for posttraumatic stress symptoms in Arab war-traumatized patients. *Depression and Anxiety*, 29, 7, 646–651.

Wildwasser Kreis Groß-Gerau e. V./Wildwasser Forum (2020). »Wie viel Zeit braucht es?«. Beitrag im Wildwasser Forum. Ein Selbsthilfe-Forum gegen sexuellen Missbrauch. Rubrik: Foren-Übersicht-Wildwasser-Sexueller- Missbrauch. Zugriff am 21.04.2020 unter https://forum.wildwasser.de/viewtopic.php?f=3&t=51452&sid=e3c8cde00d7bdf3f0e543c304821ac7e

Zenner, B. & Gielen, L. (2009). Ein dialogischer Ansatz in der Online-Beratung. In S. Kühne & G. Hintenberger (Hrsg.), *Handbuch Online-Beratung* (S. 117–130). Göttingen: Vandenhoeck & Ruprecht.

Teil III: Krisenintervention aus Sicht der Angehörigen und Krisenerfahrenen

18 Krisenintervention – (k)ein Angebot für Psychiatrie-Betroffene? – Krisenintervention aus antipsychiatrischer Sicht

Iris Hölling

> Viele Psychiatrie-Betroffene wünschen sich in Krisen nicht-psychiatrische Unterstützung – schnelle, niedrigschwellige, unbürokratische, ihren individuellen Bedürfnissen angepasste Hilfe, die ihre eigene Problemdefinition ernst nimmt und sie nicht durch die psychiatrische Diagnosebrille vermittelt beurteilt. Allerdings ist der Zugang für Psychiatrie-Betroffene zu ambulanten und stationären nicht-psychiatrischen Kriseninterventionsangeboten – falls es diese überhaupt außerhalb der (sozial)psychiatrischen Versorgungslandschaft gibt – aufgrund verschiedener Faktoren erschwert bzw. verstellt. Der Beitrag übt Kritik am Umgang mit Psychiatrie-Betroffenen in den momentanen Kriseninterventionsangeboten und stellt Forderungen für ein den Bedürfnissen angemesseneres Angebot auf.

18.1 Begriffsklärungen: Wer sind Psychiatrie-Betroffene?

Psychiatrie-Betroffene sind selbstverständlich keine homogene Gruppe, über deren Bedürfnisse sich allgemeine Aussagen machen lassen, sondern sehr unterschiedliche Personen mit individuellen Geschichten, Erfahrungen und Wünschen, die lediglich gemeinsam haben, dass sie als Patient*innen in der Psychiatrie waren. Auch in der Psychiatrie-Betroffenen-Bewegung, die sich u. a. die Interessenvertretung zur Aufgabe gemacht hat, gibt es verschiedene, sehr unterschiedliche Grundauffassungen, die sich grob in eine reformorientierte und eine antipsychiatrische Perspektive unterteilen lassen. Der Reformflügel, der in Deutschland auch eher den Begriff »Psychiatrie-Erfahrene« zur Selbstbezeichnung verwendet (englisch: »user of psychiatry«, »consumer«), ist stärker an einer Verbesserung oder Veränderung der gegenwärtigen psychiatrischen Landschaft interessiert und setzt auf Kooperation und Dialog mit der Psychiatrie, wohingegen der antipsychiatrische Flügel (englische Selbstbezeichnung: »survivor of psychiatry«), dem sich auch die Autorin zugehörig fühlt, eher eine radikale Psychiatrie-Kritik vertritt und eigene, betroffen-kontrollierte Alternativen zum psychiatrischen System entwickelt. Diese verschiedenen Positionen gehen nicht in den jeweils guten oder schlechten Erfahrungen der Einzelnen mit der Institution Psychiatrie auf, sondern haben sich als politische Positionen entwickelt, die beide ihre Berechtigung besitzen.

Gerade weil ich in diesem Feld durch meine professionelle Erfahrung während meiner langjährigen Arbeit im Berliner Weglaufhaus eindeutig positioniert bin, kann dieser Beitrag nicht beanspruchen, über *die* Sicht der Psychiatrie-Betroffenen zu schreiben, die es ebenso wenig gibt wie *die* Sicht der psychosozialen Professionellen oder der Psychiater*innen. Dennoch habe ich während der sechs Jahre, die ich im Weglaufhaus, einer antipsychiatrischen Kriseneinrichtung für wohnungslose Psychiatrie-Betroffene nach § 67 SGB XII, gearbeitet habe, sowie aufgrund der Auseinandersetzung mit anderen Psychiatrie-Betroffenen im In- und Ausland viel über die Bedürfnisse und Wünsche von Psychiatrie-Betroffenen in Krisensituationen gelernt. Auf diesem Erfahrungshintergrund basiert dieser Artikel.

18.2 Kritik am bestehenden (Berliner) Kriseninterventionssystem

Die Bedürfnisse der Nutzer*innen von Kriseninterventionsangeboten werden meistens nur vermittelt über die Interpretationen der die Angebote durchführenden professionellen Helfer*innen berücksichtigt oder beschrieben, was eine wirkliche Wahrnehmung der Bedürfnisse von vornherein erschwert oder unmöglich macht. Um die Frage dieses Beitrags wirklich zu beantworten, müsste eine systematische, am besten betroffen-kontrollierte Forschung durchgeführt werden, die die Ansprüche der Nutzer*innen an Krisenintervention herausfindet. Russo und Fink (2003) haben in ihrer Studie »Stellung nehmen – Obdachlosigkeit und Psychiatrie aus den Perspektiven der Betroffenen« zum ersten Mal eine betroffen-kontrollierte Forschung in Deutschland durchgeführt. Die Ergebnisse dieser Studie werden – trotz ihrer anderen Ausgangsfragestellung – in meinen Beitrag mit einfließen, da in dieser Studie die Betroffenen selbst zu Wort kommen.

Der Titel meines Beitrags ist als Frage formuliert: Krisenintervention – (k)ein Angebot für Psychiatrie-Betroffene? Warum stelle ich diese Frage? Viele Psychiatrie-Betroffene, die bereits mehrfach in der Psychiatrie waren und entsprechend psychiatrisch diagnostiziert wurden, machen die Erfahrung, dass die Kriseninterventionsangebote ihnen nicht mehr zur Verfügung stehen, sondern dass sie in Krisensituationen direkt an die Psychiatrie verwiesen werden. Wenden sie sich in einem der Berliner Krankenhäuser an eine der Kriseninterventionsstationen mit der Bitte um Aufnahme, weil sie sich in einer Krisensituation befinden, ist die Eintrittskarte das Gespräch mit einem*einer Psychiater*in. Diese*r wird in der Regel aufgrund ihrer psychiatrischen Vorgeschichte entscheiden, dass für sie ein Aufenthalt auf der Kriseninterventionsstation, der kurzfristig, bezogen auf das aktuelle Problem und ohne sofort auf die Behandlung mit psychiatrischen Psychopharmaka zu setzen, eine Bearbeitung ihrer aktuellen Krisensituation ermöglichen würde, nicht infrage kommt, sondern dass für sie nur die Behandlung auf einer psychiatrischen Station bleibt. Viele Psychiatrie-Betroffene haben jedoch schlechte Erfahrungen in psychiatrischen Krankenhäusern und mit psychiatrischer Behandlung gemacht und diese Behandlungsangebote für sich nicht als hilfreich erlebt. Sie suchen für sich sehr bewusst ein nicht-psychiatrisches Angebot oder wünschen sich Krisenintervention auf nicht-psychiatrischer Basis ohne die Gefahr, erneut gegen ihren Willen in die Psychiatrie eingewiesen zu werden. Für diese Psychiatrie-Betroffenen ist stationäre Krisenintervention aufgrund der selektiven Zugangskriterien, bei denen (mehrfache) Psychiatrisierung oder bestimmte psychiatrische Diagnosen ein Ausschlusskriterium darstellen, kein Angebot, das sie in Anspruch nehmen könnten, auch wenn sie es bewusst auswählen.

Auch der ambulante Berliner Krisendienst, der rund um die Uhr erreichbar ist, hat sein Angebot bei seiner flächendeckenden Etablierung dahingehend konzipiert, dass an allen Standorten ein ärztlicher Hintergrunddienst vorhanden ist. Das bedeutet auch hier, dass dieses Angebot den Psychiatrie-Betroffenen, die sich in ihren Krisen besonders vor Zwangseinweisungen fürchten, nicht mit genügend Sicherheit zur Verfügung steht, denn Ärzt*innen – ob Psychiater*innen oder nicht – müssen in bestimmten Situationen zum Mittel der Zwangseinweisung greifen und können zwangsweise Psychopharmaka verabreichen. Das stellt ein deutliches Machtgefälle dar und erschwert für viele Psychiatrie-Betroffene die Inanspruchnahme eines solchen Angebotes oder macht sie gar unmöglich. Viele dieser Betroffenen wenden sich stattdessen ans Weglaufhaus, wo diese Art telefonischer Beratung und Krisenintervention aufgrund der begrenzten Kapazitäten und des Fokus auf die Bewohner*innen der Einrichtung nicht oder nur in Ausnahmesituationen geleistet werden kann. Ein nicht-psychiatrisches, ambulantes Kriseninterventionsangebot, das auch Menschen, die eigene Wohnungen haben, unbürokratisch und niedrigschwellig zugänglich ist, fehlt bisher. Für Frauen gibt es in drei Nächten pro Woche das Frauennachtcafé, eine nächtliche Krisenanlaufstelle von Wildwasser e. V., die ein nicht-psychiatrisches, niedrigschwelliges Angebot macht, das jedoch aufgrund der finanziellen Ressourcen nur zeitlich begrenzt zur Verfügung steht. Die einige Jahre für Menschen aus dem Bezirk Charlottenburg-Wilmersdorf unbürokratisch arbeitende »Krisenpension« hat vor Kurzem wegen der längerfristigen Krankenkassenfinanzierung hochschwellige Voraussetzungen zur Aufnahme in Kauf genommen. Daher rührt meine These, dass Krisenintervention, wie sie bisher institutionell in Berlin praktiziert wird, viele Psychiatrie-Betroffene, die sich ein solches Angebot wünschen, ausschließt.

18.3 Wünsche von Psychiatrie-Betroffenen an Kriseninterventionsangebote

Wie müsste eine Krisenintervention aussehen, damit sie ein Angebot für Psychiatrie-Betroffene wäre?

Eigentlich ist alles ganz einfach: Wenn eine Person verrückt wird oder in eine Krise gerät, braucht sie einen Ort, an dem sie sein kann, und Menschen, die sie so aushalten, wie sie ist. Leider haben Psychiatrie-Betroffene, die durch die Psychiatrisierung und ihre Folgen oft noch viele andere soziale Schwierigkeiten haben als ihre (wiederkehrenden) Krisen, meistens weder einen solchen Ort noch Freund*innen oder andere Bezugspersonen, die für sie da sind. Folgen von Psychiatrisierung sind häufig soziale Isolation, ein Verlust von Netzwerken, Armut, fehlende Berufsausbildung, Arbeitslosigkeit, Schwierigkeiten mit der Herkunfts- oder Wahlfamilie. Oft sind die Menschen, die einer Person nahestehen, auch in eine Krisensituation einbezogen oder ein Teil des Problems, sodass gerade Freund*innen nicht (mehr) in der Lage sind, eine in die Krise geratene Person auszuhalten oder aufzufangen und zu unterstützen. Daher bedarf es häufig einer professionellen Krisenintervention, um Krisen zu bewältigen.

Wie sollte eine solche Krisenintervention aussehen? Welche Wünsche haben Psychiatrie-Betroffene an Professionelle?

18.3.1 Die Wahl haben

Ein zentrales Anliegen ist die Möglichkeit, zwischen verschiedenen Angeboten auszuwählen, z. B. zwischen psychiatrischen, sozialpsychiatrischen, psychosozialen und nicht-psychiatrischen Kriseninterventionsangeboten. Insass*in in der Psychiatrie gewesen zu sein, impliziert für die meisten Psychiatrie-Betroffenen die Erfahrung, keine Wahl mehr zu haben, nicht mehr frei über Behandlungsmethoden entscheiden zu können, den Aufenthaltsort nicht mehr selbst zu bestimmen, zwangsbehandelt zu werden. Viele Psychiatrie-Betroffene haben gesetzliche Betreuer*innen mit festgelegten Aufgabenkreisen und so in bestimmten Lebensbereichen wie Aufenthaltsort, Art der Behandlung, Wohnungsangelegenheiten, Finanzen nicht mehr die Möglichkeit, frei und selbstbestimmt zu entscheiden und zu handeln. Die Betreuer*innen sind zwar gesetzlich verpflichtet, den Willen der Betreuten zu respektieren und deren Wünschen so weit wie möglich zu entsprechen, in der Praxis fällen sie jedoch – gerade in Krisensituationen – sehr häufig Entscheidungen gegen den Willen der Betreuten. Dies widerspricht allerdings der von Deutschland 2009 ratifizierten UN-Konvention über die Rechte von Menschen mit Behinderungen, die auch für Psychiatrie-Betroffene gilt. Die freie Wahl der Hilfeangebote zu haben, ist also ein zentraler Ausgangspunkt für eine gelingende Unterstützung. Dazu müssten zunächst einmal Angebote jenseits des sozialpsychiatrischen Versorgungssystems existieren. Flächendeckend ist dies weder in Deutschland noch in anderen Ländern systematisch der Fall. Nicht-psychiatrische Angebote sind eher die Ausnahme als die Regel, obwohl es eine Vielzahl von betroffenen-kontrollierten und nicht-psychiatrischen Unterstützungsansätzen und Konzepten gibt, die auch erfolgreich in die Praxis umgesetzt wurden, jedoch kaum dauerhaft abgesichert sind (Lehmann & Stastny, 2007; Russo & Sweeney, 2016).

In Berlin gibt es das Weglaufhaus als antipsychiatrische Kriseneinrichtung für wohnungslose Psychiatrie-Betroffene. Für diejenigen, die die sozialhilferechtlichen Voraussetzungen erfüllen und ein stationäres Angebot wünschen, gibt es somit eine begrenzte Wahlmöglichkeit, vorausgesetzt, dass die zuständigen Sozialämter zustimmen und die Kosten des Aufenthaltes übernehmen. Das Angebot des Weglaufhauses richtet sich jedoch nur an eine eingeschränkte Zielgruppe. Menschen, die eine eigene Wohnung haben, können das Angebot nur in seltenen Fällen nutzen.

Formen der betroffenen-kontrollierten Unterstützung wie »Intentional Peer Support« werden in Deutschland nicht in der von Mead entwickelten Form, die auf einer gleichberechtigten Beziehung basiert, praktiziert. »Im Zentrum von IPS steht die Auffassung, dass ein Großteil unserer psychischen Not ein soziales Konstrukt ist und die intensive Auseinandersetzung damit, wie wir zur Definition unserer Erfahrung gekommen sind, uns ermöglicht, zu beginnen, unsere eigene Bedeutung wieder zurückzugewinnen« (Filson, 2012, S. 56). Um wirklich zwischen psychiatrischen und nicht-psychiatrischen Angeboten wählen zu können, müssten also noch viele andere nicht-psychiatrische Hilfeangebote existieren. Diese müssten von Betroffenen selbst konzipiert werden.

18.3.2 Zugangshürden abbauen

Neben den fehlenden Angeboten ist auch der Weg, Hilfe in Anspruch zu nehmen, häufig durch hohe Zugangsvoraussetzungen verstellt. Menschen in Krisensituationen, die schnell und unbürokratisch Hilfe brauchen, sind oft heillos damit überfordert, mühsam Kostenübernahmen für Sozialhilfemaßnahmen zu beantragen, oder haben aus den oben beschriebenen Gründen keinen Zugang zu bestimmten Angeboten, weil ihre psychiatrischen Diagnosen Ausschlussgründe darstellen. Nötig wären niedrigschwellige Angebote, wo Betroffene einfach hingehen können – vergleichbar mit den Angeboten der Kältehilfe im Wohnungslosenbereich –, um dort unbürokratisch und anonym Unterstützung und Beratung entsprechend den persönlichen Bedürfnissen in Anspruch zu nehmen.

> »›Jedes Mal musste ich diese oder jene Bedingung erfüllen und dann gab es wieder neue Bedingungen [...]. Dann habe ich keinen Bock mehr gehabt. Man sollte einen erst mal aufnehmen und nicht erst Bedingungen stellen, dass man irgendwo hinkommen kann. Bestimmte Bedingungen schon, aber das erschreckt auch zum Teil und man ist gar nicht fähig darauf einzugehen. Man muss die Leute erst mal annehmen‹.« (Russo & Fink, 2003, S. 60)

Die oben erwähnte Studie »Stellung nehmen« hat auch gezeigt, dass viele Psychiatrie-Betroffene eher die Angebote der Wohnungslosenhilfe nutzen (Russo & Fink, 2003, S. 101), da dort kein Behandlungsanspruch besteht und diese Angebote anonym und ohne Anspruchsbegründung zugänglich sind. Es bräuchte Orte, wo Psychiatrie-Betroffene in Krisensituationen – besonders nachts – einfach hingehen können, wo sie Ansprechpartner*innen finden, wo sie zunächst einfach (verrückt) sein können. Ein wichtiges Charakteristikum dieser Orte wäre der Verzicht auf psychiatrisches Personal, damit von vornherein die Möglichkeit von Zwangseinweisungen ausgeschlossen ist. Zudem sollte die Versorgung der Grundbedürfnisse (z. B. Essen, Trinken, Schlafen) gewährleistet sein.

18.3.3 Anforderungen an Professionelle

Die Mitarbeiter*innen einer solchen Einrichtung bräuchten die Bereitschaft, mit Krisen und verrücktem Sein umzugehen, sich auf die Besucher*innen einzulassen, mit jedem/jeder von ihnen individuell herauszufinden, was er/sie sich in der jeweiligen Situation an Unterstützung wünscht. Diese Haltung impliziert eine kritische Auseinandersetzung mit psychiatrischen Diagnosen und den Stigmatisierungs- und Gewalterfahrungen, die viele Psychiatrie-Betroffene gemacht haben.

Eine Teilnehmerin der Studie »Stellung nehmen« beschreibt das, was ihr in Krisen helfen würde, folgendermaßen:

> »›Menschliche Wärme, zum Beispiel: Komm erst mal, dann reden wir über alles. Das Gefühl angenommen zu werden, Wärme zu spüren und nicht so weit weg vom Gesprächspartner zu sein, hilft mir zu reden (sicher bin ich nicht und Vertrauen habe ich auch nicht, aber es ist ein Anfang). Keine Distanz, zum Beispiel: Ich bin der Therapeut und möchte, dass Du meine Diagnose akzeptierst – da fühle ich mich abgelehnt. Das Gefühl über alles reden zu können, ohne Angst vor Konsequenzen haben zu müssen. Keine Drohungen, Druck und Erpressungen‹.« (Russo & Fink, 2003, S. 97)

Für Frauen bräuchte es Frauenschutzräume, da viele psychiatrie-betroffene Frauen sexualisierte Gewalterfahrungen gemacht haben, die für sie immer wieder zu Krisen führen, über die sie in gemischten Räumen nicht geschützt genug sprechen können. Auch sehr viele psychiatrie-betroffene Männer und Trans* haben sexualisierte Gewalterfahrungen gemacht. Vielleicht bräuchten auch sie geschlechtergetrennte Räume. Das Bedürfnis danach wird von Männern jedoch kaum geäußert, was u. U. lediglich an dem größeren Tabu liegen könnte, mit dem das Sprechen über sexualisierte Gewalterfahrungen für Männer besetzt ist. In jedem Fall brauchen professionelle Helfer*innen ein Wissen über sexualisierte Gewalt und ihren häufigen Zusammenhang mit Psychiatrisierung, der in der Psychiatrie immer noch viel zu sehr ignoriert wird. Eine Auseinandersetzung der Professionellen mit diesem Zusammenhang ermöglicht den Betroffenen, dieses Thema offen anzusprechen.

Als Professionelle*r muss man eine Person, die sich in einer Krise an eine Mitarbeiterin einer Kriseneinrichtung wendet, nicht unbedingt verstehen, um sie unterstützen zu können. Allerdings ist die Grundhaltung zu Krisen oder Verrücktsein entscheidend. Krisen haben immer gute Gründe und ihre Daseinsberechtigung. Diese Gründe kann jedoch nur die jeweilige Person selbst herausfinden. Professionelle Unterstützer*innen können lediglich dabei sein, ein Gegenüber sein, ansprechbar und bereit sein, in Anspruch genommen zu werden. Interpretationen und Ideen der Unterstützer*innen bleiben ihre Interpretationen. Ob sie der Person in der Krise etwas bedeuten, entscheidet diese selbst. Oft erschließt sich der Sinn einer Krise erst im Nachhinein und nicht, während eine Person sich mitten darin befindet. Um in einer unterstützenden Weise dabei sein zu können,[1] bedarf es einer bestimmten Haltung, die die andere Person in ihrer Individualität und Fremdheit akzeptiert. Unterstützer*innen brauchen die Bereitschaft, die andere Person auf ihrem eigenen Weg zu begleiten, sie auszuhalten und auch ihr eigenes Unverständnis, ihre Überforderung, ihre Hilflosigkeit auszuhalten. Als Person ist der*die professionelle Helfer*in eher unwichtig. Da es bei verrücktem Sein oft um Grenzerfahrungen geht, ist es notwendig, ein klares Bewusstsein für die eigenen Grenzen zu haben und diese auch deutlich zu machen. Hier geht es auch um die Bereitschaft, sich auseinanderzusetzen. Entscheidend ist, sich von den Vorstellungen der Person in der Krise leiten zu lassen, sie ernst zu nehmen, auch wenn vieles fremd und unverständlich erscheint. Der*die andere bleibt Expert*in für sein*ihr eigenes Leben und seine*ihre eigene Krise. Professionelle Kategorien sind eher hinderlich, weil sie den Blick für die Situation des Gegenübers verstellen können, indem sie nur ganz bestimmte Ausschnitte sichtbar machen. Um Menschen in Krisen zu unterstützen, müssen Professionelle bereit sein, sich selbst mit ihren professionellen Glaubenssätzen immer wieder infrage stellen zu lassen.

Krisenintervention bedeutet, sich mit der anderen Person gemeinsam auf ihren eigenen Weg zu machen, sie in ihrer Suche nach einem Ausweg aus ihrer Krise zu begleiten. Dieser Weg ist notwendigerweise individuell und muss jeweils neu gesucht werden. Aus diesem Grund werden hier weder Fallbeispiele vorgestellt noch Rezepte präsentiert, da dies an der Natur der Aufgabe, die Krisenintervention bedeutet, vorbeiginge. Die Anforderung an Professionelle besteht darin, sich einzulassen, zu fragen oder in Ruhe zu lassen, zu reden oder zu schweigen, einfach dabei zu sein. Diese Form des Dabei-Seins (Mosher et al., 1994) impliziert da zu sein, präsent zu sein, wach zu sein, aufmerksam wahrzunehmen, was die andere Person äußert. Sprache ist dabei nicht immer das einzige Kommunikationsmittel. Manchmal ist gerade die verbale Kommunikation – in strukturierter Form – in Krisensituationen nicht mehr möglich. Hier kann es wichtig sein, Sprachlosigkeit auszuhalten oder zu kreativeren Ausdrucksmitteln zu greifen.

Um deutlich zu machen, wie unterschiedlich die Bedürfnisse in Krisen sind, zitiere ich noch einmal aus »Stellung nehmen«:

> »›Ein paar Hinweise könnte ich schon geben: Wenn ich in einer Krise bin, brauche ich einfach nur ein ruhiges, freundliches Klima, ohne dass mir jemand sagt, ich muss jetzt Tabletten nehmen. Ich will auch nicht telefonieren, denn in dem Moment ist es besser, wenn mir jemand gegenüber sitzt.‹ ›Es kommt darauf an, was für ein Problem. Möglichst draußen, weg, wo es ruhig ist und keiner stört. Vielleicht im Wald mit jemand, den ich gut kenne. Viel laufen und auf diese Weise das verarbeiten. Abends bis zum Sonnenuntergang, dann soll das Problem auch weg sein, bis dahin muss ich das geschafft haben. Weil dann kann man sich auf den nächsten Tag freuen, die Sonne scheint und es wird von Tag zu Tag besser.‹ ›Ich weine, das muss raus, dann fühle ich mich freier. Ich rede mit Freunden. Ansonsten habe ich zwei Vertrauenspersonen [in Evas Haltestelle], schon seit vier Jahren und da gehe ich meistens immer hin. Die geben einem Mut.‹ ›Manchmal, wenn ich depressiv bin, dann fahre ich zum Flughafen und schaue, wie die Flugzeuge abheben und dann fange ich

---

[1] Mit »dabei sein« beziehe ich mich auf das in der kalifornischen Soteria entwickelte Konzept (vgl. Mosher, Hendrix & Fort, 1994).

an nachzudenken. Das ist dann meist der Punkt, wo es kippt und ich dann weiterkomme.‹ […] ›Mir ist wichtig, vor allem zu reden, um die Angst zu bewältigen in der Krise.‹« (Russo & Fink, 2003, S. 95)

Krisenintervention ist einfacher, wenn man eine Person kennt, wenn bereits ein Vertrauensverhältnis besteht. Vertrauen macht es der Person in der Krise auch leichter, Unterstützung in einer Extremsituation zu akzeptieren. Manchmal kann es jedoch auch gerade wichtig sein, dass der*die Helfer*in die Person in der Krise nicht kennt, damit diese sich an sie wenden kann.

Im Weglaufhaus ist eine der zentralen Fragen im Aufnahmegespräch die Frage nach früheren Krisen- oder Verrücktseinserfahrungen verbunden mit der Frage: Was hilft dir dann? Was hilft dir eher nicht? Welche Form von Unterstützung wünschst du dir? Frappierend ist, dass die meisten Bewohner*innen sehr erstaunt über diese Fragen waren, da sie ihnen während ihrer oft langjährigen Psychiatriekarriere nie gestellt wurden. Oft waren die Fragen auch eine Überforderung, und sie konnten zunächst nicht viel darauf antworten. Bei diesen Bewohner*innen geht es dann im Laufe der Zeit im Weglaufhaus darum, dass sie herausfinden, was ihnen hilft und was ihnen eher schadet. Die Mitarbeiter*innen geben dabei lediglich Anregungen, machen Vorschläge, die die Bewohner*nnen ausprobieren oder verwerfen können (vgl. Bräunling, Balz & Trotha, 2001; Kempker, 1998).

18.4 Fazit

Grundsätzlich wissen Psychiatrie-Betroffene sehr genau, was sie sich wünschen, wie sie sich Hilfe vorstellen, was sie brauchen (ausführlich zu solchen Wünschen Lehmann & Stastny, 2007, z. B. im Kapitel »Was hilft mir, wenn ich verrückt werde«). Sie werden nur viel zu selten gefragt und sehr oft nicht als kompetente Gesprächspartner*innen und als Expert*innen für ihr eigenes Leben wahrgenommen. Die erste bundesweite betroffen-kontrollierte Evaluation »personenzentrierte Hilfe aus Sicht der Nutzer« vom Verein Für alle Fälle e. V. (Lorenz, Russo & Scheibe, 2007) hat gezeigt, dass 67 % der Nutzer*innen Unterstützung in Krisen nach Gesprächen mit den Betreuer*innen am wichtigsten ist bei den Hilfeangeboten (ebd., S. 72). »Der häufigste negative Aspekt der Hilfe ist, in einer Krise zu schnell in die Klinik zu müssen« (Lorenz et al., 2007, S. 126). Eine weitergehende, gezielte systematische Befragung der Nutzer*innen von Kriseninterventionsangeboten durch Personen von außen, die nicht mit der genutzten Einrichtung verbunden sind und zu denen kein Abhängigkeitsverhältnis besteht, brächte sicher sehr interessante Ergebnisse und wertvolle Anregungen für die nutzer*innengerechte Gestaltung der Angebote.

Literatur

Bräunling, S., Balz, V. & Trotha, T. v. (2001). Freie Sicht auf mich selbst! Die Praxis im Berliner Weglaufhaus. *Zeitschrift für systemische Therapie*, *19*, 4, 239–260. Zugriff am 27.11.2018 unter http://www.weglaufhaus.de/wp-content/uploads/2010/08/Freie_Sicht_auf_mich_selbst_Br%C3%A4unling_Balz_Trotha.pdf.

Filson, B. (2012). Intentional Peer Support (Absichtsvolle Unterstützung von Betroffenen für Betroffene) – Ein alternativer Ansatz. In Verein zum Schutz vor psychiatrischer Gewalt (Hrsg.), *Auf der Suche nach dem Rosengarten: Echte Alternativen zur Psychiatrie umsetzen* (S. 54–58). Berlin: Verein zum Schutz vor psychiatrischer Gewalt Zugriff am 27.11.2018 unter http://www.weglaufhaus.de/wp-content/uploads/2013/08/Dokumentation_Rosengarten_v2013.pdf.

Kempker, K. (Hrsg.). (1998). *Flucht in die Wirklichkeit: Das Berliner Weglaufhaus*. Berlin: Lehmann Antipsychiatrieverlag.

Lehmann, P. & Stastny, P. (2007). *Statt Psychiatrie 2*. Berlin: Lehmann Antipsychiatrieverlag (englisches Original erschienen 2007).

Lorenz, A. K., Russo, J. & Scheibe, F. (2007). *Aus eigener Sicht: Erfahrungen von NutzerInnen mit der Hilfe*. Berlin: Der Paritätische.

Mosher, L., Hendrix, V. & Fort, D. C. (1994). *Dabeisein. Das Manual zur Praxis in der Soteria*. Bonn: Psychiatrie-Verlag (englisches Original erschienen 1992).

Russo, J. & Fink, T. (2003). *Stellung nehmen. Obdachlosigkeit und Psychiatrie aus den Perspektiven der Betroffenen*. Berlin: Deutscher Paritätischer Wohlfahrtsverband.

Russo, J. & Sweeney, A. (Hrsg.). (2016). *Searching for a rose garden. Challenging psychiatry, fostering mad studies*. Monmouth: PCCS Books.

19 Krisenintervention aus der Perspektive der »Vielmelder/Heavy User« eines Krisendienstes

Anja Link und Christiane Tilly

Eine Reihe von Jahren liegt es nun schon zurück, dass wir uns mit dem Thema »Krisenintervention« aus der Perspektive von Nutzer*innen intensiv auseinander gesetzt haben. Damals wie heute sehen wir uns mit einer vielschichtigen Thematik konfrontiert: Krisensituationen sind schwer miteinander vergleichbar, nicht jeder Anruf beim Krisendienst erfolgt aus der gleichen Motivation heraus, Hilfeangebote von Unterstützenden gestalten sich unterschiedlich und stoßen auf vielgestaltige Lebenssituationen, Erwartungen und (oft heimliche, unausgesprochene) Hoffnungen. So individuell das Erleben von Krisen ist, so deutlich ist heute für uns aber eine Parallelität, die in dem Erleben und Bewältigen von Krisensituationen unterschiedlicher Menschen sichtbar wird. Immer ist Krisenbewältigung auch ein interaktives Geschehen, in dem die Betroffenen im günstigsten Fall durch das private und professionelle Unterstützer*innensystem dahingehend begleitet werden, sich selbst wieder als handlungsfähig zu erleben. Diese Überlegungen sind die Basis für den folgenden Artikel.

Die Reflexion unserer Erfahrungen mit uns selbst und der Blick zurück auf die Wirksamkeit der Interventionen unserer Helfer*innen ist nach vielen Jahren, in denen wir beide selbst zu »Helferinnen« im Gesundheitsbereich geworden sind, ein fast selbstverständlicher Bestandteil unserer Erfahrungsressourcen. Vielleicht ist das eigene Handeln im Arbeitsfeld manchmal gerade durch diese eigenen Erfahrungen und ihre Reflexion ein bisschen einfacher, weil Dinge bisweilen aus eigener Erfahrung einfühlbarer sein können und sich die innere Logik leichter erschließt. Deshalb wollen wir hier noch einmal auf die Zeit zurückschauen, in der wir selbst schwierige Lebenssituationen zu bewältigen hatten und mit der Hilfe unserer Unterstützer*innen manchmal daran gearbeitet haben, Mut für die nächsten Stunden, Tage oder Wochen zu finden. Unser Anliegen ist es, zum Verständnis für Menschen beizutragen, die häufig als »Vielmelder« bzw. »Heavy User« bezeichnet werden oder für diejenigen, die fünf Minuten vor Dienstschluss beim Krisendienst anrufen. Dieses Verhalten entsteht aus einer inneren Logik heraus, in die wir im Folgenden einen Einblick geben möchten, und vielleicht zu einem besseren gegenseitigen Verständnis von Betroffenen und Unterstützenden in Krisensituationen beizutragen. Auch wir haben keine Patentrezepte für Ansätze der Krisenintervention. Die Erfahrungsperspektive ist letztlich stets eine individuelle Perspektive. Aus zahlreichen Begegnungen mit Betroffenen und Fachleuten wissen wir jedoch, dass sich unsere individuellen Erfahrungen mit denen vieler anderer Nutzer*innen decken, die ebenfalls die Diagnose »Borderline-Persönlichkeitsstörung« bekommen haben und sich in ihrem Leben immer wieder in Krisensituationen befunden haben und befinden. Wir wünschen uns, dass der Einblick in unsere Geschichten den an Krisensituationen beteiligten Personen Handlungsmöglichkeiten eröffnet und Möglichkeiten für den Umgang miteinander erweitern kann.

»Ich war ein glückliches, ganz normales Kind«

Anja L.: Laut den Erzählungen meiner Familie war ich ein glückliches, ganz normales Kind; wenn auch etwas stiller als andere Kinder und mehr mit Grübeleien beschäftigt als mein älterer Bruder. In der Theatergruppe der Schule ärgerte ich mich oft darüber, dass ich immer nur die Rollen ernster Erwachsener bekam wie zum Beispiel die des Goethe, der in einem Bilderrahmen saß und die Szenerie altklug kommentierte. Gerne hätte ich auch mal leichte, fröhliche Rollen bekommen, aber offensichtlich war schon damals spürbar, dass ich diese Charaktere nicht hätte füllen können. ich fühlte mich unglücklich, traurig, irgendwie leer und vor allem: ganz besonders wertlos. Nuancen meiner Gefühlszustände waren für mich kaum spürbar, vielmehr war es so, dass ich andere Gefühle, die dieses Erleben hätten ausgleichen können, immer seltener wahrnehmen konnte. Schließlich kam die Phase der Pubertät mit den entsprechenden Veränderungen der äußeren Anforderungen, aber auch im Denken, Fühlen und Körpererleben, und sie tat ihr Übriges, um mich vollends aus dem Gleichgewicht zu bringen. Ich hatte das Gefühl, nun völlig die Kontrolle über mich und mein Leben zu verlieren, und aus den schwierigen Grundgefühlen von Wertlosigkeit und Trauer wurde eine Verzweiflung, die mich voll und ganz ausfüllte. Wie es mir ging, konnte ich damals nicht beschreiben. Mir fehlte das Vokabular dafür und ich hatte den Eindruck, dass es weder eine Möglichkeit noch eine Berechtigung oder gar Notwendigkeit gab, Hilfe zu bekommen. Ich hielt dies für den Normalzustand, mit dem ein Mensch durch das Leben gehen muss. Ich kannte es nicht anders, als dass ich mit dem Gedanken aufwachte: »heute könnte ich mich umbringen«. Von Seelsorgern, Krisendiensten und Therapeut*innen wusste ich damals noch nichts. In meiner Freizeit hörte ich lieber melancholische Musik als auf Partys zu tanzen, und als ich zunehmend mehr Zeit in der Bücherei statt mit Schulfreunden verbrachte und Literatur über dramatische Lebensbiografien verschlang, stieß ich unweigerlich auch auf Beschreibungen von Menschen mit psychischen Erkrankungen. Das waren Leute, denen es wohl »wirklich« schlecht ging; sie hatten lebensbedrohliche Essstörungen, waren depressiv oder hatten Psychosen. Einerseits konnte ich meine Gefühle in diesen Geschichten wiederfinden, andererseits war es nicht das, was in mir vorging; Als mir Psychologie-Fachbücher in die Hände fielen, begann ich, Selbsttests zur Feststellung von Depressionen zu machen; über meine Testergebnisse war ich einigermaßen erstaunt und gleichzeitig erleichtert, denn demnach wäre das, was ich schon immer und ständig fühlte, eine Krankheit, und ich hatte allen Grund, mich damit an Fachleute zu wenden, die mich von diesen seelischen Qualen befreien würden. Nur, wie sollte ich vermitteln können, dass ich unglücklich bin, wo ich doch alles um mich herum hatte, was andere auch hatten? Ich meinte, unter einer Art »Beweislast« zu stehen und suchte nach greifbaren, sichtbaren Ursachen für meine innere Not. Taugten Ohnmachtsanfälle oder Beschreibungen von ständigen Magenschmerzen als Beweis für mein Leiden? Ich ging immer häufiger zu verschiedenen Ärzten und berichtete von Symptomen, über die ich gelesen hatte, half hier und dort nach, Krankheiten zu erzeugen und entdeckte meinen Körper als eine Bühne, auf der sich mein Leid abspielen konnte. Schließlich ging ich dazu über, sehr direkt meinen Schmerz zu kanalisieren, fing an, mich in die Arme zu schneiden und erlebte den hellen Schmerz als einen heilsamen Kontrast zu den düsteren Stimmungen. Nun hatte ich eine einfache Lösung, die mir das Gefühl gab, wieder handlungsfähig zu werden,; ein wirksames, entlastendes Ritual schlich sich in meinen Alltag. Im Gegensatz zu den nur für mich spürbaren allgegenwärtigen und schwierigen Gefühlszuständen konnte ich mit diesem sichtbaren Ausdruck meines Leidens endlich den Begriff »Krise« erfüllen. Wer würde wie darauf reagieren?

»Mensch, Mädchen, du hast ja Probleme!« Dieser Satz erzeugte in mir ein warmes Gefühl des Verstandenwerdens.

Christiane T.: Mit 13 Jahren geriet ich das erste Mal in eine Stimmung, in der ich mich später häufig wiederfand: eine Mischung aus Verzweiflung und Leere. Ich war am Besuch des Gymnasiums gescheitert, nach den Sommerferien war der Besuch der Realschule geplant. Ich spürte, dass ich die Erwartungen meiner Eltern enttäuscht hatte. Diese Gedanken teilte ich jedoch nicht mit ihnen, sie schienen mir als Ansprechpartner nicht geeignet, weil es sie überfordern würde. Meine Traurigkeit machte wiederum meine Eltern traurig, das ertrug ich noch weniger. Der Einzige, mit dem ich meine Verzweiflung zu teilen versuchte, war der Nachbarhund. Mit ihm lief ich stundenlang durch die Felder und heulte dabei Rotz und Wasser. Ihn störte es nicht weiter – Hauptsache, wir blieben in Bewegung. Zu Hause lächelte ich und schwieg. Tränen zu zeigen hatte ich mir dort schon lange abgewöhnt.

Irgendwann in diesen Ferien suchte ich die Erziehungsberatungsstelle auf. Die Psychologin dort stellte fest: »Mensch, Mädchen, du hast ja Probleme!«. Dieser Satz erzeugte in mir ein warmes Gefühl des Verstandenwerdens. Sie bot mir einen nächsten Termin an, und bis zu diesem dachte ich immer wieder an den tröstenden Satz. Dem Termin folgten weitere wöchentliche Treffen. Morgens saß ich im Chemieunterricht und schaute heimlich auf den kleinen gelben Terminzettel. Die Formeln und Elemente rauschten an mir vorbei. Ich wartete auf mein »Date« am Nachmittag. Wir alle warteten auf »Dates« am Nachmittag, jedoch waren meine Mitschülerinnen an den Jungs interessiert, die mir hingegen völlig egal waren. In der Klasse fühlte ich mich als Außenseiterin, ich konnte nicht mitreden, denn was würden die anderen denken, wenn ich von meinem besonderen Date spräche… Nachmittags fuhr ich zur Psychologin. Mein gesamtes Taschengeld gab ich für Fahrkarten aus. Vor meinen Eltern hielt ich diese Besuche geheim.

Fast immer kam ich mit einem neuen wärmenden Satz aus den Beratungsstunden. Diese Sätze trugen mich eine Weile im Alltag. Doch irgendwann wurde es schwieriger, diese Sätze zu bekommen, und ich lernte, dass sich die Dramatik meiner Probleme abnutzte. Entsprechend wählte ich genau aus, welche Inhalte ich in den Beratungsstunden erzählte und fokussierte mich immer mehr auf alles, was mir den Alltag schwer machte, sodass Erfolgserlebnisse oder erfreuliche Begebenheiten zuerst aus meinen Erzählungen, dann auch immer mehr aus meiner Wahrnehmung im Alltag verschwanden. Ich bekam nun häufiger Termine und wieder mehr »warme Sätze«. Das Wort »Krise« fiel in all den Jahren nie.

In der Psychiatrie lernte ich schnell, dass jegliche Verhaltensweisen durch die Brille möglicher Störungen betrachtet werden und begann, die Sprache der Institution zu sprechen

Anja L.: Die ersten Adressaten und unfreiwilligen Krisenhelfer*innen waren die gleichaltrigen Jugendlichen und Lehrer*innen meiner Schule. Meine Banknachbarin bekam mit, dass ich mich selbst verletzte und sie motivierte mich, Hilfe bei Lehrer*innen zu suchen. Ich erlebte, wie sie mich mit all ihren Möglichkeiten unterstützte, spürte aber auch, dass sie im Grunde überfordert war und zog mich von ihr zurück, um sie wieder zu entlasten. Als der Zuständige für »Erste Hilfe« an unserer Schule war unser Biologielehrer der erste, der meine Selbstverletzungen zu Gesicht bekam; ich spürte, dass er nicht wusste, wie er sich verhalten sollte. Seine

Unsicherheit erschreckte mich; dennoch verstand ich, dass Selbstverletzungen eine Art Sprache waren, in der ich etwas vermitteln konnte, für das mir Worte fehlten. Das Lehrerkollegium machte sich Gedanken, wie mir geholfen werden könnte und löste damit bei mir die Hoffnung aus, dass die richtigen »Retter*innen« schon zu finden waren. Eine Lehrerin hatte mich stets mit einem Ausdruck von Sorge und Achtsamkeit im Blick, sie bot mir immer häufiger Gespräche in den Pausen an und als sich meine Noten immer weiter verschlechterten, wurde dies von den meisten Lehrer*innen mit besorgten Blicken statt Ermahnungen quittiert. Diese Form von Zuwendung verschaffte mir etwas Trost und Halt. Schließlich landete ich zum ersten Mal bei einem Psychologen in der ambulanten Psychotherapie. Meine Vorstellung und Hoffnung, er könnte mir die schweren Gefühle abnehmen und mir dabei helfen, mich wie alle anderen aus meiner Schule zu fühlen und wieder dazuzugehören, zerschlug sich schnell. In den Therapiestunden verstand ich nicht, warum er nicht auf mich reagierte – er ermutigte mich lediglich, in Worte zu fassen, wie es mir ging, und wenn ich das tat, wiederholte er meine Worte in ähnlichen Sätzen. Ich gewann zunehmend den Eindruck, dass er mich entweder nicht verstand oder mir nicht helfen wollte. Ich überlegte, wie ich ihn dazu bringen konnte, endlich zu handeln und mich aus meiner Situation zu befreien. Erst als ein neuer Hausarzt involviert wurde, kam Bewegung in meine verfahrene Situation, denn dieser Arzt deutete die Selbstverletzungen als Suizidversuche und wies mich sofort in die Psychiatrie ein. Er redete sehr ernst mit mir und behandelte mich wie einen »Notfall«: Die Routine-Sprechstunde wurde unterbrochen, alle anderen Patienten aus dem Wartezimmer zurückgestellt. Zum ersten Mal hatte ich das Gefühl, mit meiner Not angemessen gesehen zu werden, denn dieses Verhalten entsprach meinem inneren »Ernst der Lage«. Auch gab es mir das Gefühl, wichtig und »rettenswert« zu sein.

In der Psychiatrie lernte ich schnell, dass jegliche Verhaltensweisen durch die Brille möglicher Störungen betrachtet werden und begann, die Sprache der Institution zu sprechen. Die erste prägende Erfahrung machte ich schon wenige Stunden nach der Aufnahme auf der psychiatrischen Station: Beim Essen wurden alle Patient*innen im gemeinsamen Speisesaal beobachtet. Verunsichert durch die neue Situation und auch, weil mir das Essen nicht sonderlich schmeckte, stocherte ich zunächst nur auf meinem Teller herum; es wunderte mich, dass ich damit kontrollierende Blicke des Personals auf mich zog. Als ich eine Mitpatientin bemerkte, die offensichtlich magersüchtig war und deshalb bei den Mahlzeiten unter besonders sorgfältiger Beobachtung des Personals stand, verstand ich den Zusammenhang: Das Personal hegte offenbar den Verdacht, ich hätte eine Essstörung. Die Mahlzeiten wurden ab sofort zur Quälerei, weil ich immer weniger aß und immer hungriger den Tisch verließ. Wenn ich auf diese Weise verständlich machen konnte, dass es mir schlecht ging, wollte ich das auch tun.

Der Stationsarzt bemerkte nach ein paar Wochen, dass ich mich in die Patient*innenrolle viel zu gut einfügte, und wurde entlassen. So wurde ich wieder in einen Alltag geschickt, dem ich mich nun noch weniger gewachsen fühlte als .Dass es möglich war, sich mithilfe der Psychiatrie einem Leben zu entziehen, das mich überforderte, verblieb als Erfahrung in meinem Repertoire möglicher Lösungen und diente mir von nun an als Rettungsanker und als Alternative zu einem Suizid.

»Tod bedeutet frei sein, aber umgekehrt?«

Christiane T.: Mit 23 Jahren kannte ich mich gut im Hilfesystem aus. 18 Monate Aufenthalt in der Kinder- und Jugendpsychiatrie und vier Jahre Behandlung in der Erwachsenenpsychiatrie lagen hinter mir. Ich hatte die Sprache der »Profis« gelernt. War mir bei meiner

Einweisung in die Kinder- und Jugendpsychiatrie noch unverständlich gewesen, was »latente Suizidalität« bedeutet, so hatte ich bald schon die Wirkung suizidaler Äußerungen auf Helfende einzuschätzen gelernt. Ich war völlig mit der Welt »draußen« überfordert. Wenn ich meiner Verzweiflung darüber Ausdruck gab, indem ich äußerte, dass mein Leben keinen Sinn mehr hatte, so schlossen sich die Stationstüren und man behielt mich im Blick. Dies waren offenbar die Worte, die meine innere Not in einer Weise beschrieben, dass die Brisanz mein Gegenüber wirklich erreichte. Ich hatte wenige Worte, um meine Verzweiflung deutlich zu machen. Das Pflegepersonal beachtete mich, in Abständen von wenigen Minuten sah man nach mir oder ich wurde aufgefordert, mich in regelmäßigen Abständen im Dienstzimmer zu melden. Angenehm war für mich aber vor allem, dass der Rahmen kontrollierbarer wurde. Mein Aktionsradius war dadurch auf die Station begrenzt und ich konnte mich nicht mehr so leicht selbst verlieren. Ich zeichnete Bilder und schrieb Texte, die ihre Wirkung nicht verfehlten. Die Darstellungen brachten mir schließlich eine »Audienz« beim Chefarzt ein. Lange diskutierten wir über einen Satz in einem meiner Texte: »Tod bedeutet frei sein, aber umgekehrt?«. Obwohl ich diesen Satz selbst geschrieben hatte, wollte sich mir die Umkehrung einfach nicht erschließen. Hartnäckig bestand der Chefarzt jedoch darauf, dies sei ein besonders wichtiger Satz. Wirklich verstehen konnte ich den Sinn erst Jahre später. Auch wenn ich durch die dauernde Beschäftigung mit dem Thema Suizid längst wirklich suizidal war und es mir nicht mehr nur um Aufmerksamkeit ging, existierte doch tief in mir der Wunsch, frei sein zu können, ohne tot sein zu müssen. Der Suizid als Lösung schien mir immer plausibler zu sein und irgendwann unternahm ich auf der Station einen Suizidversuch, dem weitere folgten. Nach vielen Monaten wurde ich jedoch aus dem sicheren Nest der Kinder- und Jugendpsychiatrie geschubst, hinein in einen Alltag, mit dem ich restlos überfordert war. Meine Suiziddrohungen konnten den Aufenthalt nicht verlängern. Man hatte sich an meine »chronische Suizidalität« gewöhnt. Ein paar Wochen hielt ich »draußen« durch. Dann schluckte ich eine Überdosis Schlaftabletten. Der Telefonseelsorge teilte ich von einem Münzfernsprecher am Bahnhof aus mit, dass ich nicht mehr leben wollte und Tabletten geschluckt hätte. Aller Mut hatte mich verlassen. Denn eigentlich wollte ich ja leben, nur nicht mehr so wie bisher. Schließlich sammelten mich Mitarbeiter des Krisendienstes ein. Wieder kam ich ins Krankenhaus und wurde dort täglich von einer Mitarbeiterin des Krisendienstes besucht. Als der Versuch der ambulanten Begleitung scheiterte, geriet ich erneut in die Mühlen der Psychiatrie. Ich durchlief verschiedene psychiatrische Stationen, bis ich auf der geschlossenen Station der Erwachsenenpsychiatrie landete. Der Stationsarzt begrüßte mich mit den Worten: »Wir können Sie nicht mehr weiter überweisen, hier ist erstmal Endstation«. Ich war erleichtert. Als hochsuizidal eingeschätzt, wurde ich auf Schritt und Tritt begleitet und fühlte mich aufgehoben und im Gegensatz zum Aufenthalt in der Kinder- und Jugendpsychiatrie als ein »unbeschriebenes Blatt«: Hier wurde meine Krise ernst genommen, denn keiner wusste, dass ich in einer Dauerkrise lebte. Wieder versuchte ich Worte für meine inneren Qualen zu finden. Meine Leere und Verzweiflung ließen sich jedoch nicht beschreiben und mir blieb wieder nur die »suizidale Kommunikation«.

»Als ich sämtliche Grenzen des Helfersystems ausgelotet hatte und trotz enormer Anstrengungen aller Beteiligten die erhoffte Auflösung ausblieb, begann ich zu verstehen, dass niemand mir meine Gefühle abnehmen konnte«

Anja L.: Als ich von zu Hause auszog, mein Studium begann und mit dem Alleinsein konfrontiert war, glaubte ich nicht mehr daran, mein Leben ohne Hilfe bewältigen zu können; die Termine, die mir Beratungsstellen, Therapiestunden und Arztbesuche anboten, reichten nicht aus, um die dazwischenliegende Zeit inneren Leidens zu überbrücken. Da mir diese Zeiträume ohne Gesprächstermine endlos erschienen, bemühte ich mich um noch mehr Helferkontakte und stellte meine Situation so dramatisch wie nur möglich dar. Ich pflegte den Verdacht der Profis, »selbstgefährdend« zu sein, um die Intensität der Hilfsangebote steuern zu können. Immer häufiger landete ich zur Krisenintervention über das Wochenende in der Psychiatrie, bis ich schließlich mit einem »open end« bleiben konnte. Ich wurde ein paar Mal weiter überwiesen zu immer spezialisierteren Spezialisten und entwickelte mich so selbst zur Expertin. Als ich auf einer Station landete, die sich Patienten mit Selbstverletzungen widmete, profitierte ich weniger von den Erfahrungen der Helfer, als dass ich von meinen Mitpatienten neue Methoden der Selbstschädigung lernte und dabei jeden Maßstab verlor. Die Oberärztin sagte mir fast täglich als Reaktion auf meine Selbstverletzungen: »Sie hätten tot sein können«; ich hielt das für Übertreibungen, denn für mich lauerte die eigentliche Gefahr an ganz anderer Stelle: In der Entlassung in einen nicht zu bewältigenden Alltag. Einmal landete ich zur Krisenintervention auf der geschlossenen Station des Hauses; nach vier Tagen kam meine Ärztin, um zu erfahren, ob ich zur Fortsetzung der Therapie ausreichend motiviert sei. Ich legte ihr zum Beweis meiner Motivation eine Packung Rasierklingen auf den Tisch, die ich die ganze Zeit heimlich bei mir hatte. Wir schauten uns einen Moment lang schweigend an und fühlten uns wohl beide hilflos – ich hatte das Gefühl, wir saßen endlich in einem Boot. Es gelang mir immer wieder, Ärzt*innen und Therapeut*innen ihre Machtlosigkeit vor Augen zu führen, und war dann erleichtert, mein eigenes Gefühl von Hilflosigkeit mit ihnen teilen zu können; die Dynamik, die dabei entstand, entsprach meinem Erleben. erst, als ich sämtliche Grenzen des Helfer*innensystems ausgelotet hatte und trotz enormer Anstrengungen aller Beteiligten die erhoffte Auflösung ausblieb, begann ich zu verstehen, dass niemand mir meine Gefühle abnehmen konnte.

»In den folgenden Monaten wurde ich zum ›Vielmelder‹, das Telefonkabel zu meiner Nabelschnur zur Welt«

Christiane T.: Im stationären Kontext schienen die Krisen für mich noch kontrollierbar. Entlassen in einen Alltag nach der Psychiatrie versuchte ich, mein Leben allmählich wieder aufzubauen. Mittlerweile hatte ich kein Vertrauen mehr in meine eigene Kraft, also brauchte ich ein enges Helfer*innennetzwerk. An Wochenenden war dieses jedoch leider nicht verfügbar. Irgendwie stieß ich in meiner Verzweiflung auf die Nummer des Krisendienstes. Ich rief dort an und wusste, ich musste meine Krise überzeugend darstellen. Ein »ich fühle mich so leer und verzweifelt« würde nicht reichen. Sätze wie »ich habe so komische Gedanken« und »ich weiß nicht, ob ich die Nacht heute so überstehen kann« verfehlten ihre Wirkung statt dessen nicht. Der Mitarbeiter telefonierte eine Stunde lang mit mir und die quälenden Gefühle waren für einige Zeit vergessen. Wir scherzten am Ende des Gesprächs, doch anschließend fiel ich in rasantem Tempo noch tiefer in die unangenehmen Gefühle. Einige Stunden schlich ich wieder um mein Telefon herum. Dann beschloss ich, erneut Kontakt zum Krisendienst aufzunehmen. Die Mitarbeiter*innen kündigten einen Hausbesuch an und ich war erleichtert. In den folgenden Monaten wurde ich zum »Vielmelder«, das Telefonkabel zu meiner Nabelschnur zur Welt. Ständig rief ich beim Krisendienst an und »erarbeitete« mir einen »schlechten Ruf«: Meine Suizidalität wurde nicht mehr ernstgenommen. Nur neue Mitarbeiter*innen hörten mir noch geduldig zu und versuchten, Lösungen mit mir zu erarbeiten, doch alle diese Ideen reichten mir nicht aus. Ich brauchte mehr und ich hatte noch nicht gelernt, mir selbst etwas zu geben. Ich erzählte jedem bereitwillig meine ganze Lebens- und vor allem Krankengeschichte; jede Minute am Telefon zählte, wenn ich nur nicht allein war. Anschließend fühlte ich mich leer. War der Hörer wieder aufgelegt, so setzte meine Krise erst richtig ein. Dann quälte ich mich, lief stundenlang am Bahngleis hin und her, rang mit mir und wusste, ich musste entscheiden, die Verantwortung für mich selbst tragen. Kein anderer konnte das tun, ich selbst musste es lernen. Ich allein entschied, ob ich den Schritt auf das Bahngleis tun, die Packung mit Schlaftabletten anrühren oder das Messer in die Pulsadern stechen würde. Es ging nicht mehr um Risikoabwägung durch andere – diese Suizidalität war nicht mehr appellativ und ich musste alleine damit fertig werden.

»Kaum merklich dehnte sich mein Blick in die Zukunft und ich spürte zunehmend meine Selbstwirksamkeit«

Anja L.: Beim Vormundschaftsgericht stellte ich den Antrag, die gesetzliche Betreuung aufzuheben. Ich wusste, was ich der Richterin bei der Anhörung erzählen musste, damit sie keine Anhaltspunkte für eine Weiterführung der Betreuung finden konnte. Kurz darauf erhielt ich mit der Post die Bestätigung der Aufhebung meiner Betreuung. Erschrocken darüber, dass ich jetzt wieder selbst ganz offiziell die Verantwortung für mich trug, fühlte ich mich mehr denn je im Stich gelassen. Die Exmatrikulation drohte, wenn ich das kommende Semester nicht schaffte. Die nächste Psychiatrieeinweisung würde auf der »Chroniker-Station« enden.

Auch wenn ich in dieser Zeit nicht wusste, ob ich leben wollte, so wollte ich doch unbedingt dieses Studium beenden –. Dieses Ziel erzeugte einen Druck, den ich brauchte, um meine Krisen selbst zu begrenzen und die guten Phasen zu verstärken und zu verlängern. Das gelang vor allem durch Dialoge mit inneren Anteilen, die ich mir als unterschiedlich alte Kinder vorstellte. Diese Kinder waren traurig, wütend, fühlten sich verlassen und sehr bedürftig. Diese Methode hatte ich in der Therapie gelernt, aber bisher niemals wirklich ausprobiert. In dieser Zuwendung gab ich mir selbst Trost und die Anerkennung, nach der ich so lange vergeblich um mich herum gesucht hatte, und versuchte, rücksichts- und respektvoll mit mir umzugehen. Mühsam nahm ich den Alltag endlich in meine Hände, musste zunächst die einfachsten Dinge lernen und üben: einkaufen, Wäsche waschen, den Tag strukturieren – scheinbar Belanglosigkeiten, die Gleichaltrige selbstverständlich beherrschen. Es war anstrengend und dauerte lange, aber ich war erstaunt, dass es funktionierte.

Der Stolz, der mich erfüllte, als ich mein Diplom geschafft hatte, gab mir den Mut und die Kraft, neue, »riskantere« Ziele anzugehen. Kaum merklich dehnte sich mein Blick in die Zukunft und ich spürte zunehmend meine Selbstwirksamkeit. Die Ansprüche an die jeweils nächste Hürde, die ich überwinden wollte, wurden schrittweise höher. Eines Tages hielt ich meinen ersten Arbeitsvertrag für einen Job als Redakteurin bei einem kleinen Radio in der Hand, zog in eine schönere Wohnung und fand mich in einem stabilen sozialen Netz wieder: Es gab tatsächlich ein paar Menschen, die an mich geglaubt hatten und immer noch da waren. Eine Katze kam in mein Leben und sorgte dafür, dass ich nicht mehr in eine Klinik verschwinden mochte. Sie gab mir das Gefühl, das ich so lange in Krisengesprächen und Kontakten mit Therapeuten vergeblich gesucht hatte: einzigartig zu sein.

Wenn der Wunsch nach Unterstützung nochmals auftaucht, wird dies vielfältige Gründe haben – der Verlust eines oder mehrerer der stabilisierenden Elemente, oder ein Beziehungsabbruch Oder vielleicht ist der richtige Zeitpunkt für eine aufarbeitende Therapie endlich gekommen. Mit jeder Weiterentwicklung sind neue Herausforderungen verbunden. Als ich mich mit Anfang 40 erneut entschied, eine Psychotherapie zu machen, bekam der Begriff »Krisenintervention« eine ganz andere Funktion. Ich bin überrascht, welche Unterstützung ich erfahre; vielleicht liegt es an meiner Offenheit oder an dem Wunsch, eigene Grenzen zu überwinden und allem voran ein glückliches Leben führen zu können. Es gelingt mir zu betrachten, welche neuen Instrumente mir die Helfer*innen anbieten, ich probiere aus, welche mir nützlich sind, und übernehme diese in mein Repertoire an Selbsthilfemöglichkeiten.

»Ich konnte die Bedingungen akzeptieren, weil ich sie mitgestalten durfte«

Christiane T.: Meine häufigen Anrufe beim Krisendienst hatten das ambulante Hilfesystem aktiviert; ich wurde zum Sozialpsychiatrischen Dienst geschickt und erhielt eine für mich zuständige Ansprechpartnerin; beide Dienste trafen Vereinbarungen mit mir. Ich durfte nun jederzeit anrufen und beispielsweise sagen, ich wüsste nicht, wie ich den Sonntagnachmittag ertragen sollte, oder ich bräuchte einfach jemanden zum Ablenken. Manchmal wurde ich eingeladen, vorbeizukommen und einen Kaffee mit den Mitarbeiter*innen zu trinken. Im Gegenzug fiel es mir leichter zu akzeptieren, dass auch andere Hilfesuchende Unterstützung brauchten. Mein Wunsch nach Kontakt konnte ohne eine dramatische Inszenierung stattfinden. Ich konnte die Bedingungen akzeptieren, weil ich sie mitgestalten durfte, und ich lernte es zu ertragen, wenn nicht sofort jemand Zeit für mich hatte. Wenn ich doch noch einmal kurz vor Dienstschluss anrief, sagte ich jetzt ehrlich, dass ich Angst vor der langen Nacht hatte, nur noch kurz eine Stimme hören wollte und einen schönen Abend wünschte.

Mehrere Jahre lang trug mich ein ganzes Unterstützer*innenteam. So gelang es mir, eine Ausbildung durchzuhalten und anschließend zu studieren. Und immer hatte ich die Gelegenheit, von meinen kleinen Erfolgen im Alltag zu berichten. Ich fasste wieder Mut, auch im Alltag Gespräche mit Menschen zu führen, in denen es nicht um Krisen ging. Ich fand Freund*innen und konnte wieder teilhaben am »normalen« Leben. Irgendwann beschlossen »meine« Sozialarbeiterin und ich, dass wir nun die Akte schließen konnten. Ich trat eine Arbeitsstelle an und schaffte es aus eigener Kraft, mich den Herausforderungen im Alltag zu stellen.

Seit mehr als zehn Jahren arbeite ich selbst in einer psychiatrischen Klinik. Patient*innensuizide gehören zur traurigen Realität meines Arbeitsalltags. Suizidäußerungen versetzen mich in erhöhte Alarmbereitschaft. Es tut mir um jeden Menschen leid, der sich nicht für das Leben entscheiden konnte. Ich fühle mich hilflos und es bleibt mir nur, für die einzelnen Patient*innen, die sehr verzweifelt sind, zu hoffen, dass es für sie gut weitergehen kann und sie sich für das Leben entscheiden können.

Früher half es mir, wenn die Profis mit mir gemeinsam meine aktuelle Krisensituation betrachteten und das Chaos sortierten, wenn sie meine »hilflosen Selbsthilfeversuche« – wie Selbstschädigungen – tatsächlich als Selbsthilfeversuche verstanden und mich bei der Suche nach Alternativen unterstützten. Sie sorgten für Transparenz und zeigten mir die Konsequenzen meines Handelns auf (z. B. die Zwangsläufigkeit einer Klinikeinweisung, sollte die »suizidale Kommunikation« nicht durchbrochen werden). Von besonderer Bedeutung war für mich eine gute Portion Humor von beiden Seiten, die mancher Krisensituation ihre Dramatik nahm. Wenn es mir passend scheint, wähle ich heute diesen Weg auch in der Begleitung meiner Patient*innen. Und ich kann sagen, es ist schön zu sehen, wie verzweifelte Menschen wieder Mut finden und es ihnen gelingt ihren Alltag zu bewältigen. »Projekt: Neues Leben« hat es eine meiner Patientinnen vor einigen Jahren genannt und mit Freude sehe ich, wie ihr dieses Projekt jeden Tag besser gelingt.

Heute

Wie ist es heute? Vielleicht ist das eigene Erleben von schwierigen Situationen anders geworden. Was damals eine Krise ausgemacht hätte, löst heute nicht mehr das Gefühl von Handlungsunfähigkeit aus. Vielleicht weil es gelingt die »Werkzeuge« zur Selbststabilisierung tatsächlich so anzuwenden, dass sie nützlich sind und dazu führen, die Balance wieder herzustellen. Und natürlich gibt es auch immer wieder mal »finstere Momente«, in denen Hoffnung nicht so leicht greifbar scheint. Sicher hilft dabei heute, eingebunden zu sein in soziale Kontakte und das Gefühl mit der ausgeübten Arbeitstätigkeit auch eine Aufgabe zu haben, in der die eigene Notwendigkeit – wie es der Sozialpsychiater Klaus Dörner einmal ausgedrückt hat[1] – deutlich wird. Wir haben beide heute noch Kontakte zu dem*der einen oder anderen Krisenhelfer*in von damals. Sie sind Vergangenheitsbewahrer*innen. Manchmal ist es einfach gut, mit ihnen gemeinsam über die Zeiten schwerer Krisen sprechen zu können. Es tut gut, wenn da jemand ist, der sagen kann: »Wenn ich mich noch daran erinnere, wie es Ihnen damals ging und was Sie seit damals geschafft haben …«. Manchmal waren wir erstaunt über die Freundlichkeit der professionellen Helfer*innen. Nachdem wir selbst gedacht hatten, das gesamte Hilfesystem längst überstrapaziert zu haben und uns schämten, kamen Fragen wie »Was haben wir als Helfer*innen falsch gemacht?«. Und plötzlich waren Gespräche möglich und im Austausch entstand ein Verständnis für das Handeln auf der einen wie auf der anderen Seite und die Gewissheit, dass der Verlauf nicht anders hätte sein können oder dürfen. Unsere Krisen haben oft allzu offensichtlich appellativ gewirkt. Für uns und unsere Helfer*innensysteme hat es sich gelohnt, gemeinsam vorsichtig nach dem tatsächlichen Bedürfnis zu schauen – wenn wir als Nutzer*innen gerade kein Interesse an dem Entdecken unserer Ressourcen erkennen ließen – und manchmal kreative Lösungen zu entwickeln.

---

1 Dörner, K. (1994). Jeder Mensch will notwendig sein. Neue Chancen für das Recht auf Arbeit aller psychisch Kranken und Behinderten – 46. Gütersloher Fortbildungswoche. Neumünster: Paranus-Verlag.

20 Leidenschaftlich gefordert, selten erreicht – Krisenhilfe aus Sicht der Angehörigen

Reinhard Peukert

> Seit Angehörige psychisch kranker Menschen begonnen haben, sich öffentlich zu äußern, fordern sie Hilfe und Beistand in Krisen. In den letzten Jahren hat sich einiges getan. Allerdings haben diese Entwicklungen (noch) nicht zu dem geführt, was für Angehörige am wichtigsten ist:
> Niederschwellige Kontaktmöglichkeiten zu professioneller Krisenhilfe in der Region für alle Menschen, die sich subjektiv in einer seelischen Krise bzw. einem seelischen Ausnahmezustand befinden.
> Nach wie vor wird bei einem Rückzug und Hilfeverweigerung sowie der daraus resultierenden Anfrage von Dritten (Familienangehörigen oder Freunden) immer wieder die Anfrage des Betroffenen angemahnt, sonst könne man nicht tätig werden.

20.1 Einführung

20.1.1 Die Situation der Angehörigen

Nach wie vor gilt – bis auf einige Ausnahmen – für die gesamte Bundesrepublik: »Familien sind die größte gemeindepsychiatrische Einrichtung«, und viele Angehörige sehen sich nach wie vor als allfällige Ausfallbürgen.

Bereits in den 90er Jahren des vergangenen Jahrhunderts hat das einige Mutige unter ihnen dazu veranlasst, Krisenhilfen selbst ins Leben zu rufen. So haben sich zum Beispiel Ende der 1990erJahre Angehörige in Darmstadt auf den Weg gemacht, einen Krisendienst zu installieren. Im damaligen Psychiatrie-Koordinator Christian Niearese fanden sie einen vehementen Unterstützer, sodass es seit 2002 eine Krisenhilfe von Freitag bis Sonntag sowie an den Feiertagen gibt, und zwar von 18.00–23.00 Uhr. Der Dienst firmiert als »Notdienst« (www.psychiatrie-notdienst.de).

Noch heute spiegelt er die besondere Rolle der Angehörigen wieder: Die Sprecherin der Darmstädter Angehörigen, Frau Petersen, ist im Vorstand – und während sich der Landkreis und die Stadt die Kosten für Samstag, Sonntag und die Feiertage teilen, finanzieren die Angehörigen über Spenden die Öffnungszeit am Freitag.

Auch in der Landeshauptstadt Wiesbaden gab es einen Krisendienst, der dem Notdienst in Darmstadt sehr ähnlich und ebenfalls von den Angehörigen massiv eingefordert worden war – aber aus Kostengründen bereits vor vielen Jahren wieder eingestellt wurde.

Beide Dienste wurden ins Leben gerufen, da die üblicherweise nahezu überall verfügbaren Hilfen in Krisen den Bedarf nicht abdecken konnten. Die Gruppenangebote sowie telefonische Beratungen von Angehörigen für Angehörige sind bereits niederschwellige Krisenhilfen, ebenso wie Hausbesuche des Sozialpsychiatrischen Dienstes. Aber sie haben ihre Grenzen: Das Hilfespektrum von Angehörigen kann bei Krisen sehr schnell an seine Grenzen stoßen, und der Sozialpsychiatrische Dienst hat feste Arbeitszeiten; um den darüber hinaus bestehenden Bedarf zu decken, haben sich in Darmstadt und Wiesbaden die Angehörigen und der jeweilige Psychiatrie-Koordinator zusammen getan, um die Dienste ins Leben zu rufen.

Diese Gründung seitens der Angehörigen weist auf etwas hin, und zwar auf einen offensichtlich bestehenden qualitativen Sprung zwischen Hilfen in einer Krise, die von ebenfalls Betroffenen geleistet wird (peer-to-peer-support) und Situationen, die ohne professionelle Kompetenzen nicht angemessen bewältigt werden können.

In den letzten Jahren wurde noch eine weitere Begrenzung der angehörigenbasierten Krisenunterstützung wahrgenommen, und zwar die sehr unterschiedlichen Erfahrungswelten von Familienangehörigen. Treffen in den Beratungen Eltern auf Eltern, ist die Wahrscheinlichkeit wechselseitigen Verstehens sehr hoch. Aber wie sieht es aus, wenn Kinder als Angehörige nachfragen, bei denen ein Elternteil psychisch erkrankt ist? Die Kinder haben bereits vor Jahren die Entscheidung eigener Gesprächskreise getroffen, wo sie die beratende Hilfe von Gleichbetroffenen finden können.

So wie vor vielen Jahren die Kinder, haben sich im Jahr 2017 Geschwister psychisch erkrankter Menschen zu einem Geschwister-Netzwerk mit einem Online-Forum und regelmäßigen regionalen sowie bundesweiten Geschwistertreffen zusammen gefunden, nachdem es in den Jahren zuvor einzelne unverbundene Aktivitäten gab (siehe auch www.GeschwisterNetzwerk.de).

Bereits dieser kleine Einblick in die Bemühungen, dem vielfältigen Geschehen Rechnung zu tragen, das von Betroffenen und Professionellen unter »Krise« subsumiert wird, zeigt: Es gibt wohl nicht die eine und alle Umstände abdeckende Version von Krisenhilfe bzw. Krisendienst!

In diesem Kapitel wird vorgestellt, wie der Bezirk Oberbayern – aufbauend auf den langjährigen Erfahrungen des Atrium-Hauses in München-Nord – für den gesamten Bezirk Krisenhilfen anbietet. Was dort angeboten wird entspricht in wesentlichen Aspekten dem, was wir Angehörigen uns wünschen:

Es wird nicht »vorsortiert«, was als eine Krise gelten soll, für die sich der Dienst dann zuständig erklärt – um damit andere, von den Betroffenen als Krise empfundene Situation auszuschließen. Das Konzept setzt eine große fachliche Breite und wohl noch größere Management-Qualitäten bei denen voraus, die es für den gesamten Bezirk steuern. So wird für jeden Leser mehr als deutlich: So etwas ist ein enormer Aufwand, der ein außergewöhnliches Engagement erfordert, sowohl von den Verantwortlichen in den Ämtern als auch von all denen, die sich aktiv als Mitarbeitende beteiligen.

Der folgende Schwerpunkt dieses Beitrages widmet sich nicht den Notfällen oder den deutlich zu Tage tretenden krisenhaften Zuspitzungen, sondern den sogenannten »subakuten Krisen«, unter denen Angehörige – seien es die Eltern, die Kinder oder die Mitgeschwister – besonders und in der Regel bis heute allein leiden: lang andauernde Belastungssituationen in den Familien, welche die Handlungsfähigkeit aller Beteiligten immer weiter einengen. Für diese Situationen wird eine neue professionelle Rolle vorgeschlagen: der Familiengast.

20.1.2 Persönliche Vorbemerkung oder: vom Profi zum Angehörigen

Mein zwei Jahre älterer Bruder erkrankte mit etwa 20 Jahren an einer schizo-affektiven

Psychose, er musste sich einige Jahre später frühberenten lassen. Er engagierte sich in den ersten Anfängen der Psychiatrie-Erfahrenen-Bewegung, organisierte mit anderen einen Patienten-Club, lebte viele Jahre mit einer Frau zusammen und nahm sich vor einigen Jahren in einer tiefen Depression das Leben.

Meinem Bruder verdanke ich den Blick auf nun mehr als 45 Jahre psychiatrischer Realität und fast genauso lange Einblicke in die Lebensumstände, die von Psychiatrie-Erfahrung geprägt sind. Diese Erfahrungen waren auch ausschlaggebend für einen Kurswechsel in meiner Berufsbiographie: Vor etwa 35 Jahren beschloss ich, »Psychiatrie-Profi« zu werden; ich wollte es nicht nur besser machen als meine Eltern, ich wollte es auch »den Psychiatrie-Profis zeigen«: Wenn man es nur »richtig« machen würde, dann könnte psychisches Leid verhindert werden – und ich stürzte mich in den frühen 1980ern mit ambitionierten Projekten in die Anfangsphase der Gemeindepsychiatrie.

Die Hybris ist inzwischen (und relativ schnell!) der Einsicht in die äußerst begrenzten Möglichkeiten menschlicher Einflussnahme in vielfältig bedingte Lebensläufe und Lebensschicksale gewichen, einer Demut vor der Autonomie auch solcher Lebensverhältnisse, die von Leid, Kummer und Absonderlichkeiten geprägt sind. Das hat mich nicht davon abgehalten, vor Jahren als Professor für Sozialmedizin und Sozialmanagement zunächst einen eigenen Diplom-Studiengang einzuführen, der bezeichnenderweise »Sozialmanagement im Sozial- und Gesundheitswesen – Schwerpunkt Gemeindepsychiatrie« heißt, der später in einen Masterstudiengang (zusammen mit der Fachhochschule Fulda) »Master of advanced professional Studies – Gemeindepsychiatrie« eingebracht wurde.

Ich habe aber auch von den ersten Anfängen der Veränderungen meines Bruders an miterlebt,[1] was dies für die unmittelbaren Angehörigen bedeutet; bei meinem Bruder waren das vor allem meine Eltern, insbesondere meine Mutter.

Als Bruder konnte ich zunächst zuschauen, und als Profi hatte ich mir eine komfortable Rolle in der Familie gesichert – bis ich noch reifer und meine Eltern älter wurden: Ich fand mich plötzlich und unerwartet selbst als Angehöriger wieder, der sich elementar verantwortlich fühlte und fühlen musste, der am eigenen Leib (und nicht qua Beobachtung am Leib seiner Eltern) erlebte, was psychische Erkrankung unter den aktuellen Versorgungsbedingungen für die Angehörigen bedeutet.

Damit sind wir beim Thema: die Belastungen, das Leid und manchmal die Verzweiflung angesichts der immer wieder sich einstellenden krisenhaften Entwicklungen – ohne aus Angehörigensicht adäquaten Antworten des Hilfesystems.

Diese »Entdeckung«, Angehöriger wie so viele andere zu sein, führte mich in die organisierte Angehörigenbewegung. So übte ich in dem Feld, in dem ich als engagierter Profi arbeitete, parallel eine Funktion als Angehöriger aus, und zwar als Vorsitzender des Landesverbandes Hessen der Angehörigen psychisch erkrankter Menschen – bis ich mich wieder viele Jahre später einer Einsicht nicht länger verweigern konnte: in der klassischen Angehörigenbewegung, die vornehmlich von Müttern und wenigen Vätern sowie noch weniger Ehepartnern getragen wird, spielen die Mitgeschwister eine eher randständige Rolle. Da ich mich als »Profiteur« meiner Geschwisterrolle wahrnehme (siehe Peukert, 2017), blieb mir dies über Jahre hinweg verborgen, bis ich bei dem ersten von mir anberaumten Treffen

---

1 Veränderungen, die die medizinischen Profis die Prodromalphase nennen und in der sich die Betreffenden, die später durch Klinikaufenthalte zu Psychiatrie-Erfahrenen werden, für völlig gesund und die anderen für belastend halten.

mit anderen Geschwistern (Peukert, 2003) feststellen musste: Neben Geschwistern, die wie ich ihre Erfahrungen als positiv für ihre Persönlichkeitsentwicklung interpretieren, gibt es sehr, sehr viele Geschwister, die unter den mit ihrer Rolle assoziierten Erfahrungen in der Familie bis ins hohe Erwachsenenalter hinein leiden.[2]

20.2 Leben mit einem psychisch kranken Familienmitglied

20.2.1 Ein Prozess

Was heißt es aus Angehörigensicht, »ein halbwegs auskömmliches Leben mit einem psychotisch erkrankten Familienmitglied führen zu können«? Ein Leben mit einem psychisch erkrankten Menschen zu führen, heißt nicht notwendig, mit ihm unter einem Dach zusammenzuleben; als Familienmitglied lebt man in der Vorstellung, in der Seele, in seinen Gefühlen immer mit dem Erkrankten zusammen, unabhängig davon, wie viele Treppen im Hause zwischen getrennten Wohnungen oder Kilometer zwischen den Wohnorten liegen.

Die Erfahrung der für uns Angehörigen häufig sehr schnell, unvorhergesehen und unbeeinflussbar eintretenden völligen Hilflosigkeit unseres Familienmitglieds löst bei uns vielerlei aus, neben den vorübergehenden Erfahrungen von Angst und tiefer Irritierung beobachten wir vor allem folgende Chronologie:

1. Selbst in der ersten Erkrankungsphase zutiefst verunsichert, müssen wir beobachten, wie das Versorgungssystem oft ebenfalls unsicher, unklar und schwer nachvollziehbar handelt.
2. Wird vom Versorgungssystem klar, eindeutig und hilfreich agiert, werden wir schlagartig aus unserer bis dahin bestehenden Verantwortlichkeit entlassen; mehr noch, wir müssen erfahren, dass unser Interesse, unsere Fragen und unsere Angebote von den hilfreichen Helfern wohl als »schädigend« eingeschätzt werden.
3. Dies führt nun gerade nicht zu der »Einsicht«, unsere Verantwortung zurücknehmen zu können – ganz im Gegenteil: Wir fühlen uns zwar vorübergehend von den Turbulenzen und Belastungen der »prästationären Erkrankungsphase« entlastet, aber das Erleben mangelnder Beachtung bis zu gänzlicher Missachtung unserer Erfahrungen aus dieser prästationären Phase lässt in uns den Verdacht keimen, die Professionellen könnten ihrer Verantwortung, die sie uns scheinbar so vollständig abgenommen haben, nicht gerecht werden.
4. Spätestens bei der Entlassung wird aus dem sich vage andeutenden Verdacht häufig, zu häufig, eine vermeintliche Tatsache: Unser Familienmitglied wird in seine*ihre Wohnung entlassen, ohne dass geklärt ist, wie er*sie dort den Alltag meistern kann; wenn wir Glück haben, wurden wir informiert – obwohl er*sie doch schon volljährig ist; hat sich die Klinik gekümmert, dann wurde mit unserem*unserer Angehörigen ein Tagesstättenbesuch und/oder die Betreuung durch das Betreute Wohnen vereinbart. Aber wird er*sie dort bleiben

---

2 Dies ist nicht Thema dieses Beitrages; eine Monographie zur Situation und zum Erleben der Geschwisterkinder finden sie auf www.GeschwisterNetzwerk.de

oder bricht das Betreuungsverhältnis zusammen, entweder weil er*sie sich etwas anderes darunter vorgestellt hat oder weil die Mitarbeiter*innen sich unter ihm*ihr etwas anderes vorgestellt haben? Wir müssen jedenfalls erkennen, dass seine*ihre anfängliche Euphorie und Zufriedenheit mit dem Angebot zunehmend prekärer wird.
5. Und dann geschieht, was wir befürchtet haben: Das Betreuungsverhältnis wird gelöst, von ihm*ihr aus oder seitens der Einrichtung bzw. des Dienstes.
6. Das Ergebnis: Unser krankes Familienmitglied nutzt von nun an die größte gemeindepsychiatrische Einrichtung in Deutschland: die Herkunftsfamilie!

20.2.2 Exkurs: Der Einrichtungstyp »Familie« ist gegenwärtig nicht nur das Größte, sondern auch das flexibelste Angebot der (Gemeinde-) Psychiatrie

Die Familie hält, im schnellen personenorientierten Wechsel, unterschiedlichste Hilfen vor, zum Beispiel »vollstationär«: Der*die »Patient*in« ist schwer erkrankt, in höchstem Maße unselbstständig, er*sie lebt bei seinen*ihren Eltern zu Hause und wird von ihnen in allen Funktionen des täglichen Lebens voll versorgt; die Eltern bieten aber auch die soziotherapeutischen Leistungen »Begleitung zum niedergelassenen Nervenarzt« gem. § 27 a, SGB V an, allerdings ohne Vergütung; nach einiger Zeit geht es unserem*unserer Protagonisten*Protagonistin besser – dann erhält er*sie zum Beispiel das teilstationäre Angebot »Tagesstrukturierung«: Mitarbeit in der elterlichen Küche, nachmittäglich eine Stunde Therapiegang, und fakultativ wird ein Krisenbett im Wohnzimmer der Eltern vorgehalten, denn er*sie wohnt regulär bereits wieder in seinem*ihrem Einzelzimmerapartment.

Irgendwann reduziert sich dann dieses Angebot auf wechselnd intensive ambulantstützende Hilfen zur Selbstversorgung und zur Wiedereingliederung am Arbeitsplatz – natürlich mit bedarfsgerechter Variabilität im Umfang und der Intensität der Betreuungsleistung. Wenn nötig, überzeugt sich die Mutter auch eine Woche lang telefonisch, dass er*sie auch aufgestanden ist, der Vater holt ihn*sie – wenn nötig – um acht Uhr ab und bringt ihn*sie zu seinem*ihrem Arbeitsplatz.

Bald ist es völlig ausreichend, über Monate regelmäßigen Kontakt zu halten, zum Beispiel sich zunächst einmal wöchentlich zu treffen, alle zwei Tage zu telefonieren und im Hintergrund bereit zu sein, das eigene Angebot bei Bedarf schlagartig, unverzüglich und im Ausgleich von Bedarfs- und Bedürfnisgerechtigkeit (das heißt, unter Abschätzung und Einsatz der verfügbaren eigenen Ressourcen) personenorientiert zu intensivieren – und dabei werden noch familienfremde Ressourcen aktiviert, zum Beispiel die freundliche Bürgerhelferin im Patientenclub, die sich redlich bemüht, ihn*sie zweimal wöchentlich zu sehen.

So lief das auch bei uns zu Hause über viele Jahre, meine Mutter sagte: »Na ja, man tut halt was man kann« – denn sie war des gemeindepsychiatrischen Dienstleistungsjargons nicht mächtig.

20.2.3 Die Lebenssituation aller Familienmitglieder verändert sich positiv – aber die Ungleichzeitigkeit der psychiatrischen Reformprozesse bleibt

Es gibt Regionen mit einer Versorgungsverpflichtung für alle psychisch erkrankten Menschen, auch für diejenigen, die in der Gemeinde leben. Wird zudem der Sozialraum mitgedacht, von dem wir Angehörigen einen relevanter Teil repräsentieren, werden die Hilfen passgenauer, das Vertrauen von uns Angehörigen in das Hilfesystem wächst, und es wird uns leicht gemacht, aus unserer vermeintlichen All-Verantwortung auszusteigen und sie wieder bei unserem kranken Familienmitglied anzusiedeln.

Mit zunehmender Passgenauigkeit der Hilfen können wir Angehörigen das tun, wozu Familien grundsätzlich da sind: Wir können unser krankes Familienmitglied mit den üblichen familiären Hilfen unterstützen, anstatt Versorgungslücken zu überbrücken.

Wir sind für ihn*sie da, wenn er*sie uns sehen will; wir beziehen ihn*sie wie unsere Cousins und Cousinen, Tanten und Onkel usw. in unser Familienleben ein, ohne ihm*ihr eine Sonderrolle zuzuschreiben; wir unterstützen ihn*sie bei der Suche nach Arbeit, so wie wir es bei seinen*ihren Geschwistern auch tun; kommt er*sie mal mit seinem*ihrem Alltag nicht zurecht, gehen wir ihm*ihr helfend zur Hand etc.

Das alles erleben wir als wohltuend: Wir können helfen, ohne verführt zu werden, ihm*ihr die Verantwortung für sich und sein*ihr Leben abzunehmen.

Warum gelingt uns das in der beschriebenen Situation, obwohl wir in anderen Situationen unsere Hilfen häufig als aufdringlich erlebten und geneigt waren, uns die ganze Verantwortung aufzubürden, und ihm*ihr so die Verantwortung für sich selbst abnehmen zu können?

Wir können uns auf die »normale« Rolle des Angehörigen beschränken, weil wir wissen und erfahren haben: Wenn es wieder mal schwierig wird und vielleicht sogar »knüppeldick« kommt, dann ist jemand da, der sich bedingungslos verantwortlich fühlt und kümmert. Diese, auf die Person bezogene Verantwortung eines*einer konkret benannten professionellen Helfer*in ist die für Angehörige bedeutsamste Konkretisierung der Personenzentrierung der Hilfen und der regionsbezogenen Versorgungsverpflichtung. Diese Rolle der betreuenden Bezugsperson wird in den Texten der BAG GPV sehr anschaulich beschrieben.

Und die, die sich dann kümmern werden, sind keine an subjektiver Eigenerfahrung gewachsenen Laien wie wir, sondern Menschen mit professionellen Qualifikationen und einer sowohl uns als auch unser Familienmitglied akzeptierenden Haltung! Sie sind also nicht nur genauso gut wie wir, sie sind mit hoher Wahrscheinlichkeit sogar besser als wir Eltern, Kinder oder Geschwister.

Genau das ist es: Hinter den seit den Anfängen der Angehörigenbewegung vorgetragenen Forderungen, Wünschen und Hoffnungen in Bezug auf »Krisendienste«, »Besuche des Nervenarztes zu Hause«, »Unterstützung im häuslichen Umfeld, wenn wir mal nicht weiter wissen« stand immer schon eine Ahnung von dem, was inzwischen in einigen Regionen in den letzten Jahren Wirklichkeit zu werden beginnt. Für Angehörige ist das Wort »Krisendienst« die Chiffre dafür. Darum fordern Angehörige immer wieder die Einrichtung von Krisendiensten, und sie traktieren die niedergelassenen Nervenärzte mit ihrer Kritik an zu wenigen Hausbesuchen, und darum sind Angehörige so skeptisch, wenn heute von home-treatment die Rede ist: Sie befürchten, einen großen Teil der Lasten könne auf ihren Schulten landen.

Uns Angehörigen geht es nicht primär um die Unterstützung und/oder die Finanzmittel zur Schaffung eines Krisendienstes, auch nicht um die Ausbeutung der Ärzte, denen die Hausbesuche so schlecht honoriert werden.

Wir wünschen uns eine Hilfe für unser Familienmitglied in den Zeiten und in den Situationen, in denen wir mit unseren bescheidenen Mitteln nicht weiterkommen und zusehen müssen, wie es ihm zunehmend schlechter geht, und wir wünschen uns diese Hilfen dort, wo er ist: Denn in diesen Zeiten ist die Situation gerade von seiner mangelnden Bereitschaft geprägt, die in allen möglichen Praxen und sonstigen Orten angebotenen Hilfen aufzusuchen – trotz aller Überredungskünste unsererseits.

Wie diese aufsuchende Hilfe zu den Zeiten, in denen sie erforderlich ist, genannt wird, wie sie organisiert wird und wie sie finanziert wird, wäre eigentlich nicht unsere Aufgabe, sondern die der professionellen Helfer*innen und Planer*innen. Weil es diese von uns seit Beginn der Angehörigenbewegung immer wieder geforderte Hilfe zunächst gar nicht und dann nur punktuell gab und gibt, vereinfachen wir unsere Wünsche uns selbst und anderen gegenüber zu »Krisendienst« und »Hausbesuchen des Nervenarztes«.

20.3 Krisendienste bieten unbeabsichtigte Lernchancen

20.3.1 Was Krisendienste leisten

Ein Blick auf die aktuelle Versorgungssituation zeigt, wie wichtig es ist, Krisendienste zu haben und zu fordern. Am Tage gibt es Krisenhilfen in unterschiedlicher Form und an unterschiedlichen Orten: Sozialpsychiatrische Dienste sind zugänglich und rücken auch aus, hin zum Ort des Geschehens; Mitarbeiter*innen der sonstigen Dienste und Einrichtungen sind für ihre Klientel ansprechbar; Nervenärzt*innen können in Krisenfällen auch ohne Anmeldung aufgesucht werden etc.

Aber was steht nach den offiziellen Arbeits- und Öffnungszeiten zur Verfügung? In der Regel nur die Kliniken und an manchen Orten ein psychiatrischer Hintergrunddienst, der allerdings häufig von den gynäkologischen oder internistischen Notärzt*innen nicht hinzugezogen wird. Diese zeitliche Versorgungslücke kann ein Krisendienst schließen, so wie im Bezirk Oberbayern, der Projekte der Integrierten Versorgung und wenige darüber hinaus gehenden regionalen Krisenhilfen anbietet, in der Regel aber nicht rund um die Uhr und nicht an allen Tagen in der Woche.

Auch für uns Angehörige hat die Erfahrung gezeigt, dass allein das Vorhandensein eines Krisendienstes sich anbahnende Krisen entschärft: Zu wissen, dass man unproblematisch, schnell und flexibel Hilfe hinzuziehen könnte, liefert Sicherheit in Situationen, die ohne dieses Wissen destabilisierend und damit krisenfördernd gewirkt hätten. Und rufen wir dann doch mit der Intention an, eine*n Mitarbeiter*in in die Wohnung – an den Ort des Geschehens – zu rufen, stellt sich sehr schnell heraus, dass uns ein fachliches Gespräch ausreicht, die Situation zu meistern.

Die Bedeutung dieser Tatsache wird in der Regel nicht ausreichend gewürdigt, zumeist nur als Rechtfertigung für die wenigen Hausbesuche vorgetragen – dabei sind diese Telefonate Beispiele für qualifizierendes, situatives Lernen: Der*die Krisenmitarbeiter*in erarbeitet mit uns in relativ kurzer Zeit einen Weg, wie die sich ankündigende Krisenentwicklung gestoppt und in ruhigere Bahnen gelenkt werden kann. Wir Angehörigen lernen, zunehmend besser in diesen Situationen zu handeln – aber wir wissen auch, dass unserer Lernsituation einer Lernsituation am anderen Ende der Strippe entspricht: Krisenmitarbeiter*innen werden selbst bei diesen nur telefonischen Krisenintervention in naturalistische Wohn- und Familiensituationen involviert, ohne ihren schützenden Raum verlassen zu müssen.

Kurz gesagt: Auf beiden Seiten wächst die Kompetenz, krisenhafte Entwicklungen besser einschätzen und beeinflussen zu können! Dieses Lernen vollzieht sich, indem Mitarbeiter*innen Krisendienste leisten; aber müssen sie unbedingt Krisendienste in einem Krisendienst leisten?

20.3.2 Krisendienst oder Krisenhilfe-Funktion?

Wir Angehörige haben manchmal den Eindruck, als ob die Rede von Krisendiensten, die unbedingt eingerichtet werden müssten, Krisendienste verhindert!

Nun gibt es einige solcher Dienste, die ihre Sinnhaftigkeit und Wirksamkeit nachgewiesen haben, unter anderem der Berliner Krisendienst. Meine These: die Forderung nach Krisen*diensten* als eigenständige Angebote behindert den Dienst in Krisen. *Der Vorschlag aus Angehörigensicht lautet:*

Machen Sie sich weniger Gedanken um die Einrichtung von Krisendiensten, und setzen Sie diese Kraft dafür ein, eine Krisenhilfe-Funktion in der Region zu etablieren. Es benötigt nicht immer einen professionell organisierten Krisendienst mit teurem Personal und Räumlichkeiten, sondern eher ein regionales Angebot, zum Beispiel eines »Krisenhandys«, das auch von ehrenamtlichen Mitarbeiter*innen bedient werden kann. Vielfach wird sich diese Krisenhilfe-Funktion am Ende kaum von einem Krisendienst unterscheiden, aber die vorbereitende Diskussion bleibt an den Bedürfnissen und dem Bedarf der Psychiatrie-Erfahrenen und von uns Angehörigen orientiert: nicht die Institutionalisierung eines Dienstes, sondern die »Diensthaftigkeit« bleibt im Mittelpunkt.

Der Sozialdezernent hat im Rahmen einer solchen Diskussion im Psychosozialen Ausschuss der Landeshauptstadt Wiesbaden gesagt:

> »Die Mitarbeiterinnen und Mitarbeiter unseres Sozialpsychiatrischen Dienstes haben den Vorteil von Gleitzeit; ich werde vorschlagen, dass täglich eine oder einer von ihnen bis 20 oder 21 Uhr im Büro seine Verwaltungsarbeiten macht – und dabei gleichzeitig für das Krisentelefon zur Verfügung steht.«

Ein Mitarbeiter des Betreuten Wohnens fügte etwas später an:

> »Eine bzw. einer von uns hat ohnehin wochentags von 17 bis 22 Uhr und an den Wochenenden von 9 bis 22 Uhr das Diensthandy; wenn wir in Zukunft erst um 20 oder 21 Uhr sprech- und abrufbereit sein müssen, beteiligen wir uns an einem generellen Krisentelefon.«

Als der Arbeitskreis der niedergelassenen Nervenärzte entschied, dass die Diensthabenden des neurologisch-psychiatrischen Hintergrunddienstes über das Krisentelefon direkt hinzugezogen werden können, waren die Voraussetzungen für eine funktionsfähige Krisenfunktion erfüllt. Klinik und Institutsambulanz wollten nicht beiseite stehen; die Ambulanz übernahm im Wechsel mit dem Sozialpsychiatrischen Dienst das Krisentelefon zu den regulären Dienstzeiten, die Klinik und ein Wohnheim halten heute ein Bett für »Beobachtung« vor, das ohne die üblichen Aufnahmeriten von den Krisenmitarbeiter*innen belegt werden kann, wenn ein Ortswechsel und eine sichere und Sicherheit gebende Umgebung vorübergehend erforderlich erscheinen (ist eine stationäre Krisenintervention indiziert, wird der*die Patient*in wie üblich aufgenommen).

Nachdem viele ihre Bereitschaft erklärt und ihren Beitrag angeboten hatten, einigten sich die Beteiligten über die Kosten und Formalien relativ schnell; das war unter anderem deshalb möglich, weil es sich um eine kleine und klar strukturierte Region handelte: So gab es zum Beispiel nur einen Anbieter Betreuten Wohnens. Andernorts wird eine solche Diskussion sicherlich schwieriger und langwieriger sein sowie deutlich mehr Abstimmungsarbeit erfordern.

Ausgehend von dem Erfordernis, außerhalb der regulären Öffnungs- und Arbeitszeiten Ansprechpartner*innen und gegebenenfalls eine Krisenhilfe zu finden, war ein virtueller Dienst entstanden, dessen institutionellen Kern das Krisenhandy bildet.

Nachdem ein zweites Handy angeschafft worden ist, mit dem ein*e zweite*r Mitarbeiter*in hinzugezogen werden kann, sind auch Hausbesuche möglich, die vorher nur sehr zögerlich und zurückhaltend erfolgten: Für eine Person allein, die auch noch für gegebenenfalls weitere Anfragen bereit sein soll, ist Krisenhilfe am Ort des Geschehens nur schwer realisierbar (und wie sich zeigte, vom persönlichen Temperament des*der Einzelnen abhängig: In der Zeit des Ein-Personen-Dienstes konzentrierten sich die Hausbesuche auf wenige der Mitarbeiter*innen).

20.3.3 Die Grenze von Krisendienst und »klassischer« Krisenfunktion

Können mit dem vorgestellten Verfahren, das so oder ähnlich in 5 % der Fläche der Bundesrepublik eingeführt ist, die Wünsche und Bedürfnisse der Angehörigen befriedigt werden, die – wie einleitend dargestellt – hinter dem Ruf nach Krisendiensten stehen?

Es ist bereits viele Jahre her, dass einige Angehörige sich überlegten, was aus ihrer Sicht bedeutsame und hilfreiche Elemente einer Versorgung sein können. Wie nicht anders zu erwarten, stand die mangelnde Unterstützung bei sich zuspitzenden Situationen, die auf eine Krise zusteuern, sofort auf der Tagesordnung. Krisenhilfe im oben beschriebenen Sinne wurde auch als hilfreich angesehen – aber nicht für ausreichend: Sie kommt dann zum Zuge, wenn eine Situation krisenhaft zugespitzt ist, wenn also die üblichen Formen wechselseitigen Umganges (die Ressourcen, wie die Profis sagen) nicht mehr ausreichen und eine Destabilisierung der Person(en) beziehungsweise der Situation droht oder bereits eingetreten ist.

Aus Sicht von uns Angehörigen leben viele Familienmitglieder, die in unsere Gruppen kommen oder Mitglied in unserem Verband sind, in ständigen »sub-akuten Krisen«, die starke seelische Belastungen implizieren und zu psychosomatischen Erkrankungen führen (siehe u. a. Franz, 2001).

Sie leben in Situationen, für die das aktuelle Hilfesystem (noch) keine Antwort gefunden hat: Das psychisch kranke Familienmitglied lehnt die Kontaktaufnahme mit dem professionellen System ab; ihm*ihr gelingt es, die eigenen Ängste und Verhaltensauffälligkeiten sowie die eigene Verstörtheit so zu regulieren, dass ein professionelles Eingreifen nicht indiziert ist: Eine Fremd- oder Selbstgefährdung ist nicht erkennbar; »lediglich« das unmittelbare soziale Umfeld und ganz besonders die Familienmitglieder werden in Mitleidenschaft gezogen – im wahrsten Sinne des Wortes: Sie leiden mit und können sich aufgrund ihrer Verbundenheit nicht aus dem Mitleiden lösen; nicht selten leiden sie sogar subjektiv stärker als das kranke Familienmitglied.

Die Mitarbeiter*innen beim Sozialpsychiatrischen Dienst oder beim Krisentelefon können trösten und versuchen, Hoffnung und Zuversicht zu vermitteln – aber können sie mehr tun? Das Leid tragende und Leid verursachende Familienmitglied wünscht niemanden zu sehen – aber wir Angehörigen sind uns sicher, dass unser Angehöriger von professioneller Hilfe profitieren könnte und wir in der Folge davon natürlich auch. Wir mussten mit ansehen, wie der freundlich-engagierte Sozialarbeiter oder die Ärztin des Sozialpsychiatrischen Dienstes wieder und wieder versucht hat, einen Kontakt herzustellen – vergeblich.

Wir glauben, in Bamberg dafür eine Lösung gefunden zu haben; eine Lösung, die ausgesprochen utopisch scheint; aber seien wir realistisch: Erwarten wir das Unmögliche!

20.4 »Der Familiengast« – die etwas andere Intervention in »sub-akuten Krisen«

Wie wir Angehörige uns die Hilfe in hilflosen Situationen vorstellen, möchte ich anhand eines Beispiels zeigen:

Da gibt es einen Mann, der sich trotz allen Zuredens immer wieder zurückzieht und in sein Zimmer verschließt und der mit niemandem – außer seinen Eltern und zwischenzeitlich nur mit seiner Mutter – Kontakt haben will. An manchen Tagen will er das Essen vor die Tür gestellt haben und wartet, bis niemand in der Nähe ist, um es sich hereinzuholen.

Die Eltern können das Haus nicht mehr gemeinsam verlassen, sie haben Angst um ihr 40-jähriges Kind. Für alle Beteiligten wird die Welt immer enger und bedrohlicher, hin und wieder aufkeimende laute Aktionen des Sohnes (er trommelt nachts ohne ersichtlichen Grund an die Schlafzimmertür der Eltern) erscheinen auf einmal gefährlich und der so stille und zurückgezogene Sohn als aggressiv – und eine Hilfe ist nicht in Sicht: Er scheint nicht einzusehen, dass er Hilfe bräuchte; kommt ein Profi, zieht sich der Sohn in sein Zimmer zurück – und der Profi zieht nach kurzer Zeit von hinnen. Alle Angehörigen kennen solche Situationen, die uns – und augenscheinlich auch die Professionellen – hilflos machen.

Was könnte da noch helfen? Wie wäre es damit:

Die Eltern schildern einem für die Region zuständigen ambulanten Dienst die Situation, und der Dienst schickt nun eine fachkompetente Person, die ohne Zeitdruck und Zeitbegrenzung mit den Eltern spricht – nicht mit dem Sohn, denn der will ja nicht.

Im Zuge des Gesprächs wird deutlich, dass die Eltern erschöpft sind, außerdem haben sie Angst *um* ihren Sohn und hin und wieder *vor* ihrem Sohn. Auch waren sie seit Langem nicht mehr im Theater, das sie früher so sehr liebten. Und da macht die fachkompetente Person einen ganz unfachlichen und banalen Vorschlag:

»Gehen Sie ins Theater, ich bleibe hier; zeigen Sie mir, wo das Essen steht und die sonstigen Örtlichkeiten des Haushaltes – und wenn Sie zusammen eine ruhige Nacht verbringen wollen: Ich bleibe auch länger – so lange, wie sie in ein Hotel ziehen wollen oder sich bei Freunden ausruhen können«.

Was passiert?

Es dauert ein wenig, bis die Eltern erkennen, dass der Vorschlag tatsächlich ernst gemeint ist – dann ziehen sie mit bangen Gefühlen los und müssen in der Theaterpause in ihrer Wohnung anrufen, ob auch alles in Ordnung sei und sie nicht doch gebraucht werden.

Werden sie nicht!

Für den Sohn kommt die Welt ein wenig durcheinander – nicht zu viel – aber immerhin!

Er bleibt in der ihm Schutz gewährenden Umgebung, niemand rückt ihm bedrohlich auf die Pelle, aber wenn er sein Zimmer verlässt, trifft er auf eine freundliche, unaufdringliche einfach nur da seiende Person, die ihm auf Fragen antwortet und gegebenenfalls kleine Bitten (z. B. nach Tee) erfüllt.

In der Zukunft greifen die Eltern häufiger auf dieses neue, atypische Medikament zurück: Die Person steht kontinuierlich zur Verfügung, in der Wohnung ist sie alles andere als aufdringlich, sie hält sich ansprechbereit und ist einfach nur erwartungsfrei anwesend – aber jederzeit zu Rat und Tat bereit. Der Sohn in dieser Modellfamilie zeichnete sich vor allem durch Rückzug aus.

Ein paar Straßen weiter lebt eine andere Familie, bei der es immer wieder aus unterschiedlichen Anlässen zu sich eskalierenden Auseinandersetzungen kommt. So ist die Tochter manchmal davon überzeugt, dass das Essen vergiftet sei – und ihr dann Essen anzubieten, ist für sie gleichbedeutend mit einem Anschlag auf ihr Leben. Aus dieser Bedrohung heraus wirft sie den Suppenteller auf den Boden, was die Mutter nachvollziehen kann, den Vater aber sichtlich ärgerlich macht, was wiederum die Angst der Tochter vergrößert.

Wir haben also eine der vielen alltäglichen Krisen in Familien mit einem kranken Angehörigen vor uns, und zwar eine von solchen Krisen, die sehr anstrengend und beängstigend sind und den normalen Lauf der Dinge vorübergehend durcheinander bringen können. Nun ist es leider auch in diesem Falle so, dass die Tochter nicht sieht, warum sie mit einem Arzt oder einer sonstigen sozialpsychiatrischen Fachkraft reden sollte – wie wir Angehörigen wissen, kein seltener Fall.

Was tut unser ambulanter Dienst?
Er tut das Gleiche wie soeben bei dem Sohn der anderen Familie: Es kommt jemand in die Wohnung, stellt sich den Eltern zur Verfügung und bleibt, wenn es erforderlich ist, über Stunden, gegebenenfalls sogar über Tage.

Diese außerhalb der Familie stehende Person deeskaliert mit ihrer ruhigen, Sicherheit gebenden Art das Geschehen – und sie bleibt, sie ist einfach da, sie drängt der Tochter kein therapeutisches Gespräch auf, ist aber jederzeit ansprechbereit. Diese Person haben wir einen »Familiengast« genannt, obwohl es eine hoch professionelle Rolle ist.

Für unseren Familiengast gilt, was für alle Gäste zu gelten scheint: Man freut sich, wenn sie kommen – und freut sich genauso, wenn sie nach einiger Zeit wieder gehen.

Zur Professionalität unseres Familiengastes gehört also neben der unaufdringlichen Hilfsbereitschaft die Kompetenz, sich rechtzeitig zurückzuziehen, um gegebenenfalls zu einem späteren Zeitpunkt wieder zur Verfügung zu stehen.

20.5 Schlussbemerkung

In jeder Versorgungsregion sollte die *Funktion* einer Krisenhilfe vorhanden sein, Krisendienste sind eine Form, diese Funktion zu realisieren. Angehörige transportieren mit ihrer Forderung nach Krisendiensten mehr als die Erwartung, in hoch zugespitzten Situationen Hilfe für ihr krankes Familienmitglied zu finden, wobei dies natürlich das Erfüllen der Krisenfunktion ausreichend rechtfertigt.

Viele Angehörige leiden tagtäglich an den subakuten Krisen, die vom Leid der kranken Familienmitglieder ausgelöst werden. Wir Angehörige haben die Hoffnung, dass die Mitarbeiter*innen, die sich auf Krisenhilfe eingelassen haben und noch einlassen werden, auch für diesen Teil unserer heute noch unerfüllten Hoffnungen Lösungen finden werden; uns selbst ist der »Familiengast« als neue professionelle Rollenausformung eingefallen.

Literatur

APK-Tagungsband 14 (1987). *Notfallpsychiatrie und Krisenintervention*. Bonn; zu beziehen über: Aktion Psychisch Kranke, Bonn. Zugriff am 30.09.2019 unter apk-bonn@netcologne.de.

Dörner, K. (2009). Mitwirkung an der Entwicklung des Sozialraums – eine Aufgabe der Sozialpsychiatrie. In APK (Hrsg.), *Kooperation und Verantwortung in der Gemeindepsychiatrie* (S. 37–44). Psychiatrieverlag: Bonn.

DGPPN (Hrsg.) (2009). *S-2 Leitlinie Aggressives Verhalten*.

DGPPN (Hrsg.) (2018). S3-Leitlinie »Verhinderung von Zwang: Prävention und Therapie aggressiven Verhaltens bei Erwachsenen«

Fähndrich, E., Kempf, M., Kieser, C. & Schütze, S. (2001). Die Angehörigenvisite als Teil des Routineangebotes einer Abteilung für Psychiatrie und Psychotherapie am Allgemeinkrankenhaus. *Psychiatrische Praxis* 28, 115–117.

Franz, M. (2001). Neue Befunde aus der Belastungsforschung. In R. Peukert (Hrsg.), *Stand und Perspektiven der Psychiatriereform in Hessen* (S. 31–38). 1. Hessischer Psychiatrietag. Offenbach.

Krisen- und Notfalldienst in der Psychiatrie (2000). *Referate vom 18. Bundestreffen der Angehörigen*; zu beziehen über: Bundesverband der Angehörigen. bapk@psychiatrie.de.

Peukert, R. (Hrsg.) (2001). *Stand und Perspektiven der Psychiatriereform in Hessen*. 1. Hessischer Psychiatrietag. Offenbach; zu beziehen über: http://lv.angehoerige-darmstadt.de.

Peukert, R. (2001). Perspektiven der Psychiatriereform in Hessen. In R. Peukert (Hrsg.), *Stand und Perspektiven der Psychiatriereform in Hessen* (S. 5–22). 1. Hessischer Psychiatrietag. Offenbach.

Peukert, R. (2003). Geschwister teilen alles? Eindrücke vom ersten Treffen einiger Geschwister psychisch kranker Menschen. In: PSU (Psychosoziale Umschau), 4, 35-37

Peukert, R. (2004). Was erwarten Angehörige vom Trialog oder: der ungleiche Kampf um wechselseitige Anerkennung und Beteiligung. In J. Bombosch, H. Hansen & J. Blume (Hrsg.), *Trialog praktisch. Psychiatrie-Erfahrene, Angehörige und Professionelle gemeinsam auf dem Weg zur demokratischen Psychiatrie*. Neumünster: Paranus.

Peukert, R. (2009). Was ist »Sozialraumorientierte Gemeindepsychiatrie«? In APK (Hrsg.), *Kooperation und Verantwortung in der Gemeindepsychiatrie*. (S. 114–129). Bonn: Psychiatrieverlag.

Peukert, R. (2010). Das beste Medikament: funktionierende soziale Netzwerke. *Kerbe. Forum für Sozialpsychiatrie* 2/2010, 4–7.

Peukert, R. (2017). Erlebte, gelebte, erlittene Verantwortung von Schwestern und Brüdern eines psychisch erkrankten Geschwisters. In Weiß, P & Heinz, A. (Hrsg.) *Verantwortung übernehmen. Verlässliche Hilfen bei psychischen Erkrankungen. Aktion psychisch Kranke, Tagungsband der APK 2016* (S. 168–190.). Bonn: Psychiatrieverlag.

Rupp, M. (1996). *Notfall Seele. Methodik und Praxis der ambulanten psychiatrisch-psychotherapeutischen Notfall- und Krisenintervention*. Stuttgart: Thieme.

Schleunig, G. & Welschehold, M. (2003). *Münchner Krisenstudie. Psychiatrische Notfallversorgung: Struktur und ihre Nutzung*. Bonn: Psychiatrieverlag.

Schnyder, U. & Sauvant, J.-D. (Hrsg.) (2000). *Krisenintervention in der Psychiatrie*. Bern: Huber.

Wienberg, G. (1993). *Bevor es zu spät ist. Außerstationäre Krisenintervention und Notfallpsychiatrie. Standards und Modelle*. Bonn: Psychiatrieverlag.

Stichwortverzeichnis

A

Abklärungsphase   78, 80
Abstinenz   118
Abstinenzgebot   190
Adoleszenz   155
Aggressivität   133, 184, 226
Akutbetreuung   219
akute Belastungsreaktion   217
Akutsituation   137
Akzeptierende Drogenarbeit   189
Alanen, Yrjö   192
Alkohol   182, 233
Alte Menschen   167–172, 176–177
Altenhilfe   167–168, 175–176
Altersdepressionen   167–168, 170–171
Alterskrisen   167–168
Alterssuizid   167, 171–172
Altersverwirrtheit   171, 173
Alzheimer   172–173
Ambivalenz   197
Angehörige   171, 270, 276
Angehörigenbewegung   272, 275
Anonymität   240
Antipsychiatrisch   253
Arbeitsbündnis   68
Aufsuchende Hilfe   276

B

Bedürfnisangepasstes Behandlungsmodell (Need Adapted Treatment Model)   192–193
Berührungsängste   136, 149
Betreutes Wohnen   277
Bewältigungsmuster   58
Beziehungskonflikte   167, 170–171, 238
Beziehungsstörung   160
Beziehungstraumata   222
Bindungstheorie   69
Biopsychosozial   172
Bio-Soziale-Theorie   204
Borderline   203, 261
Bowlby   69–70
Burn-out   54

C

Caplan, Gerald   49
Castells, Manuel   43
Chronifizierte Krisen   61
Chronische Krisen   76
Coming-out   158
Containing   150
Coping   51, 56
Cullberg, Johan   49, 201

D

Dabei-Sein   258
DBT   205
Deeskalation   225, 227, 231, 236, 239
Demenz   173
Demenzerkrankung   168, 170–174
Demografischer Wandel   167
Desorientiertheit   173, 176
Dialektisch-behaviorale Therapie   205
Disembedding   40, 67
Dissoziale Persönlichkeitsstörung   233
Dissoziation   230
Dokumentation   174–175
Dross, Margret   38, 56, 59

E

Eigenverantwortung   267
Einsatzkräfte   232
Einweisung   78, 81, 171–172
Elternberatung   219
Emotionsregulation   209
Engel, George   35
Entgiftung   189
Enthospitalisierung   114
Enthospitalisierungsbewegung   74
Erikson, Erik   50, 176
Eskalation   75, 132, 134–135, 175, 225–227, 229–231, 233, 236–238

Euthanasie 32
Evaluation 78, 81, 198, 229

F

Familiär 155, 157
Familie 163, 194, 196, 274
Familiengast 271, 279–280
Familienmitglied 273–275, 278, 280
Familientherapie 198, 201
Feil, Naomi 173, 176
Fortbildung 83
Frauen 52, 147, 234, 257
Fremdgefährdung 75–76, 79
Freud, Sigmund 39
Frühintervention 193

G

Garfinke, Harold 39
Geflüchtete 117, 120, 141
Gegenübertragung 87, 149, 212
Geistige Behinderung 127–130
Gemeindepsychiatrie 272
Gemeindepsychiatrisch 51
Geronto(-psychiatrisch) 168, 170, 172, 176
Geschwister 271, 273
Gewalt 54, 100, 119, 129, 164, 204, 214, 225
Gewalt u. geistige Behinderung 129
Gewaltdrohung 77, 236
Gewaltprävention 225, 231, 233
Gewaltprophylaxe 234
Gewaltrisiko 225, 228–229
Globalisierung 39, 41
Grenzsetzung 232, 235
Grenzüberschreitung 132, 230
Grinberg, Rebeca 142
Großgruppenzugehörigkeit 146
Gruppentherapie 197

H

Handlungsmodell 60
Hausbesuch 79, 168, 266, 275–276, 278
Hausmann 223
Hildebrandt, Kurt 32
Hinterbliebene 171
Housing First 118
Hüther 57

I

Ich-Du-Dialoge 197
Identität 39–40, 144, 146
Imagination 98
Impulskontrolle 226, 228–230, 233, 236
Inselerfahrung 69, 244
Intentional Peer Support 256
Interdisziplinär 71, 74, 77–78, 165
Interkulturelle Kommunikation 148
Internet 240
Intrusionen 218
Isolation 177

J

Jantzen 129
Jugendliche 120, 155, 214, 218

K

Khamneifar, Cyrus 44
Kinder 155, 214
Klinikeinweisung 81
Komm-Struktur 168
Kommunikationskompetenz 82
Komorbidität 128, 229
Konfliktbewältigung 129
Konfliktlösungsstrategie 129–130
Konfliktpartner 227, 238
Krisenauslöser 54
Krisendienst 108, 121, 167, 170, 255, 261, 266, 270, 276–277
Krisengespräch 89
Krisenhilfe 270, 277
Krisenhilfe-Funktion 277
Krisentelefon 277
Kristeva, Julia 148
Kultur 142

L

Linehan 205
Lösungsorientiert 77, 81–83, 231

M

Marcuse, Herbert 33
Medizinisches Modell 33
Mentalisierung 70, 136

Mietschulden 123
Migration 141, 158
Missbrauch 79, 171, 228, 243
Motivational Interviewing 186–187
Multiprofessionell 167, 223

N

Nervenarzt 274, 276
Netzwerkgesellschaft 43
Netzwerkgespräche 194–195
Netzwerktreffen 193
Neuroleptika 192–193, 197
Niedrigschwellig 61, 118, 176, 189, 193, 242, 255, 271
Non-Suizid-Commitments 207
Non-Suizidverträge 91
Normalität 32, 42, 137
Notdienst 100
Notfall 74–76, 78–80, 169, 174, 220, 223, 232, 264
Notfalleinsatz 79, 171, 237
Notfallhilfe 74, 79
Notfallintervention 76–81
Notfallkoffer 211
Notfallkonferenz 81–82
Notfallpsychologie 168

O

offener Dialog 193, 196, 201
Ohnmacht 128, 130, 139, 149, 197
Online-Beratung 240
Özbek, Tülay 146

P

Pathologisierungshaltung 37
Pluralismus 40
Polizei 74, 136, 167, 174–175, 229, 232
Polyphonie 193, 196, 200
Postmodern 37, 44, 48
Posttraumatische Belastungsstörung 54, 156, 164, 218
Prävention 231
Prochaska & DiClemente 185
Projektive Identifizierungen 149–150
Psychatrischer Notfall 161
Psychiatrie 32
Psychiatrie-Betroffene 253
Psychiatrie-Erfahrene 272, 277
Psychiatrischer Notfall 53, 67, 75, 79, 108

Psychiatrisierung 254–255
Psychoaktiva 179
Psychodynamisch 52, 193, 197
Psychosen 192
Psychosozial 47
Psychosoziale Krise 169
Psychotisch 119, 181, 226
Psychotische Krise 174, 192, 195

R

Rapport 89
Rassismus 148
Rationalisieren 186
Reframing 97
Regelverletzung 226
Reifungskrisen 155
Resilienz 57, 70, 151
Ressourcen 48, 56, 70, 75, 124, 142, 169, 201, 278
Risikoabschätzung 88
Risikofaktoren 230
Risikoverhalten 216
Rückfall 184, 187
Rupp 80

S

Salutogenese 48, 76
Scham 134
Schizophrenie 229, 233
Schlüsselsyndrome 79
Schnyder 60
Seikkula, Jaakko 193–194
Sekundäre Traumatisierung 164
Selbstgefährdung 278
Selbstheilungsprozess 220
Selbsthilfe der Helfer 77
Selbstverletzung 68, 160, 208, 264, 266
Sequentielle Traumatisierung 147
Sexualisierte Gewalt 240, 257
Skillstraining 208
Soteria 190
Sozialarbeit 47, 78, 105
Soziale Bewegungen 38
Soziale Diagnose 48
Soziale Isolation 172, 255
Sozialen Bewegungen 43
Sozialpsychiatrisch 35, 256
Sozialpsychiatrischer Dienst 106, 122, 136, 175, 268, 276–278
Spannungskurve 209
Spielregeln 226–227, 230–232, 234–236, 238
Sprache 130, 133, 144, 194–195, 264
Stages of Change 185

Stationär 266
Stationäre Krisenintervention 277
Stationäre Unterbringung 100
Störungsverständnis 35
Stress 75, 182, 216, 227, 230, 232
Stressbewältigung 220
Stressforschung 51, 58, 76
Sub-akute Krisen 271, 278–279
Sucht 79
Suchterkrankung 106, 118, 182, 187
Suchthilfesystem 189
Suizid 156, 204
Suizidale Risikogruppen 172
Suizidalität 53, 79, 87, 158, 165, 171–172, 183–184, 207, 265
Suizidgefahr 69, 172
Suizidprävention 51
Suizidprophylaxe 85
Suizidrate 172
Supervision 72, 205, 230
Szasz, Thomas 33

T

Tabuisierung 139
Terr 215
Therapieversammlung 193–195, 197
Transkulturell 34
Transparenz 208
Trauer 49, 142, 171, 222, 262
Trauer und Depression 171
Trauerreaktion 171
Trauma 52, 67–68, 76, 119, 141, 144, 155–156, 164, 204
Traumatische Krise 48, 54, 68, 169
Traumatisierung 69, 214
Trennungsschuld 143
Triage 78, 80, 168

U

Übertragung 87, 212, 229

Unterbringung 171

V

Validation 167, 173, 175–176
Validierung 135, 205
Veränderungskrise 49, 168
Verlust 55, 144
Verlustkrisen 54
Vermittlung 111, 137, 228
Vernetzung 168, 176
Versorgungssystem 273
Verstehende Beratung 167
Verstrickung 76, 227–229
Vertrauen 69, 125, 135, 143, 169, 259
Verwirrtheit 171, 173–174, 176
Vielmelder 261, 266
Villinger 32
Von Ferber, Christian 42
Vorurteil 143, 182
Vulnerabilität 58
Vulnerabilitäten 182

W

Webbasierte E-Mail-Beratung 243
Weglaufhaus 256, 259
Weiterbildung 72, 176
Weiterverweisung 110, 177
Wohnungslosigkeit 116
Wohnungsnotfall 117

Z

Zugangskriterien 254
Zugangsvoraussetzungen 256
Zwang(-smaßnahme) 78, 80, 225–226, 230
Zwangsanwendung 228
Zwangsbehandelt 256
Zwangseinweisung 255, 257